暨南大学高水平大学建设经费资助丛书

暨南史学丛书

历史城市地理与社会地理研究

吴宏岐　著

中国社会科学出版社

图书在版编目(CIP)数据

历史城市地理与社会地理研究/吴宏岐著.—北京：中国社会科学出版社，2020.5

ISBN 978-7-5203-6210-8

Ⅰ.①历… Ⅱ.①吴… Ⅲ.①城市地理—历史地理—研究—中国—文集②社会地理学—研究—中国—文集 Ⅳ.①K928.5-53②C912.8-53

中国版本图书馆CIP数据核字(2020)第054648号

出 版 人 赵剑英
责任编辑 刘 芳
责任校对 周 昊
责任印制 李寡寡

出 版 中国社会科学出版社
社 址 北京鼓楼西大街甲158号
邮 编 100720
网 址 http://www.csspw.cn
发 行 部 010-84083685
门 市 部 010-84029450
经 销 新华书店及其他书店

印 刷 北京明恒达印务有限公司
装 订 廊坊市广阳区广增装订厂
版 次 2020年5月第1版
印 次 2020年5月第1次印刷

开 本 710×1000 1/16
印 张 22.25
插 页 2
字 数 341千字
定 价 98.00元

目　　录

第一章　历史城市地理学的研究对象、学科特性和研究内容

城市是地球表层物质、能量和信息高度集中的场所，是人类大量集中居住和活动的主要地域空间，是一种相当特殊的地理环境，是一个国家或地区的政治、经济和科技文化中心。城市是人类文明的标志，是经济、政治和人民的精神生活中心，是社会前进的主要动力。由于城市对社会经济的发展起巨大的推动作用，城市逐渐成为学术界的研究热点，越来越被人们所重视。但是城市都是历史时期逐步形成和发展的，从历史地理学的角度探讨城市的缘起、发展规律及特征，对今天的城市建设有非常重要的现实意义。阐明历史城市地理学的理论体系与研究内容，对城市地理学与历史地理学的健康发展有巨大的推动作用。

一　历史城市地理学的研究对象

从历史城市地理学的形成和发展中，可以看出它是历史地理学体系中相对后起的一个分支，正在蓬勃发展，日渐完善和独立。历史地理学的研究对象必然制约甚至规定历史城市地理学的研究对象、性质与任务；历史城市地理学既然已经成为历史地理学的一个独立分支，它的理论体系及研究方法，也必然具有自己的特点。

历史城市地理学来源于历史地理学，但不容否认它同时是城市地理学的一大分支学科，而城市地理学又是城市科学的重要分支学科之一。所谓城市科学，即一系列以城市为研究对象的学科的组合。[①]

① 周一星：《城市地理学》，商务印书馆 1995 年版，第 8—12 页。

比较成熟的城市科学有城市经济学、城市社会学、城市管理学、城市地理学、城市建筑工程学、城市生态学、城市史等，各从一个侧面研究城市的某种矛盾和运动过程。

关于历史城市地理学的研究对象，有学者认为："城市历史地理学是研究城市兴起、发展和演变规律的科学。它的研究对象就是历史上的城市。城市是一个复杂的综合体，它的形成和发展受到许多条件的制约，因此，也是多种学科研究的对象，或者是重要方面。尽管如此，城市历史地理学所研究的城市，也是可以与其他学科区分开来，有它的明确的对象，这就是地理实体的城市。""科学研究的对象，就是指它要解决什么矛盾的问题。城市历史地理学就是要解决城市职能、结构、规模、风貌、总体布局与地理条件之间的矛盾，即城市兴起、发展、演变的地理基础。地理空间是城市兴起的基本条件。城市历史地理学研究的对象，正是各类城市兴衰的地理特征。"①

上述说法，似乎将城市历史地理学（即历史城市地理学）研究对象与研究内容混为一谈。笔者认为，为了探讨历史城市地理学的研究对象，首先必须阐明历史地理学和城市地理学的研究对象，前者由后者衍生而来，后者是前者的基础。

按照史念海教授的看法，"中国历史地理学是探索中国历史时期各种地理现象的演变及其和人们的生产劳动、社会活动的相互影响，并进而探索这样的演变和影响的规律，使其有利于人们的利用自然和改造自然的科学"②。侯仁之院士在《历史地理学刍议》一文中提出："历史地理学的一个根本观点，就是说人类的生活环境，经常在变化中，而不是一成不变。属于自然的景观如此，属于人为的景观更不例外。""当前的地理，乃是从过去的地理发展演变而来，而在这一发展演变的过程中，人的缔造经营，占了最重要的地位，如果不是因为人的活动而引起的周围地理的变化，在这几千年的历史时期中那是非常微小的。同时，还须注意，作为一个有异于其他动物的人，正是在

---

① 马正林：《中国城市历史地理》，山东教育出版社 1998 年版，第 1—2 页。

② 史念海：《中国历史地理纲要》，山西人民出版社 1991 年版，上册，第 1 页。

改造自然环境的过程中，才终于发展了自己的智能，改造了自己的面貌，使自己提升到‘万物之灵’的卓越地位。”① 因此，历史地理学的研究在很大程度上就是探索人地关系的演变过程，分析在人类活动影响下的地理环境的变迁，而城市是一种相当特殊的地理环境，是人类对自然环境干预最强烈的地方，也是人类受环境的反馈作用最敏感的地方，是人类与自然环境相互影响最强烈的地方。城市是由历史发展而来又时时处于变化之中的复杂系统，是历史城市地理学的研究对象。

城市地理学是城市科学系列学科中的一门学科，城市科学本身就是多学科的综合。城市地理学是研究城市空间组织的规律性科学，包括研究城市形成发展的地理条件、城市职能分类和城市性质、城市体系与城市内部空间组织等。历史城市地理学就是研究历史时期城市空间组织的规律性科学，即城市地理学有多少研究对象，这些现象在历史时期的状况就是历史城市地理学的具体研究对象。

那么，历史地理学与城市地理学又是什么关系呢？按照钱学森的理解，地理科学包括三个层次，即基础理论层次、直接应用的技术性层次和介于两者之间的技术理论层次。这一层次结构与现代科学的三个层次结构相对应。其基础理论层次是地球表层学，包括综合自然地理、综合人文地理；应用技术层次包括区域规划、资源开发、环境保护、气象和地震预报等；技术理论层次包括计量地理学、生态经济学、城市科学、遥感与制图学等。这种解释将城市科学看作地理科学的一个技术理论层次。

在地理学的自然、人文二分法中，城市地理学是人文地理学的分支学科，应该指出的是，城市地理学不是人文地理学中一般的部门地理分支，而是其中一个特殊的综合性的分支。人文地理学的部门分支学科分别以政治、经济、文化、社会、军事等人文要素为对象形成各自的研究领域，而城市地理学所研究的城市与这些对象都有关系，但

① 侯仁之:《历史地理学刍议》，《北京大学学报》（自然科学版）1962 年第 1 期，又收于侯仁之《历史地理学四论》，中国科学技术出版社 1994 年版。

它不研究它们各自的形成过程，而专注于各种人文要素与自然要素在城市空间的组合。

因此，历史城市地理学的研究对象既受历史地理学研究对象的制约，同时又受城市地理学研究对象的制约。它的研究对象是历史时期的城市，研究城市的兴起、发展和演变规律，即研究历史时期城市空间组织及其演变规律。

历史地理学研究的历史时期，具体来说，其上限可从一万年前开始，下限直至现代，与现代地理学相接，而且随着本学科不断发展壮大，历史地理学的研究时期的上限和下限都在不断延伸。[①] 历史城市地理学研究的历史时期也应与其相同，其下限应该与现代城市地理学相衔接，但以往的研究过于偏重古代，近现代的城市变迁规律研究是今后应当重视的课题。

二　历史城市地理学的学科特性及其与相邻学科的关系

（一）历史城市地理学的学科特性

历史城市地理学的特性，是指学科本身固有的特殊性质。把握住特性，就可以明确方向，选择正确的方法论，从而在实践中发挥其特殊作用，并促进历史城市地理学的健康发展。笔者认为，严格来说，历史城市地理学的根本特性是区域性、综合性和时序性。

1. 历史城市地理学的区域性

区域性，又称地域性，是历史地理学的根本特性，也是历史城市地理学的根本特性。地域指的是地表的空间。无论研究哪一历史时期的城市，都必须落实到一定的地表空间上，即落实到地域上，这就是地域性。历史城市地理学研究对象是地理实体，是城市的地理空间特征及其与地理环境的关系。这种地域性，既存在于城市所在的区域，又存在于城市内部。

---

① 朱士光：《关于当前加强历史地理学理论建设问题的思考》，《陕西师范大学学报》（哲学社会科学版）1999 年第 1 期。

2. 历史城市地理学的综合性

综合性，既是城市科学，同时也是地理科学最根本的特征。对于历史城市地理学来说，更具有特殊的意义。历史城市地理学源于地理学、历史学与城市科学，要综合人文和自然两大系统，对自然规律和经济规律进行综合。历史城市地理学要求对影响历史时期城市发展的诸条件进行综合研究，一个城市的气候、地貌、水文、生物、土壤等自然要素的状况，决定该城市的人口、经济发展等社会经济特征的形成；反过来，经济社会的发展又深刻影响到一个城市的自然地理要素的演变，自然地理条件和人文因素是相互影响、相互作用的。

3. 历史城市地理学的时序性

时序性是历史地理学区别于现代地理学的一个最显著的特征，作为历史地理学科重要分支学科的历史城市地理学自然也不例外。历史城市地理学要求对所研究城市的历史、现状和发展进行综合，对不同历史时期进行不同断面的复原，用多个平面进行对比来完整揭示历史时期城市发展的演变规律。时空交织分析法是本学科的根本方法，既要研究时序变化，又要重视空间定位和区域比较。

地域性使历史城市地理学有别于历史学，时序性使其有别于地理学，而综合性恰恰体现了它的边缘交叉性。

（二）历史城市地理学与相邻学科的关系

历史城市地理学来源于地理科学和城市科学（参见图1－1）。由于城市现象的复杂性，历史城市地理学与其他学科的关系也极为复杂，这也说明了其学科性质的特殊性。

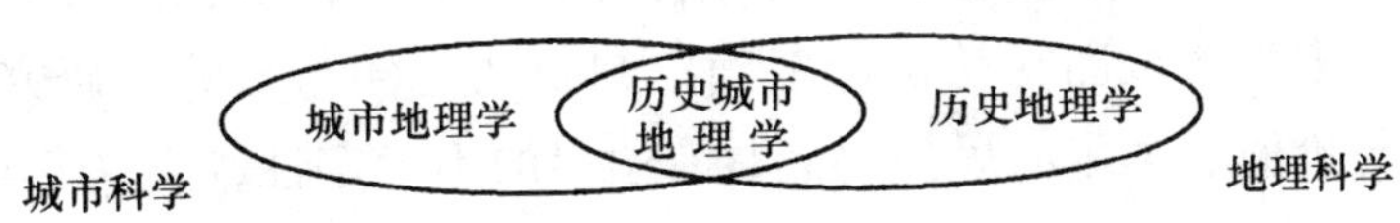

图1－1　城市科学、地理科学与历史城市地理学

1. 历史城市地理学在地理科学中的地位

地理学的发展过程，是一个不断分化而又不断综合的进化过程。在地理学的二分法科学体系中，首先可以分为自然地理学与人文地理学两大分支，其中人文地理学又可以分为经济地理学、人口地理学、聚落地理学、政治地理学、城市地理学、社会地理学、文化地理学和历史地理学等。由此可见，在地理学的传统学科分类体系中，历史地理学是人文地理学的一大分支学科，而历史城市地理学则是人文地理学的二级分支学科。

不过，历史地理学本身的学科体系历来存在不同的说法，有二分法、三分法和四分法，甚至较为复杂的六分法。不论是历史地理学的二分法、三分法和四分法，还是六分法，都有一定的科学依据，但随着历史地理学近三十年来的飞速发展，历史地理学及其分支学科涌现出许多新的特点，从学科理论与发展趋势看，历史地理学应有新的体系。

关于历史地理学学科框架问题，葛剑雄在《面向新世纪的中国历史地理学》一文中就认为将历史地理划分为历史人文地理和历史自然地理两大类，与目前的研究状况相适应，但从学科理论与发展趋势看，历史地理的分类，“在历史自然地理之外，还应该有历史人文地理和历史社会地理两个大类。随着研究范围的扩大与深入，历史地理学新的分支将不断出现和完善，到那时，历史人文地理与历史社会地理的并存与分工将水到渠成，顺理成章”①，即历史地理学应当分为历史自然地理、历史人文地理和历史社会地理三大分支。

那么，历史人文地理和历史社会地理究竟又是怎样来区分的呢？首先要看人文科学和社会科学的分合问题。从学科演化的过程来看，尽管有许多学者试图在认识论上确定知识的内涵与形式、研究对象，但知识与价值、学术与思想仍然具有边界的不确定性，人文科学与社

① 葛剑雄：《面向新世纪的中国历史地理学》，载教育部人文社会科学重点研究基地复旦大学历史地理研究中心主编《面向新世纪的中国历史地理学——2000 年国际中国历史地理学术讨论会论文集》，齐鲁书社 2001 年版。

会科学即如此。关于人文，尽管早有“观乎人文”的说法，但学科与知识的分类分化远远不够，“人文”究竟是指哪些学科，无明确的界定可供认同。欧洲的学科分化则较为清晰，11 世纪以后，欧洲的各种知识在迅速增长中走向学科化、系统化，到 15 世纪 90 年代，被历史学家称为“人文学科”的五大学科——语法、修辞、诗学、历史学、伦理哲学的科目明确分离，19 世纪出现的自然科学发现与技术发明，促使欧洲的学术在研究领域和研究对象上更注意区分自然和人，而且对运用研究自然的科学方法来分析人类社会更加重视，社会科学从传统学科中开始分化出来。据相关学者总结分析，人文学科与社会学科的分野有如下一些特征：第一，人文科学和社会科学的分离始终在继续，但人文学科与社会学科在人类社会这一研究领域和研究对象上，到目前仍具有共合性。有些学科完全可能成为人文学科与社会学科共同占有的学科门类。第二，人文科学提倡批判精神，表达理想主义与乌托邦；社会科学由于溯源于自然科学，强调知识的科学性，并在方法论上严格限制。第三，人文科学的研究对象是当代社会中宗教式微、理想冲突、价值歧向等问题，回答人类社会和人类个体的理想、道义的依据；社会科学则是从现象联系把握社会整体，对社会作静态和动态的分析，研究社会生活事实。① 笔者认为，与人文学科与社会学科的分野的相对应，历史地理学中人文学科与社会学科也存在一定的分野，也就是说，可据之将历史地理学划分为历史自然地理、历史人文地理和历史社会地理三个部分，具体的历史地理学类学科体系的新分类方案，可参见图 1－2。② 按这样的三分法，可以认为，历史城市地理学应属于广义的历史社会地理学的一个分支学科，历史城市地理学和历史乡村地理学共同构成历史聚落地理学的基本内容。

---

① 毛丹：《人文学科与社会学科的分合特征》，《浙江大学学报》（社会科学版）1997 年第 1 期。

② 吴宏岐：《历史地理学方法论的探索与实践》，暨南大学出版社 2010 年版，第 94—95 页。

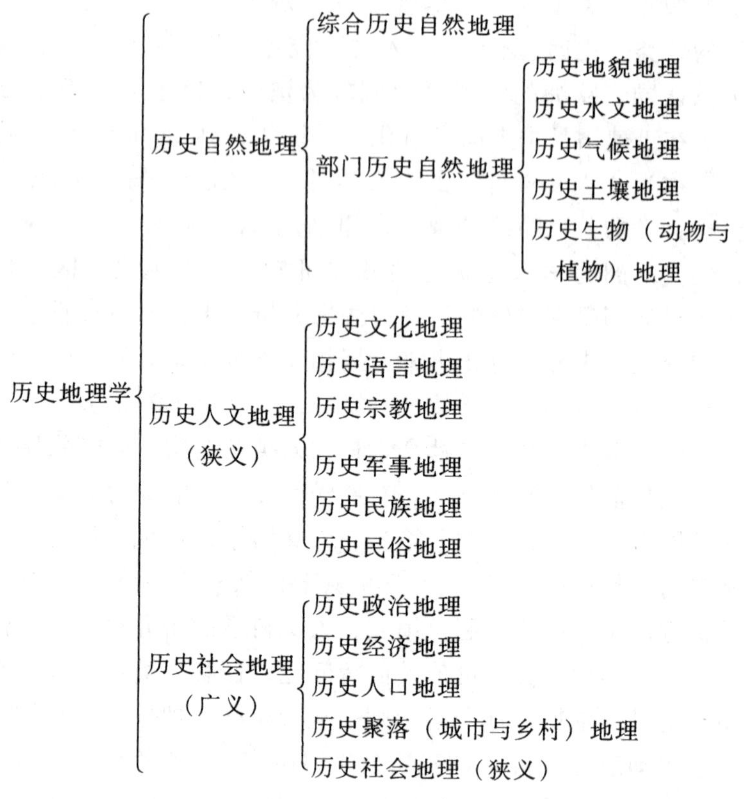

图 1－2　历史地理学的新三分法学科体系

2. 历史城市地理学在城市科学中的地位

由于城市是一种特殊的地域类型，是地理的、经济的、社会的、文化的区域实体，是各种人文要素和自然要素的综合体，使城市科学的研究领域互有重叠交错，保持紧密的联系，而城市规划和管理可以看作是它们共同的应用方向（参见图 1－3）。在这一系列的城市科学分支学科中，城市地理学来源于地理学，侧重于城市区域的地理学研究，即城市空间组织的规律性研究。城市地理学根据研究时段的不同，可以分为历史城市地理学和现代城市地理学。

3. 历史城市地理学与其他相关学科的关系

历史城市地理学研究的城市与政治史、经济史、军事史、文化史

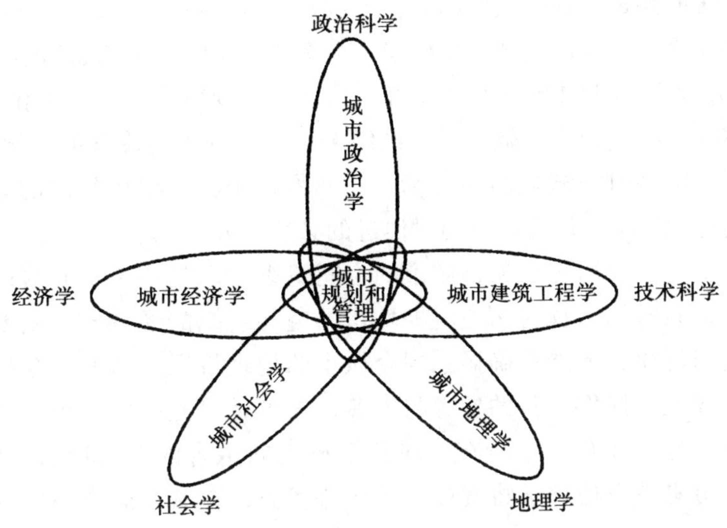

图 1－3　城市科学体系

所研究的城市的内容既有联系又有区别。历史学所研究的城市着重于城市的兴起、发展、演变的历史过程，即城市史；政治学所研究的城市偏重于城市的政治职能；经济史所研究的城市主要阐明城市的经济职能；文化史所研究的城市主要说明城市的文化机构、文化设施、文化活动和文化发展的状况，在全国的地位和文化影响的范围；而历史城市地理学与这些学科研究内容有一定的交叉，但着眼于城市的兴起、发展、演变的地理空间，① 更重视城市的地理分布、空间组织、城市居民活动与环境因素相互关系研究。

（三）历史城市地理学的科学性质与意义

通过对历史城市地理学的研究对象、特性及与相关学科的关系分析表明，历史城市地理学的性质较为特殊，来源于地理科学和城市科学，是一门综合历史地理学与城市地理学的整合学科。它的研究兼容并蓄了自然科学与人文科学的多项内容。21 世纪的各类学科，展示出比以往

① 马正林：《中国城市历史地理》，山东教育出版社 1998 年版，第 2—7 页。

任何历史时期都更加旺盛的活力，无数知识群体在集结增长，学科体系在碰撞凝聚。科学结构体系中出现了众多的知识综合生长点和学科渗透结合部，学科在多重层次分化中互相渗透、高度协同。历史城市地理学正是多学科碰撞凝聚、融合交叉的结果。历史城市地理学的科学性质，既溯源于学科内源演化的动力牵引，亦得益于科学整体发展的有力促进，是地理科学、城市科学与时俱进的必然趋势。

城市是一个历史现象，城市的空间组织形态是一个不断演进的历史过程，只有深入探讨历史时期城市的空间组织的形成及其发展演进的过程与规律，才能正确揭示现今城市的地理特征，从而为今后城市的可持续发展提供有益的参考与借鉴，这也是研究历史城市地理学的学术意义与实践意义之所在。在各学科走向融合的21世纪，具有综合性的历史城市地理学将发挥它的学科优势，在城市研究领域内开创新局面。

三　历史城市地理学的研究内容

关于历史城市地理学的研究内容，被学界公认为中国历史城市地理学理论与方法奠基人的侯仁之院士曾经有所总结，认为应当包括五个方面：一是城址的起源和演变；二是城市职能的形成及其演变；三是城市面貌的形成及其特征；四是城市位置的转移及其规律；五是地区开发和城市兴衰的地理因素。[①] 马正林教授在《中国城市历史地理》一书中，则提出城市历史地理学的任务当包括以下五个方面：一是研究城市兴起的地理特点，为城市规划服务；二是研究城市职能及其转化的地理特点，为发挥城市的优势服务；三是研究城市结构的地理特点，为促进城市的合理布局服务；四是研究城市风貌的地理特点，为建设城市新貌服务；五是研究都市化的地理特点，为合理的都市化服务。[②] 不过，该书除了绪论以外，实际上共有十个专题，分别

① 侯仁之：《城市历史地理的研究与城市规划》，《地理学报》1979年第4期；辛德勇：《侯仁之先生对我国城市历史地理研究的开拓性贡献》，《中国历史地理论丛》1990年第4辑。

② 马正林：《中国城市历史地理》，山东教育出版社1998年版，第7—14页。

是：中国城市的起源；中国城市的城址选择；中国城市的城墙；中国城市的类型；中国城市的形状；中国城市的规模；中国城市的平面布局；中国城市的水源；中国城市的园林；中国城市的规划。从该书的总体章节结构来看，明显侧重于中国城市史的研究框架，城市地理学的味道不浓。正如李孝聪教授曾经指出的那样，“过去近一个世纪的中国历史城市地理学研究成果偏重于将某座城市作为‘面’来研究其选址、城址转移、街道布局等城市外貌形态特征与城市内部的地域特征。忽视城市作为‘点’和‘面’两方面特征的兼顾”；“跳出单个城市的研究模式，从一定地域范围来考察区域城市群体的变迁及其相互关系，是近十年来历史城市地理研究的新动向，这样可以加深对城市兴衰的内在因素的理解，也有益于对城市群所处区域地理环境变化的研究”；不过，“如果将某一城市作为面的空间，研究的内容应是城市的地域结构问题。所谓城市地域结构，指的是城市内部不同职能组织的空间配置格局。城市的地域结构是城市社会在许多世纪以来，适应整个社会政治、经济和文化的种种需要，在形态上长期演变的结果”①。

笔者大致上认同李孝聪教授的观点，认为历史城市地理学确实应当从“点”“面”结合的维度，着重研究历史时期城市空间组织及其演变规律。具体来说，历史城市地理学的研究内容可以分为以下几个部分：历史时期城市兴衰的地理背景、历史时期城市区域空间组织（城市体系）特征及其演变规律、城市化规律、城市内部的空间组织演变（城市内部空间结构）规律和城市的可持续发展研究。

（一）研究历史时期城市兴衰的地理背景

城市是社会发展到一定阶段出现的综合体，是一种特殊的地理空间。城市不可能突变性地产生，它是从原始聚落演变而来的。城市的发展在不同的历史时期呈现出不同的特征，在地域特征上，不同时期的城市有不同的兴衰背景。

区域地理条件是城市发展过程中的基础和背景，不同的区域地理

---

① 李孝聪：《历史城市地理》，山东教育出版社 2007 年版，第 12—19 页。

环境为那里的城市发展提供了不同的舞台，形成了城市分布的宏观差异和城市建筑风格的独有特色。无论自然地理条件还是经济地理条件，都对城市的形成与发展有一定的影响。自然地理条件如地质地貌、气候水文、土壤植被首先作为人类的生存环境，直接影响城市的形成发展，如平原地区物产丰富，物质基础雄厚，且交通四通八达；而江河有舟楫之利，水源充足，故中国早期的城市多兴起于江河沿岸或平原的中心。另外，山前冲积洪积扇地带、平原与低山丘陵相接的地带、山间盆地与谷地等地理环境较为优越的地区，也易形成城市；经济地理条件对城市的影响更为复杂，矿产资源的丰饶程度及其组合、社会安定状况、经济地理位置、区域发展政策以及经济发展的历史传统等都可以影响城市的发展。

在经济地理条件中，富于强烈地理特性的地理位置始终为历史地理学家最关注，这是因为地球表面充其量只有某些方面地理位置相似的城市，而没有地理位置完全相同的城市。这是因为：自然、经济、政治地理要素的内容已十分丰富，城市与这些要素的空间组合又千变万化，而各种要素本身又在不断变化之中，其中人文地理要素变化更加频繁，所以地理位置有唯一性，在城市的兴衰过程中地理位置起关键作用。为什么历史时期有的城市会在某一地点形成？为什么有的城市发展的很大，而有的很小？为什么有的城市长盛不衰，即使城市毁于天灾人祸，往往又在原地重建？为什么有的城市在历史上昙花一现？城市的选址对此产生了深刻影响。西安地区最早兴起的城市就是西周的丰镐，位于沣河两岸。其次出现的秦都咸阳位于渭河北岸，汉都长安位于渭河以南、龙首原以北。隋代大兴城（唐代长安城）位于龙首原以南、少陵原以北。西安的城址有四次较大规模的转移，地理条件一次比一次优越，隋唐长安城所选择的城址平原开阔，水源丰富，又有“六坡”地形作为总体布局的骨架，是周、秦、汉三代都无法比拟的，正因为选择了最有利的地理条件，后来的城市再未移动过，今天的西安城就是在唐长安皇城的基础上发展起来的。[①] 又如兴起于唐末的泉州，至宋元时代成为全国重要的贸易港口，马可波罗称

---

① 马正林：《唐长安城总体布局的地理特征》，《历史地理》1984 年第 3 辑。

其为“世界第一大港”“东方第一大港”，因倭寇入侵，明朝实行海禁政策，城市昔日的区位优势丧失，导致了城市的衰落。鸦片战争后，沿海港口纷纷对外通商，通商口岸厦门、福州位于泉州南北，分别瓜分了泉州的腹地，三城市间的相对位置关系使泉州继续处于劣势，人口大量外流。直到改革开放，泉州的城市建设才有起色，但城市经济地位仍在福州、厦门之下。

（二）研究历史时期城市区域空间组织（城镇体系）及其演变规律

不同的城市有不同的规模等级，城市与城市之间、城市与周围区域之间，必然通过交通、通信等联系通道发生交互作用，城市、联系通道与城市周围环境的复杂组合关系就是城市的空间组织。城镇体系，按现代的意义来说，指的是一定区域范围内，由一系列规模不等、职能各异的城镇所组成，并具有一定的时空地域结构、相互联系的城镇网络的有机整体。① 不同历史时期、不同地域形成不同的城镇体系。历史城市地理学不仅要研究历史时期的都城，而且要研究历史时期一级行政中心城市、二级行政中心城市甚至集镇及其相互关系，把区域内的各级城镇群体作为研究对象，研究历史时期城市的区域空间组织，研究历史时期城镇的等级规模结构、职能类型结构、地域空间结构（包括城镇发展轴线、城镇中心城市和城镇网络系统等），阐明现存城镇体系的形成原因和发展趋势，为区域城镇系统的整体规划和城市发展策略提出科学依据。

（三）城镇化规律研究

所谓城镇化（urbanization），通常是指人口向城镇地区集中和农村地区变为城市地区的过程。由于城镇化过程本身的复杂性，它几乎成了整个社会科学所共有的研究对象，人类学、历史学、地理学、社会学、经济学、政治学和规划学都将城镇化作为自己的热门课题，而且对这一核心概念有不同的理解。事实上，城镇化过程是一种影响极

① 顾朝林：《中国城镇体系——历史、现状、展望》，商务印书馆1996年版，第143页。

为深广的社会经济变化过程，它既有人口和非农业活动向城镇的迁移，以及城镇景观的地域推进等实体变化过程，也包括城市的经济、社会、技术在城市等级体系中的扩散并进入乡村，甚至包含城市的文化、生活方式、价值观念等抽象的领域向乡村的扩散。测量城镇化的指标有城镇化水平、城镇化规模、城镇化速度、城镇化质量和城镇人口增长等因素。

显然，这一问题完全属于历史城市地理学研究的内容，只有了解了城镇化的发展历程，才能掌握其规律性，寻找不同地域城镇化发展的途径，制定最佳的城镇化发展模式。历史时期城市的人口、户数、城乡人口比例、城市数目变化、人口迁移问题以及都市的蠕移与迁移问题已为广大历史地理学者所重视，但就城镇化这一论题来说，成果还较为单薄，区域性的城镇化及比较研究方面尚有诸多空白，这应当是今后重视的研究方向。

（四）研究历史时期城市内部空间组织（城市内部空间结构）及其演变规律

历史时期城市内部空间组织研究的内容相当广泛，应当包括研究历史时期城镇的形态（包括城郭外形、中轴线、街道布局、城市建筑风格等）、内部功能分区、经济结构与布局、社会空间结构（如人口的年龄结构、知识结构、职业结构、民族构成等）和居民生活方式的发展演变及其区域差异特征。以往对这一内容的研究分散而且孤立，不够全面，不能从组织（结构）的角度进行研究，如单纯地研究历史时期城市的经济区、政治区、文化区，孤立地研究城市的建筑风格，无法全面地揭示“往日”城市的内部空间特征和整体映像。也有少数学者对此做了尝试性的研究，如王均和祝功武的《清末民初时期北京城市社会空间的初步研究》、章英华的《二十世纪初北京的内部结构：社会区位的分析》等。①

① 王均、祝功武：《清末民初时期北京城市社会空间的初步研究》，《地理学报》1999年第1期；章英华：《二十世纪初北京的内部结构：社会区位的分析》，《新史学》1990年创刊号。

历史时期城市内部空间组织研究的内容还应包括历史时期由各种原因形成的外来群体构成的“异质社区”及其变迁规律，如隋唐长安城中的特殊群体聚集区构成的“异质社区”的特点及变迁；北京郊区的“浙江村”“新疆村”和“河南村”的形成原因及发展趋势。

现代城市地理学认为，城市内部空间组织研究还应该包括以商业网点为核心的市场空间，由邻里、社区和社会区构成的社会空间，以及从人的行为考虑的感应空间的研究。[①] 有学者认为，历史地理学的发展已经从现代的“复原”历史时期逐渐或正在过渡到当代的“历史地理学构想”阶段，历史地理的构想即对往日地理的感知，即对往日感应空间的研究，具体地说包括三方面内容：第一，不仅要研究往日地理环境或往日景观，还要研究改造往日地理环境或往日景观的人类；第二，不仅要复原往日地理环境或往日景观，还要研究往日地理环境或往日景观在当时人们头脑中的印象；第三，不仅要研究人类改变往日地理环境或往日景观的行为，还要研究引发人类行为的思想意识。[②] 对历史城市地理学而言，不仅要研究和复原城市的往日景观，还要研究往日城市的人类及其思想意识。如西安是一座历史名城，汉唐时期一度是国际知名的大都市，我们不仅要研究历史时期西安的往日景观，还要研究往日景观之下的人类及其思想意识，既研究今人眼中的汉唐长安，又要研究汉唐人心中的汉唐长安，还要研究今人眼中的由往日长安演变而来的今日长安；既要研究学术研究者对“往日长安”的感知，还要研究非学术研究者或公众对“往日长安”的意象。这正是历史城市地理学者在21世纪担负的另一新的使命。

关于城市的意象（感应）空间研究是历史城市地理学一个崭新的内容，以往曾有一些学者借用西方研究的方法研究了广州市城市意象（感应的成分）空间，[③] 而对历史时期城市的“往日意象”还少有研究。从某种程度上来说，传统研究历史时期城市内部空间组织常利用的功能分区法是机械地把城市作为一个物体来分析，而城市的意象

---

① 许学强、周一星、宁越敏：《城市地理学》，高等教育出版社1998年版，第132页。

② 阙伟民：《历史地理学的观念：叙述、复原、构想》，浙江大学出版社2000年版，第88页。

③ 李郇、许学强：《广州市城市意象空间分析》，《人文地理》1993年第3期。

(感应)空间研究的主体是个人和集体的行为研究,突出了"以人为本"的研究思想,无疑它将会成为历史城市地理学的一个研究"热点"。

(五)城市的可持续发展研究

自改革开放以来,尤其是自20世纪90年代以来,随着现代地理学的蓬勃发展,以及国际学术合作与联系的逐步加强,中国历史地理研究出现了许多新的特点,这些新的特点不仅引起了历史地理工作者的广泛关注,而且预示着中国历史地理学未来的发展趋势。其中一个重要的表现便是可持续发展问题受到普遍重视。1972年联合国在瑞典斯德哥尔摩召开的"人类环境会议"上就已提出了"只有一个地球"的口号。1992年,联合国在巴西里约热内卢召开了国际环境发展大会,通过了《21世纪议程》,向各国提出了实施可持续发展战略的要求。1994年中国举行了《中国21世纪议程》高级国际圆桌会议,响应联合国的号召,也规划了中国社会经济持续发展的宏伟方案。在此政治背景下,可持续发展问题受到中国各界的普遍重视,历史地理学者也开始从本学科角度探讨这一焦点问题。1996年7月,在北京大学召开的国际中国历史地理学术研讨会上,就将可持续发展问题作为专题研讨的内容列为议题之一给予高度重视。美国夏威夷大学教授章生道在《北京走向国际性文化都城过程中的可持续发展问题》的发言中指出:"从生态学观点或地理学包括历史地理学的观点来研究中国的持续性,参加到世界学术的主流中去,与世界学术接轨,是我们应该关心的一个问题。"黄以柱《〈21世纪议程〉与历史地理学》的报告认为,"历史地理学在探讨环境与发展的问题中有其不可替代的作用,应为实施《21世纪议程》作出贡献"[①]。另外,也有学者提出:"历史地理工作者,要为政府当好参谋,通过历史上的地理变迁对人类造成的正面、负面影响,以理服人,为政府制定可持续发展战略提供第一手资料。"[②] 可见,历史的发展为历史地理学这

---

① 韩光辉:《国际中国历史地理学术研讨会综述》,《中国历史地理论丛》1996年第4辑。

② 徐卫民:《可持续发展理论的历史地理学透视》,《中国历史地理论丛》1997年第3辑。

门年轻的学科提供了一个新的机遇，历史地理学者如何把握这一有利时机，加快学科建设的步伐，是一个亟待解决而又将长期存在的问题。[①]

可持续发展问题当今已成为现代城市地理学一个重要研究课题，并取得不少研究成果。可持续发展是既满足当代人的需求又不对后代满足自身需要的能力构成危害的发展，研究城市的可持续发展问题需要追溯可持续发展的历史溯源和前后关系问题，以便从时间过程来考察和验证城市是否持续发展，现在或将来是否可持续发展，并由此得出可持续发展的规律。这就有必要将可持续发展研究从现在引入历史时期，利用历史经验为可持续发展规划服务。历史地理学擅长从历史过程来考察地理现象的嬗替规律并提供它的一系列时代地理剖面，从各个剖面中看到不同时期人口、资源与环境的相互关系，冲突、对抗还是和谐、协调，就可以找到其中的动因、调控机制和解决办法，为今天的可持续发展提供历史借鉴与决策参考。

历史城市地理学介入可持续发展研究，仅仅是一个开端。从辩证唯物主义的观点出发，城市与其周围环境有互动的影响。城市生态环境是城市居民进行社会经济活动的基础，是城市形成和可持续发展的必要条件；但城市的发展，引起城市自然地理环境的变化，有时甚至极大地破坏了城市生态环境。在人类文明日益进步的今天，人类活动与自然的对抗越来越激烈，城市的高速发展和城镇化的加速发展，使城市发展面临严重的生态危机。历史城市地理学将复原各个时期城市区域的地理环境与社会经济系统的相互关系，研究历史时期人类活动影响下城市环境的变化，预测它们的相互关系和发展趋势，建立未来城市的可持续发展模式，这是历史城市地理学一个新的研究方向，也是本学科“有用于世”的一个具体体现。[②]

---

① 吴宏岐：《历史地理学方法论的探索与实践》，暨南大学出版社2010年版，第7—8页。

② 参见严艳、吴宏岐《历史城市地理学的理论体系与研究内容》，《陕西师范大学学报》（哲学社会科学版）2003年第2期。

第二章　中国古都学与中国都城地理学的若干理论问题

一　中国古都学的"古都"范畴

（一）两种"古都"的概念

中国古都学的创始人、已故著名历史地理学家史念海教授1985年在洛阳举行的中国古都学会第三次学术讨论会上曾提出，中国古都学"研究我国历史上所有都城的形成、发展、萧条以至于破坏的演变过程"①，首次明确论述了中国古都学的定义和研究对象。后来，史念海教授又著文特别强调中国古都学的研究对象是"历史上的都城"②。但从目前的实际情况来看，无论是在学者间抑或是社会上通常对于所谓的"古都"并不是严格地限定在"历史上所有都城"这个范畴内，而是时或指古代的都城，时或指历史上曾经做过都城的当代城市，如现在流行的所谓"六大古都""七大古都""八大古都"等所指就是曾经做过都城的当代城市。正是由于对"古都"一词的内涵缺乏比较严格的界定，直接影响到中国古都学界对于中国古都学的研究对象以及这门学科究竟应包括哪些研究内容尚无法形成统一认识。从一般意义上来说，某个政权的政治中心所在的城市应称为都城，而以今天为时间坐标回溯历史时期的那些都城，则称作古都，所以"古都"应当属于历史学范畴，这是狭义古都的概念。由历史上

---

① 史念海：《中国古都学刍议》，《中国古都研究》1987年第3辑。

② 史念海：《中国古都与文化》，中华书局1998年版，第33页。

的都城发展演变而来的或者在遗址上重建的现代城市，表现出都城时期的某些风貌，使这些城市成为都城时期文化存活和今人对都城感知图画再现的载体，这些现代城市就有了古都的含义，就是今天作为古都的城市，可称作古都类城市。这样看来古都还有广义的概念，它包括历史上的都城和今天的古都类城市，这就是中国古都学所要研究的古都。所以，从学术特色和整体研究思路上说，中国古都学研究不仅应将研究重心放在“历史上的都城”，而且还应重视“古都类城市”研究。有的学者的研究重点放在历史上的都城，而有的学者侧重于历史上曾经做过都城的当代城市，这是对同一个矛盾体不同侧面和阶段的研究，要解决不同的问题而已。

（二）“历史上的都城”的范畴

中国古都学所研究的“历史上的都城”和“古都类城市”，两者在范畴上并不完全重合，有的都城今天已无迹可寻，所以历史上的都城包括的范畴更广一些。但关于中国古都学所研究的“历史上的都城”的范畴，目前学术界还存在一些分歧意见。如朱启銮、夏万年两位先生的《关于制订古都学研究规范的建议》一文①提出，中国古都学研究的古都应是“周、秦以后大一统王朝的都城”，是“汉文化圈大一统王朝的都城”，属于古都学研究对象的“古都”只限定在“秦、汉、隋、唐、宋、元、明、清”诸“大一统王朝”的都城之内，其他如秦以前没有“大一统”时诸侯国的都城，秦以后没有大一统时诸国的都城，夏、商、周时代所谓的“禹都”“商城”等，少数民族如蒙古族、满族在建立“大一统王朝”的元、清王朝之前所建立的都城，以及历代“陪都”，均不在古都研究之列，而属于“古城”范畴。采用“汉文化圈大一统王朝的都城”这样的标准来界定中国古都学所研究的“古都”，主要是为了体现一种文化心理积淀、一个价值标准，即“拥护：和平、统一；反对：战争、分裂”。按照此认知尺度，作者还进一步提出，“汰选历史上人、事、物的功过是

① 朱启銮、夏万年：《关于制订古都学研究规范的建议》，《中国古都研究》1987年第3辑。

非，也随之有了界定‘古都’的一个价值取向——中央统一政权的所在地。这样，我们所要研究的对象——古都，便不是‘古有万国’那个‘国’（那实际上是‘邦’）的‘都’，更不会去指窃国者袭占之‘都’，叛国者盘踞之‘都’，以及儿皇帝傀儡临掘（引者按：似为据字之讹）之‘都’。并非说这些‘都’没有研究价值，而是说，如果‘古都学’需要讲究研究效率，并考虑社会功能的话，则必须严肃对待我们研究的社会意义，考虑研究的课题所能涉及的社会效应、社会反响。所以，应该让那些‘都’在历史学、历史地理学、政治学、城市学……学科中去寻找它们应占的一席之地”①。朱启銮、夏万年两位先生的观点比较极端，因而很难被学术界广泛接受。正如有些学者所指出的，“以是否为大一统王朝的都城作为区别古都和古城的标准，是有欠妥当的。在没有对古都所具有的‘矛盾的特殊性’进行科学的分析、没有对历史上存在的古都的普遍性进行科学的归纳以前，对古都范围进行这样的划定是很不科学的”，“其实质是历代封建统治阶级的史学家袭用的‘正统’史学论在对古都认识上的反映”；“如果把古都的研究限定在几个古都中，尽管有可能探索出它们发展过程中带有共性的东西，但它的指导作用将是十分有限的，对全国大多数经由古都演变为现代城市的城市建设来讲，显而易见是没有普遍意义的”②。

中国古都学研究“历史上的都城”，这一点正是这门学科的特色所在。所谓“历史上的都城”，可从以下三个层面来理解：

一是研究的时段不仅包括古代的都城，还应当包括近现代的都城，即不仅要研究先秦以至明清各时期的都城问题，还要研究民国时期的都城问题。古都之“古”，应当是“历史上”或“过去”的意思，不必拘泥于名称，而将中国古都学研究的古都完全划定在“1840年鸦片战争之前”③。虽然民国时期历时较短，但却是中国都城发展史上一个不可或缺的历史阶段，而且其都城制度、都城的城市规划与

---

① 朱启銮、夏万年：《中国古都研究丛谈》，《中国古都研究》1993年第5、6辑。

② 许成、贺吉德：《关于中国古都学研究对象之浅见——兼与朱启銮、夏万年先生商榷》，《中国古都研究》1993年第5、6辑。

③ 同上。

建设都颇具特色，值得认真研究和总结。不过民国时期都城的数量有限，问题也相对简单一些，历史上的古都主要出现于“1840年鸦片战争之前”，中国古都学的重点还应当是中国古代的都城问题。

二是多都制（陪都制、别都制，个别朝代则实行行都制或留都制，如南宋、清代）是中国古代都城制度的重要特色，从商、周以来，以迄明、清各代，一统帝国或分裂王朝除了设置首都（国都）以外，往往还建有一个或多个陪都（别都，留都或行都）而形成首都（国都）—陪都（别都，留都或行都）较为完整的都城体系，所以国家或政权的政治中枢并非完全集中于国都之中，陪都（别都，留都或行都），甚至个别重要的帝王行宫（离宫），在有些时期常常分担着都城的部分功能。所以中国古都学所研究的“历史上的都城”不能仅仅局限为“古代各个王朝的首都”①，应当将包括首都（国都）与陪都（别都，留都或行都）在内“所有都城”，甚至分担着都城的部分功能的帝王行宫也一并纳入研究视野之中。

三是“我国历史上所有都城”应当是“各个王朝或政权的都城”②，即不仅包括如西周、秦、西汉、东汉、隋、唐、元、明、清等各一统王朝的都城，还包括割据王国或政权的都城，如十六国南北朝时期、五代十国时期各王国或政权的都城；不仅包括汉族政权建立的都城，还包括民族政权建立的都城，如辽国、西夏、大理国等的都城；不仅包括历史上存在时期较长的王朝或政权的都城，还包括历时较为短暂的农民起义军建立的都城，如黄巢、李自成建立的都城等。

史念海先生经严密考证后认为，自三代以下，共有古都217处，涉及王朝和政权277个，这是研究历史上的都城应该包括的广义的范畴。如果把这217处古都根据一定的标准，归并到今天的依托城镇共168座，由此可见研究的范围之广，但作为保护和研究的对象，就要受到一定因素的制约，因而还应有狭义的范畴。就狭义的古都而言，史先生初步提出重点研究的古都类城市有65座，但又强调其他未列入的在研究过程中也不能完全排除，“以便探索其间的规律，服务于

① 傅筑夫：《用历史唯物主义的观点来研究古都》，《中国古都研究》1985年第1辑。

② 史念海：《中国古都与文化》，中华书局1998年版，第15页。

当前的城市建设"[①]。当历史上都城的对象和数量确定下来后，今天的古都类城市的对象和数量也就随之确定，这是中国古都学研究明确的范畴。

（三）"古都类城市"研究中的"大古都"问题

古都学研究中还存在着"大古都"问题以及有多少"大古都"的争议。"大古都"是指今天的"古都类城市"中的典型代表，是对这些城市历史与现实进行综合评价分类定级的结果。在20世纪20年代一些学术论著把西安、洛阳、北京、南京、开封合称为"中国五大古都"；到30年代，又加上杭州成为"中国六大古都"，于是才有"大"古都之说，"中国六大古都"之说流行颇为长久。到1982年，谭其骧先生在《中国历史上的七大古都》一文提出了七大古都的说法。[②] 1988年10月经学术界与新闻出版单位专家研讨，同意将与殷和邺关系密切的安阳市列为我国的大古都之一，由此引起了关于大古都标准的学术讨论。不少专家撰文发表高见，可谓仁者见仁，智者见智，虽然各自的标准尚难统一，但都体现了对讨论对象历史上的都城时期和今天依托城市现状的关注，其中葛剑雄教授提出了中国大古都评估的量化标准，[③] 即建都时间、建都性质、都城所代表政权的疆域幅员、首都对政权的控制程度、遗址遗物的保留程度、今城市的政区等级、古都与今城市的重合度、古都与今城市的继承性和综合知名度。在这九条标准中前四条是对历史上都城的评定，第五条至第八条是对现代城市的评定，第九条是对都城时期和现代城市的综合评价。从这些标准可以看出中国古都研究对历史时期的都城和现代城市同样的重视程度。虽然这个标准仍有值得商榷的地方，但该标准考虑得更加全面、严密，易于操作，结果也较公正、客观、科学。

从对大古都的确定中还可以引申出另一个在古都研究中值得注意的问题，那就是中国历史上古都众多，发展到今天仍有不少古都类城

---

① 史念海：《中国古都与文化》，第178页。

② 谭其骧：《中国历史上的七大古都》，《历史教学问题》1982年第1、2期。

③ 葛剑雄：《论中国的大古都的等级及其量化分析》，《中国历史地理论丛》1995年第1辑。

市，中国古都学在对古都的全面研究时，还要分出层次和类型，有重点地进行研究。史念海教授从古都的研究和保护两个方面考虑分为两级，重点研究的为65座城市，次重要的为103座城镇。朱士光教授曾根据它们在历史上重要程度及目前之存毁状况，同时考虑到大古都、古都研究的现实意义和国家级历史文化名城等因素，把古都分为四个层次：第一层次是七大古都；第二层次是历史文化名城中的古都，共有32座城市（不包括七大古都），两层次古都总数共占99座历史文化名城的40%。第三层次是古都遗址被列为全国重点文物保护单位者。第四层次是其余古都。① 两位教授的划分方法各有侧重，前者侧重于历史上的都城研究，后者更为细致、可行，在古都类城市的保护与开发研究中更具指导意义。

二 中国古都学的研究对象与研究内容

（一）中国古都学的研究对象

根据前文所论，广义的古都概念有两种含义，历史时期的所有都城和今天的古都类城市。历史上的都城，在或早或晚，或长或短的岁月里，或狭或广的地域里，是某一政权的统治中心，政治职能辐射全国；通常又是全国文化中心，汇集着全国杰出的文化人才，并以都城为舞台，创造出最高水平的文化；往往也是全国的经济中心，至少是商业金融中心，经济职能影响到周围地区甚至全国的各个经济领域。都城的规划建设，代表了那个时代的建筑最高技艺水平，具有较强的示范性，是那个时代城市发展的典型代表。凡此种种，都说明古代都城的规制与建设状况具有一般城市所不可能具有的特点，它的规模与繁盛程度也超乎其他一般城市，是有别于一般城市的特殊城市。通过复原都城原貌，对都城在规划、设计、建设以及形成、发展、兴衰各个方面进行全方位的研究，可以揭示我国古都形成、发展的特点与规律，为今天的城市发展提供借鉴，丰富与深化中国传统历史文化。同

① 朱士光：《中国古代都城规制之特点及其与保护古都风貌之关系》，《中国古都研究》1995年第12辑。

时通过对每一座古都进行全程式个案研究，才能廓清众多古都各自的历史文化特点，更好地为现实服务。所以，历史上所有的都城都应当是古都学的研究对象。

古都是传统文化、地域文化、民族文化的凝聚点，是区域经济、区域政治的汇集处，对周围地区发挥着示范功能、激励功能和调节功能。有些古都因自然环境变迁、人事条件变化而早已荒芜，但大多数经过转化发展为今天的现代城市，这些城市仍是区域的政治、经济、文化中心，在某些领域还发挥着全国甚至是国际职能。所以，古都学研究的古都，还应包括今天仍具一定生命力的历史上的古都所依托的现代城市。它们由于曾经做过都城，有过显赫的地位和辉煌的历史，在全国产生过较大的影响，留下许多深刻的印痕，对古都所在地区和今天所依托的城市的社会生活有着广泛而深远的影响。在今天的城市规划建设中，就不能不考虑到这些城市的历史，因为城市前序文化选择规范，约束并决定着后序文化选择，使文化选择形成惯性发展。对古都类城市历史上遗留下的文物古迹怎样处理，怎样在现代城市建设中保持和显现古都风貌，怎样把历史文化优势转变为城市文化资本，促进城市物质文明和精神文明建设，这也是古都学研究的重要范畴。

史念海教授曾明确指出：成立中国古都学会，开展古都研究，不仅是“为了对当前社会主义建设有所贡献”，“更重要的是根据古都演变的规律，提出有关的论证，以供当前建设现代化城市作参考”①。中国古都学会第五次（开封）年会闭幕词作出了这样的认定：“古都研究的方针是：研究古都、保护古都、开发古都、建设古都。”朱启銮、夏万年两位先生在《关于制订古都学研究规范的建议》一文中谈道：“古都学研究的对象，应是古代的都城”②，后又在《中国古都研究丛谈》一文中论述道：“古都学所研究的古都，还应是今天仍具一定生命力的当代城市”③，反映了作者对古都研究对象认识过程的变化。通过对近三十年来关于古都学研究人员的学科背景和已有的研究

---

① 史念海：《中国古都与文化》，第 4 页。

② 朱启銮、夏万年：《关于制订古都学研究规范的建议》，《中国古都研究》1987 年第 3 辑。

③ 朱启銮、夏万年：《中国古都研究丛谈》，《中国古都研究》1993 年第 5、6 辑。

成果考察可以看出，古都研究越来越注重对现代城市的规划与建设研究，在这一点上古都研究者虽然基本上达成共识，但作为一个理论问题没有明确提出，已有的古都研究对象的概念与实际的研究内容和所涉及的领域不完全相符，研究领域比较宽泛而对象定义的内涵相对狭窄。所以，笔者认为中国古都学的研究对象包含两大方面：一是历史上的所有都城；二是历史上的都城后经转化而来的现代城市（古都类城市）。两者是一个对象的不同侧面和阶段，是互为基础的矛盾统一体。

（二）中国古都学的研究内容

中国古都学的研究对象是历史上的所有都城和古都所依托的今天的现代城市，纳入中国古都学研究视野的历史上的都城为数较多，有名可考者217座，历史上作过都城的现代城市数量为168座。古都学研究，一方面要注重探索历史时期都城的形成、发展、萧条以至破坏的过程和规律，尤其应重视都城形成的条件和因素，都城体系与都城空间形态结构，都城政治、经济、文化特征以及其对当时全国其他城市及都城所在区域的政治、经济、社会文化发展的作用和影响。另一方面，古都学研究还要探索古代都城对现代城市功能、风貌、所产生的巨大影响，探索古都城市的历史文化遗存如旧城风貌、历史街区布局、古建筑形制等实物文物古迹以及古都风俗文化对现代城市规划与建设的影响作用，进而提出旧城改造与城市可持续发展的战略与措施，把古都研究的范围扩大到历史与现实的结合上。1984年11月在南京举行的中国古都学会第二次学术年会上，经会议讨论，曾提出了有关古都学研究的11个课题。① 但作为一门学科的中国古都学，研究领域应不断拓展，笔者认为中国古都学的研究内容应包括三大方面。

1. 学科基础理论研究

科学史上大量事例说明，任何一门学科，如果没有坚实的理论做支撑，这门学科就难以获得重大发展，也难以跻身于学科之林。作为一门综合性学科的中国古都学，诞生至今只有30余年的历史，发展

---

① 朱士光：《八年来中国古都学研究概述》，《中国史研究动态》1991年第5期。

的历程短暂，学科理论研究发展还不成熟。在理论研究中，一方面要对已有的理论进行检验、修正、充实、丰富。另一方面要重视理论创新，不断发展新的理论。中国古都学理论研究主要包括：①中国古都学的研究范畴、研究对象与研究方法；②中国古都学的学科体系与建设研究；③古都类城市的可持续发展理论研究；④中国古都学的学科发展史研究。

2. 基础性专题研究

基础性专题研究的重点应是“历史上的都城”，应侧重于中国古代都城制度与文化研究，侧重中国古都形成、发展、演变规律研究。作为古代城市的最高形式和全国或区域的首善之地，历史上的都城往往是当时城市等级规模、首位度较高的城市，它包含着众多的构成要素，是由自然、政治、社会、经济、建筑、文化、居民、宗教、交通等众多子系统组成的一个复合有机体。通过吸收相关学科的研究理论和方法，从不同的层面对古都构成要素进行专题研究，有助于更深刻地认识古都形成、发展、演变兴衰规律。具体来说应当包括：①中国古代都城制度发展史研究；②都城选建地理条件与都城生态环境建设研究；③都城体系与内部空间结构研究；④都城政治、宗教、经济、社会文化功能研究；⑤都城规划与建设史研究；等等。在以上研究基础上，通过整合分化，可以形成中国古都学的一些分支学科，形成相对完整的学科体系。

3. 应用性专题研究

应用性研究主要侧重于古都类城市的保护和开发利用。中国古都学从诞生之日起，就把古都研究“经世所用”作为目的之一。古都研究绝非发思古之幽情，而是对当代城市建设起着一种推动力，“增添城市的文化气息。”① 历史上的古都经过漫长的变迁过程，当年构成古都繁华气象的要素多已不复存在，“留下的遗迹遗物是古都文化信息的载体，为中华民族多元文化生态的组成部分”②，古都研究工作要对古都陈迹加以廓清，从而制定出科学的保护原则、方法和措施。古都应用

① 史念海：《中国古都与文化》，第33页。

② 方李莉：《开发不仅限于经济》，《人民日报》2000年6月1日海外版。

研究应为如何达到“突出城市文化特色、积累城市文化资本”[①]，深层次开发利用古都文化资源作出示范研究，特别是通过典型个案研究，从理论的高度对保护、开发利用进行归纳总结，找出具有一般意义的规律和准则，使研究成果具有前沿性、学术性，理论层次高，并且具有一定的可操作性，从而更好地发挥古都应用研究在保护和开发利用古都历史遗存中“存其形、贵其神、得其益”[②] 作用。综上所述，中国古都学应用研究主要包括：①古都遗址遗物、古都风貌和历史文脉保护研究；②古都形象建设与文化资本开发研究；③古都文化遗产的旅游开发研究；④旧城改造规划研究；⑤古都类城市的分类定级评估体系研究；⑥古都类城市总体可持续发展战略研究。

三　中国古都学与相关学科的关系

古都学所研究的对象——古都包含着众多的构成要素，是由自然、政治、社会、经济、建筑、文化、居民、宗教、交通等众多子系统组成的一个复合有机体。许多学科都把古都作为自己的研究对象，应用本学科研究的理论和方法，从不同的角度和侧面对古都进行研究。史念海先生曾论述道：“中国古都学这门新兴学科的基础是相当广泛的，人文学科和自然学科兼而有之。”[③] 李炳均等表述为：“中国古都学是历史学、考古学、历史地理学和文化史等学科相互渗透结合而产生的边缘学科。”[④] 笔者认为，中国古都学具有兼容并蓄自然科学与社会科学的研究特点，在现代科学整体发展的有力促进下，逐渐形成一门多学科碰撞凝聚、融合交叉、更多地具有社会科学性质和特色的综合性学科。与中国古都学相关的学科众多，这里着重讨论中国古都学与城市科学以及中国古都学与中国古代都城史、中国都城地理学的关系。

---

① 张鸿雁：《城市形象与城市文化资本论》，东南大学出版社 2002 年版，第 3 页。

② 张位正：《谈谈古都研究为现实服务的问题》，《中国古都研究》1991 年第 9 辑。

③ 史念海：《中国古都与文化》，第 2 页。

④ 李炳均、刘敬坤：《关于我国历代都城与文化史发展的关系及建都特点的初步研究（纲要）》，《中国古都研究》1986 年第 2 辑。

（一）中国古都学与城市科学的关系

城市科学是自然科学与社会科学相结合的一门新的学科，它的研究对象是所有的城市，古都学研究的对象是历史上所有都城和古都所依托的今天的现代城市，古都也是城市，具有一般城市的特点，所以，古都学是城市科学的组成部分，两者关系密切。城市科学研究对象具有多结构、多层次、多分支系统的特点，古都研究也是一个庞大的系统工程，两者研究内容都具有复杂性，都要涉及规划学、经济学、社会学、政治学、军事学、人口学、心理学、历史学、地理学、地质水文学、气象学、生态学、环境学、建筑学、园林学、文物保护学、博物学、美学等。已有许多学科因对城市研究的专门化，而出现了许多研究城市的专门学科，逐步形成了包含众多分支学科的大学科体系。从中国古都学的发展方向看，在中国古都学研究中要及时吸收借鉴城市科学的研究方法和手段，不断拓展研究领域，对古都所包含的政治、经济、社会、军事、文化、地理、旅游等因素进行专题研究，形成自己的学科体系。

但是，古都学研究的城市又是特殊范畴里的城市，是“都市制度的最高形式”的“都城”①，它除具有一般城市的特性之外，还具有明显的历史因素、山川形胜的地理因素，以及代表人类文明智慧的众多的文物遗存因素。从古都的特殊性来说，古都学又与城市科学区别显著，这两门学科有着本质的不同。城市科学侧重于现代城市，对现代城市各个层面进行全方位的研究。古都学研究历史时期的都城和今天的古都类城市，在研究历史时期都城时它侧重于史学，在研究古都类城市时，侧重于旧城改造、古都文化（物质与精神两部分）保护与开发、古都类城市的可持续发展等内容。

（二）中国古都学与中国都城史、中国都城地理学的关系

中国古都学是一门综合性学科，它的研究对象是历史上所有都城和古都所依托的现代城市。研究内容贯穿古今，包括基础理论研究、

---

① 钱学森：《开展对城市学的研究》，《光明日报》1985年3月18日。

基础性专题研究和应用性研究。然而由于多种原因，当前在古都学研究中存在着把都城史、都城地理学与古都学混同的现象，这里有必要廓清它们的从属关系和研究领域的不同，更好地发挥它们的学科价值和作用。“科学研究的区分，就是根据科学对象所具有的特殊的矛盾性。因此，对某一现象的领域所特有的某一种矛盾的研究，就构成某一门科学的对象。”① 只有认真分析它们各自研究领域矛盾的特殊性，才能弄清它们的区别与联系。

在一定的地域范围内和一定的地理节点上，不同历史时期的都城在不同的政治、经济、社会、文化等历史背景下，都有其形成、发展、演变的历史过程。中国都城史的研究尽管也涉及都城的政治、经济、文化、军事、组织形式等各个方面，但它更注重于这些要素本身和它的历史过程即都城制度史、都城文化史、都城建设史、都城社会史等的研究，它勾画出都城成长、消亡过程的各个阶段和侧面，可为今天的城市发展提供借鉴，但它不直接把今天古都类城市的规划建设和历史文化保护利用作为研究内容，而更多的是属于史学范畴。

随着中国古都学与城市科学、历史地理学等学科协作与交叉关系的日益紧密，中国都城地理学逐渐成为中国古都学的一个独立分支而分化出来，中国都城地理学的研究对象就是作为地理实体的都城，它研究都城兴起发展、演变的地理空间，研究都城制度、职能、空间结构、都城风貌等与地理条件之间相互影响、相互作用的关系。中国都城地理学也研究都城的政治、经济、社会、文化、军事、建筑等要素，涉及它们各自的形成过程，但更专注于各种人文要素与自然要素在都城空间的组合。中国都城地理学与中国历史城市地理学关系密切，它们的研究对象既有重叠，又有区别。尹钧科教授提出：“中国古都学与历史城市地理学间在研究领域上的根本区别在哪里呢？那就是古代的都城制度。”② 尹先生所谈的区别实际上是中国都城地理学与历史城市地理学的区别。历史城市地理学既研究历史上的都城，也

---

① 《毛泽东选集》第1卷，人民出版社1969年版，第297页。

② 尹钧科：《中国古代都城制度及其在古都学研究中的地位》，《中国古都研究》1994年第11辑。

研究一般城市，但中国都城地理学专门研究都城，并着重都城制度的地理因素研究，中国都城地理学是中国古都学与中国历史城市地理学交叉形成的一门学科，它更多地属于历史地理学范畴。

从以上论述可知，中国都城史和中国都城地理学都以古都为研究对象，但研究内容各有侧重，研究方法也有所不同。中国古代都城史、中国都城地理学是中国古都学之下的二级学科，它们从不同的角度和侧面对古都进行研究。①

四　中国都城地理学的研究范畴

中国都城地理学，是从地理学角度研究中国历史时期都城的有关问题，是中国古都学不可或缺的组成部分，也是近年来中国古都研究中方兴未艾的研究领域。由于中国历史上的古都主要出现于鸦片战争以前，所以中国都城地理学研究的重点是中国古代的都城，故而也可称之为中国古代都城地理学，或简称为中国古都地理学。从学术发展角度看，加强对中国历史时期都城的全方位研究是必需的，历史时期所有的都城都应是中国古都学的研究对象，也是中国都城地理学的研究对象，才能有利于古都发展规律的全面探索。“历史上的都城”有不同的发展命运，有的都城只在史书中留下简略记载，现在已无迹可寻，或者其具体地望仍有争议，如先秦时期的诸多方国都城和两汉时期西域诸国的不少都城；有的都城作为全国或区域的政治中心城市，曾经显赫一时，却只留下一片废墟，如西汉长安城、十六国时期大夏国的统万城、金上京会宁府城等；有的都城则经过曲折发展，至今仍为区域政治中心城市，如西安、南京、洛阳、开封、杭州、安阳、郑州等“大古都”和南国名都广州等，至于北京则情况比较特殊，政治地位一直相对稳定，明清时期为全国性都城，现在仍为中国的首都。对于那些无迹可寻或者只留下废墟的古都，要认真研究相关历史文献记载，结合考古学的新进展，利用各种方法和手段加强研究，探

---

① 参见吴宏岐、李瑞《关于中国古都学的若干理论问题》，《陕西师范大学学报》（哲学社会科学版）2004 年第 1 期。

索其兴起、发展、衰落和毁灭的原因，为现今城市发展规划提供有益的借鉴；对于至今仍为区域政治中心城市或首都的古都类城市，则需要研究其都城时期的城市发展特点和规律，以及在中国古都发展史、城市建设史中的地位和对后世相关城市发展的深刻影响。都城时期的研究是传统意义的古都研究，也是以往中国古都学研究的重点，为都城地理学研究提供了良好的基础和发展空间。从中国古都学“有用于世”的目的考虑，也必然要求加强现存古都类城市的研究，尤其是这些城市的后都城时代与目前城市发展具有直接的继承关系，更需要通过都城地理学研究更好地为当前城市规划、古城保护、城市文化培育和城市可持续发展服务。学科发展要求以上各方面不可偏废，但在研究过程中可根据实际情况有所侧重，重点是用都城地理学的研究视角，解决中国古都研究中相关的地理问题，以更好地为当前城市建设与规划服务。

中国都城地理学的研究时段问题，可以从两个层面进行考量。其一是古都类城市自身发展的各个时段，即不仅要研究其都城时期，也要研究其前都城时期和后都城时期，必要时甚至还可以包括当代古都类城市的发展情况。只有这样才能对都城发展的地理基础、都城时期的状况、对后都城时代城市发展的影响等整个城市兴起、发展、演变和更新的全过程有清晰的认识。其二是中国古都的不同发展阶段，其研究时限应该“始于都城的肇源，终于清末。具体地说，从传说中的三皇五帝之都，至清都北京”，也就是“重点是研究古都，也并不排斥对现代都城的研究，甚至是对现代城市的研究”①。所以中国都城地理学不仅要研究古代的都城，还要研究近现代的都城，甚至也可以对当代的首都北京及其他古都类城市进行都城地理学研究。唯其如此，才能理清中国都城发展演变的全脉络，以便于中国都城地理学理论的宏观概括和总结。

关于中国都城地理学研究的空间区域，也不能仅以都城的城墙为限，不仅要研究城墙内部的各个功能区的布局、都城形态结构等内

① 叶骁军：《关于古都研究中的几个理论问题之管见》，《中国古都研究》2007 年第 21 辑。

容，还要将视野扩展到城墙以外，研究都城附近的皇家园林、行宫、陵墓等附属性设施和官僚贵族的园林别业的空间布局及其与都城的关系，都城郊区和城郭区的居民区、村落、城镇及其与都城的互动关系，甚至通过对都城周围的气候、地形、河流、湖泊、交通、物产资源及其他自然环境和经济基础的研究，将研究区域扩展到都城所在的广大腹地。同时，从全国范围内考虑，都城地理的研究既要包括大一统时期的都城，也包括各个割据政权和少数民族政权的都城。此外，考虑到多都制是中国都城制度的重要特色，都城地理学既要研究首都，也要研究别都、陪都和留都和一些实际上起到临时性政治中心作用的行宫（如隋代的仁寿宫和唐前期的九成宫）等内容。

因此，在研究时空上，中国都城地理学的研究与中国古都学一样“并不局限于‘古代’，‘都城’这一时空范围内，而是放眼古今未来，包括都城内外，有着大跨度的时空范围”①。

中国都城地理学与中国古都学皆以“历史时期的都城”为研究对象，却不能因此将一般意义上的中国古都学与中国都城地理学完全混为一谈。中国都城地理学与中国古都学的最大区别在于其研究对象是“地理实体的都城”，它强调地理学角度的研究，“研究都城兴起发展、演变的地理空间，研究都城制度、职能、空间结构、都城风貌等与地理条件之间相互影响、相互作用的关系”，“研究各种人文要素与自然要素在都城空间的组合”② 等。一般意义上的中国古都学研究更多强调古都史和古都文化层面的内容，史念海先生《中国古都与文化》一书就是这种思想的集中体现。朱士光先生指出“中国古都学研究的主要内容是历史时期各个朝代与政权都城兴建、发展以至废毁过程及其原因、规律”③，并强调“将每一座古都提高到文化的层面加以综合的深入的研究”④，也是如此。注重古都文化研究，固然是

① 朱士光：《中国古都学理论建设刍议》，《中国历史地理论丛》2005 年第 1 辑。

② 吴宏岐、李瑞：《关于中国古都学的若干理论问题》，《陕西师范大学学报》（哲学社会科学版）2004 年第 1 期。

③ 朱士光：《中国古都学理论建设刍议》，《中国历史地理论丛》2005 年第 1 辑。

④ 朱士光：《论我国当前古都研究与建设工作的新进展与新问题》，《中国古都研究》1994 年第 11 辑。

研究水平提升和重建古都类城市文化性格的必然选择，却并不能因此而忽略古都学作为“城市历史地理学的一个特殊分支”[①] 的学科特性，而忽略地理学角度的研究。加强古代都城地理学研究，是中国古都学发展的必然要求。

五　中国都城地理学的研究内容

中国都城地理学作为中国古都学的一个分支，研究内容必然也受中国古都学的制约。朱士光先生曾指出中国古都学的学科组成有三个层次：第一层次是地理环境与资源；第二层次是古代都城空间布局与形态、结构特点；第三层次是文化与制度[②]，其中的第一、第二层次都应该属于中国都城地理学的研究范畴。中国都城地理学作为中国古都学和城市地理学的交叉分支，其实质是城市地理学视野下的中国古都学研究，也可以说是以都城为核心研究对象的、具有特殊性质的历史城市地理学研究，其具体的研究内容应该包括以下几方面：

（一）都城发展与演变的历史地理背景研究

都城发展与演变的历史地理背景研究是中国都城地理学的首要内容。城市史研究通过关注城市的兴起、发展、衰落乃至毁灭的全过程，归纳城市演变发展的规律，都城史研究则是将目光从一般城市转向特殊地位的城市——都城。都城地理学对都城发展与演变的关注，应该将重心从纵向的“过程”即发展史，转向都城发展、演变与其所在环境的相互影响、相互作用方面。

古都的地理环境与资源是古都选址和发展的基础。都城兴亡关系国之兴亡的特殊地位，这一点决定了历代统治者无不重视都城位置的选择，统治者必须仔细了解都城及其周边的地理环境与资源，是否有利于其统治的巩固。都城的选址受制于各种条件，因而形成了若干都城选址的原则，史念海先生将其归纳为：探求国都的中心点、利用交

---

① 尹钧科：《古都学与城市地理学》，《中国古都研究》1998 年第 12 辑。

② 朱士光：《中国古都学理论建设刍议》，《中国历史地理论丛》2005 年第 1 辑。

通要冲的位置、凭恃险要的地势、地理因素与对外策略、接近王朝或政权建立者的根据地、政治中心与经济中心的关系六个方面。① 这些因素错综复杂，相互影响，不同朝代的都城，所处时代的政治、军事、经济形势不同，所考虑的标准也各有所异，有些政权因袭前代都城，不少朝代和政权都城则经过几番迁徙。中国都城地理学除在总体上把握各政权建都的原则和规律之外，具体到每个都城都要详细分析，细究其变化的过程。只有做到具体都城具体分析，才能对每个都城或古都类城市的发展基础有清晰的了解。

决定都城形成的因素不同，“在都城的发展和演变中，就会各有不同的影响，也会肇致不同的结局”②。环境条件是都城选址的基础，而环境的演变常常也是影响都城发展演变的重要原因。都城地理学不仅要关注都城的选址条件，更要关注都城的规划、发展演变及其更新模式与环境演变的关系，进而可以对当前古都类城市的更新模式提出前瞻性意见。当然，更有必要从辩证的思维和互动的观点来考察分析都城位置的选择与环境的关系，即不能仅以都城发展的环境基础研究为限，也应关注都城位置的选择及其成长对其所在区域的地理环境有何影响，区域面貌发生了何种变化。都城所在区域的气候、农业生产状况、人类生存空间与环境、居民饮用水的形式及演变等都应该成为都城地理学研究的重要内容。都城发展对其区域环境的影响也进而影响到其都城地位的变化，这是一个不容忽视的客观问题。以西安的发展为例，汉初和隋唐定都长安，与关中的地理形势、关中地区“天府之国”的富饶、广阔的农业发展腹地和当时的政治形势等因素皆有相关，长安因其首都地位，成为当时全国的政治、经济、文化中心，也是世界上最繁盛的城市，长安文化作为汉唐文化的象征远播世界。但随着关中人口增加，关中狭小的腹地经济，远远不能满足首都的粮食供应，与之相伴的经济重心东移和南移以及全国政治形势的改变，使长安作为首都的优势地位日益下降，自唐代以后再没有做过统一王朝的都城，经过五代十国的萧条，西安的发展也随之进入其衰落阶段，

---

① 史念海：《中国古都与文化》，第213—240页。

② 同上书，第212页。

虽然元明清时期甚至民国时期在城市建设方面有一定起色，但已无往日全国性都城的地位。

都城地理学所探讨的地理因素与古都形成和发展的相互作用，既有地理环境和资源对都城选址的影响，也有地理因素的改变对都城发展的影响，都城发展演变是一个动态的过程，都城或其所在城市在每个历史阶段发展的地理背景都具有特殊性，故而其所表现的城市发展模式也有所区别，都城地理学就是要将所有的动态发展过程进行整体性研究，探讨都城及其所在城市更新演变的全过程，从而归纳历史时期城市更新的模式，并为当前城市建设提供参考与借鉴。

都城的历史地理背景研究是开展其他研究的基础和前提，也是解决都城地理一切问题的根源所在。具体的研究方法既要注意从单体都城的个案研究入手，探讨每个都城发展历史地理背景，又要以个案研究推动综合研究，由实证上升到理论，注意理论的归纳和提升，形成规律性认识，以便为当前城市规划和发展提供相应的指导和参考。

（二）都城体系研究

都城体系研究也是都城地理学研究的重要内容。就城市研究而言，“很早以来，区域地理学家就致力于研究城市与周围区域（城市是该区域的核心）的相互关系”①，这种关系就是城市与其腹地的关系，城市与其他城市之间的关系，即所谓的城市体系。都城作为一种特殊类型的城市，也有其发展的区域。区域角度的都城研究，也要关注都城与其腹地的关系，尤其是都城与陪都的关系，即所谓的都城体系。都城作为特殊形式的城市，不仅在其所在区域具有核心性，在全国范围内也处于核心地位。都城政治地位的核心性与其作为都城的时间相始终，但其经济地位的核心性和文化地位的核心性与政治地位的形成具有非同步性，甚至具有分异性，有时在多都制或政治版图分裂条件下，都城的政治核心性地位也可表现为双核或多核模式，都城地

---

① ［美］H. J. 德伯里：《人文地理：文化、社会与空间》，王民等译，北京师范大学出版社 1988 年版，第 201 页。

理学要充分关注都城核心性的形成与消失的过程、原因和影响。

都城与其腹地的关系表现在两个层面，首先是都城与其所在的地理区域的关系；其次是都城与全国范围内其他都城的关系。

各个都城与其所在区域内的城镇会构成首都圈①，首都是其辖区内城市体系的顶点，也是城市体系研究中应该关注的内容。都城体系是针对全国范围而言的，首都圈内的城市体系是针对都城辖区及其卫星城镇而言的，与一般的区域城市体系研究相类似，在都城地理学研究中没有特殊性，故不是都城体系研究的重点。但是都城与其所在腹地的村镇、聚落、河流、居民及环境的互动关系，仍是都城地理学需注意和加强的内容。

在某一特定历史时期，全国范围内会存在数个都城地位的城市，它们之间的关系就构成一定的都城体系。中国都城地理学研究都城体系是由中国古代多实行“多都制”、中央王朝四周存在多个边疆民族政权都城或国家分裂时期多政权都城并存的特殊国情决定的。都城体系的研究涉及该体系形成的原因、条件、过程，都城体系的层次结构、相互关系、演变趋势以及历史作用等问题，研究全国范围内各个都城之间的层级关系和关系演变，是都城体系研究的主要内容，其重点是各都城之间的功能与空间配置的关系。多个都城存在的情况，决定了中国古代都城体系研究主要有以下三种情况：多都制条件下首都与陪都的关系；统一王朝的都城与边疆政权都城的关系；国家分裂情况下，多个割据政权都城之间的关系等。

“多都制”是中国古代都城制度的一大特色，除个别朝代如秦王朝只有一个都城之外，不少朝代有两个都城，如西周和隋代，还有的朝代有三个、四个、五个甚至六个都城，如明朝为三都制，宋为四都制，五都制者则有曹魏、唐、辽，金朝设都最多，为六都制。在两个以上的都城中，有一个为首都，其余则为陪都。一般而言，首都与陪都在功能是互补的，空间上也力求均衡。在两都制条件下，多根据社会矛盾的需要而选择东西配置或南北配置。都城数量、都城名号的确立与国土轮廓有关，更受当时的政治、经济、文化和地理环境以及帝

① 叶骁军：《古代的首都圈及其相关问题》，《中国古都研究》1989 年第 4 辑。

王的个人偏好等影响。首都与陪都的形成、功能和地位及演变趋势等都是都城体系的研究内容。

多政权对峙是中国历史上比较常见的现象，即使某些所谓的“大一统”时期也不例外，中央王朝都城之外，也往往存在着多个少数民族政权或以汉族为主的割据政权的都城，如西汉前期之南越国都番禺城和西域诸国之都城，再如唐朝东北靺鞨人建立的黑水政权、西南地区的南诏政权、西藏地区的吐蕃以及西北地区的突厥、回鹘等政权，皆有各自的都城。各政权都城与中央政政权都城的空间分布、政治地位和相互关系以及关系的演变等内容是中央王朝与边疆关系的特殊表现形式，很大程度上关系着边疆民族地区的稳定，也是都城体系应该关注的内容。

中国历史上国家统一与分裂不断演替，分裂时期虽不是历史的主流，但分裂时期全国范围内处于都城地位的城市数量比统一时期数量更多，如南北朝和十六国时期、五代十国时期、辽宋夏金元对峙时期等，全国范围内存在的都城数量甚至多达十几个，故国家分裂时期的都城体系同样不可忽视。分裂时期都城关系的演变也是各政权关系变化的反映，各都城的地位与政权地位相一致，并随着其政治地位的演变而改变，都城体系是研究该时期各政权关系演变的重要切入点，也是中国都城地理学中的都城体系研究不可或缺的部分。

此外，某些帝王临幸频繁、停滞时间较久的行宫，如隋朝之仁寿宫，唐代之九成宫、华清宫，清代的承德避暑山庄等，虽无陪都之名，却在很大程度上起到陪都的政治作用，拓展了都城的政治空间，也可视为都城体系的重要组成部分，其功能和空间布局也应当成为中国都城地理学研究的内容。

当然，在这种都城体系中，边疆民族政权或少数民族政权都城对中原地区都城制度的继承和创新是边疆少数民族学习中原文化的最初举措，也是中原地区都城与边疆都城关系的重要表现形式，其中不仅涉及都城建设制度，也有都城管理制度的内容，在中国都城地理研究中要适当关注。都城体系的形成对单一都城在全国范围内的核心地位是一个巨大冲击，也是都城发展分化模式的反映。从某种程度上说政治多核心模式不利于国家政治的稳定，但政治核心与经济核心的分离和多核心模式却更有利于国家经济的发展和边疆地区的开发，这是一个矛盾问题，只有当多核心力量达到某种平衡时，才能维持社会的稳定。

（三）都城空间结构研究

“古代都城空间布局与形态、结构特点”是古都研究的第二个层次，是从都城内部空间结构层次上理解的，是关于都城本身的研究内容，更是古都研究的“主体内容”①。都城空间研究作为城市空间研究的一种特殊形式，近年来日益受到学者重视，并日渐从都城制度研究中分化出来，形成独立发展的态势。都城空间研究分为都城外部空间形态和都城内部空间结构两部分，前者主要是都城空间结构的外部表现形式，即都城的外部轮廓形态，后者则更关注都城内部各要素的用地形式、空间布局以及与都城所在区域环境的互动关系等内容，具体表现为政治空间结构、经济空间结构、文化空间结构、社会空间结构和意象空间结构等。

不过，都城的外部空间范围并不仅限于城圈以内，一些重要的礼制建筑如隋唐长安的天坛等建于城墙以外，一些重要的城市功能区如汉长安的上林苑、隋唐长安附近的行宫、别苑、皇陵等都位于城外，而且唐宋以来随着城市的发展，城郭部分的经济功能日益突出，如宋代《清明上河图》所描绘的开封郊区繁华景象，城墙外部郊区的发展对都城外部形态产生重要影响，中国都城地理学应将都城空间的拓展范围纳入研究视野，将对城区的关注从城墙内扩展到城外，进而从都城所在地理区域或腹地做整体考虑，将比以往研究只重视城圈以内的做法有更宏观的视野，研究成果也将更客观和真实。

城市空间形态一般包括物质形态和非物质形态两种形式，具体而言，“主要包括城市物质要素的空间布置形式；城市生活方式和文化观念所形成的城市人文心态；社会群体、政治形式和经济结构所产生

① 朱士光：《中国古都学理论建设刍议》，《中国历史地理论丛》2005 年第 1 辑。

的城市生态结构等”① 内容。具体到都城物质形态而言，从宏观上不仅包括由都城规划所形成的以宫城为核心的政治功能区和其他区域的相对位置关系、在城垣束缚下形成的都城轮廓形状等都城形制内容，还包括都城在城垣外部的成长所形成的部分及其对都城形状的影响；从微观上则会具体到构成都城物质形态诸要素如宫殿、市场、街道、城墙、里坊的平面和立体的形式、风格布局等外部形态，其物化表现是各要素在用地空间上呈现的几何形状。都城的非物质形态则包括更广泛的内容，是人类活动在都城特定的地域环境内各种活动和经济文化生活的表现形式，即都城的政治、经济、军事、文化、教育、社会生活等各方面的空间表现形式，可以具体表现为行为空间、社会空间、心理空间、文化空间等不同内容。

古代都城的物质形态研究，一向被学者所关注，研究成果丰硕，而对于非物质形态的研究则较为薄弱。都城地理学要加强对古都非物质形态研究，将传统研究对都城文化的关注与空间研究相结合，关注平民生活的社会空间、行为空间，将都城空间研究与其所在区域之地理环境特点及其变迁、所处区域与时代之思想文化和政治经济制度及其嬗变相结合，加强理论归纳和总结，进而推动都城空间研究日渐成熟。

具体而言，都城的内部空间结构由政治空间、经济空间、军事空间、文化空间、社会空间等几部分组成，各空间的组成要素分别如下。

政治空间：对皇宫、官署、礼制建筑、离宫别苑、皇家园林、皇家陵墓等的位置及其在都城内的空间分布与布局形式进行复原，并分析其影响因素，进而认识都城的政治空间的结构和构成，探讨不同都城政治空间演变的规律。

经济空间：研究都城及其附近各种经济活动的场所和空间布局形式及其影响因素，探寻都城经济空间演变的规律。古代社会这些经济活动主要表现于手工业作坊、商业市场和商业店铺的分布，近代以来

① 李久昌：《国家、空间与社会——古代洛阳都城空间演变研究》，三秦出版社2007年版，第41页。

则增加了近代工业和金融机构等内容，经济空间的内涵更复杂一些。

军事空间：探讨都城内部及其周围驻军的分布、城防设施分布和防御方向（制内或是御外）及影响因素，甚至还包括都城附近的重要关口与交通道路的位置及在军事防御中的作用。

文化空间：探讨都城内各种文化要素的空间分布及影响因素，主要内容有由学校或书院、孔庙、文庙构成的教育空间；寺院、道观、清真寺、教堂各类庙宇组成的宗教空间；城隍庙等组成的民间信仰空间等。

社会空间：也被称为“社区空间”或“社会区域”，“从城市社会生态学的观点，社会区域是城市环境下，人群分布与构成在较大的地域，它是较大地域的城市社会集合体”，“在社会区域里有较大的社会经济特征，职业背景的相似性”①。社区有一定的地域，其内生活的人群的相关性使其生活方式也具有相似性，在某种程度上，社区是地理空间与社会空间的结合。按照生活方式的不同，可以分为城市社区、乡镇社区、村落社区等形式。都城内由不同社会群体构成的社区是城市社区的一种形式，如皇宫社区、贵族社区、官员社区、平民社区、外国人社区、少数民族社区等。此外还有一些特殊社区，如北京城的八大胡同是娼妓区，长安城的东西市是市场社区，还有寺庙区、乞丐区等。一般而言，每个社区都由特定的社会人群构成，这些人的职业、社会地位、生活习惯决定了其社区的位置和空间形态。当然，也存在混合型的社区，如唐长安城平康坊就是由官员居住区、娼妓居住区等所组合而成的社区。从研究对象上，以往研究对都城内的贵族和官员社区关注较多，现在要眼光向下，关注一般平民的生活空间和生活方式，以便于对都城社会空间有更全面真实的认识。

此外还有一种意象空间，② 是某人或某些人群对以上某些具体空间的认识，如对某些城市景观空间、城市文化空间的意识，用某种形式表达出来，就是某人或某些人群的意象空间。都城意象空间可以通

① 王兴中：《中国城市社会空间结构研究》，科学出版社 2000 年版，第 37 页。

② 李刚：《中古乐府诗的城市意象》，《中国历史地理论丛》2005 年第 4 辑。

过一些文学作品或地图表达出来，如唐诗中有很多关于长安城景观、文化等内容的描述，就是作者意象空间的表现。意象空间因带有很大的主观性，研究难度较大，但未尝不可作为未来都城空间研究的一种新视角。

古代以皇权为中心的都城规划制度及城市空间结构，是影响各社区空间分布的决定因素，如隋唐长安城的东西二市的规划布局，以及严格限制市场交易空间和时间的规定，决定了其市场社区主要位于东西二市。因此，都城空间的探讨还要注意都城形态与都城制度的关系。都城制度不是都城地理学研究的主要内容，却是都城空间研究中不可回避的问题，因为都城空间形态是都城制度的具体表现，都城制度是影响都城各功能区的空间分布、空间形态和空间结构的主要因素，当然都城发展中也存在对都城制度的突破，都城空间形态对都城制度的突破和遵循也是都城地理学需要考虑的问题。而土地可利用空间的变化是突破都城制度限制的主要原因，并对都城空间形态带来影响，如唐长安城南的家庙密集区的形成就是一例。都城地理学不仅要研究这些社区的空间分布，还要关注这些社区的演变及影响其演变的动力机制。

在以上研究基础上，中国都城地理学研究的最终目的是要从宏观视角研究和总结都城存在发展的地理基础、都城功能、都城体系与都城空间形态结构发展演变的特点、动力、模式及其对后世相关城市的影响，进而探讨都城发展基础、都城功能、都城体系与都城空间形态结构和都城所在城市更新发展相互作用、相互影响的辩证关系。此外，中国都城地理学为当前古都类城市保护和发展所做的工作主要是通过都城考古工作的开展，复原古都遗址的位置、空间格局，通过都城选址、规划和空间的研究，加深对城市发展环境与城市内部传统功能区的认识，从而为古都遗址保护、城市改造和更新、城市旅游开发等提供参考。对于历史时期都城文化空间的复原重建，传统经济空间和社会空间的研究，从而上升到对城市性格与城市文化内涵的研究，也可以对城市形象、古都风貌和历史文脉的保护和建设有所帮助。

六　中国都城地理学的研究方法

都城是国家最重要的政治地理要素，甚至也是一个国家政治的象征，是一个政权实施统治的中枢。都城地位的特殊性决定了其研究对象的复杂性。正如史念海先生所言："我国的古都不仅繁多，形成各个古都的时代前后亦皆不相同，这些古都分布的地区既相当广泛，又各具特色，难得一律，因而所显示的问题就颇为复杂，往往涉及许多方面。"① 古代都城地理学的研究作为一种交叉学科，往往涉及历史、地理、考古、城市、政治、军事、经济、文化、水利、建筑等各个学科内容，要达到某方面的研究目的，需要借助各学科的研究手段，多重视角的综合研究当是其最基本的方法。

都城是具有特殊政治地位的城市，故而中国都城地理学的研究要借鉴现代城市地理学的相关理论，尤其是城市体系、城市空间形态理论，加强都城发展基础、都城体系和都城空间结构的研究。近年来城市地理学的相关理论和研究方法不断更新，其中关于城市体系、城市形态、城市更新、城市规划等相关内容更是丰富多彩，都城地理学研究要充分利用这些最前沿的理论成果，并将其与本学科特点相结合，不断丰富中国都城地理学的研究理论与方法。

历史地理学与都城考古学方法。鉴于中国都城地理学作为中国古都学的分支学科，以及与中国历史地理学的密切联系，也应重视历史地理学方法的运用，尤其是在注重文献运用的同时，将文献考证与野外考察相结合。中国都城地理学尤其要借鉴都城考古学的相关研究方法和成果，"要显示古都原貌，除文献记载以及文物遗迹之外，还须依靠地下发掘"②。都城考古以"反映都城政治性的物化载体作为田野考古发掘与研究对象"，"宫城、皇城、官署、武库、宗庙、社稷、明堂、辟雍、灵台、圜丘、地坛等"③ 是都城考古发掘的主要"点"，

① 史念海：《中国古都学刍议》，《中国古都研究》1987 年第 3 辑。

② 史念海：《序言》，《中国古都研究》1985 年第 1 辑。

③ 刘庆柱：《古代都城与帝王陵寝考古学研究》，科学出版社 2000 年版，第 34 页。

这虽然与都城地理学所要关注的都城空间结构相比，有些过于微观，但其研究却可以从宏观上解决都城位置、环境、都城布局形制等问题，尤其是包括城墙、城门分布、都城平面形状、道路网络及城内分区，与都城相关的都城附属建筑（如礼制建筑、陵墓、离宫等）地望的确定及分布状况等在内的都城布局形制问题都是都城考古的重要内容，都城轴线和都城中心点的确定更是重中之重，这些都是都城空间结构复原和研究的基础。越是久远的都城，尤其是夏商周三代都城地理的研究，更多依赖都城考古的成果。从某种意义上说，都城考古学为都城地理学研究提供了资料基础，都城地理学则是在将都城考古发掘资料与文献资料结合基础上的深化和提升，从许多的单体都城考古研究成果中归纳都城演变的规律，为现存的古都城市的城市规划、古城保护和可持续发展等提供历史借鉴。

都城比较研究法。陈桥驿先生在中日学者城市比较研究中提出的“应该从单一的城市研究向城市的比较研究发展”的基础上，进而提出“比较城市学”的概念[①]，笔者认为比较研究法不仅适用于中日城市比较研究，也同样适用于古都学研究，甚至可以称为“比较古都学”或“比较都城地理学”。比较都城地理学的研究方法类型多样，既有不同都城之间的比较，也有同一古都类城市不同发展历史时段的比较、中央王朝都城与边疆地区都城的比较、统一王朝都城与分裂时期都城的比较，也还有中外都城的比较研究等。通过比较研究，才能清晰其中的差异和特点，厘清发展脉络，从而得出普遍的都城发展基础、都城更新和空间结构演变规律。

动态研究法。都城与城市一样是动态的，经历着从产生、发展、演变更新的全过程。都城发展的环境基础、都城体系、都城功能、都城空间结构也是处于不断发展中，整个历史时期也经历着多个都城迁移和都城地位的变化过程。都城地理学也应该用动态的研究方法和视角，尽量将每座都城所在城市不同历史时期的环境状况、空间结构的发展变化复原出来，才能更好地归纳都城发展的规律。

司徒尚纪先生曾指出，“历史地理学应从专业优势出发，着重研

---

① 陈桥驿：《比较城市学刍议》，《中国古都研究》2005 年第 20 辑。

究它们（古都）兴起的地理基础，自然和社会经济条件、区域关系，城市结构和用地布局，以及作为城市群体的地理分布等，从中发现古都演变规律，总结其中经验教训，为古都学建立和发展提供理论支持”①。这一观点从某种意义上来说，也可以看作是对中国都城地理学研究方法与研究内容的初步概括。从另一角度而言，中国古代都城地理学就是要用历史地理学以及其他相关学科的理论与方法来深化古都问题的研究，从而促成中国古都学学科理论体系的提升与完善，唯其如此，中国古都学才能从单纯的古都文化学发展成为一门日益独立的学科。②

① 司徒尚纪、许桂灵：《古都的历史地理研究刍议——以广州古都为例》，《中国古都研究》2005 年第 20 辑。

② 吴宏岐、郝红暖：《中国都城地理学若干问题刍议》，《陕西师范大学学报》（哲学社会科学版）2009 年第 3 期。

第三章　历史社会地理学的基本理论及其相关问题

一　历史社会地理学的基本理论

近数十年来，在历史学和地理学的研究中，人文社会因素逐渐得到加强，作为两门相对年轻的学科——社会史和社会地理学的研究蔚然勃兴，中国基层社会的传统生活方式和不同社会群体或社会关系的发展演变和空间结构分别成为它们研究的重点。与此同时，随着研究的深入，一门相对全新的学科——历史社会地理学亦初露端倪，阐明其理论体系和研究内容，不仅有助于加强和推动社会史、社会地理学和历史地理学等学科的健康发展，而且有助于我们从时间与空间交织的视野，更全面地认识和理解人类社会与地理环境的关系，从而更深刻地认识环境，理解社会。

（一）历史社会地理学的研究对象

顾名思义，历史社会地理学的研究对象就是历史时期的社会，但具体是社会的哪些方面，则尚费周折。

首先，这里所说的“社会”不是一般的与“自然”相对的“人类社会”，而是指由一群享有共同地域和共同文化的、彼此之间发生相互联系和相互作用的人们组成的“人类共同体”。一个社会未必等于一个国家，许多民族国家都在自己的疆界内含若干个较小的社会。[1] 每一个层次的社会又可以包含若干个以不同标准划分的社会集团（人群）。例如中国清代社会又可以分为关外社会和关内社会，关内社会又可以分为华北社会、华南社会、西北社会、西南社会等，华北社会内部又包含有依民族划分的满人集团、汉人集团、回人集团等，或依职业划分的农民集团、商人集团、官吏集团、士人集团等。历史社会地理学需要研究这些集团或人群的区域分布、人文类型、形成及发展过程、行为特征、心理差别及其与社会文化环境的关系等。

其次，历史社会地理学来源于历史地理学和社会地理学，其研究对象必然要受到二者研究对象的制约。历史地理学是研究历史时期各种地理现象演变及其和人们的生产劳动、社会活动的相互影响，并进而探索这样的演变和影响的规律，使其有利于人们利用和改造自然的科学。[2] 历史地理学的根本任务是探索人地关系的变迁，分析人类活动和地理环境的相互耦合规律。社会作为一种特殊的生存空间，是由各种社会集团按照各种社会关系组合而成的一种人类共同体，可以说是一种特殊的人文环境，当然也是广义的地理环境的一种。同时这种狭义的社会与人类的生产、生活密切相关，它直接由人类群体的复杂而又日常的各种物质和精神的生产、生活活动来表征。在历史发展的长河中，这种环境与人本身的相互关系和影响处于时时刻刻的变化之中，它自然应该是历史社会地理学的研究对象。社会地理学是近年来发展较快但又相对薄弱的人文地理学的分支学科之一，关于现代社会地理学的研究对象，因研究的目的、视角、方法不同，所给的定义也各不相同，目前归纳起来主要有三种：社会地理学是研究人类集团和人类社会存在的各种基本机能的空间组织形态和空间形成过程；[3] 社会地理学是从社会经济因素研究地理环境发展与变化的规律，侧重于分析空间的社会现象；[4] 社会地理学是用地理学的观点研究各种人类

---

① 乔志强、陈亚平：《社会史的研究对象、知识体系及其学科地位》，载周积明、宋德金主编《中国社会史论》，湖北教育出版社2000年版。

② 史念海：《中国历史地理纲要》，山西人民出版社1991年版，上册，第13页。

③ 白光润：《地理学导论》，东北师范大学出版社1989年版，第84页。

④ 张文奎：《人文地理学词典》，陕西人民出版社1990年版，第250页。

现象、社会特征和社会集团的区域分布及差异，并比较各种社会集团类型的形成过程与空间结构的科学。[①] 这三种观点可以用社会集团与社会环境的关系来概括。虽然近年来国外社会地理学的发展出现了侧重社会问题研究的新动向，但社会集团与社会环境的关系研究仍然是其解决社会问题的主要研究途径之一。社会地理学的研究对象在历史时期的分布和演变状况即历史社会地理学的研究对象。

最后，有关概念内涵和外延的范围不一，也是探讨历史社会地理学的研究对象所不能回避的问题。社会地理学有广义与狭义之分，广义的社会地理学即人文地理学（有的学者称为社会文化地理学），其研究对象是人文事象的形成、空间分布及其发展规律，即人文事象地域系统。狭义的社会地理学，其研究对象已如前所述。现代社会地理学即指狭义社会地理学，它在人地关系中重视社会条件，强调社会因素对形成区域特征的作用。历史社会地理学与现代社会地理学在研究对象上应该是一致的，只是时段上不同。葛剑雄曾提出历史人文地理应包括狭义的历史人文地理和广义的历史社会地理，蓝勇则进一步认为，广义的历史社会地理包括历史政治地理（含聚落、人种、民族、疆域、政区、古都、地名等）、历史经济地理（含农业、城镇、水利、交通、人口、手工业等）、历史军事地理（含战场、关隘、城防、烽燧、长城等）等方面；狭义的历史人文地理包括历史文教地理（含教育、人才、学风等）、历史宗教地理（含原始信仰、本土宗教、外来宗教等）、历史风俗地理（含方言、民俗如婚姻、居室、饮食、服饰之类、民风等）等方面。[②] 实际上这些说法是根据近年来人文科学与社会科学分合的趋势而言的，其所谓的历史社会地理，可以说是历史社会科学地理的简称。作为一门学科的历史社会地理学应包含于这种广义的历史社会地理之中，但又是其中一个特殊的综合性分支。它的研究内容不仅以社会整体为研究领域，而且涉及政治、经济、文化、军事等人文要素。但它不研究各要素各自的演变过程和规律，而专注于各要

---

① 左大康：《现代地理学词典》，商务印书馆1990年版，第725页。

② 蓝勇：《中国历史地理学》，高等教育出版社2002年版，第6页。

素在不同人群中的空间组合和结构演变。

因此，历史社会地理学的研究对象既受本身概念的制约，又受历史地理学和社会地理学研究对象的制约。它的研究对象是历史时期的社会，包括各种社会集团的区域分布、形成过程、空间结构、行为特征、心理差别、社会问题及其时空演变系统。

（二）历史社会地理学的性质和特点

1. 历史社会地理学的性质

历史社会地理学的性质，就其凭借的资料（历史文献）以及研究的时间（人类历史时期）和研究的方法（时空交织分析法）而论，它基本上与历史地理学相同；就其研究的对象（社会集团与地理环境的关系）而论，它又属于社会地理学的范畴。它是在历史地理学和社会地理学两个母体中孕育和发展起来的学科，因而是介于历史地理学与社会地理学之间的边缘学科，是一门综合历史地理学与社会地理学的整合学科。历史地理学来源于历史学和地理学，社会地理学来源于社会学和地理学，因而历史社会地理学与历史学、地理学、社会学的关系都同样密切。它和社会地理学研究的客体是相同的，只是时间上有差异，社会地理学研究今天的社会集团与社会环境的关系，历史社会地理学研究历史时期的社会集团与社会环境的关系，因此可以说历史社会地理学是社会地理学的一个组成部分，是社会地理学的一个时序性分支学科。但同时它和历史人文地理中的历史政治地理、历史经济地理、历史文化地理等学科存在着一定程度的并列关系，因此它又可以说是历史地理学的一个组成部分，只不过它不是历史地理学的一个时序性分支学科，也不是历史地理学的一个一般性部门分支学科，而是历史地理学的一个特殊的带有部门性的综合性分支学科。对于历史地理学学科性质的这种界定是符合当前学科发展的实际和规律的，也是符合唯物辩证法的。因为学科的分化和组合一直是学科发展的两大趋势。文艺复兴以后，科学开始从哲学内分化出来，进而分化为自然科学和社会科学。19 世纪下半叶到 20 世纪上半叶，学科分化占主导地位，20 世纪 50 年代以来，学科分化的趋势放慢，学科综合占据主导地位，

大量交叉学科出现。并产生三种类型：边缘型、综合型、横向型。一门学科的信息流（有关的科学事实，有关的科学概念、理论和思想，有关的科学方法、工具和技术）作用于另一门学科的研究对象称为边缘性学科。历史社会地理学明显属于这一类型，它是历史地理学的信息流作用于社会地理学的研究对象的结果。两门或两门以上学科的信息流作用于同一个研究对象称为综合性学科，例如环境科学、城市科学、海洋科学等。一门学科的信息流作用于多门学科的研究对象称为横向型（横断型）学科，例如系统论、信息论、控制论等。对于这三类学科是无法严格界定它属于哪一门学科的。那种非要把当前大量的交叉学科归入以前学科分化而确立的某一个一级学科的思想是完全错误的，也是不符合学科发展的规律和唯物辩证法的。

2. 历史社会地理学的学科特点

历史社会地理学来源于历史地理学和社会地理学，它的特点取决于历史地理学和社会地理学的特点。历史地理学的学科特点是时序性、区域性和综合性。社会地理学的学科特点是时序性、区域性、综合型、社会性和阶级性。历史社会地理学是社会地理学的一门时序性分支学科，因此它与现代社会地理学相比，首要的一个特征就是时序性，这是其学科在研究时段和研究对象上的一个必备条件，表明它是研究历史时期的问题的。此外区域性、综合型、社会性和阶级性也是历史社会地理学的鲜明特征。由于历史社会地理学主要使用地理学的观点来分析和研究历史上的各类社会集团与社会环境的关系，故其区域性和综合性体现在其研究对象的区域分布、区域差异、形成过程和空间结构上。同时历史社会地理学吸收了大量社会学的观点，其研究对象主要是一些具有社会特征的事物和现象，如社会集团、社会行为等，因此它又有社会性的特点。此外，历史社会地理学研究历史时期的社会，这里的“社会”除原始社会外，总是与一定的阶级或阶层相联系，这些阶级和阶层实际上是不同的社会集团，研究者要对这些集团进行整体研究，其所持的立场、观点和态度，必然影响到他对这些集团的生存价值、生存方式的评价，进而可能产生不同的结论，因此，其阶级性体现在该学科的服务对象和研究者所持的立场和态度上。[①]

时序性使历史社会地理学有别于现代社会地理学，社会性和阶级性时期有别于普通历史地理学，而区域性和综合性则体现了它鲜明的地理学特色。这种学科特点的复杂性恰恰表明了历史社会地理学的边缘交叉性。

3. 历史社会地理学的学科地位

（1）历史社会地理学在地理学中的地位

地理学的一个时序性分支是历史地理学（也有学者认为历史地理学是地理学的一个属性分支——人文地理学的一个部门分支），历史地理学依据传统的二元分法，分为历史自然地理和历史人文地理，这是从历史地理学所研究内容的学科属性而论的。这种历史人文地理实际上等于广义的历史社会地理和狭义的人文地理两个部分。社会地理学在发展初期，其研究对象是非常宽泛的，后来随着学科的发展，其研究对象中的人口、民族、宗教等逐渐独立，成为人文地理学的主要组成部分，而社会分支即狭义的历史社会地理学，它包含于广义的历史社会地理之中，当然，如前所述，它不是一个一般的部门分支，而是一个特殊的综合性分支。

（2）历史社会地理学在社会学中的地位

社会学是一门对社会做整体性研究的科学，它可以分为普通社会学和分科社会学两大部分。普通社会学是研究整个社会的整体发展规律，下含若干个二级学科：社会学史、社会学理论、社会学方法、实验社会学、数理社会学、比较社会学等。分科社会学是对社会的某一部分做整体性研究，包括组织社会学、文化社会学、应用社会学、社会地理学等。其中社会地理学根据研究时段的不同，可以分为历史社会地理学和现代社会地理学。

（3）历史社会地理学与其他相关学科的关系

历史社会地理学的研究与社会史、人类学和历史文化地理学的研究有很大关系。这几门学科的基本研究对象有一定的一致性，只是研

① 谢文君：《社会地理学若干理论问题》，《徐州师范学院学报》（自然科学版）1995年第4期。

究的视角、方法和内容互有侧重。社会史是历史学的一门特殊的分支学科，也是历史学与社会学的交叉学科（有的学者如赵世瑜认为社会史只是一种研究的范式）。其特殊性是相对于经济史、政治史、文化史而言的。这类似于历史社会地理学与历史经济地理学、历史政治地理学和历史文化地理学之间的相互关系及其在历史地理学理论体系中的地位。历史社会地理学是先吸取社会史的理论和方法再与社会地理学相融合。与人类学相似，社会史的研究以人为核心，研究以人为主体的不同人类共同体构成的社会本身的历史。其研究范围涵盖社会结构、社会生活及社会功能，特别是对基层社会传统生活方式的研究是近年来社会史研究的重点。它的学科特点与历史社会地理学相比主要是忽视区域性。人类学是研究不同人群或种族的学问，它研究的人是从整体的观点出发，其研究范围包括“人”本身及其所创造的文化，如生态文化、心态文化、行为特征等。人类的不同民族或种群具有不同的生活方式和价值观念，这是伴随在其发展过程中并与环境相调适的必然结果。人类学以研究不同人群的行为和文化为目的。[①] 早期人类学以研究相对原始的人群或部落为主，现在已延伸到对现代人类的研究，其学科特点与历史社会地理学相比，缺乏空间分析，时序和区域色彩也相对淡薄。历史文化地理学也是与历史社会地理学关系密切的一门历史地理学分支学科。历史社会地理学在研究不同地域不同人群的生活方式、行为特征、空间结构演变及其与环境的关系时，必然要涉及历史文化地理的内容。但历史文化地理更侧重于语言、饮食、建筑、婚姻制度、生活习俗、宗教信仰、职业类别以及学术文化等方面的区域差异，专注于不同历史文化景观形成和演变的时空背景，是用地理学的观点来研究历史时期不同人群的上层建筑或文化层面特别是精神文化的区域差异。历史社会地理学则更强调不同社会因素的空间结构及其历史演变，这些因素包括物质和精神双重层面，如研究不同人群的行为特征就包括生产行为和生活行为。

① 王振忠：《社会史研究与历史社会地理》，《复旦学报》（社会科学版）1997 年第 1 期。

（三）历史社会地理学的研究内容

历史社会地理学的研究内容可以分为以下几个部分：历史时期的社区研究、不同区域人群兴衰的地理背景、不同区域人群的空间结构及其时空演变规律、不同区域人群的社会行为和历史时期社会问题的空间研究。

1. 历史时期的社区研究

历史时期的社区是指在历史时期的社会状态中，具有共同的地缘和密切的日常生活联系的社会区域，是相对独立的区域性的社会实体，也是一定地域中的人群的生活共同体。这种共同体可大可小，小至坊里、邻里，大至都城、州郡，其种类各不相同。按其发展程度可分为发达社区、发展中社区和不发达社区；按其功能可分为生产社区和生活社区，生产社区包括农业社区、手工业社区和商业社区，生活社区包括文化娱乐社区和住宅小区；如果按它们的综合表现和特征则可分为城镇社区和农村社区。如隋唐时期的长安城，其内部是城镇社区，周边广大农村则属农村社区，在这个都城内又可分为诸多社区，如宫城、皇城社区、外城社区等。外城社区也可用上述标准进行继续划分。社区的主体是生活或工作在社区内的各类人群，处于主体外围的是与主体关系密切的物质环境和非物质环境。物质环境包括社区的物质存在、物质设施和社区主体生存的地域空间，非物质环境包括社区的组织制度、管理机构和文化习俗等。一般而言，结构完整的社区也具有多种功能，如唐长安城内的东市与西市，以经济功能为主，兼具娱乐功能，社区人群可以在其中游逛，作为休闲的一种方式。其余诸多坊内也实际上存在手工业作坊、商业店铺、寺庙道观、红楼妓院等，集经济、祭祀（宗教）、娱乐于一身，是一种较为典型的社区。

历史时期的社区是历史社会地理学研究的基本单元和切入点，通过这个点可以较好地实现对历史时期社会状况的考察。如通过对社区的规模、结构、功能、发展历程、社会关系、模糊空间（人群心理和背景差异）、相互作用等因素的研究，可以全面地了解社区所在的历史时期的社会特征，从而为历史社会地理学的研究奠定坚实的基础。

2. 不同区域人群（社会集团）兴衰的地理背景

地理背景是不同区域人群兴衰的潜在背景，包括自然环境和人文环境。自然环境包括地形地势、气候植被、水文土壤等，人文环境又称社会经济文化环境，包括人地比例、区位优势、传统习俗、思维模式、生活习惯、社会规则等。历史时期由于各地不同的地理条件和文化传统，芸芸众生受这种环境的熏陶和文化的约束，经过数百年的代代相传，形成了不同的人群性格。正如《礼记·王制》所言："广谷大川异制，民生其间者异俗。"山明水秀的江南多才子文臣，大漠朔风的西北多豪侠武将。地狭人稠的浙东、皖南盆地低山区，绍兴师爷和徽州商人名闻天下，当地至今还流传着"徽州算盘，绍兴刀笔""徽州朝奉，绍兴师爷""无徽不成镇，无绍不成衙"的谚语。地理背景的不同是造成各地人群差异的基本条件。明人谢肇淛也曾指出："天下推纤啬者必推新安与江右，然新安多富而江右多贫者，其地瘠也。新安人近雅而稍轻薄，江右人近俗而多意气。齐人钝而不机，楚人机而不浮。吴、越浮矣，而喜近名；闽、广质矣，而多首鼠。蜀人巧而尚礼，秦人鸷而不贪。晋陋而实，洛浅而愿，粤轻而犷，滇夷而华。要其醇疵美恶，大约相当。盖五方之性，虽天地不能齐，虽圣人不能强也。"[①] 明清以来，随着人地关系矛盾的突出，各地民众因其土俗，开拓自己的力食之路，因之不同区域人群的特征更加明显。根据王振忠的划分，政治型的区域人群如"绍兴师爷湖南将"，经济型的如"钻天龙游遍地徽州"，文化型的如"苏州状元""香山工匠""吴门梨园""江南山人清客"，社会型的如闽粤"蛋户"、浙东"惰民"、徽州佃仆、广东"细仔"、山陕"乐户"、凤阳"乞丐"等。[②] 除此之外，山西票商、关中刀客、河间太监等也是特色较为鲜明的区域人群。现代以来，名闻全国的"万荣人"则是思维方式异于常规的一类人群，至今在山陕之间仍然流传着许多关于万荣人的鲜活的生活事例，作为一个特定的人群名称——"万荣人"已在民间被广泛接

---

① （明）谢肇淛：《五杂组》卷4《地部二》，上海书店出版社2009年标点本，第74页。

② 王振忠：《社会史研究与历史社会地理》，《复旦学报》（社会科学版）1997年第1期。

受。除了上述这些主要从社会文化角度表现出来的不同人群外，还可以从单纯的宗教、民族、职业等角度划分出众多人群。形形色色的区域人群对中国社会的发展产生了深刻影响，研究其兴衰的地理背景对于了解历史时期的社会至关重要。

3. 不同区域人群（社会集团）的空间结构及其时空演变规律

不同区域人群的空间结构包括内部结构和外部结构，内部结构主要指各个成员对所属团体或阶层的心理认同感（心理距离）、成员之间的心理接纳度、社团的管理体制和约束机制等。外部结构主要指社团的扩散和渗透、各社团的空间行为差异和对外联系纽带等。不同区域人群的空间结构是随着区域人群的发展而不断变化的，因为区域人群是以一定的利益或社会关系结合在一起的，这种利益的分配或社会关系的演进会随着人群的发展而不断变化。区域人群的空间结构有松散和紧密之分，前述各类人群的内部结构相对松散，多以不成文的规则维持和体现这种结构。而在一些特殊的人群中如宗教团体、民间教派、各种帮会和一些带有行业协会性质的特殊的职业阶层中如乞丐、妓女、僧尼等，其空间结构则较为紧密，多以成文的规则维持和体现这种结构。区域人群的结构类型有横向型、纵向性和立体型等三种类型。一般而言，松散团体多以横向为主，紧密团体多以纵向为主。研究这些团体的结构体系及其时空演变的区域差异是对区域人群的一种认识角度，也是历史社会地理学社会性、区域性和空间性的体现。

4. 不同区域人群（社会集团）的社会行为研究

社会行为是指在社会交往过程中形成的个人或群体的社会活动。它包括个人或群体的物质生产、精神生活、社会交往以及劳动方式等。现代社会地理学着重探讨个人的空间行为，如购物、出行、娱乐、选择住址等，即进行个人活动空间和作用空间的分析。历史社会地理学则侧重于群体的空间行为，如生存、生活、社交等区域人群的活动空间和作用空间的分析。探讨其行为与社会文化环境的相互作用和影响。这种社会行为类似于社会史所研究的社会生活方式，但历史社会地理学对此问题的研究方法和视角与社会史完全不同，社会史的研究是静态的，仅限于一般性的描述，而历史社会地理学的研究是动态的，是主要从时空结合的角度分析区域人群的社会活动或社会生活

方式的空间结构、空间范围和空间变化的。个人的活动空间包含在一定的社会空间结构中，为环境所限制。群体的活动空间亦然，为社会和自然大环境所限制。如“河间太监”的遴选便受距离京师远近、裙带关系、贪求富贵等自然的、社会的、心理的因素的制约，其活动空间也大多局限在京师及其周边地带。“凤阳乞丐”的流落区域既受本地受灾程度的影响，也受周边与本地贫困差距的制约，还受当地民众乞讨成性习俗的影响，任何一种因素的加重都会引起其流落区域的扩大。“绍兴师爷”的出现有浙东地区地狭人稠、人地矛盾突出的自然背景，也有南方社会重视族缘、地缘和业缘的社会背景。其分布的地域结构从横向看不甚明显，但它具有显著的行业性特点，基本上集中于各级衙门和私人幕府。总之，环境和空间结构影响区域人群的形成和发展，反过来，区域人群在发展过程中的不同决策、从众性行为和团体心理也会对其社会行为的空间结构产生影响。历史社会地理学注重建立群体行为模式，并通过对不同区域人群的活动空间的比较分析，努力实现对历史时期个体活动空间的定量模式分析。

5. 历史时期的社会问题的空间研究

社会问题是社会运行过程中使社会系统失衡的障碍因素，是影响社会运转和多数人的生活，并需要社会群体力量共同加以改进的问题。社会问题的发生能够影响到社会全体成员或部分成员的共同生活，干扰社会秩序，甚至对社会运行的安全过程构成威胁。社会问题具有普遍性、复杂性、多因性和多变性，会随着时间的推移、空间的变化而出现变异。有些社会问题具有持久性，而有些社会问题只发生在特定的历史时期和特定的地域，具有明显的时空差异。历史社会地理学试图从空间角度对这些问题加以分析，目的是为解决现存的社会问题和预防出现新的社会问题提供借鉴和参考。历史时期就已出现，时至今日仍然存在，只不过表现形式和表现程度有所改变的社会问题有：灾害、毒品、赌博、娼妓、贫困、犯罪、歧视、民族冲突、社会流动、吏治腐败、贫富分化、苛捐杂税等。一般而言，在这些问题里面，毒品、娼妓、犯罪、社会流动多发生在城市，贫困、苛捐杂税多发生在农村，灾害、歧视、赌博、腐败、贫富分化等则不分农村还是城市都普遍存在。民族冲突多发生在民族交界地区，历史时期的民族界线较今天明显，现在我国境内各民族的居住地区已形成大杂居、小聚居的特点，虽然还有一定程度的零星冲突，但够不上严重的社会问题。今后随着社会流动和民族融和的进一步发展，民族冲突将逐渐弱化。

社会问题的研究为历史社会地理学提供了广阔的天地，使历史社会地理学成为一门有用于世的学科，不同的历史时期会面临不同的社会问题，因此历史社会地理学在此领域的研究可谓是任重而道远。①

二　区域社会生活史的研究对象、学科属性和研究内容

随着中国社会史研究的复兴，近年来社会生活史研究越来越受到人们的普遍关注，已成为学术研究的一个热点，相关研究成果层出不穷，大有成为一门显学之势头。但值得注意的是，以往有关社会生活史的研究似乎多致力在具体研究方面，较少关注这门学科理论问题的专门性探讨，这在很大程度上限制了这门学科研究的深入。这里拟就中国社会生活史的研究对象、学科属性和研究内容等相关问题略加论述，不当之处，敬请方家赐正。

（一）区域社会生活史的研究对象

区域社会生活史，顾名思义，应该是研究中国社会中人们的社会生活的历史，亦即中国城乡居民社会生活的变迁。但是由于学术界对“社会生活”一词有着不同的理解，这就导致人们对于中国社会生活史的研究对象出现了一定的分歧。

目前学术界对于“社会生活”一词的理解有广义和狭义之分。有些学者采用广义的概念，将“社会生活”理解为人类全部活动，在具体的研究中则是把社会结构包容进去。这实际上是将“社会生活史”与“社会史”研究等同起来。更多的学者采用的是狭义的概念，

① 参考吴宏岐、王洪瑞《历史社会地理学的若干理论问题》，《陕西师范大学学报》（哲学社会科学版）2004 年第 3 期。

即认为“社会生活研究具体社会结构中人们的社会性行为和社会互动过程变迁的历史”，也就是“从人们在不同历史时期的社会物质生活方式、精神生活方式的表现和演变中了解人们的社会行为的历史演变”①。也有学者习惯于用“日常社会生活”来表示狭义的“社会生活”概念，“用‘日常’这个形容词来限制它，使其成为狭义的，即人群在生产、政治活动之外的物质与文化生活，这样使社会结构与日常社会生活两大部分都突出了”②。还有一些学者虽然采用的是狭义的“社会生活”概念，但却将社会劳动包括在社会生活之中，并且认为“在诸种生活方式中，社会劳动居于核心地位，是其他生活方式存在的根本，诸如日常物质消费、教育和文化活动以及娱乐消遣、宗教活动、社会交往等等，无一不是建立在社会劳动基础上的”③。

笔者认为，为了避免将社会生活史与社会史等同起来，克服以社会生活史研究取代整个社会史研究的倾向，中国社会生活史研究适宜采用狭义的“社会生活”概念，即将研究对象确定为“日常社会生活”。至于社会劳动，虽然可以说是“其他生活方式存在的根本”，但就其研究的内容来看，更多的是属于经济史研究的范畴，所以也不应视为中国社会生活史研究的核心部分。

将区域社会生活史的研究对象确定为狭义的“社会生活”，亦即“日常社会生活”，不等于说其他内容不重要、不需要研究，而是为了明确各学科之间的主要研究任务，以便促进社会生活史乃至整个社会史研究的进一步发展和繁荣。实际上，就中国社会史研究的现状而言，确实存在如赵世瑜先生所说的那种情况：“已经有人讥笑社会史只研究一些无关大局、琐细不堪的东西，甚至有猎奇猎艳的倾向，比如研究宦官、妓女、小脚、无赖之类，这固然是保守者全然不理解社会生活研究的意义之故，可以置之不理，但如果只把社会生活理解为

① 乔志强、陈亚平：《社会史的研究对象、知识体系及其学科地位》，载周积明、宋德金主编《中国社会史论》，湖北教育出版社 2000 年版。

② 冯尔康：《社会史研究的探索精神与开放的研究领域》，载周积明、宋德金主编《中国社会史论》，湖北教育出版社 2000 年版。

③ 曹文柱主编：《中国社会通史·秦汉魏晋南北朝卷》，山西教育出版社 1996 年版，第 249 页。

内容上的丰富，只是描述和记录其表面现象，而不在研究视角和方法的转换上下功夫，客观上还是极有可能造成上述局面。”① 冯尔康先生也深刻地指出：“日常社会生活的题目，现在研究的尚属有限，那么多的节日，有的还没有认真的接触。有的课题似乎并不新，但若一研究就会把课题范围拓宽，如宗族史、家庭史已有不少成果，然而拟血亲的问题未被注意，家庭史主要探讨了家庭类型、功能与社会的关系，但是如果按所谓‘人口学的家庭史’‘法学的家庭史’‘经济学的家庭史’‘社会学的家庭史’‘心理和行为科学的家庭史’五种家庭史来考虑，所要增加的研究事项就太多了。”② 由此可见，狭义的“社会生活”亦即“日常社会生活”虽然不是人类活动的全部，但其本身值得深入研究与探讨的内容是相当广泛的，问题的实质不是将狭义的“社会生活”亦即“日常社会生活”确定为中国社会生活史的研究对象是否太过狭小、是否合适，而是如何拓宽视野、如何进行研究方法上的创新的问题。

（二）区域社会生活史的学科属性

关于社会生活史的学科属性问题，亦即这门学科在中国社会史或中国史研究体系中地位问题，目前大致有如下三类观点：

其一，认为社会生活方式应当是社会史的主要研究对象，研究社会生活方式对社会史有着重要的价值功能，同时对深入了解和识别不同民族、国家的文化特质，具有重要的认识论价值。“这是由于社会生活方式是由社会主体的人与社会生活环境、条件综合地相互作用形成的，它既反映社会主体的人的自身发展水平和相应特征，也反映地理与生态环境的特征、社会物质、经济、文化的发展水平和社会关系类型、社会结构特质；既反映特定社会的现实的水平、特质，也反映该社会形成传统的历史文化的特质。”“不同历史阶段的社会变迁，往往以社会生活方式发生某些演变为前奏，其中往往以某些生活方式

---

① 赵世瑜：《社会史的概念》，载周积明、宋德金主编《中国社会史论》，湖北教育出版社 2000 年版。

② 冯尔康：《社会史研究的探索精神与开放的研究领域》，载周积明、宋德金主编《中国社会史论》，湖北教育出版社 2000 年版。

的变化为先导，而社会变迁的最终结果，又往往体现在社会生活的整体转型上。”所以，“归根结底，是否把生活方式作为社会史的主要研究对象，是关系到社会史应否以社会主体的人为中心的问题。如果认为社会史不应以社会主体的人为中心，那就是另外一个问题了；如果认为社会史应以社会主体的人为中心，那么，理所当然地要把历史上的人即我们的前人是怎样活着的人，也就是他们的生活方式作为主要的研究对象”①。这样的观点，显然对于社会生活尤其是社会生活方式在社会史研究中的突出地位与作用给予了充分的肯定，但对于其他社会问题在社会史研究中地位与作用认识不足。

其二，认为社会生活史是社会史的一个重要的组成部分。目前大多数社会史学者都持这种观点，但在具体认识上有一定的分歧，这涉及对社会史的概念和学科体系问题的理解。乔志强等将社会史的知识体系分成相互联系、相互影响的三个部分的历史变迁：“（1）反映中国社会内部各种结构要素之间的关系和联系形式的社会构成的历史；（2）反映社会中人们的社会性行为与互动过程的社会生活的历史，包括社会生活中人们按照一定文化模式进行的衣、食、往、行、用等基本需要的原生性活动，和在此基础上产生的各种派生性活动（艺术、宗教、群体意识等）发展变迁的历史；（3）上述两个方面诸要素相互交叉、相互作用，产生出的各种社会功能的历史。具体反映为各种社会制度（生育制度、养老制度、教育制度、消费制度等）和社会控制等社会机制发展演变的历史。社会史集中研究上述三个方面的历史变迁，它们之间的相互关系和联系。”“这样可以将我们对于社会史学科体系的观点概括为一种‘3+1模式’，即社会构成史、社会生活史、社会功能和社会制度史三个部分的历史，加上整体社会变迁的历史概括。”② 冯尔康认为社会史“是研究历史上社会结构与日常社会生活的运动体系，它以社会群体、社会组织、社会等级、阶级、社区、人口的社会构成，以及上述成分所形成社会结构及其变

---

① 王玉波：《中国传统生活方式（一）》，载周积明、宋德金主编《中国社会史论》，湖北教育出版社2000年版。

② 乔志强、陈亚平：《社会史的研究对象、知识体系及其学科地位》，载周积明、宋德金主编《中国社会史论》，湖北教育出版社2000年版。

动，构成社会结构的人群的日常生活行为及其观念为研究范畴，揭示其在历史上的发展变化及其在历史进程中的作用和地位；它是历史学的一门专史，并将其研究置于整体史范围之内，处理好两者关系，以便促进历史学全面系统地说明历史进程和发展规律；它与社会学、文化人类学等学科有交叉的研究内容，具有多学科研究的性质与方法。”① 常建华基本同意社会史包括社会结构和日常社会生活这两大组成部分，② 但同时又认为“还历史以血肉的社会生活研究、揭示社会精神面貌的社会文化研究、置社会史于地理空间的区域社会研究是当代中国社会史研究的三大特征”③。还有学者将社会史研究的对象与范畴概括为以下五个部分：“一、群体结构，其中分作甲、人口、行业、家庭、家族，乙、社会群体，丙、社会组织；二、社会生活；三、社会心态（含教化、信仰、迷信、价值观、社会思潮等）；四、社会运行（含社会问题、自然灾变、社会保障与救济等）；五、区域社会。其中一、二、三、四四个方面是社会史研究的基础与核心。”④ 国外不少学者也持大致类型的观点，如苏联学者兹韦耶列娃等转述 P. 伯克的观点，就将社会史的主要研究内容概括为以下七个方面：“（1）社会关系史；（2）社会结构史；（3）日常生活史；（4）私生活史；（5）社会公共和社会冲突史；（6）社会阶级史；（7）社会集团史。”⑤ 上述学者虽然对于社会史的学科体系的理解有一定的分歧，但其共同之处是都将社会生活史视为社会史研究的一个重要的组成部分。

其三，认为社会生活史是与社会史并列的“一门独立的学科”。雒有仓撰文认为，“社会生活史应当成为一门独立的学科。从研究的对象上来看，它比社会史更为具体，其研究范围既重视社会下层广大民众生活的研究，又不忽视上层社会对整个社会生活的影响；既重视社会下层经济生活状况，又不忽视上层政治文化对下层社会生活价值

① 冯尔康：《社会史研究的探索精神与开放的研究领域》，载周积明、宋德金主编《中国社会史论》，湖北教育出版社 2000 年版。

② 参见冯尔康、常建华《清人社会生活》，沈阳出版社 2002 年版。

③ 常建华：《中国社会史研究十年》，《历史研究》1997 年第 1 期。

④ 孟彦弘：《社会史研究刍议》，《史学理论研究》1998 年第 2 期。

⑤ ［苏联］兹韦耶列娃等：《英国的社会史和“新史学”：若干比较与思考》，《世界史研究动态》1989 年第 2 期。

观念的影响。因此，与传统史学相比，社会生活史主要体现在研究范围的扩大与研究重点的转移上，目的仍在于体现社会变迁，其性质是从属于通史的专门史。社会史与此不同，它更多的是对传统史学研究方法及研究角度的更新，深受社会学理论方法的影响，重在探求社会构成及其良性运行。这是二者的主要区别所在"①。这一观点过于激进，过于强调社会生活史研究的特殊性，而忽视了其与社会结构史、社会功能和社会制度史等方面研究的互动和联系，所以在学术界并未引进广泛的共鸣。

对于上述三类观点而言，笔者比较认同第二类观点，即认为中国社会生活史是中国社会史的一个重要的组成部分。虽然社会生活史近年来越来越引起人们的关注，其在社会史研究中的地位也越来越高，但社会生活史有其独特的研究对象和研究内容，并不能完全取代社会结构史、社会功能和社会制度史等社会史分支领域的研究。随着相关研究的深入开展，尤其是理论与方法研究的加强，区域社会生活史有望成为社会史研究的一个重要并且处于核心地位的分支学科，但其是否能成为一个与社会史并列的独立学科，这并不取决于某些研究者的主观愿望，而取决于学科自身的研究对象和研究内容，取决于学术研究的自身规律和科学使命。

（三）区域社会生活史的研究内容

与区域社会生活史的研究对象、学科属性问题相一致，目前学术界对区域社会生活史的研究内容也持有不同的看法。笔者认为，为了促进区域社会生活史研究的深入开展，固然需要不断拓展研究领域，并且用整体史的观念指导研究工作，但区域社会史研究既要充分体现各研究方向或分支学科之间的互动、联系，同时也应该适当体现学术分工、明确自身的研究内容。根据中国社会生活史应当以狭义的"社会生活"即"日常社会生活"为研究对象的观点，区域社会生活史的研究内容可概括为如下几个方面：

---

① 雒有仓：《关于中国社会生活史的体系问题》，《淮北煤炭师范学院学报》（哲学社会科学版）2003 年第 2 期。

1. 区域生活环境研究

生活环境，亦可称为生存环境、生态环境。广义地说，人类生活在环境之中，环境是人类生存和发展的各种活动的载体，是人类生存和发展的基础条件，同时也是构成人类生活的基本因素，因而，“一切环境质量的因子皆可包括在生活质量之中。环境和教育、消费、健康一起构成了生活质量的基本框架，它们是生活质量的基本内核和构成要素”①。

人类的生活环境大致可以划为自然生态环境和人文社会环境两大部分。自然生态环境包括气候、水文、地貌、土壤、植物、动物、矿产等要素，是人类赖以存在和生活的最为基础的条件。人们的社会生活方式在很大程度上受到自然生态环境因子的制约，自然生态环境的演变也深刻地影响着人们的生活质量，可以说在中国社会发展的历史进程中，人与自然的关系自始至终都是备受关注的哲学命题，人类的社会生活史在某种意义上其实是人类如何适应、利用、改造自然，如何与自然协调、共生的历史。人文社会环境包括政治、军事、经济、人口、民族、社会形态、文化氛围等方面，同样也是人类赖以存在和生活的基础的条件。人文社会环境因子与自然生态环境因子一起，共同构成了人类的生活环境，在某些历史时期，尤其是随着人类改造自然能力的提高、科技文明的进步和社会的转型，人文社会环境的演变对社会生活的影响力也日益突出。正是因为人类的生活环境不仅是人类赖以存在和生活的基础条件，而且是完整的社会生活的重要组成部分，所以生活环境研究就不仅是社会生活史研究的前提或基础，而且应该视为社会生活研究的一个不可或缺的重要内容。

2. 区域生活方式研究

生活方式是社会生活史研究的核心内容。侧重于人类的生活方式研究，是社会生活史区别于社会结构史、社会功能和社会制度史等社会史分支领域的关键所在。生活方式既包括社会生活中人们按照一定文化模式进行的服饰、饮食、行旅交通等基本需求的原生性活动（或称为物质生活），同时也包括在此基础上产生的婚姻、丧葬、教育、

---

① 周长城等：《社会发展与生活质量》，社会科学文献出版社2001年版，第230页。

文体娱乐、社会交往、宗教信仰等各种派生性活动（或称为精神文化生活）。由于人类生活环境的演变，人们的社会生活方式也有明显的变迁过程。探讨不同阶级阶层、不同民族、不同性别、不同职业、不同年龄、不同地域人群的各种生活方式的具体变迁过程、特点、原因和机制，正是中国社会生活史研究的一个关键性课题。

3. 区域生活观念研究

人们采用何种的生活方式固然取决于所处的自然生态环境与人文社会环境的综合影响，但同时也受制于其具体的生活态度与价值观念，因为人的任何行为都是在一定的态度与价值观影响下产生的并随着态度与价值观的变化而变化。所以了解人们的生活的形成与变迁的过程和规律，就必须深入研究其生活观念的形成与演变。“以食为天”“尚俭”“淡交”“舒缓”“闲中好”和崇“礼”素来被认为是中国人尤其是中国北方人生活方式的最基本的特质和风格，[①] 这与人们的生活观念密切相关。另外，人们的消费观念随着经济条件的变化和社会风尚的演变，也处于不断地变迁之中，并且一直从深层次影响着人们生活方式的变化。正因如此，对于生活观念的研究应当并且正日益引起学术界的充分重视。

4. 区域消费结构研究

人的一切活动都源于一种需要，人们通过各种方式来使自己的需要得到满足。同时人的需要又是分层的，生存需要是最基本的，生存需要得到满足之后便会出现更高层次的享受需要与发展需要。消费与生活质量之间有着密不可分关系。社会发展的最终目标是改善和提高全体人民的生活质量，而要提高人民的生活质量，最重要的是改善居民的消费结构。[②] 因此，消费结构在现代社会学领域已日益受到重视。随着历史的演进和社会的进步，人们的消费结构呈现日趋复杂多样的发展态势，即有一个“以食为天”向物质生活与精神文化生活并重的过程，同时由于生活环境、生活方式、生活观念的差异，不同阶级

① 王子今：《中国传统生活方式（二）》，载周积明、宋德金主编《中国社会史论》，湖北教育出版社2000年版。

② 周长城等：《社会发展与生活质量》，社会科学文献出版社2001年版，第213页。

阶层，不同民族、职业、年龄的人群有不同的消费结构，并且其消费结构也有因时而异的特征，所以消费结构问题其实是古已有之的，是综合衡量人们生活质量的一个十分重要的指标，自然应该成为社会生活史研究的一项内容。以往社会生活史研究比较关注生活方式，对消费结构研究不太重视，这样的局面应当尽快有所扭转。中国社会生活史中的消费结构研究，不能简单地套用现代社会学的消费指标体系，而应充分“考虑到历史研究所主要借助的文献资料本身就含有自己的一套概念、话语和思维结构”[①]，确定相应的研究内容。历史时期人们在各种物质生活和精神文化生活中的人、财、物的投入或支出，甚至于时间方面的具体安排，无疑都是考察研究的重点问题。

5. 社会生活的区域比较研究

中国自古领土辽阔，自然地理环境的地域差异十分显著，经济发展水平不平衡，民族分布状况复杂多样，各地文化传统也不完全一致。受其影响，人们的生活方式、生活观念、消费结构的内涵及其变迁，也有着明显的地域差异。不仅传统农耕地区与畜牧渔猎地区的生活方式明显不同，中原地区与江南地区的生活方式也存在同中有异的现象，并且各地的生活方式还有相互影响、相互交融的过程。可以说，在中国社会生活史上，共性特质和区域差异自始至终都同时存在着。所以，只有在研究中国社会中的人们生活方式共性特质的同时，深入开展社会生活的区域比较研究，才能全面揭示中国社会生活史的基本规律。近年来区际差异研究与区内差异研究已逐渐引起经济史、文化史、社会史学者的重视，但总体而言，社会生活史领域的区域比较研究尚有待进一步加强。社会生活史研究具有跨学科性质，而在社会生活的区域比较研究方面，历史地理学等相关学科的理论与方法应当得到充分的借鉴和运用。

6. 区域社会生活的可持续发展研究

社会发展的终极目标是提高人民的生活质量，而实现这一目标的根本途径就是可持续发展。近年来，环境问题日益严峻、贫富差距日

① 赵世瑜：《社会史的概念》，载周积明、宋德金主编《中国社会史论》，湖北教育出版社 2000 年版。

渐拉大，可持续发展问题不仅引起了各国政府的充分关注，同时也成为各相关学科研究的焦点所在。历史学研究的目的不仅仅是“还历史以本来面目”，更重要的是要“鉴古察今”，探寻历史发展规律，总结经验与教训，以供当世有所借鉴，包括社会生活史在内的中国社会史研究也不例外。从可持续发展的视角出发，运用整体史的理论与方法，深入研究人们的生活环境与生活方式、生活观念、生活质量之间的相互影响、相互作用的互动关系及其发展演变的基本规律，在此基础上，结合现当代社会生活状况的分析与研究，提出有助于全面改善和提高广大居民生活质量的参考意见，是区域社会生活史研究者责无旁贷的重要任务之一。

总之，生活方式研究虽然是社会生活研究的核心问题，但就历史使命和学科建设两个方面而论，区域社会生活史应当不断拓展自己的研究领域，借鉴运用全新的理论与方法，从生活环境研究、生活方式研究、生活观念研究、消费结构研究、社会生活的区域比较研究和社会生活的可持续发展研究等诸多层面，积极开展学术探索，从而构建出具有本土立场的区域社会生活史学科理论体系。

三　历史地理学视野下的中国近代社会史研究

（一）中国近代社会史研究借鉴历史地理学理论方法的必要性

自20世纪80年代以来，区域史研究已经逐渐成为中国历史学科各主要分支学科研究中的一个新取向，受其影响，中国社会史研究也基本实现了研究范式转型，在广度和深度两个方面都有明显的发展。擅长学术史回顾与理论检讨的常建华在1997年撰文回顾20世纪80年代以来的社会史研究时曾指出，还历史以血肉的社会生活研究、揭示社会精神面貌的社会文化研究、置社会史于地理空间的区域社会研究是当代中国社会史研究的三大特征，① 比较准确地概括了包括中国

① 常建华：《中国社会史研究十年》，《历史研究》1997年第1期。其类似的表述是：“改革开放的80年代，中国史学发生了较大的变化。社会史研究异军突起，注重日常生活，挖掘社会生活的文化意义，立足地域考察历史，构成新社会史的特征。”参见常建华《社会生活的历史学——中国社会史研究新探》，北京师范大学出版社2004年版，第116—152页。

近代社会史研究在内的当代中国社会史研究的主要特征。

然而，中国近代社会史研究出现的“碎化”现象，也引起了不少学者的担忧。所谓“碎化”大致可分为两种情况，其一是研究主题的“碎化”，即赵世瑜所说的“已经有人讥笑社会史只研究一些无关大局、琐细不堪的东西，甚至有猎奇猎艳的倾向”，或者如行龙所说的“由于社会史的定义五花八门，社会史研究的对象更是包罗繁芜，许多研究仅满足于题目的新鲜而忽视对社会史理论的体会与领悟，以致陷于具体问题的琐碎考证和欣赏性描述”①；其二是研究区域的“碎化”，即将区域史研究完全等同于地方史或地方志研究，淡化了整体史研究这一区域社会史研究应该坚持的主旨。

区域化的中国近代社会史研究如何才能避免“碎化”现象，从而回归整体史研究的正途？关键的一环，还是要在研究视角与理论方法上下功夫。这是一个老调重弹的问题，学者间也有不同的理解，但人们比较一致的看法是，必须在具体的研究中加强整体史观念、问题意识和理论方法创新。关于社会史的学科属性亦即其与中国史的关系，学术界尚存在分歧，但区域研究本身就是以综合研究为特色的，而社会史研究也有交叉学科的性质，这就决定了区域化的中国社会史研究必然要借鉴社会科学其他相关学科的成果、视角和理论方法来实现自我建设和理论创新。社会史研究如何以马克思主义为指导，如何借鉴社会学、历史人类学等相关学科的理论方法，目前已有不少学者进行了相应的理论探讨或实践示范，笔者这里想着重强调的是借鉴历史地理学理论方法的必要性。

“区域”（region）一词本身就是一个地理学概念，强调区域特征和区域差异正是地理学区别于历史学的关键所在。传统的中国历史地理学，长期以来一直是以沿革地理学为其主流的，处于历史学附庸的地位。由于学科间交流不充分，迄今仍有不少历史学者对现当代中国历史地理学发展状况不甚了解，认为历史地理学就是沿革地理学，就

① 赵世瑜：《社会史的概念》，载周积明、宋德金主编《中国社会史论》，湖北教育出版社2000年版；行龙：《中国社会史研究中的几个问题》，载行龙主编《近代山西社会研究——走向田野与社会》，中国社会科学出版社2002年版。

是山川地名考证和政区沿革，这其实是一个很大的误解。诞生于历史学与地理学两大母体学科交叉处的现当代历史地理学，自20世纪50年代兴起以来，就一直侧重于历史时期区域自然、人文地理现象以及人地关系发展演进规律的研究，近年来更呈现出区域综合研究的发展倾向，[①] 其研究成果和理论方法都可与历史学各相关学科相互交流、相互借鉴。

中国近代社会史研究应当借鉴历史地理学的理论方法，也就是要从区域特征和区域差异的角度来观察和分析问题，这是因为所有的历史现象不仅是在一定时间内发生的，而且也是在一定空间内变化的，研究者不能仅仅考虑事物的历时性变化，还应该关注其空间性变化。美国学者杜赞奇指出："历史——不一定是线性的——是人类对那些稍纵即逝的事物的意义化回应。对于注定成为历史理论议程不可或缺部分的时间而言，至少有三个系列前设：分期问题、因果问题和像年鉴学派提出的不同种类的（非同质性的）时间问题。这三个又进一步引发了关于空间因素的问题：分期的方法怎样才能使一个疆域界构有效，（例如，为什么《剑桥中国史》要从帝国统一开始叙起?）因果性概念如何能将历史事件在一个现存的空间内还原？时间的不同概念和估价如何在历史中等级化？那些没有历史纪录的人们如何被认为是没有自我意识的，并因此推断他们是无历史的（一个附属问题?）由此而论，历史只存在于精英和国家的空间中。"[②] 杜赞奇对现当代史学理论方法的反思，揭示了空间问题在中国历史研究中的重要性，也从另外一个角度说明包括中国近代社会史研究在内的中国历史研究应该借鉴历史地理学理论方法的必要性。

（二）中国近代社会史研究如何进行区域比较?

从历史地理学角度如何研究历史上的社会？笔者等曾撰文提出应该关注历史时期的社区比较研究、不同区域人群（社会集团）兴衰

---

① 吴宏岐：《中国历史地理学的历史、现状和发展趋势》，《河北师范大学学报》（社会科学版）1999年第4期。

② ［美］杜赞奇：《为什么历史是反理论的?》，载黄宗智主编《中国研究的范式问题讨论》，社会科学文献出版社2003年版，第9—23页。

的地理背景研究、空间结构及其时间演变规律研究、社会行为研究和历史时期社会问题的空间研究。[①] 这些问题，对于中国近代社会史研究来说同样十分重要。区域比较研究目前已是学者们习惯采用的分析方法，但应该注意的是，区域比较研究绝不是一个个区域资料的简单罗列，而是要真正做到区域个性特征之间的比较。区域比较可从两个方面着手，一是区域之间的比较，二是区域内部的比较。日本学者斯波义信将经济史研究中的比较研究分为社会间比较（cross-societal comparison）和社会内比较（intra-societal comparison），并认为“作为比较实际的顺序，首先是充实的社会内比较，其次是波及较为亲近的地理、文化类样本，再推广至较为亲近的社会类型间作相互比较，沿着这样的顺序作更为普遍的观点的比较，就有望接近于达到的目的”[②]。这里的社会间比较和社会内比较是从社会学角度来说的，如果用地理学或历史地理学的说法，其实正是区域间比较和区域内比较。这一研究方法，不论是经济史，还是社会史研究，甚至于政治史、文化史研究，同样都是至关重要的。

斯波义信揭示了由区域内比较而至区域间比较这一开展区域比较研究较为合理的路径，不过从历史地理学角度来看，区域内比较本身至少应该有两种含义。一是研究区域内诸多因素相互作用所形成的区域共同特征（或可称为区域个性）。二是要比较区域内部的更小层次区域之间的差异，当然区域内部区域层次的划分应当是适度的，以宜于分析、宜于揭示区域内部的差异特征为前提，否则就会导致前面提到的区域社会史研究中的“碎化”现象。区域间比较也不能仅理解为相邻区域间的比较，或者仅仅是研究区域的扩大，“较为亲近”一词最好理解为“问题”一致或相近的区域，因为即使某些区域从地理空间上看相距较远，但若“问题”一致或相近，其间也有比较研究的必要性，因为这样更有利于揭示事物发展在区域上所表现的复杂性。

---

① 吴宏岐、王洪瑞：《历史社会地理学的若干理论问题》，《陕西师范大学学报》（哲学社会科学版）2004 年第 3 期。

② ［日］斯波义信：《宋代江南经济史研究》，方键、何忠礼译，江苏人民出版社 2001 年版，第 32 页。

近代化（或早期现代化）进程素来被近代史研究者视为一条研究主线，但实际上不论是近代化的开端年代、阶段性特征，抑或是机制、影响与后果，在不同区域间往往有很大差异。1840年通常被视为中国近代史的开端，中国从此步入了半封建半殖民地社会，但一个不争的事实是，中国东南沿海地区自鸦片战争以来即开始受帝国主义殖民剥削和西方先进文明的双重影响，而西北内陆省份一直到清末仍主要为封建社会的余绪，受所谓的“慢变量”影响更大一些，这也正是学者们在开展区域研究时，在探讨近代城市发展、乡村社会变迁或者行会制度、市镇、宗族等的“近代命运”时，于东南地区往往从1840年或明清叙起，于西北内陆则多从清末新政或民国建元开始论述的主要原因。近年来施坚雅的集市体系理论和区域体系理论在长江上游地区、华北平原等地的相关研究中已被广泛运用，但有学者指出施氏模式不能包打天下，也有学者力图对其理论有所修正。① 抗日战争或日本侵华战争对中国区域社会发展进程的影响是非常大的，但在不同区域也表现出不同的特征。韩国学者尹辉铎新近从抗战环境、抗战意识、战略战术诸方面考察了20世纪40年代华北根据地与东北游击区的抗日斗争形态，② 这是立足于军事学角度对两个相邻区域的区域比较研究。但从战争的影响与后果角度来观察，相距较远的地区也可进行比较分析，如在日本侵华战争期间，对广东经济来说，战争的破坏力是空前的，使广东经济的发展从巅峰跌入低谷，全省的经济格局在战时、战后都发生了重大变化，其中省会广州所受损失至为严重，先是迭遭日机轰炸，继而军政当局撤离时自行炸毁，沦陷后又被日军焚劫或占据，公用设备、特殊建筑物、新式工业等方面共损失多达9200万元；③ 而与此同时，西北地区尤其陕西关中因处于大后方，由于政府政策倾斜，区域经济社会反而得到了前所未有的发展，其中

① 关于施坚雅理论的讨论，可参见《近代史研究》2004年第4期所刊的王庆成《晚清华北的集市和集市圈》、史建云《对施坚雅理论的若干思考》和任放《施坚雅模式与中国近代史研究》三文。

② ［韩］尹辉铎：《抗战时期华北与东北区域抗日战略和斗争环境的比较考察》，载江沛、王先明主编《近代华北区域社会史研究》，天津古籍出版社2005年版。

③ 黄菊艳：《抗战时期广东经济损失研究》，广东人民出版社2005年版，第97页。

西安因被国民政府定为陪都，1932—1945 年，在西京筹备委员会等的积极运用下，城市规划、地形测量、土地估价、筑路修桥与水利建设、城市绿化、乡村建设和古迹文物保护等各项事业均取得了长足进步，[①] 使西安人口剧增，城市经济与社会较之以往有了非常大的变化。通过跨区域的比较分析可知，在抗战期间，沦陷区和非沦陷区所受的战争影响是大为不同的，在同一历史时期，不同的区域实际上经历了不同的经济社会发展阶段。历史分期方法并不总能适应历史学家的研究，在历史研究中，“变化被普遍承认，但是一旦历史学家进行微观研究或发现细节，这些时间性的界线则被迫后延。这样一来就无法预断变革产生的时间”[②]。这样的“微观研究”，主要靠区域比较研究来完成，当然不仅仅限于区域内比较，还应当包括区域间比较。

（三）区域互动研究与整体史研究主旨的实现

中国近代社会史研究要实现整体史研究的主旨，仅靠区域比较研究是远远不够的，还应该积极开展区域互动研究，即用辩证统一的观点来考察区域之间相互影响、相互作用的关系。研究区域的“互动”，同样要注意两个必不可少的环节，一是区域内各要素之间的相互影响与相互作用，二是区域之间的相互影响与相互作用。

区域社会发展是多种要素共同作用的结果，区域人群的生活方式及其演变当然深受所在区域各种自然与人文环境因素的制约。目前在区域社会史研究中，城乡居民的社会生活史研究已成为一个热点，但在区域社会生活方式与区域生活环境的互动研究方面还存在明显的不足。广义地说，人类生活在环境之中，环境是人类生存和发展的各种活动的载体，是人类生存和发展的基础条件，同时也是构成人类生活的基本因素，因而，“一切环境质量的因子皆可包括在生活质量之中。环境和教育、消费、健康一起构成了生活质量的基本框架，它们是生

① 吴宏岐：《抗战时期的西京筹备委员会及其对西安城市建设的贡献》，《中国历史地理论丛》2001 年第 4 辑。

② ［美］杜赞奇：《为什么历史是反理论的?》，载黄宗智主编《中国研究的范式问题讨论》，社会科学文献出版社 2003 年版，第 9—23 页。

活质量的基本内核和构成要素”①。人类的生活环境大致可以划为自然生态环境和人文社会环境两大部分。自然生态环境包括气候、水文、地貌、土壤、植物、动物、矿产等要素，是人类赖以存在和生活的最为基础的条件。区域人群的社会生活方式在很大程度上受到自然生态环境因子的制约，自然生态环境的演变也深刻地影响着人们的生活质量。可以说，在中国社会发展的历史进程中，人与自然的关系自始至终都是备受关注的哲学命题，人类的社会生活史在某种意义上其实是人类如何适应、利用、改造自然，如何与自然协调、共生的历史。区域人文社会环境包括政治、军事、经济、人口、民族、社会形态、文化氛围等方面，同样也是人类赖以存在和生活的基础条件。人文社会环境因子与自然生态环境因子一起，共同构成人类的生活环境，在某些历史时期，尤其是随着人类改造自然能力的提高、科技文明的进步和社会的转型，人文社会环境的演变对社会生活的影响力也日益突出。正是因为人类的生活环境不仅是人类赖以存在和生活的基础条件，而且是完整的社会生活的重要组成部分，所以区域生活环境研究就不仅是区域社会生活史研究的前提或基础，而且应该视为区域社会生活研究的一个不可或缺的重要内容，并且应该加强二者之间相互作用、相互影响的互动研究。目前气候变迁、自然灾害对人类社会发展的影响已普遍受到学界的重视，但其他自然环境因子以及人文社会因子的变迁及其对区域社会生活发展的影响方面研究还比较薄弱，至于区域城乡居民的生产、生活活动对环境产生的影响以及因之而带来的种种后果的研究，更有待进一步加强。

目前已有不少学者在近代区域经济史研究中注意到了区域互动问题，也有人倡议要积极开展港口—腹地和中国现代化进程研究。② 但就近代社会史研究而言，区域间的互动研究尚未引起充分关注。从区域间互动这一视角来研究近代社会史，是一个新视角，需要借鉴相邻学科比较成熟的理论方法，经济学的理论必不可少，但文化地理学的

---

① 周长城等：《社会发展与生活质量》，社会科学文献出版社 2001 年版，第 230 页。

② 复旦大学历史地理研究中心主编：《港口—腹地和中国现代化进程》，齐鲁书社 2005 年版；吴松弟主编：《中国百年经济拼图：港口城市及其腹地与中国现代化》，山东画报出版社 2006 年版。

理论更需要借鉴。按照文化地理学的观点，区域文化一旦形成就存在扩散现象，文化扩散的方式可以分为扩展扩散和迁移扩散。扩展扩散是指文化现象出现后，通过其居民，从该地向四周，不断地传递，其所占据的空间也就越来越大。这种扩散现象的特点是空间上的连续性，即新的分布区由旧的分布区扩大而形成，旧的分布区较小，而位于新的分布区内。扩展扩散中各种文化现象的扩散速度是不同的，有的速度慢，有的很快。迁移扩散是指某种文化现象与拥有这种文化现象的人群或集团紧密联系。往往因拥有这种文化的群体迁移到新的地方，遂将文化传播到该地。迁移扩散是由具有这种文化的人群传播出去，比扩展扩散要快，而且易于保持这种文化的本身特点。另外，由于是随人群迁移，特别是迁移到远处，会使这种文化现象出现某些孤立的点或小区，与其原文化区在空间上不连续。[①] 目前这些文化地理学的相关理论在历史文化地理学的研究中已得到广泛运用，[②] 但如何将其科学地运用在区域近代社会史研究中还是一个值得探索的问题。

四　费孝通城乡社会发展研究中的历史地理学视野

费孝通（1910—2005），江苏吴江人，是中国现当代著名的社会学家，早年即以《江村经济》（又名《中国农民的生活》）、《乡土中国》等著述见重于世，自20世纪80年代开始又将学术研究的重点转向小城镇和区域经济研究，发表了一系列的相关论文，结集有《费孝通论小城镇建设》《费孝通论西部开发与区域经济》等论著。这里拟以费孝通的相关著述为主要材料，对费孝通城乡社会发展研究中的历史地理学视野略作探讨。

（一）乡村社会研究中对人文地理学理论与方法的借鉴

作为一位社会学家，费孝通毕生致力于城乡社会发展的实地调查

① 王恩涌等：《人文地理学》，高等教育出版社2000年版，第35—37页。

② 张晓虹：《文化区域的分异与融合——陕西历史文化地理研究》，上海书店出版社2004年版；林拓：《文化的地理过程分析——福建文化的地域性考察》，上海书店出版社2004年版。

与研究，这也是其在学术上取得巨大成功的根本所在。《江村经济》（又名《中国农民的生活》）一书即他在1936年的7—8月对坐落在太湖东南岸的江苏省吴江县开弦弓村农民社会生活进行了深入的实地调查后而完成的博士论文，这一点，从该书的副标题《长江流域农村生活的实地调查》中也可得到印证。正是因为如此，1938年10月伦敦大学人类学系的布·马林诺斯基教授在为《江村经济》一书的英文版所作的序中曾经高度评价说，“我敢于预言费孝通博士的《中国农民的生活》一书将被认为是人类学实地调查和理论工作发展中的一个里程碑”，“此书的某些段落确实可以被看作是应用社会学和人类学的宪章”，“费博士著作中的原理和内容，向我们揭示了现代中国社会学派的方法论基础是多么结实可靠”，他还特别地引用了E. 丹尼森·罗斯爵士在读了该书手稿以后的一段话来阐明该书在科学文献中的地位：“我认为这篇论文是相当特殊的。据我所知，没有其他作品能够如此深入地理解并以第一手材料描述了中国乡村社区的全部生活。”① 澳大利亚悉尼人类学系的W. R. 葛迪斯在其所著《共产党领导下的中国农民生活——对开弦弓村的再调查》一文的引言中也评价说：“该书确实在一系列学者中产生了强烈的影响。因为它不仅是一个社区的社会经济情况调查的早期范本，而且还证明了以文明社区作为调查对象的这种研究工作的价值。”② 由此可见，费孝通《江村经济》以实地调查为基本的社会学研究成果和方法，的确给他带来了至高的学术声誉。

但是，在认真地通读费孝通《江村经济》一书后，笔者感觉到，除了实地调查以外，费氏的社会学研究实际上广泛地吸收了其他相关学科的理论与方法，对人文地理学理论与方法的借鉴即其中的一端。

人文地理学（human geography）是地理学中关于人类活动的空间差异和空间组织以及人为利用自然环境的学科。作为地理学科的一个

---

① 费孝通：《江村农民生活及其变迁》，敦煌文艺出版社1997年版，第3—6页。

② ［澳］W. R. 葛迪斯：《共产党领导下的中国农民生活——对开弦弓村的再调查》，转引自费孝通《江村农民生活及其变迁》，敦煌文艺出版社1997年版，第291页。

重要分支，人文地理学从自然地理学中分离是相对近期的事。在18世纪后期和19世纪早期德国和法国的文献中，人文地理学就已萌芽，而且大多数的英文著作一直涵盖人文和自然的内容，强调社会环境关系和区域变化。[①] 费孝通的《江村经济》一书是他1938年在伦敦大学攻读博士学位期间完成的，当时他对于西方的人文地理学已有一定程度的了解，故而在写作该著时就自觉地注意到借鉴人文地理学的有关理论与方法来探讨中国乡村社会的问题。在1939年以英文形式正式出版的《江村经济》一书的第一章前言中，费氏开篇就这样说明了撰写此书的宗旨："这是一本描述中国农民的消费、生产、分配和交易等体系的书，是根据对中国东部，太湖东南岸开弦弓村的实地考察写成的。它旨在说明这一经济体系与特定地理环境的关系，以及与这个社区的社会结构的关系"；"这种小范围的深入实地的调查，对当前中国经济问题宏观的研究是一种必要的补充。在分析这些问题时，它将说明地区因素的重要性并提供实事的例子。"[②] 从上述言论中，我们不难看出，费孝通在其乡村社会学研究中，通过开弦弓村的实地调查发现了问题并积累了相关的数据与资料，但研究的主旨却在于"说明这一经济体系与特定地理环境的关系，以及与这个社区的社会结构的关系"，并且特别强调地指出是要"说明地区因素的重要性并提供实事的例子"，这就明显地告诉读者，他的乡村社会学研究多少已具有人文地理学（或者更为准确地说是乡村社会地理学）的色彩。

从《江村经济》一书的正文中，我们也可发现不少涉及人文地理学的论述。社会学调查首先必要选择合适的调查区域，而如何确实合适的调查区域，这自然要受到社会学研究特点所制约，用费孝通的原话来说，"为了对人们的生活进行深入细致的研究，研究人员有必要把自己的调查限定在一个小的社会单位内来进行。这是出于实际的考虑。调查者必须容易接近被调查者以便能够亲自进行密切的观察。另一方面，被研究的社会单位也不宜太小，它应当能提供人们社会生活

① ［英］R.J. 约翰斯顿主编：《人文地理学词典》，柴彦威等译，商务印书馆2004年版，第302—303页。

② 费孝通：《江村农民生活及其变迁》，敦煌文艺出版社1997年版，第8页。

的较完整的切片"[①]。但是，在费孝通看来，调查区域的选择还需要具备人文地理学的眼光，他指出自己之所以选择开弦弓村这个调查区域，除了对这个村庄比较熟悉和有姐姐这个亲戚关系以外，主要是考虑到"这个村庄有下列值得注意和研究之处"：其一，"开弦弓是中国国内蚕丝业的重要中心之一。因此，可以把这个村子作为在中国工业变迁中有代表性的例子；主要变化是工厂代替了家庭手工业系统，并从而产生的社会问题"。其二，"开弦弓一带，由于自然资源极佳，农业发展到很高水平。有关土地占有制度在这里也有特殊的细节。开弦弓将为研究中国土地问题提供一个很好的实地调查的场地"。其三，"这个地区广泛使用水上交通，有着网状分布的水路，因而城乡之间有着特殊的关系，这与华北的情况截然不同。这样我们就能够通过典型来研究依靠水上运输的集镇系统"[②]。由此可知，区域的代表性、特殊性和典型性，是费孝通选择调查区域的主要依据，而且对于开弦弓村上述特性的确认，在很大程度是基于这个村庄在人文地理上的特征。

在《江村经济》一书中，费孝通对开弦弓村所处区域的地理状况有比较全面的论述，他首先明确地揭示开弦弓村"坐落在太湖东南岸，位于长江下游，在上海以西约 80 英里的地方，其地理区域属于长江三角洲"，并依据地理学家 G. B. 克雷西所著《中国地理概况》(*China's Geographical Foundation*)一书有关长江平原的地理概况的论述，指出"这个地区之所以在中国经济上取得主导地位，一方面是由于其优越的自然环境，另一方面是由于它在交通上的有利位置"。费氏还结合自己的实地考察，从人文地理学的视角，论述了开弦弓村与上海、苏州、南京、杭州、嘉兴等长江平原各主要城市以及该村所依傍的市镇震泽的区位关系，并特别地绘制了两份地图（即《地图Ⅰ　长江下游流域》和《地图Ⅱ　开弦弓周围的环境》)。在对开弦弓村经济背景的论述中，费孝通还特别提到，"人文地理学者会正确地从人们所占据的土地的自然条件推论人们的职业"，借鉴这个思

① 费孝通：《江村农民生活及其变迁》，第 11 页。

② 同上书，第 22 页。

路，他研究指出开弦弓村占户数约76%的人家以农业为主要职业，以及发达的蚕丝业，与当地稻田的广泛分布和桑树的普遍栽植有一定的联系。另外，他还从人文地理学的角度，分析了开弦弓村的土地类型以及庄稼用地和居住用地的比例，指出住宅区仅占相当小的部分，就在三条小河的汇集处，而房屋则分散在城角圩、凉角圩、西长圩和谈家墩（吴字圩）这四个圩的边缘。他还研究了住宅区的规划与村子交通系统的联系方法，指出“由于船只在交通运输上的重要位置，为便利起见，房屋必须建筑在河道附近，这就决定了村子的规划。河道沿岸，大小村庄应运而生；大一些的村子都建在几条河的岔口”，并进而利用地名学的原理分析说，一条主流河“像一张弓一样流过村子，开弦弓便由此而得名。字面上的意思就是：拉开的弓”。对于开弦弓内部的布局，费孝通也按照人文地理学者的思路进行了比较细致的分析，他认为由于“这个村的陆路系统不能形成完全的环行路”，因此村中的几座桥便成了交通中心，这就造成“小店铺大多集中在各桥附近。特别是集中在村子西边的桥旁”。他还分析说，“村子的总部设在村子东端合作丝厂里面。厂址的选择是出于技术上的原因。河A（引者按：指村子南部的小河）的水自西向东流。由于河A供给沿岸居民的日常用水，所以把厂子建在下游，以免污染河水”；“新的公共机构，例如学校和合作丝厂，只有在老的住宅区外围找到地盘。它们的位置说明了社区生活的变迁过程”。这些研究成果，都集中反映在他所绘制的一张地图之中（即《地图Ⅲ　村庄详图》）。至于村子里的人，费孝通则研究了人口密度、外来户的职业和本籍、本地人与外来户的语言与文化差异。[①] 这些研究同样也属于人文地理学的研究内容。如果认真地阅读，我们不能发现，《江村经济》一书的整个第二章《调查区域》，实际上就是专门针对开弦弓村人文地理状况的系统性描述和研究。

当然，除了第二章这一人文地理学的专章以外，在全书的其他章节也随处可见费孝通在具体的社会现象研究过程中对人文地理学理论与方法的应用。如在第七章“生活”中，他研究了区域自然环境与

① 费孝通：《江村农民生活及其变迁》，第12—21页。

文化传统对于消费的双重影响，指出“在农村社区中，由于生产可能受到自然灾害的威胁，因此，知足和节俭具有实际价值”，“但是在婚丧礼仪的场合，节俭思想就烟消云散了。人们认为婚丧礼仪中的开支并不是个人的消费，而是履行社会义务”。[①] 在第十一章“土地的占有”中也有专节论及湖泊、河流及道路等项的资源利用与管理方面的问题，其中提到“丝厂不得不建在河的下游，否则脏水就会污染河水，使得他人无法饮用”。[②] 在第十四章“贸易”中有不少贸易地理学方面的论述，如指出开弦弓村的“购销分成内部和外部两种，内部购销是在村庄社区范围内交换货物和劳务，外部购销是村和外界进行的交换”，“职业分化程度小，这使社区内部市场非常狭窄，人们靠外界供应货物和劳务”；从城镇来的小贩“都有一个习惯卖货的地区，有时是几个村，范围的大小取决于小贩能走多少路，能赚多少钱。售货的次数也取决于上述因素”；“三家杂货店在三座桥的附近。它们主要出售香烟、火柴、糖果、纸张、蜡烛、纸钱及其他带宗教色彩的物品”；“航船的存在使村庄的店铺处于一种辅助性的地位。村庄店铺无法与航船竞争。它们太小，不能像城镇商店那样直接向城市里的大批发商店订货。它们也像航船一样向城镇店铺购货。但航船代客买东西免收服务费，而村庄的商人零售时要赚钱”，所以“村庄小店里只有那些急需品以及航船不能运输的货物才有买主”[③]。

费孝通关于贸易区域和集镇的研究更为精彩，他指出“贸易区域的大小决定于运输系统——人员及货物流动所需的费用和时间。消费者直接购买货物的初级市场局限于这样一个区域，即买者不需要花很多时间以致妨碍他的其他活动便可在其中买到货物。在这个村里我们可以看出来，有两个初级购销区域。住在河 B（引者按：指村子西北部南北向的小河）的桥附近的人们不会到河 A 的桥附近的商店去买东西。例如，理发店、肉店、杂货店和庙宇都分设在两

① 费孝通：《江村农民生活及其变迁》，第 12—21 页。

② 同上书，第 112—113 页。

③ 同上书，第 152—157 页。

个地区，大致与航船活动分工范围相当。但银匠、鞋匠和药店坐落在河 A 的西桥附近，是村内道路系统的中心。这些行业在村里各自只有这一家店。从这个意义上说，这个村子也是一个初级市场”。他认为中级市场就是初级市场的零售商用批发价格购买货物的地方，航船限制了村里初级市场的作用，并使远处的城镇成为消费者初级购买的中心，“专门从事这项工作的航船主能把他所有的时间用于这一活动。因此，购买者和出售者之间的距离便延长到适于当日往返的旅程。实际距离取决于船的速度，估计每小时为 1.6 英里。能够派出航船到镇上代购货物的村子，其最远的距离不能超出 5 英里以外。因此，这样一个购销区域的直径是 8—10 英里”。费孝通又从区域比较的视角分析了长江流域城镇市场规模与北方城镇市场规模的差异，“每个贸易区域的中心是一个镇，它与村庄的主要区别是，城镇人口的主要职业是非农业工作。镇是农民与外界进行交换的中心。农民从城镇的中间商人那里购买工业品并向那里的收购的行家出售他们的产品。城镇的发展取决于它吸引顾客的多少。正如我们所了解的，航船的制度使这地区的城镇把附属村庄的初级购买活动集中了起来，从而减弱了农村商人的作用。这一类购销区域的范围比中国北方的购销区域大得多，中国北方主要是陆路运输，代购或代销体系不发达。杨庆堃的研究说明了在村庄初级市场之上的典型的中国北方购销区域的直径约为 1.5—3 英里。更高一级的购销区域，包含六个基本网区域，其直径约为 8—12 英里。后者与我们现在正在研究的城镇市场规模相仿”。与此同时，费孝通还注意到了城镇的市场竞争问题，他分析指出，开弦弓村所依托的城镇是在村庄以南约 4 英里的震泽，“这个镇没有垄断这个村庄的全部贸易活动。在北面，还有一个镇，叫大庙港，离村庄 1.5 英里，在太湖边上。这是一个专门与太湖里的岛屿进行贸易的小镇。镇附近有一座太湖神庙，镇由此而名。人们去庙宇的时候，通常在这个镇购买物品。徒步走去约 1.5 小时。但这个村庄和大庙港之间的贸易同这个村庄和震泽镇的贸易相比是无足轻重的”，尽管如此，他还是提醒人们，“关于城镇之间如何竞争以保持它们的附属村庄，将是一个有趣的研究。但是对这一问题的详细分析，需要对整个地

区作更广泛的调查"[1]。这些有关区域贸易系统的论述，尽管在当时的中国社会学者看来是必不可少的部分，但实际上已经涉及人文地理学的研究范畴，或者至少可以说是社会学与人文地理学之间的跨学科研究领域。

总之，从《江村经济》一书的有关论述来看，在费孝通的乡村社会研究中，人文地理学的色彩是相当浓重的，这也正是这部著作取得巨大成功的关键一环。

（二）小城镇研究中的历史地理学视野

尽管在费孝通早期的乡村社会研究中已经包含有城镇研究的内容，但当时他的学术重心主要在于乡村社会结构和经济生活方式方面，有关城镇研究内容只在研究乡村贸易体系时有所涉及，并非其研究的重点所在。但是，从20世纪80年代开始，亦即费孝通进入其学术生涯的第二个阶段以后，他的学术兴趣似乎有了较大的变化，将小城镇研究视为自己致力的重要研究领域。

费孝通之所以被人们视为现当代中国小城镇学最重要的倡导者，一个基本的原因就是他不仅在小城镇的调查与研究方面身体力行，而且对这门学问理论体系的构建作出了巨大贡献，其中他对于小城镇研究方法论的有关论述尤其具有理论指导意义。他的有关小城镇研究的一系列论著，不仅推动中国小城镇学的兴起和发展，而且也可以被看作这门学问的最具代表性的经典论述。

费孝通在1980年率先提出了小城镇问题，随后撰写了《小城镇在四化建设中的地位和作用》一文，通过对集镇形成的历史过程的考察，首度系统地论述了小城镇的地位和作用，并指出要深入了解小城镇的发展规律就"有必要进行一次综合性的小城镇调查研究，包括精神文明、物质文明，诸如政治、经济、文化，各种体例、规章制度，都应全部综合起来看一看，理理清"，"在进行中必须依靠各方面的

---

① 费孝通：《江村农民生活及其变迁》，第160—161页。

协作，不仅是社会科学方面，将来还需要有自然科学方面”[①]。在同年所写的另一篇论文里，他也曾呼吁对城市住宅问题社会学的研究不仅要积极开展社会调查，而且应当努力“与兄弟学科通力合作，共同发展，为研究和解决住宅问题提供科学的依据”[②]。后来，他更是旗帜鲜明地提出“小城镇研究是个多学科交叉的，结合实际的，有理论指导的，科学的，实事求是，能用来解决问题的，为社会主义建设服务的，这么一个课题”[③]。可见，在他看来，小城镇问题固然属于社会学的研究范畴，但研究的视角却不宜局限于狭义的社会学方面，需要多种学科的协作，采用综合性的研究方法。

在关于如何提高小城镇研究的学术水平方面，费孝通提出要“首先学会从客观事物的发展里提出问题”，在社区研究中要关注“历史过程”，要观察、调查“整个中国的历史”对城乡社会变迁的深刻影响，[④] 并且他还特别提倡“搞典型的、深入的、直接观察的并用定性在前、定量为后的调查方法”，注意“历史过程中的变迁，从中总结出一些经验教训来”[⑤]。类似的理论在其他论文中也有涉及，这就显示，与早年乡村社会研究的方法有所不同，后来费孝通的小城镇研究，除了重视社会调查和人文地理学方法以外，似乎对于历史学的方法有了较大的关注。也就是说，从某种意义上来看，他的小城镇研究多少已具有了现代历史地理学的视野。例如，在前引《小城镇在四化建设中的地位和作用》一文中，他就根据相关历史文献记载并结合自己在云南的实地调查所得，讨论了集镇的出现与古书里的“日中为市”问题，他认为“因为农民把自己生产的东西带来卖，从住的地方走到这儿，最远的地方要半天；再远处的人走到这儿是‘日中’，所以叫‘日中为市’。这是一个简单的算术问题。到日中的时候人最多，各地方的人都来了。买卖完毕，大家都各自回去”。在该篇论文

---

① 费孝通：《小城镇在四化建设中的地位和作用》，《费孝通论小城镇建设》，群言出版社 2000 年版，第 37—46 页。

② 费孝通：《开展对城市住宅问题社会学的研究》，《费孝通论小城镇建设》，第 47—49 页。

③ 费孝通：《继续开展江苏小城镇研究》，《费孝通论小城镇建设》，第 122—128 页。

④ 费孝通：《怎样找问题》，《费孝通论小城镇建设》，第 65—78 页。

⑤ 费孝通：《谈小城镇研究》，《费孝通论小城镇建设》，第 50—64 页。

中，他又结合《吴江县志》的记载，研究了吴江县城的基本结构，指出早期吴江县城主要有四样东西，一个衙门，一个监狱，一个文庙，一个城隍庙，县城很简单，很小，不是做买卖的地方，只在吴江城外一里有一个市，叫盛家埭，在长桥附近。城里何以没有“市”，他的解释是“因为各地方来的人，怪里怪气的，要偷东西，靠不住，不安全，小孩子害怕，所以要到城外”。联系到在云南的考察经验，费孝通得出这样一个推论：“早期的城（镇）同集（街）是分开的，一个是政治中心，一个是商业中心。”在《谈小城镇研究》一文中，费孝通又进一步研究了“城”与“市”的区别以及“镇”的起源：“其实城和市不是一回事。传统的城是地主阶级的堡垒，他们和农民对立，所以害怕赶集、赶街之类的活动，主要是怕四乡的人聚集在一起闹事，不好维持和掌握秩序。一般城和集市在地点是分开的，常常在城区的外面设立固定的地点作为赶集的人交换货物的场所。以后定期聚合的赶集赶街的贸易方式发展到固定化和经常化，从 12 天一次，6 天一次，发展到 3 天一次和天天赶街。商人也随着在此开设固定的店铺，这就出现了镇。‘镇’，《康熙字典》解释为‘重也、压也’、‘言镇守也’。镇是有人管的集市。”① 毋庸讳言，费孝通的上述结论或解释可能有片面的地方，但他作为一个社会学家，在其开展小城镇研究之初始，即已能自觉地采用历史地理学等其他学科的研究视角，可知他的社会学研究方法论已出现较大转型的一个表现。

当然，就理论上的系统性和学术深度方面而言，在费孝通的诸多有关小城镇的系列论文中，还是以他在 1983 年所写的《小城镇　大问题》一文最具有代表性。在这篇长文中，费孝通提到他于当年春末夏初在江苏省吴江县做了为期一月的社会调查，“对该县十来个小城镇的历史与现状作了初步研究”，“打算写一篇关于小城镇的类别、层次、兴衰、布局和发展的文章”，但是因为“时间由不得自己支配，这个打算便落了空”，只能依据自己的腹稿，谈谈“在吴江调查的感受以及由此联想到的一些问题”②。但是，在笔者看来，虽然费

① 费孝通：《谈小城镇研究》，《费孝通论小城镇建设》，第 50—64 页。

② 费孝通：《小城镇　大问题》，《费孝通论小城镇建设》，第 79—121 页。

孝通自谦这篇论文不是满意之作，但其实已比较全面地反映了作者关于小城镇研究的理论框架。从费孝通的说明来看，他在小城镇研究上是历史与现状并重的，并且认为小城镇研究应当重点关照类别、层次、兴衰、布局和发展这五个方面的内容。这些问题自然已经涉及社会学、历史学、地理学等多个学科，所以他明确地指出，小城镇这样的社会实体，“无论从地域、人口、经济、环境等因素看，它们都既具有与农村社区相异的特点，又都与周围的农村保持着不可缺少的联系”，“小城镇研究是一个综合的、长期的科研项目”，“科学研究要对客观事物负责，即实事求是”，“但是实事求是的科学研究不等于消除了可能的片面性，每一个学科的研究，其片面性都是不可避免。越是专家，其片面性或许会越大。为了不使决策陷入片面性，在决策和科研之间应有一个中间环节。这个环节就是综合各个学科对某一事物的认识，进行‘会诊’，然后才向决策机构提出若干建议及论证”①。这段论述，高屋建瓴，不仅明确地说明了小城镇的特点及其影响因素，而且清晰地阐明了小城镇研究的意义以及采用综合性研究方法的客观必要性。

从《小城镇　大问题》一文具体的研究论述来看，费孝通所谓的综合研究，就是在社会学研究中积极借鉴历史学、地理学等学科的理论与方法。例如，费孝通通过自己的调查与研究，将吴江县的小城镇划分为五种类型，并分析了其各自特点的形成与演变过程：民国时期的震泽镇通过几百条航船与周围乡村保持着商品流通，“说明震泽镇是以农副产品和工业品集散为主要特点的农村经济中心，是一个商品流通的中转站”。盛泽镇早在明代就有上万的人口，家庭丝织手工业“这个传统在民间已存在近千年”，正是基于这样的历史地理基础，“盛泽镇现在是吴江县人口最多、产值最高的一个小城镇”，“是一个丝织工业中心，是具有专门化工业的小城镇”。松陵镇“在解放前后都是吴江县的政治中心，现在吴江县政府就设在松陵镇上。解放以来吴江县其他原有的小镇都处于停滞和萧条状态，惟独松陵是例外，它的人口不但没有减少，而且还比解放初有较大增长”。“同里距运河

① 费孝通：《小城镇　大问题》，《费孝通论小城镇建设》，第79—121页。

边上的松陵只有六公里，离东南自苏州到上海的水路要冲屯村镇五公里半。同里镇本身四面环水，似乎是一片藏于水泽中的岛屿。它的周围地区河塘交叉，漾湖衔接，是典型的湖沼水乡。解放前的同里不通公路，只靠摇小船进去。对于一个不熟悉水道的陌生人来说往往在水面上转悠半天也找不到进出之河道。正由于同里处于交通闭塞的地理位置，具有不同于一般的水乡地貌，它就被地主阶级、封建官僚选中作为他们的避难所和安乐窝。解放前这个小镇集居着大量的地主和退休官僚”。“同里过去可以说是一个消费、享乐型的小城镇，现在正在改造成为一个水乡景色的游览区，已经成为文化重点保护区之一”。“平望镇地处江浙之间，形成北通苏州、南通杭州的门户，历来是兵家必争之地”，不过这样的地理位置和交通条件使它具有两面性，“一方面是易遭战争攻击和破坏，因此在解放前曾经几度由兴而衰，一直未能稳固地发展起来；另一方面由于交通发达，物资流畅，具有发展经济的优越条件，使它常能衰而复兴”。在这篇大作中，尽管费孝通并没有使用历史地理这样的学科概念，但从他在具体行文中交织地使用“历史条件”“历史发展”“历史传统”“历史现象”“地理位置”“自然灾害”“自然地理”等学术名词，以及他一再强调各个城镇的特点“是各镇的具体历史形成的”，其兴衰演变是“由于自然灾害、地理发生显著变化等多种因素引起的”，区域小城镇研究“不能不从该地区的历史传统和特定的社会条件去考察”等言论来看，历史学分析和地理学分析相结合正是他的小城镇研究的主要特色所在，而这正是现代历史地理学研究的基本取向。

第四章　历史时期的城市选址与城市环境演变研究

一　濮阳城址的历史变迁

城址的变迁问题，是历史城市地理研究需要重点关注的问题之一。河南省境的濮阳，是一座历史悠久的城市，因位于古濮水之阳（北）而得名。郦道元《水经·瓠子河注》谓："濮水迳其南，故曰濮阳也。"① 历史上，濮阳城址曾多次移徙，兹分别考述之，以期能对濮阳城址的历史变迁的脉络有一个较为清晰的认识。

（一）古帝丘与卫都濮阳城

《左传·僖公三十一年》载："狄围卫。十有二月，卫迁于帝丘。"杜预注："辟狄难也。帝丘，今东郡濮阳县。故帝颛顼之墟，故曰帝丘。"时在卫成公六年（前629）。据《史记·卫康叔世家》载：卫嗣君五年（前320），"更贬号曰君，独有濮阳"。学者多据此一记载而说濮阳之名始见于卫嗣君五年（前320）。其实在此之前，濮阳之名早已频繁出现于史乘之中。《战国策·韩策二》：聂政"遂西至濮阳，见严仲子"。从《史记·韩世家》及《六国年表》可知，聂政西至濮阳事应在韩烈侯三年（前397）。另外，《世本》亦云："成公徙濮阳。"宋衷曰："濮阳，帝丘地名。"这些史料说明，卫都

① （北魏）郦道元：《水经》卷24《瓠子河注》，杭州大学出版社1999年陈桥驿校释本，第431页。

濮阳即为古帝丘之地，濮阳之名称出现的也比较早，“在其地一直为卫都的情况下，亦不太可能发生中途改名之事，故其地称濮阳当始于初迁之时”①。

卫都濮阳既与古帝丘同为一地，则搞清古帝丘的位置，也就确定了卫都濮阳的所在。古时所谓的“帝丘”，为帝颛顼建都之地，又称“帝丘城”“颛顼城”“颛顼之墟”。关于古帝丘的位置，史书颇多不同说法，甚至多认为“帝丘城”“颛顼城”不在一处。如《大明一统志》云：“帝丘城，在滑县东北七十里土山村。春秋时卫成公迁于此。”“颛顼城，在开州城东二十五里，一名东郭城，盖春秋时颛顼古都也。又临河废县东北三里亦有颛顼城。”②《大清一统志》则云：“濮阳故城，在开州西南二十里，汉置县。本古帝丘也。”“按《明统志》，又有帝丘城，在滑县东北七十里土山村，即卫成公所迁。盖即濮阳城，境相接也。”③《读史方舆纪要》亦有不同说法：“（濮阳）旧城在今治西南三十里，为古颛顼之墟，亦曰帝丘。”“昆吾城，州东二十五里。其地有古颛顼城，城中有古昆吾台。”④

以上诸书说法虽多，但不可能都正确。其实“帝丘城”就是“颛顼城”，早期可能有城，后来城废，故而又称“颛顼之墟”。

明清滑县东北70里土山村帝丘城，即今河南省内黄县西南50余里梁庄乡三杨庄西硝河北岸颛顼陵。帝丘城与颛顼城本应一义，即颛顼所都之地。但颛顼所都的帝丘，汉晋之时已称“颛顼之墟”，后世焉得有城？昔时土山村颛顼冢为砖所砌，名曰颛顼城，实为颛顼陵城，并非指颛顼所都之城，今日其地虽有颛顼陵之遗迹，但却不能据之推测古帝丘之所在。至于认为“古帝丘”或“颛顼城”是在“开州西南二十里”“西南三十里”以及“临河废县东北三里”等说法，皆未可轻信。其地分别是秦汉魏晋濮阳县、北魏隋唐濮阳县和隋代西濮阳县之治所（详后），有关“古帝丘”或“颛顼城”的传说，大概

---

① 曲英杰：《先秦都城复原研究》，黑龙江人民出版社1991年版，第341页。

② 《大明一统志》卷4《大名府·古迹》，三秦出版社1990年影印本。

③ 《嘉庆重修一统志》卷35《大名府·古迹》，中华书局1986年影印本。

④ （清）顾祖禹：《读史方舆纪要》卷16《大名府·开州》，上海书店出版社1998年影印本。

都是随着濮阳县城的迁移而产生的。今濮阳县老城十字街四牌楼上仍存“颛顼遗都”的匾额，可证这一推测的不误。

相比较而言，《大明一统志》“颛顼城，在开州城东二十五里”的说法，似更为可信一些。今濮阳县东南8千米有高城村遗址，考古工作者在约1万平方米的范围内地面下约5米深处，发现有龙山文化、二里头文化和周代遗址。[①] 另外，紧靠高城村北首地面下约3米发现有东西向夯土墙，夯土相当坚硬。高城村距今濮阳县的里程略短于史册所载之数，此盖因古今交通道路的变化以及里程计算方法的差异所致。陈昌远教授认为：“历史文献中所指卫国都城帝丘的方位与高城相符合。帝丘所在地位于濮阳县城东南8公里，五里（星之讹）乡高城村北侧。因颛顼高阳氏曾在此建都亦称颛顼城。”[②] 这个说法，大致上是不谬的。

（二）秦汉魏晋之濮阳县城

“古帝丘”和卫都濮阳虽然大致上可确定是在今濮阳县东南8千米高城村一带，但这里却非秦汉魏晋之濮阳县城的所在。这是因为战国末叶濮阳城曾有过迁徙。此事史书未曾明确记载，但从有关史料中可找到线索。《史记·卫康叔世家》：“卫嗣君五年，更贬号曰君，独有濮阳……元君十四年，秦拔魏东地，秦初置东郡，更徙卫野王县，而并濮阳为东郡。”《索隐》云：“魏都大梁，濮阳、黎阳并是魏之东地，故立郡名东郡。”按《索隐》的说法不确，战国末叶卫为魏之附庸，故土多为魏国所占，但却“独有濮阳”，故而濮阳当不在秦所拔“魏东地”与“秦初置东郡”的属邑之列。另外，《史记·卫康叔世家》所记秦拔魏东地、初置东郡以及更徙卫野王的时间有误。据《史记·秦始皇本纪》：“（始皇）五年，将军骜攻魏，定酸枣、燕、虚、长平、雍丘、山阳城，皆拔之，取二十城。初置东郡……（六年）拔卫，迫东郡，其君角率其支属徙居野王，阻其山以保魏之河

① 马连成、廖永民：《濮阳市郊区考古调查简报》，《中原文物》1986年第4期。

② 陈昌远：《卫都帝丘与戚邑》，《中国历史地理论丛》1994年第3辑。按，“二十五里”陈文引作“二十里”，误。

内。”《史记·六国年表》亦载：“（始皇五年）蒙骜取魏酸枣二十城。初置东郡。”“（六年）卫从濮阳徙野王。”可见秦拔魏东地、初置东郡的时间是在始皇五年，亦即卫元君十一年（前242）；而卫从濮阳徙野王则是在始皇六年，亦即卫元君十二年（前241）。可见始皇五年秦初置东郡，郡治决不在卫都濮阳，可能尚无固定的治所。始皇六年将濮阳并入东郡以后，才以濮阳为东郡郡治。但秦始皇统一全国后，有“堕坏城郭，决通川防，夷去险阻”之举，[①] 此时之濮阳当已非卫都濮阳故地。《水经·瓠子河注》：“河水旧东决，迳濮阳城东北，故卫也，帝颛顼之墟……卫成公自楚丘迁此，秦始皇徙卫君角于野王，置东郡，治濮阳县。濮水迳其南，故曰濮阳也。章邯守濮阳，环之以水。张晏曰：依河水自固。”[②] 卫都濮阳既因古濮水而得名，当去黄河稍远。然秦汉之际章邯守濮阳，却能“环之以水”，并“依河水自固”，这表明当时的濮阳城距黄河较近。

关于秦汉时期的黄河故道和濮水故道，《读史方舆纪要》云：“黄河故渎，在（开）州治南，自滑县流入州界，自昔大河经流处也”；“濮水，州南六十里，亦谓之濮渠。旧志濮水自河南延津县东北经胙城过濮阳入山东濮州界，今胙城县犹有故濮渠，即此水上流也。大河迁决不时，濮水遂至湮废”。[③] 濮水故道在濮阳县境大致呈西东走向，但两汉以来，黄河决徙无常，濮水早已湮废，遗迹今已难觅。秦汉时期的黄河，是自滑县流入濮阳县西南境又折而北流，今濮阳市所属的濮阳县、濮阳市区、清丰县之西境仍可见其遗迹。从当时的情形来看，秦人新置的濮阳城必仍旧在古濮水之阳（北）而又距黄河较近，夹于黄河与濮水之间，因此其地理位置大致可推定是在今濮阳县西南境。《大清一统志》说“濮阳故城”在“开州西南二十里”，《读史方舆纪要》说“（濮阳）旧城在今治西南三十里”，虽然将“古帝丘”和卫都濮阳与秦人新置的濮阳城混为一谈，但也说出

---

① 《史记》卷6《秦始皇本纪》，中华书局1959年标点本。

② （北魏）郦道元：《水经》卷24《瓠子河注》，杭州大学出版社1999年陈桥驿校释本，第431页。

③ （清）顾祖禹：《读史方舆纪要》卷16《名府·开州》，上海书店出版社1998年影印本。

了秦汉濮阳城的大体方位。至于《大清一统志》的“开州西南二十里”与《读史方舆纪要》的“今治西南三十里”说何者正确，还需再作探索。

《水经·河水注》：“河水东北流而迳濮阳县北，为濮阳津。故城在南与卫县分水，城北十里有瓠河口，有金堤、宣房堰。”[①] 北魏时濮阳城已有迁徙（详后），《水经·河水注》所说的“濮阳故城”就是秦汉濮阳城。秦汉濮阳城“北十里有瓠河口”，则如果找到瓠河口，就可知道秦汉濮阳城的所在。《大明一统志》云：“瓠子口，在开州城西南二十五里。”[②] 依其所云方位和里程，瓠河口大致应在今濮阳县西南新习乡一带。史载汉武帝元封元年（前110）为堵塞瓠子决口，“令群臣从官自将军已下皆负薪置决河。是时东郡烧草，以故薪柴少，而下淇园之竹以为楗”[③]。在今濮阳县西南10千米新习乡后寨村北地四大龙王庙西南不远处已发现瓠河口遗址，出土汉武帝堵塞瓠子河所用竹楗遗物甚多。据笔者实地考察，今新习乡湾子村南街东，东南距离后寨约5千米处（金堤南），有一片高地，昔称凤凰台。地下中空，常浇水不满，曾出土陶罐、瓷马和大量汉代墓群。还发现一口古井，为砖所砌，似亦汉代遗物。湾子古遗址距今濮阳县城约有15千米，近于《读史方舆纪要》所记，秦汉魏晋之濮阳应在这一带。濮阳县地名办公室曾以《大清一统志》的记载为据，认为秦汉濮阳县城在今濮阳县城西南10千米子岸乡故县村，并在故县村中立有“汉濮阳城遗址”碑一通，与史是否相合，似值得进一步商榷。

（三）北魏隋唐之濮阳县城

北魏时期，濮阳县城曾发生过迁徙。《太平寰宇记》云：“濮阳县，本汉县，地属济阴，古之昆吾国，即帝丘颛顼之墟。《左传》又曰卫侯梦于北宫，见人登昆吾之墟，即此邑之地。亦卫侯自楚丘迁于

① （北魏）郦道元：《水经》卷5《河水注》，杭州大学出版社1999年陈桥驿校释本，第84页。

② 《大明一统志》卷4《大名府·古迹》，三秦出版社1990年影印本。

③ 《史记》卷29《河渠书》，中华书局1959年标点本。

此城。后魏天平三年移濮阳县于此。”[①] 这里，《太平寰宇记》虽未说清楚后魏天平三年（533）新移的濮阳县究竟治于何处，但北魏时期有旧濮阳县城移于新址事却有史可稽。《水经·河水注》中明言濮阳“故城在南与卫县分水，城北十里有瓠河口”，可见郦道元时濮阳城址已有变化。又《水经·瓠子河注》于经文“瓠子河出东郡濮阳县北河”一语下注文云：“县北十里，即瓠河口也。”[②] 据《魏书·地形志》，北魏东郡无濮阳县，濮阳县属濮阳郡，注文中的“故城”和经文中的“东郡濮阳县”皆应指秦汉魏晋濮阳县。从以上引文可知，秦汉魏晋时期濮阳县北5千米有瓠河口，北魏时的河水则“东北流而迳濮阳县北”，可见北魏时期的濮阳郡濮阳县大致在旧时濮阳县城之北5千米左右。郦道元于孝昌三年（527）被杀，其《水经注》书稿亦当成于这一年以前。如此，则《太平寰宇记》所说天平三年（533）移濮阳县事在时间上可能有一些错误。北魏新移之濮阳既在旧濮阳之北5千米，当为《大清一统志》所云开州西南10千米之濮阳故城。今濮阳县城西南10千米子岸乡有故县村，在新习乡湾子村东北方向，村以故县为名，当为一废县城所在。据笔者实地考察，故县村（亦在金堤之南）一带曾发现了古城墙遗址，其地屡有隋唐时期的古钱币、瓷器、陶器、古砖出土，迄今民间仍多有收藏者。但当地秦汉遗物不多见，可见故县村之古城墙遗址确为汉代以后之濮阳县城遗址。以方位和里程考之，北魏新移之濮阳县应在其地。北魏移濮阳县于今故县村后，历经隋唐，城址未作变化，至五代时始再次迁移。

（四）隋代的西濮阳县

《隋书·地理志》东郡条谓：“卫南，开皇十六年置，大业初废西濮阳入焉。”可见隋代确曾有过一个西濮阳县。关于此西濮阳县，近人王仲荦在《北周地理志》一书中考证云：“西濮阳，今河南濮阳县西南二十里。旧置。隋书地理志：大业初，废西濮阳入卫南县

---

① （宋）乐史：《太平寰宇记》卷57《澶州》，光绪八年（1882）金陵书局刊本。

② （北魏）郦道元：《水经》卷24《瓠子河注》，杭州大学出版社1999年陈桥驿校释本，第430页。

焉。按据寰宇记濮州濮阳县下云：后魏天平三年，移濮阳县于颛顼城，此西濮阳者，盖汉来濮阳旧治。魏既徙濮阳而东，故此称西濮阳也。"① 王氏定西濮阳在今河南濮阳县西南10千米的主要依据是认为旧濮阳县在"今河南范县西南濮城"。但其实今范县西南濮城乃是明代濮州治所，② 与旧濮阳县毫不相关，因而不能据之推求西濮阳县的所在。

《太平寰宇记》卷57《澶州》条虽有"后魏天平三年，移濮阳县于此"云云，但所说并不可信。据笔者上文所考，北魏移濮阳县事实发生于天平三年以前，汉晋濮阳县在今濮阳县西南15千米，北魏移县于汉晋旧县北5千米，在今濮阳县西南10千米。自北魏以降，历隋唐两代，直到五代晋天福四年再移濮阳县于澶州南郭（德胜南城）以前，濮阳县城址未有变化。所以，《隋书·地理志》所谓的西濮阳县的位置只能在今濮阳县西南10千米以西去寻找。《太平寰宇记》卷57《澶州》濮阳县条云："隋开皇十六年又于颛顼城内置昆吾县，至大业二年改昆吾县为濮阳县。"（按《隋书·地理志》东郡濮阳县条作："开皇十六年分置昆吾县，大业初入焉"，文意虽通，但使"西濮阳"无处着落，未必可信）前此濮阳县并未闻曾经省废，则《太平寰宇记》所谓"大业二年改昆吾县为濮阳县"的"濮阳县"必为西濮阳无疑。此"西濮阳"，据《隋书·地理志》，在大业初废入卫南县，估计并未存在多长时间。民国《重修滑县志》云："昆吾县故城，盖旧志所谓西濮阳也。隋大业初废入卫南县。"似略得其实。

《太平寰宇记》卷57《澶州》又云："昆吾台在颛顼城内，高二丈。按旧图经云：《左传》云五伯之霸，夏伯昆吾，商伯大彭、豕韦，周伯齐桓、晋文是也。"可见隋昆吾县是置于颛顼城中，又因城内有昆吾台而得名。如果搞清颛顼城的位置，也就可以确定隋昆吾县城的所在。

关于颛顼城的位置，《大明一统志》卷4《大名府·古迹》云："颛顼城，在开州城东二十五里，一名东郭城，盖颛顼古都也。又临

① 王仲荦：《北周地理志》卷8《曹州·濮阳郡》，中华书局1980年版。

② 谭其骧主编：《中国历史地图集》，地图出版社1982年版，第7册，图幅50—51。

河废县东北三里亦有颛顼城。”《读史方舆纪要》卷16《开州》云：“昆吾城，州东二十五里，其地有古颛顼城，城中有昆吾台……《志》云：颛顼城，一名东郭城，隋置昆吾县于此。又废临河县东北三里亦有颛顼城。”废临河县在“（开州）西六十里”①。今浚县东北善堂乡有临河村，应为隋临河县城所在地。②《大明一统志》和《读史方舆纪要》在认定颛顼城在开州城东12.5千米。同时，又提出在废临河县东北1.5千米亦有颛顼城的说法，其说本自《太平寰宇记》。《太平寰宇记》卷57《澶州·临河县》：“颛顼庙在县东九里，太和四年立，在颛顼城，至皇朝乾德六年重修”；“颛顼城在县东北三里”。两个颛顼城在历史上都是存在过的，开州东12.5千米的颛顼城即帝丘城，后来演变成卫都濮阳城，已见前述；至于废临河县东北1.5千米的颛顼城，则极有可能与隋代曾有过西濮阳县而造成的地名搬家有关。据《太平寰宇记》的记载可知，颛顼城在临河县东北1.5千米，唐太和四年（830）曾于城内立颛顼庙，北宋乾德六年（968）重修颛顼庙时又移庙于临河县东4.5千米，城与庙始分在二处。今内黄县西南梁庄乡西北有颛顼陵和帝喾陵，二陵之南有高王庙，当即《太平寰宇记》所说的“颛顼庙”。古“颛顼城”如《太平寰宇记》所说，在临河县东北1.5千米，亦即在今浚县东北善堂乡临河村东北1.5千米，东北距今二帝陵和高王庙约有3千米左右。隋唐昆吾县既置于颛顼城中，故址自然亦在此地。大业二年所置西濮阳县既为昆吾县改名而来，当亦在此地。

（五）五代与北宋前期之濮阳县城

五代时期濮阳县迁移事，《太平寰宇记》卷54《澶州》云：“濮阳县，城东门……天福四年诏移于澶州之南郭为理所。”“澶州之南郭”当指后晋天福三年（938）澶州移就的德胜寨南城。③《太平寰宇记》既云后晋天福四年（939）所移的濮阳县在澶州“城东门外”，

---

① （清）顾祖禹：《读史方舆纪要》卷16《名府·开州》，上海书店出版社1998年影印本。

② 吴宏岐：《隋汲郡临河县故城考》，《中国历史地理论丛》1998年第3辑。

③ 《嘉庆重修一统志》卷35《大名府·古迹》，中华书局1986年影印本。

又以“澶州之南郭为理所”，可见大体方位应在德胜寨南城东门外。这样，确定了德胜寨南城的位置，就可知道后晋天福四年以后濮阳县的治所所在。关于德胜寨故城，《大清一统志》卷35《大名府·古迹》云：“德胜故城，在开州，有南北二城，今州治即北城也。”德胜寨旧为德胜渡，为河津之要。《读史方舆纪要》卷16《开州》云：“德胜城，州东南五里……五代梁贞明四年晋王存勖拔濮阳军德胜渡，寻遣李存审于德胜南北夹河筑两城而守之。”《大明一统志》所说略有不同：“德胜寨，在开州南三里，汉乾祐初自夹河移澶州于此，周世宗又迁于夹河，与德胜寨南北相直，故居人有南澶北澶之目。”又云：“澶渊城，在开州城南五里，春秋会盟于澶渊，宋神宗时河决澶渊城即此。”德胜寨即德胜城，《大明一统志》云在“开州南三里”，而《读史方舆纪要》云在“（开）州东南五里”，里数虽有差异，但不在后来的开州治所是很显明的。二书之所以所记里数有异，主要的原因是分别指的德胜寨北城和德胜寨南城。按自五代后晋天福三年将澶州移就德胜寨后，直至宋神宗时再移澶州城这一时间段内，除汉乾祐初一度移澶州治德胜寨北城外，其余时间澶州皆治德胜寨南城。宋时澶州又称澶渊郡，《大明一统志》所说的“开州城南五里”的澶渊城，实即澶州城，亦即《读史方舆纪要》所说的德胜城，而《大明一统志》所说的德胜寨则指德胜寨北城，也就是《太平寰宇记》所说的“汉乾祐元年移就德胜寨故基”① 的德胜寨。时德胜寨南北二城跨河相对，间距在1千米左右。盖因后来澶州一直治于南城，北城才独享德胜寨之名（详后）。后晋天福四年所移的濮阳县既治澶州南郭东门外，亦即德胜寨南城东门外，其位置大致应在今濮阳县城东南2.5千米左右。

（六）北宋中后期以后之濮阳县城

宋神宗时澶州城及濮阳县为河水所冲而移于今濮阳县城所在地，其具体迁移时间，《大清一统志》卷35《大名府·古迹》云在熙宁十年（1077），而《读史方舆纪要》则提出熙宁九年（1076）、熙宁四

---

① 《太平寰宇记》卷57《澶州》，光绪八年（1882）金陵书局刊本。

年（1071）和熙宁十年（1077）三种说法。[①] 按熙宁九年澶州未发生河水决溢，熙宁四年八月虽有“河溢澶州曹村”事，但未形成灾害，而熙宁十年七月间黄河“遂大决于澶州曹村”，“凡灌郡县四十五”[②]，为害颇剧，澶州城及濮阳县城自亦受到波及，熙宁十年移州县说当确。

关于熙宁十年新移的澶州及濮阳县城，《大清一统志》卷35《大名府·古迹》云：“盖是时州治南城也。熙宁十年，南城圮于水，移治北城，惟以濮阳县为治。”据此，似乎新移的澶州及濮阳县城是因德胜寨北城之旧而为治所。但《读史方舆纪要》卷16《开州·濮阳废县》条则有别的说法：“《城邑考》宋熙宁中土筑，后皆因之，宏治十三年增修其城，前方后圆，俗呼卧虎城，周二十七里。”按德胜寨故城（北城）在开州（治今濮阳县城）南三里，《大清一统志》之说不确。另据《宋史》卷91《河渠志》，太宗淳化四年（993）十月，“河决澶州，陷北城，坏庐舍七千余区，诏发卒代民治之”。可见德胜寨北城以临河之故，亦时有河冲的忧患。熙宁十年黄河大决澶州曹村，未必只有澶州南城为河水冲圮，北城当亦受到影响。熙宁十年新移的澶州城和濮阳县城既与德胜北城相距有三里之数，很明显熙宁中土筑之城并非因德胜寨北城故基，而是在其北离黄河稍远的地势高亢处另择新址而建的。自熙宁十年濮阳县城迁于今址后，历经金元明清诸代，虽屡有改筑城垣之事，但城址未有大的变动。今濮阳县城就是因明清老城发展起来的。

（七）结语

从上述论述可知，春秋战国时期卫国国都濮阳城是在古帝丘（颛顼之墟）的基础上建立起来的，遗址在今濮阳县城东南8千米的五星乡高城村。秦代以来，濮阳城曾发生了四次迁移，秦汉魏晋之濮阳县城在今濮阳县城西南15千米新习乡湾子村一带，北魏时期又东北移

---

① 分别见《读史方舆纪要》卷16《开州》《濮阳废县》和《德胜城》，上海书店出版社1998年影印本。

② 《宋史》卷92《河渠志》，中华书局1977年标点本。

至今县西南10千米子岸乡故县村处，五代后晋天福四年再移于今县东南2.5千米，北宋熙宁十年始将濮阳县城迁到了今址。由于濮阳城址的频繁迁移，造成古帝丘、颛顼城等地名数度搬家，引起史志记载的混乱，给今人考证濮阳城址以及其他相关古遗址带来不少困难。另外，从濮阳城址的迁移轨迹可以看出，濮阳城虽然因位于古濮水之阳（北）而得名，但历史上的濮阳城与黄河的关系似乎更为密切一些。北魏以后濮阳城的迁移轨迹大致呈西南东北走向，这与今濮阳县境故黄河泛道的走向相一致。受地形之影响，呈西南东北走向的黄河多在东南方向决口，五代后晋所移的县城仍要受到黄河泛滥的威胁，故北宋熙宁十年又将濮阳县城迁到了黄河北岸，始彻底摆脱了河患。这一成功的经验，是值得认真总结和借鉴的。

二　两汉时期番禺城址的迁徙

城市的城址选择问题，是历史城市地理研究中一个重要课题。马正林教授在《中国城市历史地理》一书中曾概括指出，城址选择的原则主要包括平原广阔、水陆交通便利、地形有利与水源丰富、地形高低适中、气候温和与物产丰盈这五个方面。他还进一步指出，“由于社会经济和科学技术的发展，最初选择的城址未必都是恰当的，因此，就出现了中国历史上的城址转移”，虽然“由于选址不当而使城市终于废弃的也为数不少”，但“许多城址的转移，则是为了争取更为有利的地理条件，使城市继续向前发展，人为地放弃旧城，另选新址”①。不过，笔者发现，在中国城市发展史上，其实还存在另一种情况，即某一城市最初选址合理，但由于一些特殊的原因（如帝王在政治上考虑）而被迁徙到别处，但后来几经权衡，又回迁到最初的选址的地方。两汉时期的番禺的迁徙，即这方面的一个典型的案例。

关于两汉时期岭南地区经济都会番禺城故址所在历来多有争议，本章通过细致的考证分析，否定了今广州旧城区说这一学术界的主流

① 马正林：《中国城市历史地理》，山东教育出版社1998年版，第22—30页。

观点以及番禺沙湾说、顺德简岸说等异说，并通过历史文献资料、历史地名遗存、地貌状况、汉墓葬点分布、历史水道交通条件、历史城市生态环境等多重证据，认为秦及南越国时期的番禺城在今广州旧城区，但汉武帝元鼎六年（前111）则将南海郡治与番禺县治并置于旧番禺城之南，并考订两汉新番禺城的具体方位当在今广州市番禺区市桥北一带，另外相应还探讨了东汉末年番禺县城迁回旧址的时间、原因和意义。

（一）汉番禺城故址诸种说法商榷

番禺城作为秦代南海郡尉治所和南越国都，是当时岭南地区最为重要的政治中心和经济中心所在地。西汉和东汉时期的番禺城为南海郡和番禺县的治所，由于地处水道要冲，交通便利，又有通商海外之利，所以虽然不是岭南地区最重要的政治中心，但却依然成为这一地区最著名之经济都会城市。汉番禺城不仅在当时岭南地区的政治、经济、文化发展中占有重要地位，也在广州城市发展史占有重要历史地位。然而，关于汉番禺城故址，历代文献记载多有歧异，导致今人也有诸多不同意见，传统主流观点认为是在今广州旧城区，但也有学者相继提出番禺沙湾说、顺德简岸说等不同说法。这些说法其实与历史实际情况均不相符合，兹略作评述如下。

1. 广州旧城区说

这是目前在学术界占主流地位的观点。关于秦、汉番禺县的治所，历来学者多认为在今广州市旧城区。如唐人张守节《史记正义》即说：番禺为“潘虞二音。今广州”①。后来的学者多从其说，如清人汪士铎《汉志释地略》释为“今县”②，即当时广州府附郭之番禺县。今人钱穆亦云：“秦、汉南海郡治番禺”，在“今广州市”③。《中国历史地名辞典》“番禺县”条亦释云：“秦置，治所即今广东广州

---

① 《史记》卷129《货殖列传》“正义”，中华书局1959年标点本，第3269页。唐时广州城在今广州市旧城区。

② 汪士铎：《汉志释地略》，《二十五史补编》，中华书局1955年版，第1册，第1247页。

③ 钱穆：《史记地名考》，商务印书馆2001年版，下册，第1469页。

市。隋开皇十年（590年）废。唐长安三年（703年）复置，治所在今广州市珠江南岸。大历间移治今广州市。北宋开宝五年（972年）又废，皇祐三年（1051年）复置。1913年移治今番禺县（市桥镇）。”① 显然是认定隋开皇十年（590）以前的番禺县都是在今天的广州市旧城区。在历史地名考证及标识方面最具权威性的《中国历史地图集》，亦将秦、西汉、东汉南海郡治番禺城址均标绘在今广州市旧城区的位置上。②

然而，上述看法或判断似乎与有关历史文献记载有不小的出入。关于南越国都和秦汉番禺县，唐人李吉甫的《元和郡县图志》广州南海县条有所记载：“赵佗故城，在县西二十七里。即尉佗都城也。”③ 其广州番禺县条则说：“本秦旧县，故城在今县西南二里。县有番山、禺山，因以为名。或言置在番山之隅。隋开皇十年改置南海县，即今县是也。长安三年，于江南洲上另置番禺县，取汉名。其洲周回约八十里。”④ 唐时广州及南海县治皆在今广州旧城区，按照《元和郡县图志》的记载，则赵佗都城在今广州旧城区以西13.5千米处，秦汉番禺县是在唐番禺县“西南二里”，而唐番禺县是在广州城南的“江南洲上”。关于唐番禺县的具体地点，顾炎武认为“疑即卢循城，在河南村”⑤，如此则其“西南二里”仍当不出旧时广州城南珠江南岸的“河南”地区（今属广州市海珠区）。但宋人乐史《太平寰宇记》所记略有不同：“五羊城，按《续南越志》：旧说有五仙乘五色羊、执六穗秬而至，今呼五羊城是也。按其城周十里，初，尉佗筑之，后为步骘修之，晚为黄巢所焚。”“废番禺县，州南五十里，

---

① 复旦大学历史地理研究所《中国历史地名辞典》编委会：《中国历史地名辞典》，江西教育出版社1986年版，第867页。

② 谭其骧主编：《中国历史地图集》，地图出版社1982年版，第2册，图幅11—12、35—36、63—64。

③ 《元和郡县图志》卷34《岭南道一·广州·南海县》，中华书局1983年标点本，第887页。

④ 《元和郡县图志》卷34《岭南道一·广州·番禺县》，第888页。

⑤ 《肇域志·广东·广州府·番禺县》，上海古籍出版社2004年标点本，第2162页。

秦汉旧县，属南海郡。”[①] 可见，以乐史看来，赵佗都城是在唐宋广州城（在今广州旧城区），与李吉甫之说有异，而秦汉番禺县城则在其南 25 千米处，也较李说稍南一些。然而，《元和郡县图志》《太平寰宇记》这两部古代地理总志名著也有共同之点，就是都认为汉初尉佗南越国之都城与秦汉番禺县城不在一地，具体说就是秦汉番禺县城在今广州市旧城之南面。

其实，秦、汉两代的番禺县尽管都是南海郡治所，但位置还是有一些区别的。《汉书·地理志》明确说汉南海郡是“秦置。秦败，尉佗王此地。武帝元鼎六年开。属交州……番禺，尉佗都”[②]。可见赵佗南越国都城与秦时（包括南越国时期）番禺县是在一地。这也可从相关文献记载中得到证明。据《史记·南越列传》，“元鼎五年秋，卫尉路博德为伏波将军，出桂阳，下汇水；主爵都尉杨仆为楼船将军，出豫章，下横浦；故归义越侯二人为戈船、下厉将军，出零陵，或下离水，或抵苍梧；使驰义侯因巴、蜀罪人，发夜郎兵，下牂柯江：咸会番禺”[③]。元鼎五年（前 112）秋，南越国出现内乱，汉武帝兴兵讨伐南越，汉军五路进攻南越，而要“咸会番禺”，可见当时的南越国都与番禺城是在一处。另外，《史记·西南夷列传》也记载：建元六年（前 135），“大行王恢击东越，东越杀王郢以报。恢因兵威使番阳令唐蒙风指晓南越。南越食蒙蜀枸酱，蒙问所从来，曰‘道西北牂柯，牂柯江广数里，出番禺城下。’”[④] 唐蒙出使南越而到了番禺城并吃到了来自蜀地的枸酱，显然也说明当时的南越国都就是番禺城。1983 年在广州旧城西北的象岗山发现了南越国文帝墓，为南越国的研究提供了实证。而在此之前的 1974 年，考古工作者在广州中

① 《太平寰宇记》卷 157《岭南道一·广州·南海县》，光绪八年（1882）金陵书局刊本。

② 《汉书》卷 28 下《地理志下》，中华书局 1962 年标点，第 1628 页。按：《汉书·地理志》“属交州”之说，清人已辩其误。全祖望：《汉书地理志稽疑》卷 2 云：“南粤七郡至后汉末始称交州，前此但称交趾刺史，班史安得遽称交州，是必后人妄行窜改者。”见《二十五史补编》第 1 册，第 1258—1259 页。

③ 《史记》卷 113《南越列传》，第 2975 页。此事《汉书》所记略同，参见《汉书》卷 95《西南夷两粤朝鲜传》，第 3857 页。

④ 《史记》卷 116《西南夷列传》，第 2993—2994 页。

山五路市文化局（原禺山书院）距离地面5米下发现了南越王宫砖石走道，砖石走道之下为大型木结构遗迹，从木块的C14年代测定为2190+90年，为越城遗物。[①] 1995年和1997年，又先后在广州旧城的中心位置发现了秦汉南越国宫署遗址，为南越国都城及宫署的存在、概貌及确切地点提供了重要物证。已发掘的两处宫署遗址均为南越国宫署中的御苑遗址，[②] 南越国都在今广州旧城中心区一带，看来是应当是了无疑问的。赵佗南越国都既是番禺城，在今广州市旧城，说明秦及南越国时期的番禺县治确实是在今广州旧城一带。

然则据《史记》记载，汉武帝是在元鼎五年（前112）秋发兵攻打南越国的，但路途不近，加以南越国军队的抵抗，一年后即元鼎六年（前111）冬，伏波将军路博德、楼船将军杨仆等才分兵进至番禺城下后，“楼船自择便处，居东南面；伏波居西北面。会暮，楼船攻败越人，纵火烧城”，“楼船力攻烧城”[③]。《汉书》所载略同。[④] 越王宫殿遗址正好有火烧过的炭屑和红烧土层堆积在瓦片层之上，厚达10厘米，反映当日火势很大，也说明王宫是毁于火的。[⑤] 当时的番禺城何以易致火焚？曾昭璇认为“番禺城多茅屋而被烧毁，王宫亦焚”[⑥]，可备一说。王宫既被火焚，整个番禺城大概毁坏殆尽，这可能是当年汉武帝在别处另行改置南海郡治和番禺县治的一个重要原因。如此，则《元和郡县图志》和《太平寰宇记》所说的位于唐宋广州城南的秦汉番禺故城就只能仅仅以元鼎六年（前111）新置的汉番禺县城当之，不及于秦与南越国。长期以来人们多认为两汉时期的番禺城与秦代及南越国一样都在今广州旧城区，现在看来是不正确的。如此，则汉番禺城在今广州旧城区这一主流观点，同样也是与历史实际不相符合的。

---

① 曾昭璇：《广州历史地理》，广东人民出版社1991年版，第209—210页。按：曾氏所说的“越城”即南越国都番禺城，又称赵佗城。

② 高大伟、岳升阳：《南越国宫苑遗址的文化价值研究》，中国秦汉史研究会、中山大学历史系、西汉南越王博物馆编《南越国史迹研讨会论文选集》，文物出版社2005年版。

③ 《史记》卷113《南越列传》，第2976页。

④ 《汉书》卷95《西南夷两粤朝鲜传》，第3858页。

⑤ 曾昭璇：《广州历史地理》，第214页。

⑥ 曾昭璇、曾宪珊：《番禺及番禺城考》，《历史地理》1995年第12辑。

2. 番禺沙湾说

此说为已故历史地理学家徐俊鸣所首倡。徐氏认为："汉武帝平定了南越之后，为了加强中央的统治，把原被赵佗割据的地区划分为九郡（后缩为七郡），广东大部仍属南海郡。由于南海郡所管辖的地区远不及赵佗割据时辽阔，南海郡治和番禺县治已他迁，越城又受到战火的破坏，自不免较前衰落。"[①] 至于迁徙的具体方位，则认为是"龙湾与古坝之间（今番禺沙湾附近）"[②]。

今按徐氏的番禺沙湾说实本于明清志书之有关记载。关于汉番禺县城的具体方位，自明代开始，地方志书开始有了较多的记载。明嘉靖四十年（1561）黄佐编纂的《广东通志》就记载说："番禺县治，汉始建于郡城南五十里，今龙湾、古坝之间，坝乃晋刺史邓岳所筑，刺史并治于此。"[③] 黄佐之后，万历二十九年（1601）郭棐等纂的《广东通志》也有类似记载："汉筑番禺城于郡南五十里，西接牂牁江，为刺史治。建安十五年交州刺史步骘开番山之北，广故越城，筑而固之，二十二年复徙治焉。吴分广州刺史，仍治此，而交州徙治龙编。"[④] 明末清初顾炎武编撰地理总志《肇域志》时，也因用了黄佐《广东通志》的说法："汉建（番禺）县于郡南五十里，今龙湾、古灞（按'灞'为'壩'即坝字之误）之间，刺史并治于此……秦旧县，在府城南五十里。汉交州、吴广州皆治于此。后迁城东，即盐仓，唐复修建之。"[⑤] 清人顾祖禹于此也详有考说："汉平南越，改筑番禺县城于郡南六十里，为南海郡治，今龙湾、古霸（按'霸'亦为'壩'字之误）之间是也，号佗故城曰越城。后汉建安十五年，步骘为交州刺史，以越城就圮，乃廓番山之北为番禺城，后又迁州治

---

① 徐俊鸣：《广州市区的水陆变迁初探》，《中山大学学报》（自然科学版）1978年第1期。

② 徐俊鸣：《三国东吴时期交广分治的若干问题》，《中山大学学报》（自然科学版）1988年第3期。

③ 嘉靖《广东通志》卷28《政事志一·公署上》，广东省地方志办公室誊印本，1997年，第681页。

④ 万历《广东通志》卷15《郡县志二·广州府·城池》，中国书店1992年影印本，第367页。

⑤ 《肇域志·广东·广州府·番禺县》，第2162页。

于此，自是不改。”[①] 其说既出，景从者颇众，清人吴卓信《汉书地理志补注》即引用了《读史方舆纪要》的说法以补班固之书。[②] 道光《广东通志》、同治《番禺县志》、光绪《广州府志》等亦皆引用了《读史方舆纪要》，同时也多兼采黄佐《通志》之说。[③] 清人修纂地方志书，杂采罗列前说，鲜加认真考订，不仅将城南60里、城南50里之说并置于一书，而且混唐番禺县与清番禺县为一地，治丝愈棼，让人无从取信，这可能是今人论著多不采用汉初改迁番禺城之说的一个重要因素。

然则黄佐《广东通志》、顾祖禹《读史方舆纪要》的“龙湾、古坝之间”说确实上也有不足取信之处。历史地理学家曾昭璇考证说：“越城自前196年被烧毁后，汉于郡南五十里，西江东岸，再建一南海郡城。《汉书》只说：‘筑番禺城于郡南五十里，西接牂牁。沮洳难居’。明黄佐据此定在今龙湾、古坝间。黄佐《广东通志》(1561)称：‘在广州城南五十里，汉建安末交州移治于此。吴分交州为广州，亦治于此。《汉书》所谓浮牂牁，下漓津，盖乘斯水入粤者也。今之沙湾、紫泥港是矣。’”“番禺城迁徙于沙湾、紫泥（即龙湾、古坝间)，似不确。今人叶汇在‘文革’前，吴壮达于1976年去考察，据说没有结果。作者去两次亦无所得。当地为江边小村，开村在宋代，沙洲众多。江岸常变，不易成大聚落。沙湾亦唐代以后才成聚落。显然是按里数求得。”[④] 按曾氏所说“越城自前196年被烧毁”以及所引《汉书》、黄佐《广东通志》之语多有疏误之处，但判断沙湾、紫泥诸地形成聚落的时间不早于唐代却是不争的事实。考古学家麦英豪亦考证说：“至于南海郡治南迁60里于改筑的番禺县城内，此

---

① 《读史方舆纪要》卷101《广东二·广州府·番禺县·广州城》，上海书店出版社1998年影印本，第656页。

② 吴卓信：《汉书地理志补注》卷77，《二十五史补编》，中华书局1955年版，第1册，第963页。

③ 道光《广东通志》卷216《古迹略一·城址一》，中国书店1992年影印本，第3833—3834页；同治《番禺县志》卷14《建置略一·城池》，卷23《古迹略一·城址署宅》，上海书店出版社2003年影印本，第142、271页；光绪《广州府志》卷83《古迹略一·城池》，卷84《古迹略二·署宅》，上海书店出版社2003年影印本，第440、456页。

④ 曾昭璇：《广州历史地理》，第219页。

说未见于《读史方舆纪要》之前的史籍记载，不知所据何自。如依顾说，则南海郡的政治中心有328年不在今广州城了。按照郡南60里的方位推算，南迁地点相当今日番禺县县城市桥镇的位置。笔者曾二次到当地调查，在市桥和相邻的沙湾这一带，正是笔者老家毗邻的村镇。这一带为珠江三角洲较晚形成的冲积地，当地族谱记载是宋代才开村的。这里未见一座汉墓，也没有汉代遗物发现，甚至宋以前的墓葬也未见。但在广州近郊，由西汉前期到东汉末年的汉墓分布以及年代衔接都无间断或突然衰落的现象出现。这种延续不断的情况，为当时岭南地区各郡县的治地（如贵县、梧州、合浦等）所无。因此，汉平南越后，番禺（今广州市）应仍为南海郡治所，'番禺南迁说'纯属误传。"[①] 麦氏所谓"此说未见于《读史方舆纪要》之前的史籍记载""'番禺南迁说'纯属误传"云云虽然失之武断，但所说今市桥、沙湾一带开村较晚，却与曾昭璇的见解略同。从古墓葬、村落历史调查等方面的情况来看，黄佐《广东通志》、顾祖禹《读史方舆纪要》的"龙湾、古坝之间"说未必可成定论。或许正因如此，徐俊鸣在据之提出"番禺沙湾说"之时，也说"按龙湾、古霸在今番禺县沙湾附近。但访问该地父老，已无知有古城。而广州市郊则发现了不少汉代墓葬，是则汉代的番禺是否他迁，尚待进一步研究"[②]。

3. 顺德简岸说

此说由曾昭璇所提出。曾氏在否定黄佐《广东通志》"龙湾、古坝之间"说的同时，又提出了自己的新说。据史料记载，南汉时曾析南海县为常康、咸宁两县，北宋开宝六年（973）与番禺县一道并入南海县。[③] 其中咸宁县所在，同治《广东通志》只提到："咸宁废县，南汉置，在南海西。"[④] 曾昭璇先生又进一步考证说是

① 麦英豪：《广州城始建年代考》，《广州文博》1986年第3期。按：该文引《读史方舆纪要》"今龙湾、古霸之间是也"一句作"今龙湾古庙之间是也"，误。

② 徐俊鸣：《我国古代海外交通和贸易对于广州城市发展的影响》，《中山大学学报》1979年第4期。

③ 《太平寰宇记》卷157《岭南道一·广州·南海县》。

④ 同治《广东通志》卷216《古迹略一·城址一》，第3834页。

在今广东顺德简岸一带，因为据说“在顺德简岸村侧（西侧），细海南岸（细海是当地一条小河的名称），是在河岸地势较高一处的瓦砾场所。笔者考察时还是一片砾堆荒地（1978），瓦砾厚达1米以上，混有唐、南汉瓦片甚多，随手已捡出唐末‘六出碗’残片不少。……石桥头有古桥一座，还有咸宁社设在桥头，社坛已毁，但村民仍称为‘咸宁社’”①。这段考证，有文献记载与野外调查所得相参证，似大致可从。但曾氏考订南汉咸宁县故址的目的乃在于寻求汉番禺城的所在，所以他又进一步推论说：“咸宁县废址即汉初番禺城所在”，其提出的具体理由有如下几条：一是咸宁四周地方在汉代已有广大平原可以建县城；二是简岸也可说在广州南“五十里”；三是简岸合乎“西接牂牁”地理位置；四是咸宁为汉县合乎“沮洳难居”环境，简岸位置是在乐从河下游汊河区。② 曾氏的上述考证成果，已为有的学者所征引。③ 但依笔者的意见，“咸宁县废址即汉初番禺城所在”之说立足不稳，因为类似的地理形势在珠江三角洲地区是比较容易找到的，而曾氏的论证在历史文献和考古上的依据方面却显得有些不够，所以其说既出，学界响应者不多。所以现在看来，汉武帝元鼎六年（前111）平灭南越后改迁南海郡治及番禺县治一事虽然可成定论，但这个新番禺城的地理方位究竟在何处，仍然需要再行探究。

（二）“水坑陵”与汉番禺城方位的新推断

要考得汉番禺县城之具体方位，还需要从较古的相关文献记载入手。按，北魏郦道元《水经注》卷37《泿水》云：“泿水东别迳番禺，《山海经》谓之贲禺者也。交州治中合浦姚文式问云：何以名为番禺？答曰：南海郡昔治在今州城中，与番禺县连接，今入城东南偏有水坑陵，城倚其上，闻此县人名之为番山，县名番禺，倘谓番山之

① 曾昭璇：《广州历史地理》，第219—220页。

② 同上书，第220—225页。另，参见曾昭璇《番禺与番禺城古地名考释》，《羊城今古》1992年第3期。

③ 陈代光：《广州城市发展史》，暨南大学出版社1996年版，第77页。

禺也。”[①] 其中之“水坈陵”一词，历史地理学家与地名学专家吴壮达曾进行过专门研究，认为“无疑是解决古广州前身的古番禺城或‘番禺之都’所在地点的关键”。他认为“不论‘水坈陵’一词的第二字读音是‘坑’或‘冗’。其与‘水’和‘陵’连同起来的含义，都不应有很大的差别。它指的应是多面临水，或被水所环绕的一片高阜地区。既然是‘陵’，就不会是很高峻的地势；既然用‘水坑(坈)’，则不会是辽阔的水面（后者是今粤人对‘坑’的惯用词义)。”“《水经注》所说的‘今州城’，应是东汉末自广信迁治的交州州城，即步骘为交州刺史时所筑的城；其后不久，即有三国吴时初置广州，因而这也应是新设的广州州城。这座由古番禺演进而来的州城，就是位于旧广州城内偏东高地之上，并包括其边缘部分临水岸坡在内。这个为州城所倚的‘水坈陵’，与当时辽阔的珠江江岸远较今天接近。在海潮消长影响所及的江边地带，居民点的兴起，依靠上述高地及其边缘岸坡，正是很自然的发展。况且这些高地的北邻，又有高达百米上下的‘北山’（粤秀山等）为之屏障；加以从此开始，远接白云诸山，在形势上完全符合《史记·南越传》的任嚣语赵佗‘番禺负山险，阻南海’之言。”[②]

吴壮达据《水经注》所记揭示了秦汉时期广州城市赖以兴起发展的地貌环境条件，颇有启发意义，但其说仍有值得商榷之处：其一，汉武帝元鼎六年（前111）曾改置番禺县，东汉末年交州刺史步骘又曾徙治于旧地，而《水经注》所记交州治中合浦姚文式问答之语，不系时间，难知其是步骘徙治之前或之后，所以不能肯定“水坈陵”三字就是说的徙治旧地后之形势。其二，番禺之得名历来颇有争议，吴氏认为“应是源自‘番山之禺’，而不是‘番山’和‘禺山’”，但曾昭璇先生却认为“番禺”二字“按《越绝书》的古越语译出

① （北魏）郦道元：《水经注》卷37《泿水》，杭州大学出版社1999年陈桥驿校释本，第652页。又上述《水经注》引文，现行诸本略有不同，其中“今入城东南偏有水坈陵，城倚其上”一句，王国维校，袁英光、刘寅生整理标点的《水经注校》（上海人民出版社1984年版，第1178页）、陈桥驿点校的《水经注》（上海古籍出版社1990年版，第707页）均作“今入城东南偏有水坈，陵城倚其上”，显误。

② 吴壮达：《〈水经注〉的“水坈陵”问题——广州历史地理问题研究之一》，《华南师院学报》（自然科学版）1980年第2期。

‘番’即村，‘禺’即盐或咸之意，番禺即为‘盐村’或‘咸村’”①。又有人认为“古代蕃、藩、番相通，‘九州之外谓之蕃国’，后世谓中国以外国家为‘番国’，称外国人为‘番人’。‘禺’作区域解，即地域也。番、禺结合，为‘岭南蕃国蛮夷之地’也，此为‘番禺’最初得名之本意”②。如此，则“番山”和“禺山”极有可能为晚出之词，后于番禺设县，并可能随着番禺县的迁徙而发生地名搬家现象，所以尽管《水经注》中将“水坈陵”与“番山”记在一起，但不可认定二者必在一处或相邻，并进而依“番山”之位置而求“水坈陵”之所在。其三，“番山”和“禺山”之地名虽然历经变迁，其具体地点言人人殊，但大致不出今广州旧城区范围，显示出其与秦汉以来的番禺县有一定的渊源关系，但是在今广州旧城区范围内却很难找到与《水经注》所载“水坈陵”有关的地名，这说明这个历史地名可能原来就不在今广州旧城区。

基于以上认识，笔者认为，《水经注》所载的“水坈陵”，并不是“解决古广州前身的古番禺城或‘番禺之都’所在地点的关键”，而恰恰应是解决汉武帝元鼎六年（前111）改迁后直到东汉末年交州刺史步骘迁回旧址前的两汉南海郡治和番禺县治所在地点的关键。

检20世纪80年代初所编绘的有关地图，广东省番禺县市桥镇（即今广州市番禺区政府与市桥街道办事处所在地）以北地区颇多与“水坈陵”有若干联系的聚落地名，东北方向有旧水坑、新水坑（别名水濂）、横坑、坑头、驼背坑、金坑等多个涉“坑”聚落地名，西北方向则有官坑、深坑口等涉“坑”聚落地名。③ 再据新编《广州市地名志》中的《番禺县地名图》，市桥东北方向尚可补充多个涉“坑”地名，计有珠坑、塘尾坑、梅山（又名上坑）、眉山（又名苏坑）、思贤（又名严坑）等。④ 合计起来，市桥北一带的涉“坑”聚

① 曾昭璇：《广州历史地理》，第14页。

② 陈代光：《广州城市发展史》，第41页。

③ 广东省测绘局：《广东省县图集（内部使用）》，1982年版，第8页“花县 番禺县”图幅。

④ 广州市地名委员会《广州市地名志》编纂委员会编：《广州市地名志》，香港大道文化有限公司1989年版，第448—449页《番禺县地名图》。

落地名竟然达到13处之多。这一地区涉“坑”聚落地名如此普遍，为广州城郊及其附近地区所少见，似多为与古时水坑（即“水坑”）地貌相关的历史聚落地名遗存，如在市桥东北4千米的旧水坑（旧名水坑）、5千米的新水坑，据说都是“南宋末年成村，因地居山坑水圳的环绕台地”而得名。① 据《广州市地名志》的有关资料，这些涉“坑”聚落的形成历史除坑头据传“秦代已有人聚居”外，大多晚于唐宋时期，但实际情况可能并非如此。据文物考古资料介绍，市桥东北方向的石碁镇水坑村（即新水坑村，今为大龙街道办事处管辖）即有南朝陈元德家族墓。陈元德（372—463）为东晋秦州南安郡豲道县（今甘肃陇西县）人，隆安三年（399）奉诏进讨孙恩有功，擢升建国大将军，后弃官避居番禺白水坑，卒于南朝宋大明七年（463）。目前陈元德墓已遭破坏，但墓左其长子陈亮墓、墓右其曾孙陈所学墓现存尚好。② 陈元德为由晋入宋之人，避居番禺白水坑之前其地当已有人居，如此则新、旧水坑一带聚落的历史当不会晚于晋代。这说明，尽管今广州市番禺区南部（市桥以南）地区开村的历史不早于唐代，但番禺区北部（市桥以北）地区的成陆历史和开发历史则稍早一些，至少秦汉魏晋之际就已形成了不少的村落。

值得特别注意的是，市桥东北方向的涉“坑”聚落地名比较密集，北起金坑，南至珠坑，形成一个半弧形的密集分布区，尤其是这个半弧的东南部，分布有旧水坑、新水坑、横坑、坑头、塘尾坑、珠坑等地名，更是涉“坑”聚落地名的密集区（参见表4-1），而在这个半弧的内侧（西侧）即市桥正北方向则为一大片低丘台地区，其北部南村镇植地庄北的大镇岗地势最高，海拔为146米。③ 根据历史地名遗存及地貌状况的种种迹象，再结合前引北魏郦道元《水经·泿

---

① 广州市地名委员会《广州市地名志》编纂委员会编：《广州市地名志》，第460页。

② 广东省文化厅编：《中国文物地图集·广东分册》，广东省地图出版社1989年版，第232页。按：白水坑当即石碁镇辖大龙镇（今大龙街道办事处）之新水坑，陈元德墓在其东北的鸿鹄岭（又名将军山），山体海拔46米，为南村镇坑头村、大龙镇（今大龙街道办事处）新水坑村、沙头镇（今沙头街道办事处）蔡边村三村交界地。参见《广州市地名志》，第493页。又，蔡边村，《广州市地名志》作蔡边镇，似误。

③ 广东省测绘局：《广东省县图集》（内部使用），1982年版，第8页；广州市地名委员会《广州市地名志》编纂委员会编：《广州市地名志》，第456页。

水注》所说“南海郡昔治在今州城中，与番禺县连接，今入城东南偏有水坈陵，城倚其上”的记载，就不难推断出，今番禺区市桥以北至南村镇之间的低丘台地区，大致应该就是《水经注》所说的古“水坈陵”的所在，也就是两汉番禺城故址的大致方位。从里数上讲，广州市番禺区市桥北一带也可以说在广州旧城南“五十里”或“六十里”。曾昭璇认为“古书所记，里数和方位只是一个约数，未经精密测量，尤以方位为然。‘郡南’方位在佛山以东，新造以西地区都可用上”①。其说颇有道理。前引宋人乐史《太平寰宇记》有“废番禺县，州南五十里”之记载，比之市桥西南的龙湾、古坝、沙湾、紫泥诸地，市桥镇北一带稍偏于东北，但仍在今广州旧城区之东南，在方位、里数上均可以说得上是比较吻合。

表4－1　　广州市番禺区北部部分涉“坑”聚落历史简况

聚落地名（别名）	行政归属	大致方位	聚落历史	备注
旧水坑	石碁镇辖大龙镇（今大龙街道办事处）	市桥东北4千米	南宋末年成村	旧名水坑
新水坑（水濂）	石碁镇辖大龙镇（今大龙街道办事处）	市桥东北5千米	南宋末年成村	旧属水坑，1961年更名
珠坑	沙头镇（今沙头街道办事处）	市桥东北2千米	明朝正德年间成村	原名朱坑
官坑	大石镇（今大石街道办事处）	市桥西北15千米	相传建村于元朝大德四年（1300）	
坑头	南村镇	市桥东北6.8千米	据传秦代已有人聚居	
梅山（上坑）	南村镇	市桥东北7.8千米	相传唐末建村	后因附近堤坝多植梅树而改名

① 曾昭璇：《广州历史地理》，第221页。

续表

聚落地名（别名）	行政归属	大致方位	聚落历史	备注
思贤（严坑）	新造镇	市桥东北 14.5 千米	不晚于明代	严姓建村，后因自称屈原后裔的屈姓人居多而改名
眉山（苏坑）	化龙镇	市桥东北 10 千米	据传明洪武己巳年（1389）建村	苏氏退伍军人集结建村，后村民以苏东坡故籍为村名

说明：本表据广州市地名委员会《广州市地名志》编纂委员会编《广州市地名志》，香港大道文化有限公司 1989 年版，第 460—491 页有关资料整理。

（三）支持汉番禺城在今广州市番禺区市桥北一带的其他佐证

上文已据历史地名遗存及地貌状况并结合《水经·泿水注》《太平寰宇记》有关记载，推测两汉番禺城应当在今广州市番禺区市桥北一带的低丘台地区。这里还可以提出其他一些旁证，来支持笔者的这个新推测：

1. 市桥北一带低丘台地区周围多处汉墓群的发现

曾昭璇曾指出市桥西南的“沙湾、紫泥均无唐迹，更无汉迹”，“只于市桥北才有东汉墓区”①，可惜因其着力于顺德简岸说的论证，并未对市桥北一带东汉墓区的存在过多留意。而麦英豪则以“广州近郊，由西汉前期到东汉末年的汉墓分布以及年代衔接都无间断或突然衰落的现象出现”为据来否定诸多历史文献关于汉番禺城曾经南迁的记载。② 广州考古界似乎普遍认同这一说法，以至于以先入为主的思维将西汉中后期和东汉时期广州南郊（即海珠区）汉墓点的逐渐增多也相应地解释为：“自西汉中叶以来，经济日益发展，人口逐渐增

① 曾昭璇：《岭南史地与民俗》，广东人民出版社 1994 年版，第 17 页。
② 麦英豪：《广州城始建年代考》，《广州文博》1986 年第 3 期。

加，随着城区的扩大，葬地也跟着向南伸延。”[①] 其实这样的看法是值得商榷的。

据有关考古资料，近年来番禺区北部至少已有3处汉墓群被先后发现，可知市桥北一带至迟自两汉时起就是人烟比较密集之地。1993年考古工作者在番禺市市桥镇西北的沙头（今属番禺区沙头街道办事处）龟岗东侧共发现东汉晚期墓葬21座，均为穹隆顶砖室墓，已对其中的11座墓葬进行了清理，其中3号墓保存较好，规模最大，出土器物最为丰富。[②] 1998年5—8月，为配合广东省番禺市钟村镇屏山二村（今属番禺区钟村街道办事处）工业开发区的建设，广州市文物考古研究所会同番禺博物馆对开发区范围的东汉墓群进行了抢救性发掘，共发掘东汉砖室墓15座。据说开发区内东汉墓分布范围广阔，105国道以南沿线的曾岗、村头岗、杉岗、竹叶岗等均有发现，此次抢救发掘只是其中的一部分。尤其令人关注的是，屏山二村的东汉墓群中的砖室壁中还清理出大量铭文砖，共计386块，其中CM1：89的铭文为“番禺都亭长陈诵”，这为判断汉番禺县城的大致方位提供了相应的证据。然而研究者根据沙头、屏山的东汉墓群的分布情况却只是推测汉武帝时期“南迁的番禺新城应在现番禺市桥、钟村、沙湾镇一带”[③]，论证似乎稍显粗略。2001年4—6月，广州市文物考古研究所会同番禺博物馆对雅居乐房地产在番禺区南村镇员岗村南三把岗一带的施工地段进行了全面勘探，发现并清理了三把岗东坡的2座东汉砖室墓。相关考古报告指出：“员岗村汉墓的发掘，大大丰富了广州地区东汉物质文化史的研究资料，仅2座墓，且已遭盗掘，出土随葬器物达二百余件，其中的陶车、胡俑、抱婴俑、镇墓兽等为以往的广州汉墓所少见，加之数量不少的陶屋、圈、篙、船、俑等模型器的出土，无疑可以反映东汉中后期广州地区社会生活的一个侧面；随

---

① 中国社会科学院考古研究所、广州市文物管理委员会、广州市博物馆编：《广州汉墓》，文物出版社1981年版，上册，第2页。

② 广州市文化局、广州市地方志办公室、广州市文物考古研究所编：《广州文物志》，广州出版社2000年版，第64—65页。

③ 广州市文物考古研究所、番禺博物馆：《广东番禺市屏山东汉墓发掘报告》，《考古学集刊》2004年第14辑。

着近十年来考古工作的深入，番禺区东汉遗址和墓葬的不断发现和正式的考古发掘，使我们对汉番禺城的发展和变迁有了更多的认识，而且也有助于探寻今市桥镇的开发历史。”① 另外，在今广州市番禺区北境新造镇辖区内珠江水道中的江心洲——小谷围岛的北亭村，过去就曾发现过东汉砖室墓，② 2003 年，为配合小谷围岛广州大学城工程建设，广州市文物考古研究所会同番禺区文物办在小谷围岛进行了拉网式的地上、地下的文物调查，据说发现100 余座西汉晚期至东汉末期的墓葬，但研究者受传统观点的影响，对此的解释仍是：“广州的地形，北和东北面是丘陵和山地，汉墓分布只在近郊，距城区不远。南面因珠江河道阻隔，西汉早中期墓不见。随着城区的扩大，到东汉，城南成了主要墓区。”③ 汉武帝元鼎六年（前 111）平灭南越国以后，番禺城毁于战火，已不是岭南最重要的政治中心，虽然仍保持着区域经济中心地位，但却没有任何史料证实当时的番禺城以今广州旧城区所在的秦及南越国的番禺旧城为中心向外扩展。其实，今广州市南郊海珠区以及番禺区北部之所以会发现多处汉墓群，正是与汉番禺城的南迁密切相关的。当然汉代墓葬区不可能与当时的新建的城址完全重合，而只能分布在其外围，今番禺区市桥北一带低丘台地区的西南方向有沙头汉墓群和屏山汉墓群，北侧有小谷围岛汉墓群，东南侧有南朝陈元德家族墓，而西北方向海珠区的西汉中后期和东汉时期汉墓点更多（参见图 4 –1）。两汉及南朝墓群尤其是番禺区北部地区汉墓群的分布形势，正提示了汉番禺城的大致方位。

2. 市桥北一带具有便利的水道交通条件

汉武帝元鼎六年（前 111）平灭南越国以后，改迁南海郡治与番禺县治于旧治之南，虽然旧城相应衰落，但新番禺城仍然发挥着区域经济中心的作用。司马迁说：“番禺亦其一都会也，珠玑、犀、瑇瑁、

---

① 广州市文物考古研究所：《番禺员岗村东汉墓》，广东省文物考古研究所、广州市文物考古研究所、深圳博物馆编《华南考古 1》，文物出版社 2004 年版。

② 广东省文化厅编：《中国文物地图集 · 广东分册》，第 232 页。

③ 广州市文物考古研究所：《番禺小谷围岛山文头岗东汉墓》，《羊城考古发现与研究（一）》，文物出版社 2005 年版。

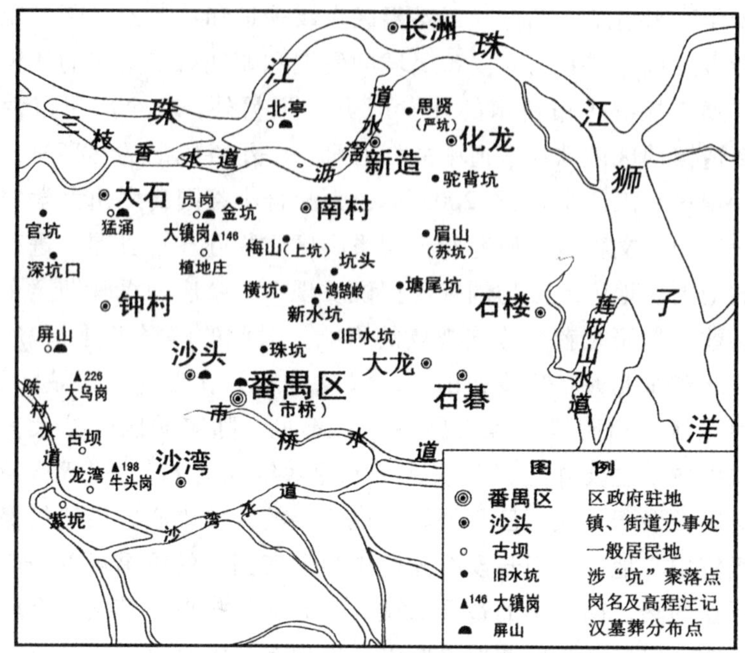

图 4－1　广州市番禺区北部涉“坑”地名与汉墓葬分布点示意图

（作者自绘）

果、布之凑。”[1] 班固也说：“（粤地）处近海，多犀、象、毒冒、珠玑、银、铜、果、布之凑，中国往商贾者多取富焉。番禺，其一都会也。”[2] 在《史记·货殖列传》中列举的汉初全国 19 个区域中心城市中，被称作“都会”的城市只有 9 个，而番禺即居其一，可见其商贸经济发达的程度。今广州市番禺区市桥北一带北近珠江及其枝津三枝香水道和沥滘水道，东邻莲花山水道和狮子洋，南有市桥水道和沙湾水道，西侧邻近陈村水道，这些水道历来即为内河水运及海外交通的重要通道，至今仍有通航之利，秦汉时期这些水道当更为宽阔，[3] 水运交通之利自然更为显著。番禺城在元鼎六年（前 111）南迁后，商

① 《史记》卷 129《货殖列传》，第 3269 页。

② 《汉书》卷 28 下《地理志下》，第 1670 页。

③ 由于市桥以南成陆时间较晚，秦汉时期市桥南面的市桥水道和沙湾水道所在地当时尚为海域，自有海港可资停泊商船。

业贸易仍然发达并保持着区域经济都会之地位，显然得益于其河海港口优势和便利的水道交通条件。

3. 市桥北一带最符合所谓“沮洳难居”的历史城市生态环境

据嘉靖《广东通志》记载：“初，州治在番禺城南五十里，西接牂牁末流，沮洳难居。（建安）二十二年，（步）骘徙治尉佗故都，筑立城郭，民用绥集。”[①] 明人郭棐《粤大记》、清人仇巨川《羊城古钞》也有大致相同的说法。[②]“沮洳难居”之说虽不见于今本《汉书》《后汉书》《三国志》等正史记载，但绝不会是明人所杜撰，或出于已佚之古书，在无反证提出之前，其说大致是可以相信的。“沮洳难居”这样的历史城市生态环境的局限，应当是东汉末年吴交州刺史步骘迁徙南海郡治与番禺县治于旧地的一个重要原因。但客观地说，历史时期珠江三角洲地区河网如织，符合“沮洳难居”的环境地方一定不少，不能任意指定，必须结合方位、里数、地形地貌环境、历史交通形势等其他因素进行综合分析才能得到确定。曾昭璇以顺德简岸一带当之，论证虽勇，但其他方面证据不太充分，所以终究有些牵强。笔者认为，若以“沮洳难居”而论，市桥北一带最为符合。一则这一地区在历史时期本身就是诸多水坑分布区，现在这些水坑仍多有遗迹可寻，加之区内又有不少河、涌交错其间，古时水网当更为复杂一些，颇符合“沮洳难居”之说。二则如前已述，市桥北一带四周为多条宽阔的水道所环抱，这些水道历来即为内河水运及海外交通的重要通道，所以使得两汉时期的番禺城虽经改置而不至于完全衰败，并且还有一定程度的发展，但是汉代新置的番禺城所处地理环境也有严重的缺陷，水运固然通畅，但因其地河网如织，地势低洼，对外陆路交通十分不便，难以控制整个岭南地区的政治形势。如果从位于珠江三角洲顶端水陆交通枢纽地点的秦番禺旧治即今广州旧城一带南下汉南海郡治和番禺县治所在的新番禺城，则需要三渡珠江河道（今广州市河南地区即海珠区南北皆为珠江河道，海珠区以南、番禺

---

① 嘉靖《广东通志》卷44《列传一·名宦一·步骘》，第1093页。

② （明）郭棐：《粤大记》卷8《宦迹类》，中山大学出版社1998年标点本，第175页；（清）仇巨川：《羊城古钞》卷5《名宦·步骘》，广东人民出版社1993年标点本，第382页。

区北境的三枝香水道与沥滘水道亦为珠江枝津），现在主要以轮渡或桥梁来渡人行车，古时江面更为宽阔，陆路交通之不便可想而知，这可能更加深了当时人们南到新番禺城一带而产生的“沮洳难居”的印象。可以说，正是“沮洳难居”这样的历史城市生态环境制约了这座新城市的进一步发展，这也导致东汉末年最终还是要将南海郡治和番禺县治一并迁回旧址。

（四）东汉末年番禺县城迁回旧址的时间、原因与意义

东汉末年将番禺县城迁回旧址一事，素来未引起人们的充分关注，其实从史料记载中可发现一些蛛丝马迹。《元和郡县图志》云：“献帝末，孙权以步骘为交州刺史，迁州于番禺，即今州理是也。孙皓时，以交州土壤太远，乃分置广州，理番禺。交州徙理龙编。”① 这里仅仅简单地提到了“迁州于番禺”与交广二州分治之事，而北魏郦道元《水经注》卷37《泿水》述迁州番禺事由更详：“建安中，吴遣步骘为交州，骘到南海，见土地形势，观尉佗旧治处，负山带海，博敞渺目，高则桑土，下则沃衍，林麓鸟兽，于何不有。海怪鱼鳖，鼋鼍鲜鳄，珍怪异物，千种万类，不可胜记。佗因冈作台，北面朝汉，圆基千步，直峭百丈，顶上三晦，复道回环，逶迤曲折，朔望升拜，名曰朝台。前后刺史郡守，迁除新至，未尝不乘车升履，于焉消遥。骘登高远望，睹巨海之浩茫，观原薮之殷阜，乃曰：斯诚海岛膏腴之地，宜为都邑。建安二十二年，迁州番禺，筑立城郭，绥和百越，遂用宁集。”② 其中“建安二十二年，迁州番禺”之句，清人杨守敬疏云：“《续汉志·注》引王范《交广春秋》，建安十五年，交州治番禺。《晋志》同。《舆地广记》亦同。《宋志》在十六年，此作二十二年，又异。”③ 已指出了史书记载在具体时间上的分歧。而其“筑立城郭”一句，熊会贞疏云：

---

① 《元和郡县图志》卷34《岭南道一·广州》，第885—886页。

② （北魏）郦道元：《水经注》卷37《泿水》，杭州大学出版社1999年陈桥驿校释本，第652页。

③ 杨守敬、熊会贞疏：《水经注疏》，江苏古籍出版社1989年版，下册，第3100页。

“《元和志》，广州城，步骘所筑。《寰宇记》引《续南越志》，旧说有五仙人，乘五色羊，执六穗秬而至，至今呼五羊城。其城周十里。初，尉佗筑之，后为步骘修之，晚为黄巢所焚。”[①] 熊会贞引《元和志》说“广州城，步骘所筑”，似与原文有些出入，自是演绎之辞，但却不无道理。因为《史记》《汉书》已明言南越国都番禺城在元鼎六年（前111）冬曾受火攻，《水经注》又记建安中步骘观尉佗旧治处时只是盛赞其形胜之壮、物产之饶，并未说到宫室建筑的情况，显然已是废墟，所以当是在后来“迁州番禺”之时，才有“筑立城郭”之举动。

关于东汉末年步骘迁州番禺的时间，明清志书也多有不同。清人顾祖禹系年于建安十五年（210）[②]，与《水经注》二十二年（217）说异。明人黄佐所记则颇多混乱，或谓“建安十五年，交州刺史步骘以越城久圮，乃廓番山之北为番禺城，二十二年迁州治于此”[③]，或谓“建安十五年交州刺史步骘徙治于此，后改交州牧，俄而复旧。吴分交州为广州，俄亦复旧。二十二年，步骘用治中姚文式言，徙治五羊城，因尉佗故国筑而固之”[④]。郭棐则仅取黄佐前一说法，谓“建安十五年交州刺史步骘开番山之北，广故越城，筑而固之，二十二年复徙治焉”[⑤]。前人说法既众，值得一辨。

史书确有建安十五年（210）徙交州于番禺的记载，《续汉书·郡国志》注引王范《交广春秋》云：“交州治嬴陵县，元封五年移治苍梧广信县，建安十五年治番禺县。诏书以州边远，使持节，并七郡皆授鼓吹，以重威镇。”[⑥]《晋书·地理志》记两汉交州沿革及交广分治事颇详：“武帝元鼎六年，讨平吕嘉，以其地为南海、苍梧、郁林、合浦、日南、九真、交阯七郡，盖秦时三郡之地。元封中，又置儋耳、珠崖二郡，置交阯刺史以督之。昭帝始元五年，罢儋耳并珠

---

① 杨守敬、熊会贞疏：《水经注疏》，下册，第3100页。
② 《读史方舆纪要》卷101《广东一·广州府·广州城》，第656页。
③ 嘉靖《广东通志》卷15《舆地三·城池》，第352页。
④ 嘉靖《广东通志》卷28《政事志一·公署上》，第667页。
⑤ 万历《广东通志》卷15《郡县志二·广州府·城池》，第367页。
⑥ 《后汉书·郡国志五》注引，中华书局1965年标点本，第3533页。

崖。元帝初元三年，又罢珠崖郡。后汉马援平定交部，始调立城郭置井邑。顺帝永和九年，交阯太守周敞求立为州，朝议不许，即拜敞为交阯刺史。桓帝分立高兴郡，灵帝改曰高凉。建安八年，张津为刺史，士燮为交阯太守，共表立为州，乃拜津为交州牧。十五年，移居番禺，诏以边州使持节，郡给鼓吹，以重城镇，加以九锡六佾之舞。吴黄武五年，割南海、苍梧、郁林三郡立广州，交阯、日南、九真、合浦四郡为交州。戴良为刺史，值乱不得入，吕岱击平之，复还并交部。赤乌五年，复置珠崖郡。永安七年，复以前三郡立广州。"① 所说与《交广春秋》有一些出入，但记汉末移交州于番禺的时间却完全相同。但是《宋书·州郡志》则云："交州刺史，汉武帝元鼎六年开百越，交趾刺史治龙编。汉献帝建安八年，改曰交州，治苍梧广信县，十六年，徙治南海番禺县。"② 此处云徙州时间是在建安十六年，与前引二书不同，后世鲜有从之者。

另据《三国志·吴书·士燮传》："建安十五年，孙权遣步骘为交州刺史。骘到，燮率兄弟奉承节度。而吴巨怀异心，骘斩之。"③ 其相关行事，宋人司马光《资治通鉴》也系年于建安十五年，元人胡三省作注则引用了《晋书·地理志》建安十五年移州居番禺的说法。④ 建安十五年移州说，后代地理志书多采之，南宋欧阳忞《舆地广记》广州条云："建安十五年兼立交州，吴永安六年分立广州。"⑤ 王象之《舆地纪胜》也说："《通鉴》：建安十五年，孙权以步骘为交州刺史，而交趾太守士燮率兄弟奉承节度。则交州刺史时已治交趾矣，自步骘为刺史之后，始理番禺，又以番禺为广州，而交州复治交趾。"⑥ 然而事情可能未必如此简单，因为据《三国志·

---

① 《晋书》15《地理志下》，中华书局 1974 年标点本，第 464—465 页。

② 《宋书》卷 38《州郡志四》，中华书局 1974 年标点本，第 1204 页。

③ 《三国志》卷 49《吴书·士燮传》，中华书局 1982 年标点本，第 1192 页。

④ 《资治通鉴》卷 66《汉纪五十八》建安十五年记事及胡注，上海古籍出版社 1987 年影印本，第 443 页。

⑤ 《舆地广记》卷 35《广南东路·中都督府·广州》，四川大学出版社 2003 年标点本，第 1084 页。

⑥ 《舆地纪胜》卷 89《广南东路·广州》，中华书局 1992 年影印本，第 2822 页。

吴书·步骘传》："建安十五年，出领鄱阳太守。岁中，徙交州刺史、立武中郎将，领武射吏千人，便道南行。明年，追拜使持节、征南中郎将。刘表所置苍梧太守吴巨阴怀异心，外附内违。骘降意怀诱，请与相见，因斩徇之，威声大震。士燮兄弟，相率供命，南土之宾，自此始也。"① 关于步骘赴任交州的具体时间问题，胡守为先生认为是："建安十五年（210），孙权任命步骘为交州刺史，正式插手交州的事务。步骘有名于吴国，方受任为鄱阳太守，孙权急忙把他调往交州，就是迫切要解决交州的问题，而步骘所具备的名望和才干，又是合适的人选。翌年，步骘率武吏1000人赴任，孙权又加授使持节、征南中郎将的头衔，提高他的地位。"② 若依此考证，则建安十五年（210）孙权确曾遣步骘为交州刺史，希望其移治于南海郡番禺县，进而控制交州形势，但步骘似乎次年即建安十六年（211）才到任上，故而绝不可能于建安十五年（210）就发生如明人黄佐所说的"乃廓番山之北为番禺城"之事。如单纯从时间上分析，《宋书·州郡志》"十六年，徙治南海番禺县"之说似乎也不是全无根据，但建安十六年步骘初来岭南，关注的重点是如何尽快铲除刘表所树立的敌对势力，岂有时间和精力来"筑立城郭"？如此说来，建安十五年孙权遣步骘为交州刺史当属事实，其到任的时间可能是在次年，按照当时岭南的政治、军事形势，步骘绝不可能于孙权委任交州刺史的当年即建安十五年或者次年即建安十六年，就在南越旧都之地大兴工程作为交州的新治所。

这样看来，东汉末年"迁州番禺"的时间容有多种说法，但交州与番禺县皆曾迁建，却了然已明。以笔者的意见，建安步骘"迁州番禺"可能分作两步，建安十五年是将交州从其原治所即苍梧郡广信县徙置于汉武帝新置的南海郡番禺县（此事大概实际上是在建安十六年即211年才落实的），待岭南形势粗定之后，乃采用交州治中合浦姚文式的建议，于建安二十二年（217）又将交州治与南

① 《三国志》卷49《吴书·步骘传》，第1237页。

② 胡守为：《岭南古史》，广东人民出版社1999年版，第65页。

海郡、番禺县一道北徙于赵佗旧治处，并“筑立城郭”，以为官署之用。[①] 若此说不误，则从西汉武帝元鼎六年（前111）到东汉献帝建安二十二年（217），共计327年间，两汉番禺县城与南越国都旧址并不在一处，而在其南50里处的今广州市番禺区市桥北一带。

赵佗旧都所在的番禺，“负山险，阻南海”[②]，自古为岭南形胜之地，清人顾祖禹评论说广州“不特为广东之根本，亦制广西之肘腋也”[③]。秦末汉初天下纷争之际，赵佗正是因为据有这样的形胜之地，努力经营，才得以割据一方，与汉朝长期对峙。汉武帝胸怀远略，在元鼎六年平定南越后，力图南拓疆土并经略海外，遂将岭南区域政治中心南移交趾，又因越城已焚，加之想要根绝割据之患，才在赵佗旧都之南另建南海郡及番禺县城。但时过境迁，东汉末年，军阀并起，或据一郡，或占数郡，相互攻伐，无有宁日，孙权据有江东之后，欲遂其争霸中原之志，首先必须稳固后方，铲除刘表在岭南的势力，所以才在建安十五年遣步骘为交州刺史，并移交州治所于汉番禺城中。待岭南形势粗定以后，步骘于建安二十二年又将番禺县徙治于秦时旧地，“广故越城，筑而固之”，交州、南海郡治当亦并依其城，方使得这个岭南地区新的政治中心自此既摆脱了“沮洳难居”困境，又重新占据陆海形胜之地，可谓是一个明智的选择。这样的分析，也可从后来的交州以及交、广分治后广州所发挥的军事作用上得到一定的印证。据《三国志·吴书·步骘传》：汉献帝延康元年（220），“权遣吕岱代骘，骘将交州义士万人出长沙。会刘备东下，武陵蛮蠢动，权遂命骘上益阳。备既败绩，而零、桂诸郡犹相惊扰，处处阻兵，骘周旋征讨，皆平之”[④]。胡守为先生认为“这些所谓‘交州义士’，便是吴在交州征发的丁壮”，

---

① 步骘新修筑的番禺城，可能比秦时及南越国时的番禺城要稍大一些，但具体范围尚有待进一步考证。有人认为：“时赵佗城已毁坏，步骘将原番禺城向东扩充至赵佗故城东27里，以后县城便以此为基础。”（胡守为：《岭南古史》，第65页）显然是错误地理解了《元和郡图县图志》的有关记载，并误“西”为“东”，不可为信。

② 《史记》卷113《南越列传》，第2967页。

③ 《读史方舆纪要》卷101《广东一·广州府·广州城》，第655页。

④ 《三国志》卷49《吴书·步骘传》，第1237页。

“孙权为征调劳动力而夺取交州的目的，于此又可证明”[①]。其说或近于史实，但对已迁回旧址的新交州治所番禺城军事形胜的分析略有不足。而据《三国志·吴书·士燮传》，孙权“以交阯县远，乃分合浦以北为广州，吕岱为刺史；交阯以南为交州，戴良为刺史”，但士燮之子徽不忍其父开创的割据基业轻易让人，故“发宗兵拒良”，于是“吕岱被诏诛徽，自广州将兵昼夜驰入，过合浦，与良俱前”，顺利平定交趾之乱。[②] 此事则更显出东汉末年交州即后来的东吴广州治所在军事地理的独特优势。由此观之，如果说汉武帝元鼎六年改置南海郡及番禺县于旧治之南实属权宜之计的话，那么，建安二十二年步骘重移交州、南海郡及番禺县于越城旧地，应该视为是广州城市发展史上的一件大事，因为这一英明的举动，始为广州城市的正常发展重新赋予了生机。

三　黄泛平原古城镇水域景观的历史地理成因

近年来，黄泛平原地区古城镇独特的水域景观逐渐受到人们关注，聊城、菏泽、睢县等多个城市在城市总体规划以及对外形象宣传、旅游开发过程中，相继提出了诸如“江北水城”“花城水邑”“中原水城”等城市特色概念。实际上，历史上这些城市所在的黄泛平原地区曾经是水灾严重的地区，正因为黄河洪水泥沙入侵所带来的一系列影响，才造就了今天黄泛平原上古城镇独特的水域景观。历史时期区域城镇的景观形态研究是历史地理学的重要研究课题之一，笔者拟在前人相关研究的基础上，对黄泛平原上古城镇独特的水域景观的历史地理成因进行初步研究，以期能对现当代黄泛平原地区的城市规划和建设能提供一定的参考。

（一）黄泛平原古城镇水域景观的类型与特点

所谓“水域景观”，就是以水体作为景观构成的最基本的要件，

---

① 胡守为：《岭南古史》，第69页。

② 《三国志》卷49《吴书·士燮传》，第1193页。

既包括那些由各种形态的水体独立形成的景观本身，即水体景观（landscapes of water body）或称水景（water-scapes），如河流、湖泊、池塘等，也包括那些直接与水体黏着在一起的景观项目（watersid-landscapes），如桥梁、圩岸、水坝、海塘等。①

位于海河平原和淮河平原之间的黄河冲积平原，因其为黄河泛滥冲积而成，故又称黄泛平原。② 它西临豫西山地丘陵地带，东至泰沂山区，地势低平，主要包括今天河南省的开封、商丘、濮阳、周口地区以及郑州与新乡的东部地区，山东省的菏泽、聊城地区，以及江苏、安徽两省的西北部地区。由于黄河泛滥、人类活动等诸多因素的共同作用，在这一地区形成了护城河—环城湖、城内坑塘和旧城湖等黄泛平原古城镇独特的水域景观。

1. 护城河—环城湖

护城河在古代城市中很常见，它往往是城市水面的最初形式，是在建城之初就结合修筑城墙而挖掘形成，构成城池一体的防御体系。北方地区很多古城镇直到现在还有护城河，如开封、菏泽、曹县等。环城湖则是黄泛平原古城镇特有的水体形式，一般由护城河演变而成，这种景观在黄泛平原十分常见，比较典型主要有夏邑、聊城、商丘、虞城、淮阳、成武（旧称城武）等古城镇（参见图4－2、图4－3）。

2. 城内坑塘

城内坑塘是指古城镇城墙以内所存在的水体，是黄泛平原古城镇常见的水域景观。直到20世纪60年代前后，这个地区许多古城镇的城内坑塘面积约占到古城镇城区面积的1/3左右，如曹县、菏泽、开封、成武、长垣等古城镇（参见图4－4、图4－5），有的城镇如夏邑古城坑塘面积甚至占城区面积的69.1%，1949年以后新的城市不得不在城外另行发展。③

① 安介生：《历史时期江南地区水域景观体系的构成与变迁——基于嘉兴地区史志资料的探讨》，《中国历史地理论丛》2006年第4辑。

② 俞孔坚、张蕾：《黄泛平原古城镇洪涝经验及其适应性景观》，《城市规划学刊》2007年第5期。

③ 同上。

图 4-2　聊城古城平面图①

图 4-3　商丘古城平面图

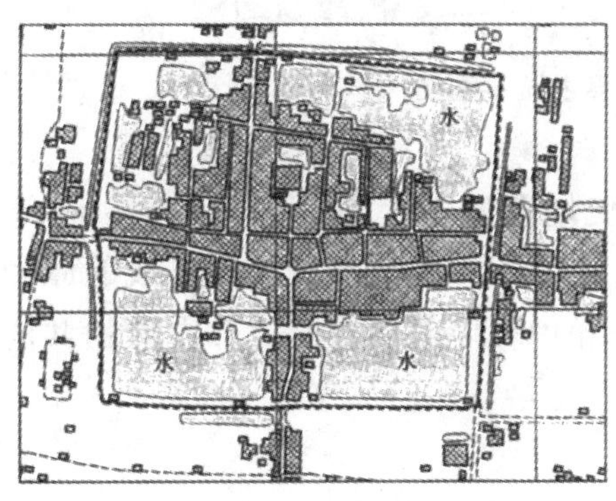

图 4-4　曹县古城平面图

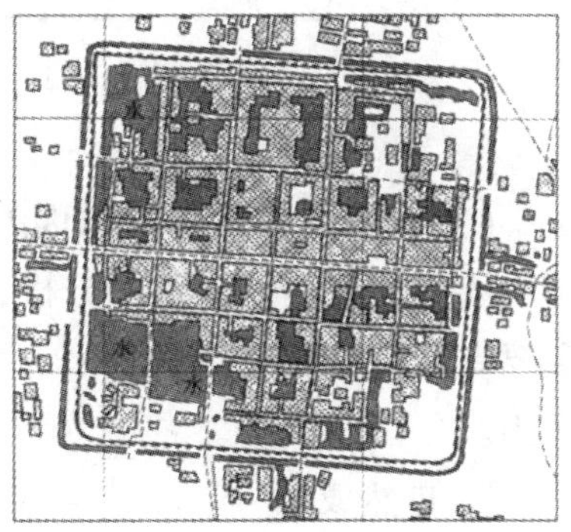

图 4-5　菏泽古城平面图

3. 旧城湖

由于地势低平等原因而被废弃的旧城，在洪水作用下而形成了水面较大的湖泊，可称为旧城湖。如商丘、柘城、睢县、成武等古城镇都存在旧城湖，尤以睢县旧城湖最为典型（参见图 4-6）。②

① 本节各图均引自俞孔坚、张蕾《黄泛平原古城镇洪涝经验及其适应性景观》，《城市规划学刊》2007 年第 5 期。

② 高建立：《商丘旅游资源开发与商丘经济的可持续发展》，《商丘师范学院学报》2002 年第 6 期。

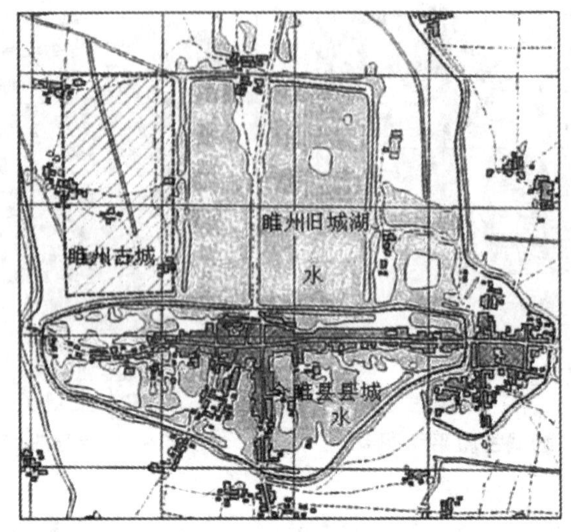

图 4-6　睢县古城平面图

（二）水域景观形成原因的历史地理学分析

从历史地理学视角来分析，黄泛平原古城镇水域景观形成的原因主要有三个方面：自然成因、城墙和护城堤的修建、人和自然的共同作用。

1. 自然成因

华北平原从第三纪以来在不断沉降过程中形成不少凹陷和洼地，而黄河下游本身在古代摆动较大，又形成新湖泊，所以历史时期黄河下游的自然湖泊众多，其中大部分位于今黄泛平原区域。据历史文献记载，著名的有圃田泽、逢泽、孟诸泽、蒙泽、空泽、菏泽、雷夏泽、大野泽、阿泽等。这些湖泊自两汉以来大多日渐淤塞，到明末大部分都湮成平陆，这主要与黄河的淤决有关，另外也与河渠沟洫的疏凿、豪强地主垦湖为田以及北方气候逐渐变得干燥有一定的关系。

黄泛平原古城镇恰恰是建在这些古老湖泊的旧迹附近，如开封古城位于古逢泽北，商丘古城位于古孟诸泽、古蒙泽西南，虞城古城位于古空泽西南，菏泽古城位于古雷夏泽南、古菏泽西北，成武古城位于古菏泽东南，曹县古城位于古菏泽西南，聊城古城位于古阿泽北。古人建城一般是择高而居，黄泛平原古城镇更是如此，这些古城镇在

建城之初地势相对较高，如睢县、商丘等古城。但随着黄河的多次淤决，周围的湖泊被淤平、抬高，这些古城镇的地势也就相对低下了，水患自然随之而来。

2. 城墙和护城堤的修建

城墙作为重要的军事防御设施，是中国古代城市的共同特征。对于临河临江城市而言，城墙还是一种重要的防洪设施。康熙《商丘县志》所说“邻黄河，所虞者不独寇也”，“黄河为商丘大害，土弱地势卑，民贫无恒产”①，正道出了防洪对于黄泛平原城镇安全的重要性。不过，护城堤则是黄泛平原古城镇所独有的，一般为围绕城市的环形大堤。例如，据明代嘉靖《夏邑县志》记载，弘治十年（1497）“奉例以砖圈门，门上竖楼，地湿遂圮”，所以在正德六年（1511）又“筑护城堤”，修成的护城堤“周围八里，基阔三丈，顶一丈五尺，外植柳二千余株，蔚然成林”②。护城堤不仅形成城外的特殊景观，而且与城墙一起构成城镇的双重保护体系。

黄河在形成水灾的同时也带来了严重的泥沙淤积，洪水将大量泥沙带出河堤外，而平原上的古城由于城墙和护城堤的保护，洪水及其挟携的泥沙大多情况下被挡于堤外和城外，造成城、堤以外地面逐年淤高，形成光绪《虞城县志》所称“城内之地下于城外，城外之地又下于堤外”③ 的状况。这种状况不仅使城镇居民的生命安全受到威胁，而且城镇建筑景观同样也大受影响，如嘉靖《夏邑县志》所载《重修玄帝庙记》中就曾提到，“近以水患新除民居，及城外地淤渐高，而庙年久卑下，废坏”④。另外，据民国《续修睢州志》记载，明代睢州（今睢县）官员也一再提醒，“大抵州城卑下，堤外之地高于城内，不下数丈，堤溃则城必随之。此一城生灵所关，不止庐舍盖藏而已，守斯土者，洵宜留意”⑤，对于护城堤的

① （清）刘德昌：康熙《商丘县志》卷1《山川》，成文出版社1968年影印本。

② （明）郑相：嘉靖《夏邑县志》卷2《建置第二》，上海古籍书店1963年影印本。

③ （清）李淇：光绪《虞城县志》卷9《书》，成文出版社1976年影印本。

④ （明）郑相：嘉靖《夏邑县志》卷8《艺文第八》，上海古籍书店1963年影印本。

⑤ （民国）王玫：民国《续修睢州志》卷2《建置志》，台北学生书局1968年影印本。

作用相当看重。

3. 人与自然的共同作用

如果从辩证的角度来看，黄泛平原古城镇水域景观其实大多是人与自然共同作用的结果。为了防御洪水，人们修筑了城墙和护城堤，城墙和护城堤的修筑又导致了洪水过后城外、堤外泥沙的沉积，造成城内地势相对低下、内涝严重；为了解决内涝、疏浚洪水、加固城墙和护城堤，人们在城内和城外开挖坑塘、取土，致使在城内和城外分别形成了坑塘和环城湖。随着坑塘和环城湖的不断变大、加宽，城内与城外的湖面最终连成一片，淹没了整个城市，从而形成旧城湖。

（1）护城河—环城湖的形成

在修筑城墙之际开挖护城河是古代城市修建时的普遍做法，黄泛平原古城镇也不例外，如夏邑、聊城等古城皆有文献记载称护城河是因为取土筑城而形成。另外，修筑护城堤的同时往往也开挖环堤河，可以疏洪导流，如商丘、菏泽等古城就有这种情况。由于受到黄河泥沙淤积的影响，护城河和环堤河需要经常疏浚，通常是结合城墙和护城堤的维修而进行，因此就需要不断加深、加宽。环城湖往往就是在护城河的基础上不断加深、加宽而成的。由于黄河洪水的泥沙淤积，造成护城堤内地势逐渐低洼。另外，由于城内为排除积涝，也需要不断地拓浚环城河或在城外堤内区域开挖坑塘，加之修缮城墙以及城内居民建房就近取土，使护城河的宽度不断扩大，最后在城外堤内形成连绵一体的大湖。例如夏邑古城，据明代嘉靖《夏邑县志》记载，护城河是“取土筑城，因而成焉，阔八丈，深二丈”①，其外皆为民田，但到清康熙年间（1662—1722）河面已向外扩展“三四十丈不等，大堤以内一水汪洋”，逐渐形成环城湖，“种蒲网鱼，民颇获利”②。

（2）城内坑塘的形成

城内坑塘在建城之初往往是不存在的，以后由于自然和人为等原

① （明）郑相：嘉靖《夏邑县志》卷2《建置第二》，上海古籍书店1963年影印本。

② （民国）黎德芬：民国《夏邑县志》卷2《建置志》，上海古籍书店1968年影印本。

因而逐步形成，并逐步扩大。城市建设、居民建房取土是城内坑塘形成的主要原因之一。如光绪《曹县志》记载曹县文庙后的空地由于“修建各公所取土，遂成洼下”[①]，光绪《菏泽县志》记载衙署西侧空地由于“岁修兹宇，掘地取土，积久为洼”[②]。另外，由于黄河泥水带来的泥沙常年淤积在堤外和城外，使城市形成人造“盆地”，城内洪水和积涝难以排出，于是在一些低洼地带就逐渐形成了常年积水的坑塘。如建成于明正统年间（1436—1449）的曹县古城，清康熙年间（1662—1722）就因城外泥沙淤积，城内排水不畅，造成“环城四隅皆为汪洋之水”[③]，形成了4个至今仍存的大坑塘。[④]

（3）旧城湖的形成

古城镇旧城湖的形成通常亦是人与自然共同作用的结果。城镇初建之时，城内地势相对要高，但由于居民不断地在城内取土来加高城外的城墙和护城堤，造成了城墙内外地势高差愈来愈大，而随着城内坑塘和城外环城湖的不断变大、加宽，城内与城外的湖面逐渐连成一片，最终造成的结果就是在一次洪水过后，整个城区被湖水所吞没，形成旧城湖。旧城被洪水淹没以后，往往要在城外地势相对较高的地方另建新城。这样的例子很多。例如，明弘治十五年（1502）六月黄河决口，归德府（治今商丘）城没于洪水，沦为南湖。翌年，在归德故城北面建新城，历时8年，于正德六年（1511）建成。[⑤] 另外，夏邑、柘县、睢县等古城镇也有类似情况。

（三）水域景观的演变过程与分布规律

在历史时期，睢县县城曾三迁其址，最早的古城曾经在黄河泥沙的作用下沦为湖泊，后又逐渐淤为农田；明末清初被废的旧城，形成目前新城以北的旧城湖；明嘉靖年间所建的新城，后来城内也被大片

---

① （清）陈嗣良：光绪《曹县志》卷5《学校志》，凤凰出版社2004年影印本。

② （清）凌寿柏：光绪《新修菏泽县志》卷17上《艺文》，凤凰出版社2004年影印本。

③ （清）陈嗣良：光绪《曹县志》卷17《艺文志》，凤凰出版社2004年影印本。

④ 俞孔坚、张蕾：《黄泛平原古城镇洪涝经验及其适应性景观》，《城市规划学刊》2007年第5期。

⑤ 陈华光：《商丘古城变迁其文化内涵》，《中州今古》2002年第2期。

的坑塘所占据，据1959年睢县古城1∶50000地形图估算，当时城内坑塘面积已占城内面积的36.2%左右。[①] 从这个典型案例中可以看出黄泛平原古城镇水域景观的大致演变过程：

①为了抵御黄河洪水和泥沙的入侵，黄泛平原古城镇的修建一般遵循择高而居的原则，修建在地势相对较高处，并在修筑城墙和开挖护城河的同时，在城墙外围修筑护城堤和开挖环堤河。

②由于黄河的泛滥，洪水和泥沙的不断入侵，泥沙在堤外和城外成年累月沉积，使本来古城所在地相对较高的地势渐渐低平，最终形成人造小盆地。

③黄河依旧泛滥成灾，洪水和泥沙的入侵还在继续，为了加固城防和堤防，以及疏浚洪水，城内居民不断在城内和城外取土，城内慢慢出现了大小的坑塘，城外护城河逐渐变宽形成环城湖。

④随着城外地势的不断增高，城内外地势高差进一步加大，城内坑塘和环城湖也在不断地增大、变宽，最终在一次大洪水的作用下，城内坑塘和环城湖连成一片，形成旧城湖，城镇彻底消失。

⑤旧城消失以后，人们就在城外另择一处地势较高的地方再建新城，新一轮的演变循环再次开始。

不过，1949年以来，由于黄河水患得到有效治理，导致黄泛平原古城镇水体的演变趋于停滞，最终基本停滞在各自不同的演变阶段。当然，改革开放后尤其是近几年随着城市发展与土地开发，水体演变又发生了一些新的情况。

总的来说，黄泛平原古城镇水域景观的分布也有一定的规律。从水域类型上来看，在黄泛平原的古城镇中，有环城湖的涉及夏邑、聊城、商丘、虞城、淮阳、成武等多个古城镇，有城内坑塘的主要是夏邑、开封、曹县、菏泽、成武、长垣、睢县等古城镇，有旧城湖的则有柘城、睢县、成武等古城镇。其中，夏邑古城兼有环城湖和城内坑塘，睢县古城兼有城内坑塘和旧城湖，城武古城则环城湖、城内坑塘和旧城湖三者俱有。如果从各类水域景观的典型分布区而言，环城湖

① 俞孔坚、张蕾：《黄泛平原古城镇洪涝经验及其适应性景观》，《城市规划学刊》2007年第5期。

比较典型的古城镇主要分布在商丘地区及其周边，城内坑塘比较典型的古城镇主要分布在菏泽地区及其周边，而睢县一带则有典型的旧城湖。

（四）思考与建议

1949 年后，随着人民政府对黄河大堤的增修和加固，特别是三门峡水利枢纽和小浪底水利工程的相继修建，黄河水患得到了根治。不过，随着经济开发与城镇建设的开展，特别是改革开放以来，黄泛平原古城镇水城景观遭到了不同程度的破坏，城市水面缩小、水质污染、水域景观生态性与多样性被破坏等问题大量出现。如菏泽古城在 1960 年城内坑塘水面面积占城内面积的 30% 以上，1983 年仍有 30% 左右，到 2000 年锐减至 16% 左右。开封市河湖水体污染严重，目前 7 条河流上 9 个断面水质均超 V 类，龙亭湖、包公湖 1996—2000 年水质亦超 V 类标准，阳光湖已完全成了垃圾坑。[①] 城市水面的减少给城市安全带来了很大的危害，如雨季内涝严重、洪灾风险提高等，同时也削弱了城内坑塘调节小气候、补充地下水的作用，逐渐丧失了重要的游憩、旅游资源和地域特色。

近十多年来，许多黄泛平原古城镇所在的地方政府在大力发展地方经济的同时，开始重视保护、开发城市水域景观，以这些景观资源为依托大力发展相关产业，如开封[②]、聊城[③]、菏泽、睢县[④]、商丘、淮阳等地。有一些城市在这方面做得比较好，如商丘地方政府从 20 世纪 80 年代中期即开始对古城进行修复，同时对环城湖进行了修复

① 曹新向：《城市水域景观生态建设研究——以开封市为例》，《水土保持研究》2005 年第 2 期。

② 丁圣彦、曹向新：《清末以来开封市水域景观格局变化》，《地理学报》2004 年第 6 期。

③ 龙清杰：《沧桑历史江北水城——历史文化名城聊城的发展轨迹》，《城建档案》2006 年第 5 期。

④ 刘军：《打造新菏泽：林海 · 花城 · 水邑 · 商都——访菏泽市市长杜昌文》，《走向世界》2003 年第 2 期。

和保护。[①] 2002 年聊城市委、市政府就提出了全力打造“江北水城”品牌的口号，并在 2002—2003 年新一轮城市规划中重点突出了“城中有湖，湖中有城，城湖河一体”的城市特色，保护和发展了城市原有格局，体现了“以人为本、全面协调和可持续发展”的科学发展观。在城市总体规划的指引下，聊城市通过充分开发利用城内的湖、河水域，挖掘水的内涵，做足水的文章，已初步形成一个生产发展、生活富裕、生态良好的“中国江北水城”[②]。

不过，也有一部分城市停留在单纯旅游开发、追逐经济效益的层面，缺乏从整体和长远利益出发的城市整体规划。针对这种情况，一方面要借鉴商丘、聊城等城市的成功经验，把古城的保护与开发纳入城市的整体规划，[③] 合理利用古城镇的历史遗存、丰富的水面，正确引导旅游业的发展，打造北方“水城”品牌；另一方面要加强精神文明和法制法规建设，保护水环境，结合古城的整体保护对城市水域景观进行恢复和维护，注重城市水域景观生态规划和可持续发展，[④] 在追求经济效益的同时兼顾社会效益。这样一来，黄泛平原古城镇既达到了人与自然的和谐相处，又发展了地方社会经济，为建设社会主义和谐社会作出应有的贡献。

---

① 高建立：《商丘旅游资源开发与商丘经济的可持续发展》，《商丘师范学院学报》2002 年第 6 期。

② 龙清杰：《沧桑历史江北水城——历史文化名城聊城的发展轨迹》，《城建档案》2006 年第 5 期。

③ 唐佑乾、杨磊、陈炳山：《传承发展水文化　建设卓越秀美江北水城》，《山东水利》2007 年第 6 期。

④ 戴启培：《城市水景观应注重生态性》，《安徽农业》2004 年第 11 期；翁奕城：《论城市滨水区的可持续性城市设计》，《新建筑》2000 年第 4 期。

第五章　郑州商城的重城形态与内部结构分析

一　商代的陪都制度与郑州商城的性质

（一）商代陪都制度与汤都之亳

关于陪都（别都、辅都）制度的起始时间，目前较有代表性的说法大致有三种，一是西周说，认为最早的陪都是西周初年经营的雒邑[①]；二是商代说，或认为“早商时代，偃师商城可能一直是商都的别都（即陪都或离宫）”[②]，或认为郑州商城（即阑或管）是商代前期的别都，而朝歌（即牧或沬）是商代晚期的别都[③]；三是夏代说，认为“夏王朝的主都是斟寻（二里头遗址）”，“夏王朝时期帝宁迁都（居）原、老丘和胤甲都（居）西河，实际上这是夏王朝在原、老丘、西河等地设立辅都”[④]。

笔者认为中国最早的王朝应该说是夏朝，但关于夏朝都城的具体地点至今还不是十分清楚，夏朝是否实行陪都制度，史书也没有明确的记载，城址考古发掘与研究的情况尚不充分，所以目前无法深入探讨。但商朝时期有陪都，这不仅可从历史文献记载中推测出来，而且

---

① 史念海：《中国古都概说》，《中国古都研究》1993 年第 8 辑；朱士光、叶骁军：《试论我国历史上陪都的形成与作用》，《中国古都研究》1987 年第 3 辑；赵中枢：《古都与陪都》，《中国古都研究》1993 年第 8 辑。

② 邹衡：《桐宫再考辨——与王立新、林沄两位先生商榷》，《考古与文物》1998 年第 2 期。

③ 杨宽：《中国古代都城制度史研究》，上海人民出版社 1993 年版，第 32—39 页。

④ 张国硕：《夏商时代都城制度研究》，河南人民出版社 2001 年版，第 74—76 页。

也可以得到考古材料的支持。尽管学术界对于商代别都的地点尚有争论，但商代曾经设过陪都因而同时期有数都并存的情况应是确实无疑的。

商汤灭夏桀后建都于亳，史有明文记载。但亳在何地，历来史家论争甚为剧烈。东汉班固首次在《汉书·地理志》明确说河南偃师尸乡为"殷商所都"。继之《尚书·胤征》孔颖达疏引郑玄的说法，认为"亳，今河南偃师县，有汤亭"。其后西晋皇甫谧又创三亳说："殷有三亳，二亳在梁国，一在河南。亳，偃师，即汤都也。"① 自唐以后，异说更多，先后有山东曹县北亳（即蒙亳、景亳）说、陕西西安杜亳说、山西垣曲汤亳说和河南郑州郑亳说等。②

以上诸说中郑亳说提出的最晚，由邹衡先生首倡。邹衡先生为其郑亳新说共举出了四条证据：一是古代文献所见东周时期郑地有亳；二是郑州商城出土的陶文证明东周时期郑州商城名亳、亳城或亳丘；三是汤都亳的邻国及其地望与郑州商城相合；四是郑州商城文化遗址发现的情况与成汤居郑地之亳相合。③ 此说既出，影响甚大，附和者颇众。④

除郑亳说之外，在学术界影响较大的为西亳说和北亳（即蒙亳、景亳）说。前已述及，汤都偃师说由来甚早，东汉的班固、郑玄和西晋的皇甫谧都曾记载说汤都于偃师，唐朝的不少地理志书也认定西晋皇甫谧所说的"殷有三亳"中的"西亳"即在偃师，如《史记·殷本纪》正义引《括地志》："偃师为西亳，帝喾及汤所都。"《元和郡县图志》卷5《河南道一》偃师县条："帝喾及汤、盘庚并都之。商

① （宋）李昉等：《太平御览》卷155引皇甫谧《帝王世纪》，上海古籍出版社2008年影印本。

② 徐昭峰、孙章峰：《亳都地望考》，《中国历史地理论丛》2001年第4辑。

③ 邹衡：《郑州商城即汤都亳说》，《文物》1978年第2期；《论汤都郑亳及其前后的迁徙》，《夏商周考古学论文集》，文物出版社1980年版。

④ 郑杰祥：《商汤都亳考》，《中国史研究》1980年第4期；陈旭：《关于偃师商城和郑州商城的年代问题》，《郑州大学学报》1985年第4期；郑维华：《汤都四迁刍议》，《中原文物》1993年第3期；徐昭峰：《从"汤始居亳"说到汤都郑亳》，《考古与文物》1999年第3期；徐昭峰、孙章峰：《亳都地望考》，《中国历史地理论丛》2001年第4辑。

有三亳，成汤居西亳，即此也。”所以现今不少学者都持西亳偃师说。[①] 关于北亳，《左传·昭公四年》椒举言于楚王曰：“夏启有钧台之享，商汤有景亳之命，周武有孟津之誓，成有岐阳之蒐，康有酆宫之朝，穆有涂山之会，齐桓有召陵之师，晋文有践土之盟。”《续汉书·郡国志》刘昭注引皇甫谧《帝王世纪》云：“豪有北亳即景亳，汤所盟处。”《水经·汳水注》：“汳水又迳大蒙城北，自古不闻有二蒙，疑即蒙亳也，说谓景亳为此亳也。”《史记·殷本纪》正义引《括地志》：“宋州北五十里大蒙城，为景亳，汤所盟地，因景山为名。”关于景亳之具体地望，史书记载颇为混乱，说法不一，田昌五等认为当即山东曹县西北景山一带，[②] 台湾学者杜正胜则以为“可能在今日河南东部濮阳和滑县之间的景山附近”[③]，后来朱彦民又考证说在今河南浚县东大伾山附近。[④]

关于汤都之亳，诸说长期争讼不已，竟然衍生出许多有关亳地具体地望的说法。其实这都与当时的陪都制度不无关系。自 20 世纪 90 年代以来，即有学者曾经指出，郑亳与西亳实际上是商汤之两京。[⑤] 近年来持商汤两京说的学者，更多明确地说郑亳为商汤克夏后所建之首都，而以偃师西亳为商汤用兵夏人的“战时陪都”[⑥] 或早商时期具有离宫别馆性质的陪都。[⑦] 当然也有学者认为，“汤亳非仅一处，亳有方国之亳与王国之亳之别”，“若偃师商城是早商之亳，则先商方国之亳自当另有归宿。就目前考古发现并结合有关文献记载来看，不

---

① 孙飞：《论南亳与西亳》，《文物》1980 年第 8 期；赵芝荃、徐殿魁：《河南偃师商城西亳说》，《全国商史学术讨论会论文集》，《殷都学刊》1985 年增刊；李民：《南亳、北亳与西亳的纠葛》，《全国商史学术讨论会论文集》，《殷都学刊》1985 年增刊。

② 田昌五、方辉：《“景亳之会”的考古学观察》，《中国文物报》1997 年 11 月 9 日第 3 版。

③ 杜正胜：《夏商时代的国家形态》，《古代社会与国家》，台北允晨文化实业股份有限公司 1992 年版，第 254—258 页。

④ 朱彦民：《商汤“景亳”地望及其他》，《中国历史地理论丛》2002 年第 2 辑。

⑤ 许顺湛：《中国最早的“两京制”——郑亳与西亳》，《中原文物》1996 年第 2 期；江林昌：《〈商颂〉与商汤之亳》，《历史研究》2000 年第 5 期。

⑥ 徐昭峰：《试论偃师的性质及其相关问题》，《中国历史地理论丛》2000 年第 1 辑。

⑦ 邹衡：《桐宫再考辨——与王立新、林沄两位先生商榷》，《考古与文物》1998 年第 2 期。

能排除先商晚期之亳在郑州的可能性”①。

应该提出的是，商代存在另外一种陪都形式，那就是所谓的“圣都”。关于商代的圣都问题，最早是董作宾先生提出的，他认为商丘的“商”是殷商先王宗庙所在亘古不变的“圣都”②，后来张光直先生又光大其说，认为“三代虽都在产国前后屡次迁都，其最早的都城却一直保持着祭仪上的崇高地位，如果把那最早的都城比喻作恒星太阳，则后来迁徙往来的都城便好像是行星或卫星那样围绕着一个恒星运行。再换个说法，三代各代都有一个永恒不变的‘圣都’，也各有若干迁徙行走的‘俗都’，‘圣都’是先朝宗庙的永恒基地，而俗都虽也是举行日常祭仪所在，却主要是王的政、经、军的领导中心”③。按照《左传》庄公二十八年“凡邑，有宗庙先君之主者曰都，无曰邑”的说法，宗教中心确实应该是都城的主要功能之一，将有殷商先王宗庙所在地称为“圣都”，视为当时都城体系的一个重要组成部分，确实是相当符合实际情况的，不过张光直先生与董作宾先生一样，也认定商代“圣都”在商丘，但是这一观点却值得进一步商榷，因为成汤以前的商族尚处于部落联盟阶段，居无定所，并无固定的都城可言，商丘之“商”也不可能被成汤及其以后的商王认定为亘古不变的“圣都”。最近则有学者认为，今河南浚县东大伾山附近的景亳为商汤灭夏建国之前会盟诸侯之地，是商汤霸业的根基所在，是商汤的“始居都亳”，也是后世商王纪念先祖、乞求福佑的圣都。④这个说法似更信一些。

（二）郑州商城的性质

王晖先生从古文献和卜辞中找出了商汤克桀后建都偃师的新证据，力主景亳为商汤初都之地，郑亳为《吕氏春秋·具备篇》“汤尝

① 杜金鹏：《偃师商城初探》，中国社会科学出版社2003年版，第171—174页。

② 董作宾：《卜辞中的亳与商》，《先秦史研究论集（下）》，台北大陆杂志社1967年版，第28页。

③ 张光直：《夏商周三代都制与三代异同》，《中国青铜时代（二集）》，生活·读书·新知三联书店1990年版，第15页。

④ 朱彦民：《商汤“景亳”地望及其他》，《中国历史地理论丛》2002年第2辑。

约于韦薄”的“韦”，是商汤克夏后在偃师正式建立都城之前之商都和商汤建西亳偃师之后的陪都，并综合各家之长，认为“商汤建国后实际上也可能三都，蒙亳为故都，为宗教中心——春秋时宋人仍称蒙城之亳为‘宗邑也’；偃师西亳为政治中心，为商汤之都；而郑州商城为陪都，也是设置在东西交通要道上的一个重要军事重镇，从殷墟卜辞中反映的情况看，直到商代中晚期仍是如此”，如果将商初的偃师商城和郑州商城与西周时期的宗周镐京和成周洛邑进行比较，则“商初的偃师商城则与西周镐京地位相同，而郑州商城则与西周洛邑地位相同。西亳偃师为成汤首都，郑州商城为商汤陪都，然首都略小于陪都，正好与镐京与洛邑情况相似，是不足为奇的”①。如果按照这样的说法，则可以认为商汤克夏后的早商时期，实际上商人之都城都是由“三亳”所构成，即除首都偃师西亳以外，尚有两个陪都，分别是蒙亳和郑亳，其中蒙亳为商汤之故都，后来成为宗教中心，即有些学者所说的圣都；郑亳则为商汤新建的具有军事重镇性质的陪都。由此可见，尽管学者们多已认为商代实行了多都制度，但关于郑亳究竟是商代前期的首都（主都）还是陪都（别都、辅都），迄今为止尚无法取得一致的意见。

当然，关于郑州商城的修筑时代，目前也有较大的分歧，争论的焦点主要是郑州商城与仲丁嚣（隞）都的关系方面。

商汤以后，商的王都曾数度迁徙，其中有一次行徙是在今郑州地区发生的而且与郑州商城有一些瓜葛，就是仲丁迁嚣。

关于仲丁迁嚣，《太平御览》卷83《皇王部》引古本《竹书纪年》云：“仲丁即位，元年自亳迁于嚣。”《书序》说：“仲丁迁于嚣。”《史记·殷本纪》则云：“帝仲丁迁于隞”，《索隐》云：“隞，亦作嚣。”可见隞即嚣，后世文献中亦作敖。至于隞地所在，《水经·济水注》云：“济水又东北迳敖山北……其山上有城，即殷帝仲丁之所迁也。”《史记·殷本纪》正义引《括地志》云：“荥阳故城，在郑州荥泽县西南十七里，殷时敖地也。”由于郑州境内有郑州敖山，

① 王晖：《汤都偃师新考——兼说“景亳”、“韦薄”（郑亳）及“西亳”之别》，《中国历史地理论丛》2003年第2辑。

所以不少学者都怀疑郑州商城即仲丁所迁之嚣（隞）。如1959年7月4日，郭沫若先生来郑州视察商城遗址的考古发掘工作时，就曾赋诗云："郑州又是一殷墟，疑本仲丁之所都。"[①] 曾主持郑州商城发掘工作的安金槐先生认为郑州商城是仲丁迁都的隞，[②] 郑州商城发掘报告的编撰者也认为："大约在距今三千五百多年前的商代前期，即相当于商代二里岗下层二期时，随着商王朝形势发展的需要，商代都城要由偃师的'西亳'东迁居于郑州的'隞'，所以从商代二里岗下层二期开始，即在郑州修建规模巨大的商代夯土城垣。大概在商代二里岗上层一期时，商王朝的'仲丁王'把国都由偃师'西亳'迁到了郑州的'隞'，使郑州成为当时商代都城所在地。直到商代二里岗上层二期或更晚一段时，郑州商城才被逐渐废弃。"[③] 另外王晖先生则考证说，今郑州商城即仲丁所迁之隞，"是商汤建西亳偃师之后许多年才重新修建起来的"，其城址之前身是早期的"郼薄"[④]。但郑亳说的始倡者邹衡先生则力辩郑州商城与仲丁所迁之隞无涉，认为郑州商城年代与隞都不合，[⑤] 而杨宽先生则指出："敖的地望，从《帝王世纪》《水经注》以来，都认为即在敖山或敖仓附近，在今郑州西北五十里地，与郑州商城位置不合。"[⑥] 后来郑州商城西北40余里石佛乡小双桥发现了大范围的早商遗址，陈旭先生据之发表了数篇论文，认为小双桥遗址就是仲丁所迁的隞都，[⑦] 邹衡先生随后从遗址的规模、地理位置、年代、规格、东夷文化内涵等方面为郑州小双桥商代遗址

---

① 河南省文物考古研究所：《郑州商城——1953—1985年考古发掘报告》，文物出版社2001年版，上册，第3页。

② 安金槐：《试论郑州商代城址——隞都》，《文物》1961年第4、5期。

③ 河南省文物考古研究所：《郑州商城——1953—1985年考古发掘报告》，上册，第39页。

④ 王晖：《汤都偃师新考——兼说"景亳"、"郼薄"（郑亳）及"西亳"之别》，《中国历史地理论丛》2003年第2辑。

⑤ 邹衡：《论汤都郑亳及其前后的迁徙》，《夏商周考古学论文集》，文物出版社1980年版。

⑥ 杨宽：《中国古代都城制度史研究》，上海人民出版社1993年版，第35页。

⑦ 陈旭：《商代隞都探寻》，《郑州大学学报》1991年第5期；《郑州小双桥商代遗址的年代和性质》，《中原文物》1995年第1期；《郑州小双桥遗址即隞都说》，《中原文物》1997年第2期。

隞（嚣）都说进行了补充论证。① 现在看来，郑州商城隞（嚣）都说确实存在着不少疑点。

总的看来，由于商代实行陪都制度并且都城迁徙频繁，导致学者们对郑州商城性质的认定存在着比较大的分歧，但郑州商城为迄今为止所发现的最大的商城遗址却是不争的事实，表明其确实应当是商代前期的一座重要并且可能是最为重要的王都所在地，而对于这个遗址的地层年代学分析结果也反映出郑州商城在先商和早商时期曾长期得到使用，所以“商族对于郑州地区的经营，可能始于先商时期，而郑州商城在早商时期也不失为统治中心之地位。这，大概是我们必须直面的事实”②。

二　郑州商城的重城形态

（一）郑州商城的城垣与城壕

郑州商城遗址（即郑州商城夯土城垣遗址）是1955年10月发现的，位于分布面积约25平方千米的郑州商代遗址中部，即现今郑州市区内偏东部的管城区和金水区所辖的郑州旧城区一带。郑州商城夯土城垣的形制除北城墙东段略呈东南至西北向的倾斜状外，其他各部分城墙的方向，基本都是属于近东西和近南北形（参见图5－1）。整个商城夯土城垣略呈南北纵长方形，其中东墙长约1700米，南墙约1700米，西墙约1870米，北墙约1690米，总周长约6970米，近7千米。地面上残存的夯土城墙，多数仅有1—2米，极少部分4—5米，底宽一般为20—30米。残存的郑州商城夯土城垣遗址，可能正是由于东周战国时期在这里修筑“管城”夯土城垣时，利用了整个已废弃多年的郑州商城夯土城垣遗址作为基础，并在商城夯土城垣外侧与顶部附加并覆盖修筑了战国时期的“管城”夯土城垣，秦、汉时代及其以后的唐、宋各代，直至明、清与民国年间，又利用郑州商城城垣和战国时期“管城”城垣的靠南部约三分之二的城垣作为基

① 邹衡：《郑州小双桥商代遗址隞（嚣）都说辑补》，《考古与文物》1998年第4期。

② 杜金鹏：《偃师商城初探》，中国社会科学出版社2003年版，第174页。

础，修筑了“管县”或“管城县”或“郑州”或“郑县”等历代城垣，并将郑州商城夯土城垣覆盖，所以才使郑州商城夯土城垣遗址长期不易被发现。也可能正是由于残存的郑州商城夯土城垣被战国和秦、汉及其以后各代城垣所利用与覆盖，才使残存的郑州商城夯土城垣得以保存下来。①

郑州商城除了缺失东北角以外，西北角也并非直角，亦呈向内收敛之状，这颇令人不解。已有学者对此现象进行了讨论，认为这体现了当时“城郭建造的因地制宜性”，郑州商城内城即现在所谓的郑州商城夯土城垣遗址“东北隅一带，今称紫荆山，这里有条古老的沙土岗子。商代筑东城垣到此地段，并未继续往北夯筑直角形东北城角，而是依照沙土岗的走向，就其高度修筑过去，直接与北城垣中段相接。城垣建在地势较高的沙土基上，既省去了开挖城墙基槽之苦，又可减少一部分建筑同等高度城垣之劳动工时，从而提高筑城工作效率。所谓‘紫荆山’，实际上就是商城内城东北角遗存下来的一段城墙”②。至于郑州商城何以缺西北角，笔者认为当与当时城外金水河故道的走向有关。今金水河经郑州铭功路一带，穿越郑州商城北部，至燕庄一带再东北流，汇入东风渠。但是据学者研究，“金水河故道系在铭功路一带沿东北方向流经郑州商城西北城角外侧，并不穿越商城北部。此由民国期间人工改道所致”③。郑州商城西北角折失，就是受到了金水河河道走向的影响，这与后来汉长安城受渭河走向影响而导致其北城墙西段呈曲折状略相仿佛。因地制宜的筑城思想在偃师商城也有所体现，此城有三重城垣，内城和外小城的建造相对规整一些，前者为方形，后者近长方形，但外大城平面略呈刀形。研究者认为，偃师商城东北角呈抹角状可能是受到城外自然河流的走向、位置等影响所致，④ 而外大城东垣中段南部位的城墙又向西南折收，与外小城东城南段相接，从而形成外大城形状的刀柄部位，是为了避开商

① 河南省文物考古研究所：《郑州商城—1953—1985 年考古发掘报告》，文物出版社 2001 年版，上册，第 178—179 页。

② 张国硕：《夏商时代都城制度研究》，河南人民出版社 2001 年版，第 152—153 页。

③ 同上书，第 153 页。

④ 王学荣：《偃师商城布局的探索和思考》，《考古》1999 年第 2 期。

城东南外侧有一个规模较大的陂池所造成的。[①] 由此可见，因地制宜地营建都城，在商代都城建设中是普遍受到重视的。

郑州商城的面积约 3 平方千米，[②] 四面城墙上共发现大小不同的缺口 11 处，[③] 其中东墙 2 处，南墙、西墙、北墙各 3 处。[④] 考古发掘者认为，"这些缺口有的是商城墙废弃后被挖土损毁的，有的缺口可能与商城城门有关"[⑤]。与郑州商城大致同时或略稍早的偃师商城的大城（外城）的形态与郑州商城基本相同，亦略呈纵长方形，总面积稍小一些，近 2 平方千米，四面城墙保存完好，现已发现 5 座城门，其中北城门 1 座，东、西城门各 2 座。[⑥] 其城门分布特点除有的学者所说的"东、西垣之南、北二端城门，均处于相对应之位置"[⑦]这一点外，还有城门的多少与城垣长处相关、城门居中开设这些特点。郑州商城规模略大于偃师商城，使用的时间也较长一些，按理城门应比后者为多，初步推测其东、西两垣当至少各有南、北二门，南、北两垣的中部当至少各有一门，也就是说整个郑州商城四面城垣的城门总数应当在 6 门以上。当然这些仅是根据偃师商城的城门设置情况而进行的推测，至于郑州商城四垣的 11 处缺口中究竟哪些是当时的城门遗址，还有待进一步的考古发掘。

郑州商城夯土城垣外的城壕遗迹目前发现的不多。1989 年在郑州商城夯土城垣的东城墙外，发现有较明显的河相淤泥层，土色呈灰黑色，质地细腻，结构较紧密，包含物有宋代瓷片、战国陶片等，但挖至地表 10 米多时，包含物较纯净，为商代陶器残片和数量较多的石球，清理到地表 11.5 米还不到底，一直是灰黑色淤泥堆积，有学

---

① 张国硕：《夏商时代都城制度研究》，河南人民出版社 2001 年版，第 148 页。

② 许宏：《先秦城市考古学研究》，北京燕山出版社 2000 年版，第 56 页。

③ 有学者认为郑州商城"四面城垣发现九个缺口"（贺业矩：《中国古代城市规划史》，中国建筑工业出版社 1996 年版，第 158 页），不确。

④ 刘叙杰主编：《中国古代建筑史》，中国建筑工业出版社 2003 年版，第 1 卷，第 129 页。

⑤ 河南省文物考古研究所：《郑州商城——1953—1985 年考古发掘报告》，上册，第 178 页。

⑥ 许宏：《先秦城市考古学研究》，北京燕山出版社 2000 年版，第 55 页。

⑦ 刘叙杰主编：《中国古代建筑史》，中国建筑工业出版社 2003 年版，第 1 卷，第 128 页。

者推断，“这部分堆积应是商城壕废弃后形成的”①。但郑州商城其他城垣外侧沿未发现类似的城壕遗迹。目前偃师商城的东、北、西三面城墙的外侧均发现有护城壕，② 推测郑州商城除东城墙外的城壕遗迹以外，其他三面可能原来也有城壕。至于郑州商城夯土城垣外的城壕遗迹较少的原因，考古工作者分析是“由于郑州商城的夯土城垣是处于郑州市区内，城外附近多有新旧房屋建筑，这就给在城外寻找商城外的城壕工作带来了很大的困难。其次是郑州商城夯土城垣到了战国时，又被修筑的战国夯土城垣所利用，在战国城垣修筑时也要在城垣外挖筑城壕设施。这样一来，商城城垣外的城壕设施也可能被战国城垣外的城壕所利用或破坏”③。当然这仍然是推测之词，具体的情况仍有待日后的考古发现来证明。另外，郑州商城西、北、南三面也极有可能是借用了当时的河道作为城壕设施。郑州商城位于金水河与熊耳河之间，南城墙邻近熊耳河，西北角紧邻金水河，故无须再修筑护城壕，而与此同时，“因熊耳河自西向东依内城南墙流过，故此河即起到内城城墙外护城河的作用。熊耳河流至东南墙角外侧，很可能与内城东侧护城壕相交汇。如此人工城壕与自然河流水流相通，共同形成郑州商城内城城垣之外的又一道防御屏障”④。

（二）郑州商城内的商代宫殿区

郑州商城遗址的东北部一带为商代宫殿区，其范围以郑州市现今规划的道路和保留的古城墙为界线，大体是：东靠郑州商城的东城墙北段内侧，西至工人第一新村的工一街东侧，北临顺河路，南到郑县旧城（即汉代及其以后的管城县和郑县旧城）北城墙东段北侧（即外侧）。商代宫殿区遗址的范围，略呈东西长方形。东西长约 800 米、南北宽约 500 米，总面积约为 0.4 平方千米，区内发现有许多大小不

---

① 宋国定：《1985—1992 年郑州商城考古发现综述》，《郑州商城考古新发现与研究》，中州古籍出版社 1993 年版，第 52 页。

② 许宏：《先秦城市考古学研究》，燕山出版社 2000 年版，第 55 页。

③ 河南省文物考古研究所：《郑州商城——1953—1985 年考古发掘报告》，上册，第 227 页。

④ 张国硕：《夏商时代都城制度研究》，河南人民出版社 2001 年版，第 148 页。

同和分布相当密集的商代二里岗下层二期和商代二里岗上层一期的夯土建筑基址，其中有不少为规模较大和形制结构较为复杂的商代宫殿夯土基址。在这个区域的边界之外，则很少发现类似宫殿的商代夯土基址。①

值得注意的是，根据在宫殿区遗址周围部分边沿地带的发掘材料获知，除在西北部的北部边沿发掘出一条呈东西向的商代二里岗下层二期与商代二里岗上层一期的深壕沟外，在宫殿区的东北部边沿处，又发掘出一段东南—西北向的商代二里岗下层二期的夯土墙遗址，并且在宫殿区内中间靠北部处还发掘出一段呈西南—东北方向的商代二里下层二期的夯土墙遗址。如果把这两段夯土墙基向西北和东北相衔接的话，则会形成90°夹角的拐角形夯土墙遗址。考古工作者推测这两段商代二里岗下层二期的夯土墙遗址，有可能是商代二里岗下层二期修筑的宫殿区的宫城墙的一部分，但随着宫殿区建筑数量的增多，即将原来修筑而未完成的宫城墙废弃，并扩大了宫殿区范围，从而不仅在原筑的宫城西墙外又修筑有商代的夯土基址，而且在东墙外的黄河医院一带也修筑有商代夯土墙基。至于扩大后的宫殿区周围边沿处，除西北部的北部边沿处挖有壕沟防御设施外，其他边沿处是否也挖有壕沟防御设施，也需待将来进一步考古发掘证明。② 正因为商城宫殿区发现了两段类似城墙的夯土基址和夯土墙基外侧的石筑水管道遗址，还有部分宫殿区边沿处的商代二里岗期石筑水槽遗址和深壕沟遗迹，而这些都可能与商代宫殿区周围的商代宫城遗存有关，所以考古工作者又倾向于把"商代宫殿区"称为"商代宫城区"③。

笔者认为，郑州商城东北部宫殿区后来主要是向西、南两个方向扩大的，故而原来宫城的西、南被废弃而代之以壕沟，但东、北两面城垣仍得到利用。考古工作者未在扩大后的宫殿区南侧发现城墙或壕沟，可能与秦汉时期在郑州商城中部另筑东西向的城垣有一定的关系。以壕沟代替城墙的做法并非仅见于郑州商城的宫殿区，商晚期的

---

① 河南省文物考古研究所：《郑州商城——1953—1985年考古发掘报告》，上册，第230—231页。

② 同上书，第296页。

③ 同上书，第232页。

安阳殷墟遗址中心区的宫殿宗庙同样也有以壕沟与自然河道代替城墙的防御做法。

（三）郑州商城的外郭城垣

现在看来，所谓的郑州商城夯土城垣遗址只是当时作为王都的商城的核心部分，亦即内城部分，因为考古工作者已经在郑州商城的外围发现了这个商城的外郭城墙（参见图5－1、图5－2），这一点往往被许多研究者所忽视。

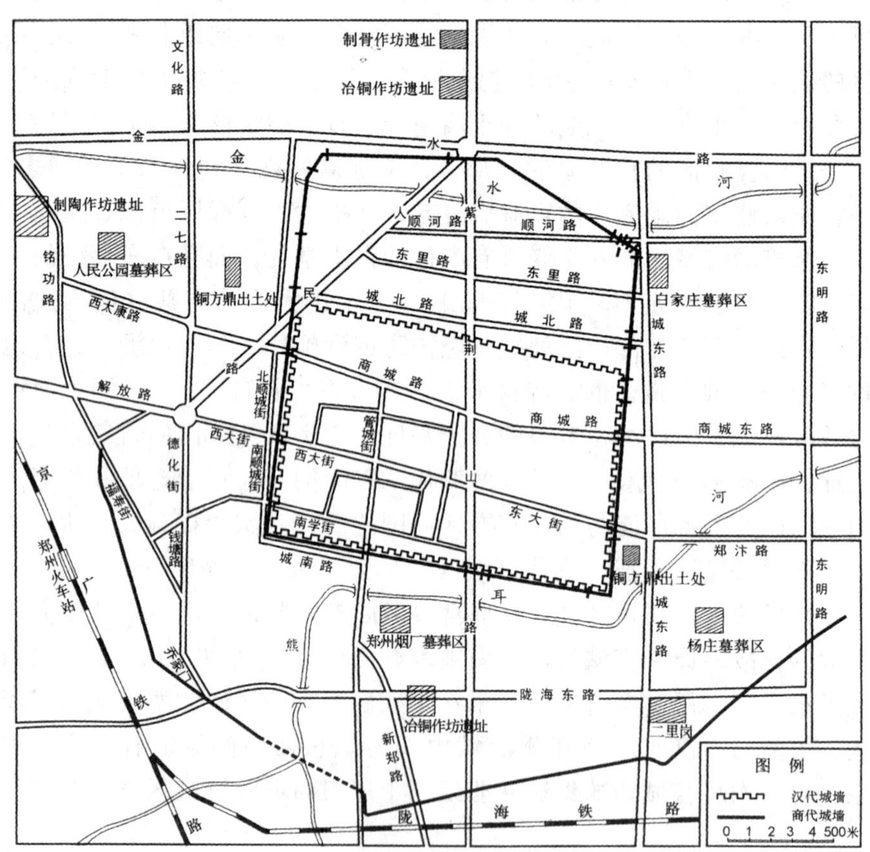

图5－1　郑州商城及其周围遗迹平面图

（据《郑州商城——1953—1985年考古发掘报告》上册第2页图改绘）

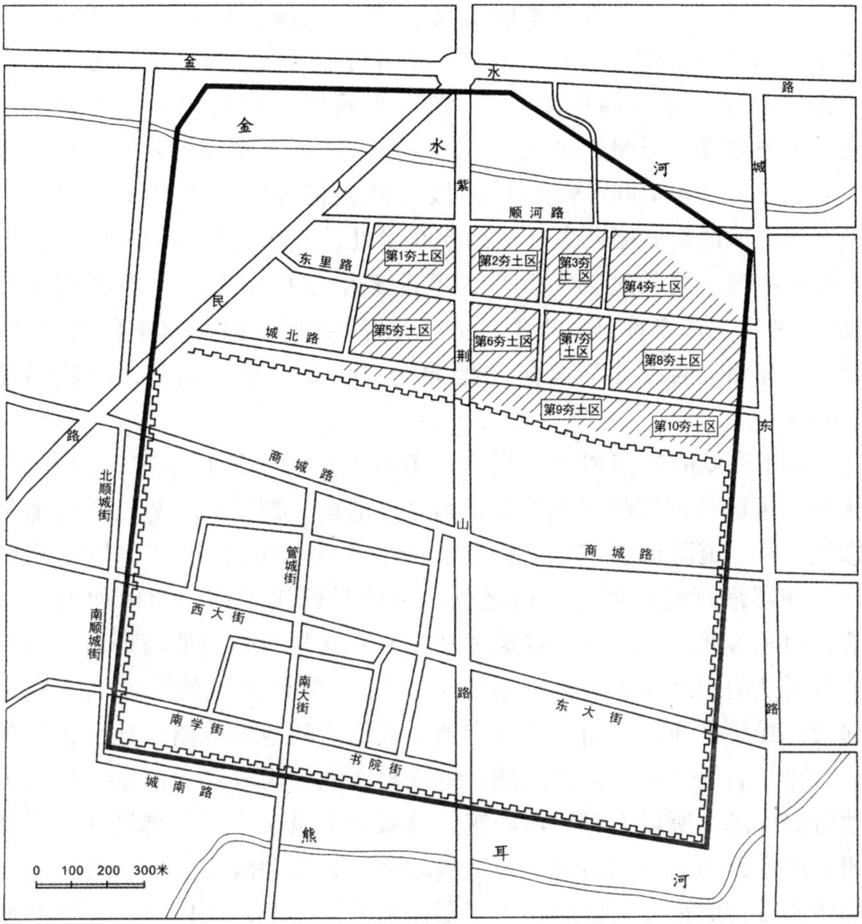

图 5－2 郑州商城宫殿区遗址分布图

（据《郑州商城——1953—1985 年考古发掘报告》上册第 231 页图改绘）

商城的外郭城墙是指郑州商城的南城墙与西城墙之外侧 600—1000 米处，所发现的一道围绕郑州商城约半个圈的商代夯土城墙遗址，从其筑法、夯土层结构、夯杵窝印痕形状和夯土层内包含的碎陶片来看，时代应和郑州商城的夯土城垣相同，都是在商代二里岗下层二期开始修建的。已发现的郑州商城的外郭城垣大致分为三段，东段大致呈东北—西南向，由东北的凤凰台起经二里岗至南关外，长 2000 多米，为了说明郑州商城外夯土墙基的位置，考古工作者暂称这段夯土墙基为“外郭城南墙东段”；西段（发掘报告原作“中段”，疑误）大致呈东南—西北向，位于郑州商城西墙南段外侧，考古工作者暂称为“外郭城西墙南段”，由振兴商场经群众剧院、黄和平大厦、中原大厦、郑州长途汽车站，穿过兴隆街至福寿街北段至郑州饭店以北一带，长1000多米；[①] 中段（发掘报告原作“西段”，疑误）在郑州商城的南城墙西段外侧约600米处的三德里与布厂一带，呈西北—东南向，总长度为115米，考古工作者暂称为“外郭城南墙西段”。考古工作者称已发现的外夯土墙基的总长度为3000余米，[②] 但如加上郑州饭店以北继续向北延伸的100多米夯土墙基，总数当在3100余米。

对于商城的外郭城墙的用途，考古工作者也进行了一定的分析，认为“可能是在郑州商城夯土城垣之外的南、西两面地势较高的地带修筑的第二道防御设施”，并认为尽管“还未找到尽头”，但初步估计“在郑州商城的夯土城垣之外，可能只修筑了南、西两面的外城墙，而东、北两面就没有修筑过外城墙。这与当时的地理环境、郑州商城所建的地理位置有着密切的关系”，“郑州商城的南面和西面为起伏的丘陵高地，东面和北面为地势较低洼的地带或沼泽地。正因如此，郑州商城北面和东面的低洼地或沼泽地已构成郑州商城之外的天然防御屏障，所以就无须再修筑外郭城夯土墙来作为防御设施。而郑州商城之外的南面和西面，因地势较高，如遇到敌人入侵，必然会对郑州商城构成很大的威胁，为了郑州商城的安全，所以就在郑州商城夯土城垣之外的南面和西面双修筑了第二道夯土城墙作为防御设施”[③]。笔者认为，从后世都城或一般城市的外城修筑情况来看，外城的修筑往往与原来城市的发展情况和发展方向有关，其修筑的主要目的是保护内城外围的新兴居民区或工商业区，如明嘉靖年间北京外郭城和明末西安城四个关城的修建就是如此。郑州商城外郭城墙主要

---

① 此数字包括由振兴商场至福寿街北段的图测长度890米和郑州饭店以北继续延伸的100多米。

② 河南省文物考古研究所：《郑州商城——1953—1985年考古发掘报告》，上册，第297—302页。

③ 同上书，第305—306页。

修筑于南面和西面，当与保护郑州商城南面的手工业区与居民区有关，而不完全是出于地形因素。笔者进一步推测，尽管考古工作者认为商城的外郭城墙的修筑时代“时代应和郑州商城的夯土城垣相同，都是在商代二里岗下层二期开始修建的”，但估计只是大致同时，具体的时代可能应比郑州商城稍晚一些。商城的外郭城墙在城北、城东未发现，在南面、西面也没有形成闭合形态，显然是一个未完工程。鉴于考古工作者在郑州商城的北面、西北也发现了一些手工业作坊遗址，所以也不能完全排除当时已计划在这些方向修筑外郭城墙的可能性，只是因为后来商人迁都于别处，郑州商城突然间衰落，才形成了一个不完整的外郭城墙。

总的看来，早商时期在今郑州市区范围内所建的都城从整体上分析应当是具有三重城垣的重城形态，已略具内城外郭这两大部分的雏形。现在的郑州商城夯土城垣只是当时的王都的内城，宜称之为“郑州商城内城”，其城门数量不详，但城外侧当有城壕设施；内城东北部原有宫城，后宫殿区向西、南两个方向拓展，原宫城西、南城垣废弃，代之以壕沟；内城南面和西面另筑的一道外郭城墙，对城外的居民区和手工业区起到了一定的保护作用。当然当时的郑州王都并不是典型的重城形态，只有内城即所谓的郑州商城的城垣相对完整，宫城与外郭的城垣均不完整，其原因各异，宫城城垣不完整是与宫殿区扩大有关，而外郭仅在南面和西面有一个约半个圈的城垣，这可能与商王朝的迁都别处而致使郑州商城突然间衰落有关。

三　郑州商城的内部结构

（一）郑州商城内城的宫殿区和贵族居住区

郑州商城内城大致可划分为宫殿区和贵族居住区这两大部分，其中宫殿区位于东北部，面积约40万平方米，约占内城总面积（约3平方千米）的1/8左右，考古工作者将其划分为10个夯土基址区（参见图5-1），以位于郑州商城内城中部的今紫荆山路为界，第1和第5夯土基址区在路西，另8个夯土基址区在路东，其中除第5夯土基址区南部和第6夯土基址区大部分，未曾配合建设进行发掘外，在其他8个夯土基址区内，都经过部分钻探与配合建设进行过考古发掘。凡是发掘过的地方，都发掘有商代二里岗下层二期与上层一期的商代夯土基址。已发掘的商代夯土基址有“宫殿基址”和“房屋基址”两种。“宫殿基址”的规模较大，夯土台基较高，夯土台基础面上分布有排列有序的、挖筑较深而规整且底部中间铺垫有柱础石的柱础坑。基址多呈东西长，而方向朝南。这些建筑基址损毁很严重，但从结构看，都是周围带回廊式的大型宫殿建筑基址。这种宫殿建筑基址据初步统计已发现十余座。“房屋基址”的规模较小，夯土台基较低。在夯土基址面上分布有少量柱础坑，坑底铺垫有柱础石或用料姜石碎块铺垫的柱础。基址有东西长方形的，也有南北长方形的。这种夯土基址的用途有的应是大型宫殿的配房的基址，有的则是属于一般房屋建筑。①

在郑州商城宫殿区内也曾发现有属于二里岗上层时期的“石板水池”和供水管道。该水池为长方形，略呈东南——西北走向，东西长约100米，南北宽约20米。池壁及底用料姜石铺垫，池壁用圆形石头加固，池底铺有较规整的青灰色石板。蓄水池往北发现有供水管道，由石板和草拌泥垒砌而成，管道内侧近方形，宽0.55米，高0.68米，底部和顶部均平铺长方形石板。此蓄水池位于宫殿区的东北部，发掘者确认建造此池的目的是为宫殿区提供生活用水，② 但也有学者认为“由于此池建造规整，又位于宫殿区附近，其也应有用于美化环境、供王室游乐的功能，也可算作郑州商城宫殿区的苑池”③。

由于宫殿区内的考古发掘不太充分，所以宫殿区的具体布局一时还无法了解得十分清楚。但还是有一些学者根据现有的发掘情况，参照古代都城制度，对郑州商城宫殿区的相关设施进行了一定的推测分析，认为郑州商城（内城）“城外各种手工业作坊生产分工较专，城

---

① 河南省文物考古研究所：《郑州商城——1953—1985年考古发掘报告》，上册，第295页。

② 曾晓敏：《郑州商代石板蓄水池及相关问题》，《郑州商城考古新发现与研究》，中州古籍出版社1993年版。

③ 张国硕：《夏商时代都城制度研究》，河南人民出版社2001年版，第194页。

内东北角一座奴隶主墓随葬有作为货币的四百余枚贝，联系这些迹象看，此城可能有为奴隶主贵族服务的‘宫市’”，并且认为“城内基本上是采取以宫为主的分区规划结构形式来布局的。城东北划为宫廷区。凡与宫廷直接相关的分区，如宫廷直辖之手工业作坊区等，可能都在城的北部，也许‘宫市’亦在此”。“宫廷区除宫室外，在城之东部北端地段可能还有宗庙，因城垣东北角内侧发现有排列有序的祭祀用的殉狗坑群。倘果如推测，则庙当在宫之左，似为按‘左祖’格局布置的。”[①] 这些推测尚有待考古发掘的进一步证实。

郑州商城内城中部、南部与西北部的较大区域内，也发现一些与商代宫殿遗址周围同期（即商代二里岗下层二期与上层一期）的文化堆积、灰坑、水井和夯土基址等遗存。但从已发掘的 20 余处商代二里岗下层二期与上层一期的遗址规模与各种遗迹和遗物的内涵来看，都不是很丰富，且遗址也比较分散。在部分商代二里岗期遗址中，虽然也曾发现一些商代夯土基址，但规模较小，夯土层较薄，在夯土基址面上很少发现柱坑等设施。就是灰坑也很少发现。考古工作者分析“其原因也可能是由于商城内的中部与南部的广大地区，被汉代及其以后各代的‘旧管城’‘旧郑县城’的长期占用，致使商代二里岗期的遗址遭到严重损毁。另一方面也可能是由于商代二里岗下层二期与商代二里岗上层一期时，在商城内的南部与中部地区，虽然有一些居住遗址，而数量不是很多”，所以“初步认为商城内，主要还是以商代宫殿为主，而平民居住区遗址则比较少”[②]。另外亦有学者认为，目前所谓的“郑州商城”实际上具有内城性质，“城内南部相对空旷的现象，说明商王愿让南部地段闲置或种植农作物或成为花草园林，也不能让普通民众在此居住。这就是说，内城是专为商王、贵族建造的，目的是让普通民众与商王、贵族的生活区域隔离开来，从而保障商王、贵族的生命安全，故其具有‘筑城以卫君’的性质”[③]。笔者认为，郑州商城夯土城垣南部占面积较大，约占了整个城垣范围

---

① 贺业矩：《中国古代城市规划史》，中国建筑工业出版社 1996 年版，第 159—161 页。

② 河南省文物考古研究所：《郑州商城——1953—1985 年考古发掘报告》，上册，第 296—297 页。

③ 张国硕：《夏商时代都城制度研究》，河南人民出版社 2001 年版，第 138 页。

区的2/3的面积，不可能全部“闲置或种植农作物或成为花草园林”，当分布有不少民居，估计是当时贵族们的主要居住区，与商城东北宫殿区有所不同。至于这些区域内之所以发现的夯土基址较少，当主要与汉代及其以后城市建设过程中的破坏有关。

（二）郑州商城外郭区的手工业作坊区与普通居民区的布局

郑州商城夯土城垣外围的外郭区目前发现了不少能反映手工业作坊与居民区分布情况的商代二里岗时期的遗迹，主要有青铜器手工业作坊遗址、制陶手工业作坊遗址、制骨手工业作坊遗址、祭祀遗迹，以及灰坑、墓葬和房屋基址等。

目前郑州商城已发现的两处商代铸造青铜器手工业作坊遗址均位于郑州商城夯土城垣外围，一处位于郑州商城的南城墙中部之外（南）约700米处，即现今郑州市区内陇海路东段与紫荆山路南段相交叉的十字路口以东的陇海东路的路基下及其南侧的市运输公司院内和北侧的郑州轻型汽车制造厂院内，定名为“郑州南关外商代铸铜作坊遗址”；另一处位于郑州商城的北城墙中部之外（北）约200米，即今郑州市区内的纬一路与花园路相交叉处的十字路口西南角及河南饭店北院东部一带，定名为“郑州紫荆山北商代铸铜作坊遗址”①。

郑州商城制陶手工业作坊遗址仅发现了一处，位于郑州商城西城墙北段外侧约700米处，即现今郑州市铭功路北段西侧的郑州市第十四中学院内。②

郑州商城制骨手工业作坊遗址已发现两处，一处位于郑州商城北城墙中部外侧（北侧）约300米的紫荆山北商代铸铜作坊遗址之北一带，即现今的郑州市花园路南段以西、经五路南段以东、纬一路以北和纬三路以南的广大地区范围内，此处制骨作坊以生产人们日常工作中使用的骨簪、骨镞、骨匕和骨针等为主；另一处是在城内东北部商代宫殿区遗址中部，即现今的河南省文物考古研究所郑州商城工作站

---

① 河南省文物考古研究所：《郑州商城——1953—1985年考古发掘报告》，上册，第307页。

② 同上书，第384页。

院内，是以锯制人的头盖骨作为器皿使用的制骨场地遗址。①

郑州商城已发现的祭祀遗迹包括掷埋的人骨架、兽骨架或人骨架与兽骨架同埋于一个灰坑的现象，以及青铜器窖藏坑。在郑州商城内外的商代二里岗下层的灰坑中，掷埋的人、兽骨架的祭祀遗迹相当普遍。祭祀遗迹中还包括一些小墓。其中郑州商城南面二里岗遗址的灰坑最具代表性。商代二里岗上层一期的祭祀遗迹，大体可区分为殉人与殉狗祭祀遗迹，用人与牛、猪祭祀遗迹和用青铜器祭祀遗迹三类。其中殉人与殉狗祭祀遗迹有两处，均在郑州商城城内，分别位于商城内东北部和西北部的商代夯土城墙内侧近底根处；用人与牛、猪祭祀遗迹均在商城南面的二里岗、南关外、人民公园等地；用青铜器祭祀遗迹均在商城外附近，一为商城西城墙中北部外侧（西侧）约300米处的张寨南街杜岭南段，一为商城东城墙南端外侧（东侧）约54米处的郑州向阳回族食品厂院内。②

据初步统计，郑州商城遗址区内共发掘的属于商代二里岗下层二期和商代二里岗上层一期的各种形制的灰坑数目至少已达313个，在商城内外分布相当普遍，③ 其中除商城城内东北部宫殿区、商城南部外，在商城南面、东南面、西面分布尤多。商代二里岗下层二期和商代二里岗上层一期的墓葬目前已发掘了120座，其中商代二里岗下层二期墓葬多分布在郑州商城城垣东北部内侧的商代宫殿区附近、商代夯土城垣西北部内外一带和商城城垣的南外侧；商代二里岗上层一期墓葬主要分布在四个比较集中的区域，均在郑州商城外围，即商城东北一带的白家庄墓地、商城西面的杜岭墓地（包括北二七路北段东侧和西侧的市人民公园内）、商城东南角外约500米的杨庄墓地和商城西城墙北段外侧约700米处的铭功路西侧墓地。④

目前郑州商城遗址区内包括宫殿基址在内的房屋基址主要是在城内东北部，城中部、南部与西北部也有所发现，城外也发现了房屋基

---

① 河南省文物考古研究所：《郑州商城——1953—1985年考古发掘报告》，上册，第461—477页。

② 同上书，第483—516页。

③ 同上书，第519页。

④ 同上书，第562—574页。

址，多属小型房屋基址，而且大多分布在铸铜作坊和制陶作坊遗址区内，推测应主要是作坊场所与手工业者的居所。

根据上述考古发掘情况，有学者认为郑州商城“外城不见大型夯土建筑基址，分布着各类手工业作坊、墓葬、普通居民区；而且外城墙之外又不见或少见商文化遗存，说明外城是普通民众生活、居住的区域。也就是说，为了保护普通民众的生命和财产不受损失，商代的统治者派人设计建造了外城墙；普通民众为了自身的安全，也只居住在外城之内，而没有或甚少有居住在外城墙之外的现象。如此，郑州商城之外城则完全具备了‘造郭以守民’的性质”①。但关于郑州商城城内以及城外分区的性质，学者间也有一些不完全相同的认识，有学者认为，商城东北部“估计当时系王室贵族之居所。城内南部及城外近郊半公里之内，皆有民居、作坊及墓葬分布”②；另有学者将郑州商城“东北划为宫廷区”，“城南部则主要划为居住区”，并认为“这个都邑的总体布局是按国野规划体制安排的。城内主要为宫室、宗庙、居里等，城外则布置手工业和农业生产基地。各种手工业区分别配置在毗邻南、北、西三面城垣地带。在广大的田野间，建置有‘郊邑’，以南城外最为密集”③。

笔者认为，从郑州商城外围尤其是南郊、西郊、北郊分布有大量铸铜作坊和制陶作坊遗址区的现象来分析（参见图 5－1），郑州商城外郭区确实应当是以手工业区为主要特色，当时郑州商城的普通民众主要就是各类手工业者，而从事各类手工业的居民理应居住在南郊、西郊、北郊的手工业作坊区内或其附近，所以外郭区也应当是普通居民区。商城南面、西面外郭城的修筑正是为了保护集中分布在这些地区的手工业作坊和广大居民。商城城内南部虽然因有“民居”遗址而可划为“居住区”，但似以贵族居住区为主，而商城东北部虽然可能也居住有一些贵族，但却是以宫殿区为主的，与城南部的情况有较大的区别。

---

① 张国硕：《夏商时代都城制度研究》，河南人民出版社 2001 年版，第 138 页。

② 刘叙杰主编：《中国古代建筑史》，中国建筑工业出版社 2003 年版，第 1 卷，第 129 页。

③ 贺业矩：《中国古代城市规划史》，中国建筑工业出版社 1996 年版，第 161 页。

值得注意的是，从偃师商城和安阳殷墟的考古发掘情况来分析，商代都城已存中轴线布局。偃师商城外小城基本上是长方形，而宫城位于外小城中部偏南，正处于外小城纵向中轴线上；安阳殷墟宫殿区甲组、乙组基址作南北向纵轴排列，重要的建筑都布列于纵轴两侧，表明其“也存在着中轴线布局”①。郑州商城虽然发现了数十座宫殿基址，但由于现代建筑密布，无法统筹发掘宫殿区，故不知其宫殿区整体布局情况，所以学者很少论及其中轴线布局问题。但笔者认为，从现已发掘的宫殿基址来看，多呈东西长，方向朝南，而宫殿区又位于商城内城东北部，其南即商城内城南部主要为贵族居住区，内城外围之南、西、北三面广泛分布着手工业区和普通居民区，但却以外城南面与西面最为集中，这些都说明整个商城呈现南向的态势，亦即隐约存在着一条近南北向或东北—西南向的建筑中轴线。

四　郑州商城的都城制度的特点及其对后世的影响

通过以上论述可知，郑州商城的都城制度具有以下几个明显的特点：

第一，郑州商城规模较大，其内城即现今考古工作者所谓的“郑州商城夯土城垣遗址”的面积就约3平方千米，如将外郭区也考虑在内的话，则整个郑州商城的规模应当远比偃师商城的大城（外城）近2平方千米的面积为大，这是与其作为商代早期一座重要并且可能是最为重要的王都这一特殊的政治地位相适应的（参见图5－3）。笔者认为，郑州商城规模较大，很明显是商代强盛时期所建的王都，并且历代商王对这个都城有过较长时间的经营。尽管现在无法否认偃师商城曾经是早商的一个都城的论断，但从中国城市发展史的总体情况来分析，城市的规模在通常情况下都是与其地位、性质和功能相适应的。如果据历史文献记载难以定论的情况下，城市遗址的规模就是一个重要的参考指标，所以对于商代前期

① 张国硕：《夏商时代都城制度研究》，河南人民出版社2001年版，第185—186页。

的偃师商城和郑州商城而言，笔者倾向于认为郑州商城的政治地位更为重要一些，也就是郑州商城的商代前期作为首都（主都）的可能性应当较偃师商城更大一些。

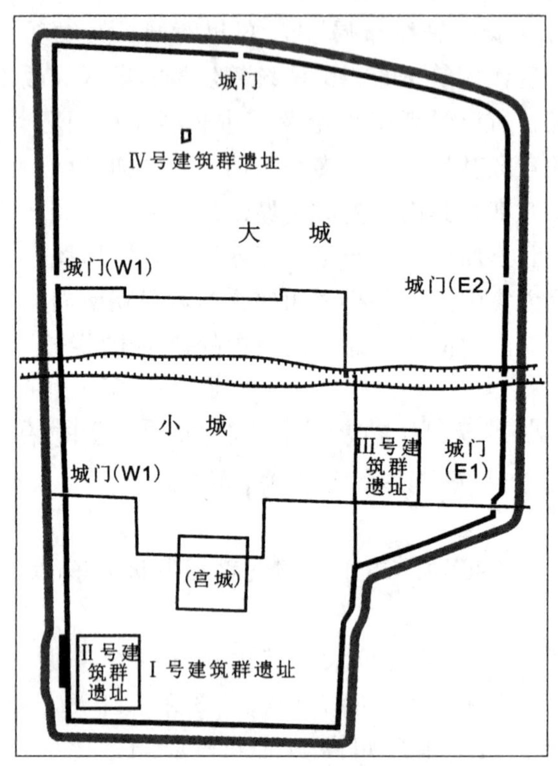

图5－3 河南偃师县商城实测平面图

（据刘叙杰主编《中国古代建筑史》第1卷第129页图改绘）

第二，郑州商城是一座具有三重城垣形态的都城，即不仅有城垣完整的内城，而且早期还在内城东北部建筑过宫城，后来还在内城外围即南部修筑过一个近半个圆的不完整的外郭城，这说明这座商城明显可分为内城与外郭两大部分。大约与郑州商城同期的偃师商城也是具有宫城、小城（内城）和大城（外城）的都城形态，这说明至少在商代前期，都城营造的城郭制度已比较成熟。有些学者以夏商周

"三代都邑城垣或有或无，尤其是西周时代的三处王朝都邑均未发现城垣"，而认为《初学记》卷24引东汉赵晔《吴越春秋》的"鲧筑城以卫君，造郭以守民"的记载仅是"反映了距汉代不远的东周时期城市布局的状况，而与夏商西周三代及其以前城市的真实情况不符"①。现在看来这样的观点并不十分全面，可能是因对古代都城制度发展的曲折性和地域差异性认识不足而产生的。

第三，郑州商城的内城夯土城垣略呈南北纵长方形，但为了充分利用地形和水文环境条件，在营筑城垣之时，除了缺失东北角以外，西北角也并非直角，亦呈向内收敛之状，这说明当时在营建都城时已具备了因地制宜的思想。《吴越春秋·阖闾内传》所云："夫筑城郭，立仓库，因地制宜。"《管子·乘马》所云："因天材，就地利，故城郭不必中规矩，道路不必中准绳。"从郑州商城的内城形态来看，这样的都城（城市）营建思想，至少在商代的都城建设过程中就已经有了一定体现。偃师商城外大城为避开城东南外侧陂池而形成的刀形形态，也印证了这样的论断。

第四，从郑州商城的内部结构来看，宫殿区位于内城东北部，贵族区主要位于内城的南部，手工业区和普通居民区则分布于内城外围地区，尤其是以内城南侧与西侧的外郭区较为集中，所以整个郑州商城大致呈现出以宫城居东北，其他城市分区向西南展布的格局。杨宽先生曾依据郑州商城、湖北省黄陂县盘龙城和安阳殷墟（参见图5－4）总结商代都城布局具有以下五个方面的特点：一是商代都城或者有城墙作为防御设施，或有濠沟结合河流作为防御设施，或者以城墙和濠沟相结合作为防御设施；二是商代都城都已有一定的布局，作为政治中心的宫殿区都设在城内东北部，全城以东北为重心；三是墓葬区分布在四周外围地带；四是手工业作坊也分布在外围地带；五是居民点分布于四周外围的农业、手工业地区。② 其所说的第一、三、四、五点基本上是持之有据的，但第二点却失之片面，后来他也认识到偃师商城"这个早期商代都城是以南部为重心的，与以后商代都城以东北为重

① 许宏：《先秦城市考古学》，北京燕山出版社2000年版，第82—83页。

② 杨宽：《中国古代都城制度史研究》，上海人民出版社1993年版，第19—25页。

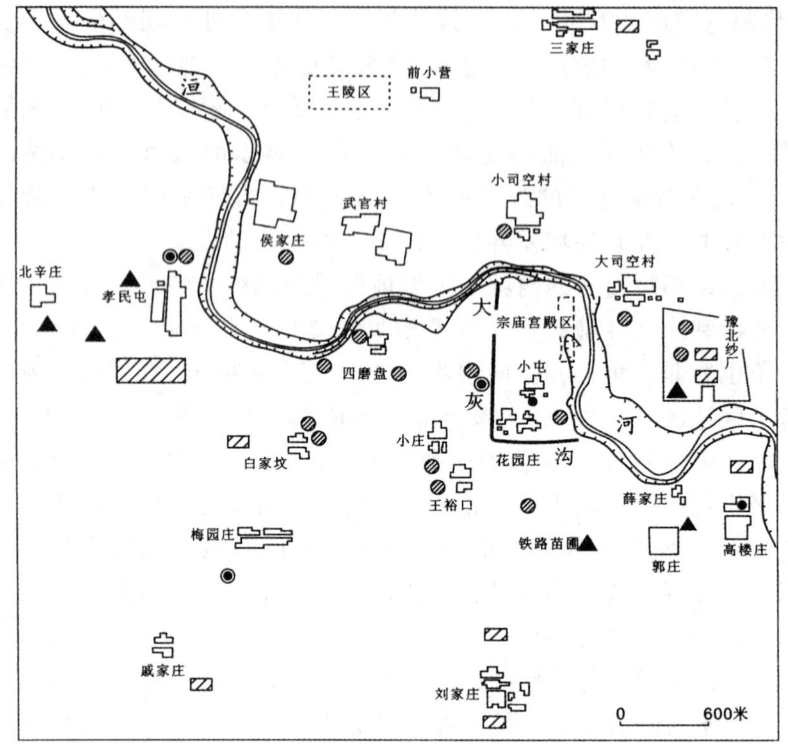

图 5－4　安阳殷墟

（据许宏《先秦城市考古学》第 58 页图改绘）

心的布局不同”①。可见郑州商城的内部结构特点并不能完全代表所有商代都城。

如果将郑州商城与偃师商城和安阳殷墟的形态与内部结构特征略加比较，就可以发现其间互有异同之处，也存在相互影响的痕迹。三座都城的宫殿区或居东北（郑州商城）、或居南部（偃师商城）、或居中部（安阳殷墟），但都体现了以宫殿区为中心布置都城分区的特色，位于河南偃师的二里头夏代都城遗址已开这一都城制度之先河，为稍后之商代都城所继承，并成为后来中国古代都城建设中最受重视的一条基本原则。在三座商代都城遗址中，作为商前期的郑州商城与

① 杨宽：《中国古代都城制度史研究》，上海人民出版社 1993 年版，第 27 页。

偃师商城都是具有三重城垣的都城形态，并且郑州商城之内城与偃师商城之大城（外城）均呈不规则的纵长方形，都城形态建设风格上很明显受到了相互影响。安阳殷墟迄今为止尚未发现城墙，以至有学者怀疑殷墟“不是殷都之墟”，而是殷晚期都城“附近的苑囿离宫之一的遗址”[①]。当然大多数学者不同意这种说法，例如徐苹芳先生就认为“中国早期城市是以宫室宗庙为主要内容的，城墙不是城市的决定性标志”，杨璋先生也指出中国古代王居住的地方不一定修城。[②]所以学术界普遍的看法是：“殷墟并非没有防御”，“防御小屯的宫殿宗庙区西部和南部有濠沟护卫，东面和北面有洹河环绕，四周形成了由沟与河构成的防御设施”[③]；殷墟“宫殿宗庙区的四周以沟、河为界而形成其‘宫城’，其外围为居民区、作坊区”[④]。不过如前面已经论述过的，郑州商城内城东北宫殿区原筑有城墙，但后来宫殿区扩大，西北面就曾以壕沟代替城墙，这种防御的方法很可能对商晚期的殷墟产生了一定的影响。总的看来，郑州商城与偃师商城和安阳殷墟这三座商代都城遗址各具特色，均对后世都城规划产生过重要影响。安阳殷墟不筑城墙的做法为西周丰镐所继承，极有可能秦都城的规划也汲取了这种规划思想。郑州商城与偃师商城的多重城墙的形态为西周以后历代都城所继承，其中偃师商城的宫殿区居南布置的做法为西汉长安城、十六时期的大夏统万城所继承，而郑州商城在城北布设宫殿区以突出都城中轴线的做法则与曹魏邺城、北魏洛阳城和隋唐长安城有着一脉相承的历史渊源关系。

---

① 杨鸿勋：《宫殿考古通论》，紫禁城出版社2001年版，第63页。

② 《中国文明起源座谈纪要》，《考古》1989年第12期。

③ 杨宝成：《殷墟文化研究》，武汉大学出版社2002年版，第15页。

④ 刘庆柱：《古代都城与帝陵考古学研究》，科学出版社2000年版，第26—27页。

第六章　大夏国都统万城的城市形态与内部布局问题

一　统万城与奢延城、大城之关系

奢延城为西汉上郡奢延县之治所，东汉因之，汉末废。关于汉奢延城与十六国时期赫连勃勃大夏国统万城之关系，北魏郦道元《水经·河水注》云：

> （奢延水）出奢延县西南赤沙阜，东北流，《山海经》所谓生水出孟山者也……俗因县土，谓之奢延水，又谓之朔方水矣。东北流，迳其故城南，王莽之奢节也。赫连龙升七年，于是水之北，黑水之南，遣将作大匠梁公叱干阿利改筑大城，名曰统万城。蒸土加功。雉堞虽久，崇墉若新，并造五兵，器锐精利，乃咸百炼，为龙雀大环，号曰大夏龙雀。①

根据以上记载，侯仁之教授认为“统万城也正是因汉代的奢延城之旧而‘改筑’的”②。王北辰教授亦持同样的观点，并考证说：“文中既云‘改筑大城’，同时在二水之间又未另记有奢延县城，足证统万城乃汉奢延县城之‘改筑’”③。另外，20 世纪 70 年代统万城曾出

---

① （北魏）郦道元：《水经》卷 3《河水注》，杭州大学出版社 1999 年陈桥驿校释本，第 47—48 页。

② 侯仁之：《红柳河上的古城废墟看毛乌素沙漠的变迁》，《文物》1973 年第 1 期。

③ 王北辰：《毛乌素沙地南沿的历史演化》，《中国沙漠》1983 年第 4 期。

土了“西部尉印”铜印1枚，方形，桥钮，每边长2.3厘米，高1.8厘米，阴刻印文，篆体，铜印形制与印文典重说明其为汉代文物。有学者据《汉书·百官公卿表》“郡尉，秦官，掌佐守武职甲卒”的记载并结合上引《水经注》之文认为统万城就是由奢延故城改筑而来，并且汉代“上郡西部尉驻奢延城”①。

笔者认为，从《水经注》记载来看，统万城是由汉奢延城改筑而来的，这一点当毋庸置疑。不过，在十六国时期，大城之名屡见于史书之中，其与《水经注》中的“改筑大城”之“大城”有无关系呢?《晋书·赫连勃勃载记》云：

> （姚兴）以勃勃为持节、安北将军、五原公，配以三交五部鲜卑及杂虏二万余落，镇朔方。时河西鲜卑杜崙献马八千匹于姚兴，济河，至大城，勃勃留之，召其众三万余人伪猎高平川，袭杀没奕于而并其众，众至数万。义熙二年，僭称天王、大单于，赦其境内，建元曰龙升，署置百官。自以匈奴夏后氏之苗裔也，国称大夏。
>
> 勃勃又攻兴将金洛生于黄石固，弥姐豪地于我罗城，皆拔之，徙七千余家于大城，以其丞相右地代领幽州牧以镇之。
>
> 遣其尚书金纂率骑一万攻平凉，姚兴来救，纂为兴所败，死之。勃勃兄子左将军罗提率步骑一万攻兴将姚广都于定阳，克之，坑将士四千余人，以女弱为军赏。拜广都为太常。勃勃又攻兴将姚寿都于清水城，寿都奔上邽，徙其人万六千家于大城。②

关于赫连夏国境内大城之具体地点，史念海教授考证在“今内蒙古自治区杭锦旗东南”③，侯甬坚教授等则认为大致“位于（鄂尔多斯）高原偏南处”，并说“此城与统万城的关系尚不清楚”④。但清人

① 陕西省文物管理委员会（戴应新执笔）：《统万城城址勘测记》，《考古》1981年第3期；戴应新：《大夏统万城考古记》，台湾《故宫学术季刊》1999年第17卷第2期。

② （唐）房玄龄等：《晋书》卷130《赫连勃勃载记》，中华书局1996年标点本。

③ 史念海：《十六国时期各割据霸主的人口迁徙》（下篇），《中国历史地理论丛》1992年第4辑。

④ 侯甬坚、周杰、王燕新：《北魏（AD386—534）鄂尔多斯高原的自然—人文景观》，《中国沙漠》2001年第2期。

洪亮吉则另有说法，他在所著《十六国疆域志》中考证夏国所置之幽州沿革时云：

> 幽州：《晋书·地理志》赫连勃勃僭号于统万，是为夏。置幽州牧于大城。
>
> 崔鸿《十六国春秋·夏录》河西鲜卑杜崙献马八千匹于姚兴，济河，至大城。《晋书·载记》勃勃攻姚兴将金洛生于黄石固，弥姐豪地于我罗城，皆拔之，徙七千余家于大城，以其丞相右地代领幽州牧以镇之。勃勃又攻兴将姚寿都于清水城，寿都奔上邽，徙其人万六千家于大城。郦道元《水经注》赫连龙升七年改筑大城，名曰统万。案此则统万城即大城。勃勃既以幽州牧镇大城，则改筑统万后亦属幽州可知。《晋地志》先言僭号于统万，后言置幽州牧于大城。二语微误。考自统万建后，《夏录》及《载记》不更言及大城，是大城为统万之一证。道元所言真可据矣。①

笔者认为，洪亮吉力主大城即统万城，论据充足，大致是可信的。郦道元在《水经注》中称当时的奢延城为"故城"，熊会贞解释说："汉县属上郡。后汉因之，汉末废。在今怀远县西北鄂都斯界内。"② 实际情况应是东汉以后，奢延县废，但其城仍存，十六国时期后秦时期为赫连勃勃所占据，名之为大城，后来在龙升七年经改筑扩建更名为统万城。所谓奢延城、大城、统万城三者之间的承袭关系非常清楚，均在一地，只是不同时期的名称而已。另外，《水经注》中的"改筑大城"一语不能简单地理解为仅仅将汉奢延故城（大城）扩大，而极有可能是在故城之西或西部另筑新城。当时的统万城实际上指的就是这个新城，其遗址即今西城。《晋书·赫连勃勃载记》云统万城共有四门，"南门曰朝宋门，东门曰招魏，西门曰服凉门，北门曰平朔门"，正可在今西城四门遗址找到对应关系。史称统万城

① （清）洪亮吉：《十六国疆域志》卷16《夏国》，《二十五史补编》，中华书局1955年版，第1册。

② （民国）杨守敬、熊会贞：《水经注疏》卷3《河水3》，江苏古籍出版社1989年版。

"城高十仞，基厚三十步，上广十步，宫墙五仞，其坚可以砺刀斧。台榭高大，飞阁相连，皆雕镂图画，被以绮绣，饰以丹青，穷极文采"①，也只能在现在西城遗址得到充分的印证。考古实测"西城基厚约16米，加上马面长度可达30余米"，"东城基较薄，厚6—12米"；"西城夯层薄，层次经密，夯打坚实，最为牢固"②，显然与东城非同一期工程。这些都充分说明当时"改筑大城"的主要工程是新修一个内城，亦即现在尚清晰可辨的西城。有人据"西部尉印"铜印是在统万城城垣的夯土中发现的，继而断定"这说明筑统万城时，将原奢延城破坏，所以在统万城里完全看不到奢延城的踪迹了"③。笔者不大同意这样的观点，如果说是修筑统万城时"将原奢延城破坏"，恐怕也仅限于奢延故地（即大城）的西部或者西城墙，现存的统万城遗址（参见图6－1至图6－4）的东城之东、北、南诸墙估计仍是汉奢延城的旧规。

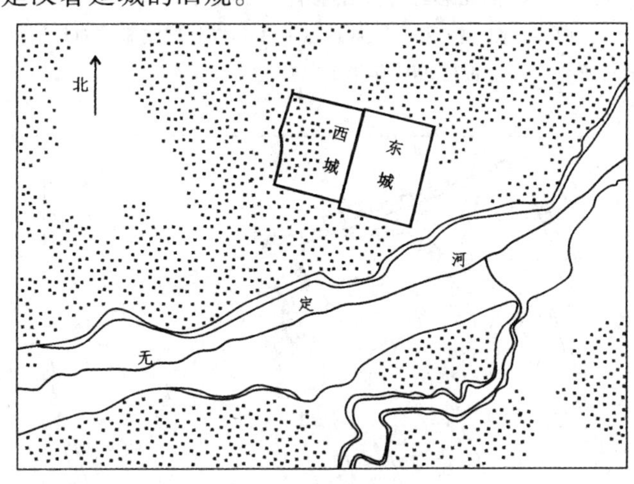

图6－1　统万城位置图

（采自陕西省文物管理委员会《统万城城址勘测记》，《考古》1981年第3期）

---

① （北齐）魏收：《魏书》95《铁弗刘虎传》，中华书局1997年标点本；（唐）李延寿：《北史》卷93《赫连屈丐传》，中华书局1997年标点本。

② 陕西省文物管理委员会（戴应新执笔）：《统万城城址勘测记》，《考古》1981年第3期。

③ 戴应新：《大夏统万城考古记》，台湾《故宫学术季刊》1999年第17卷第2期。

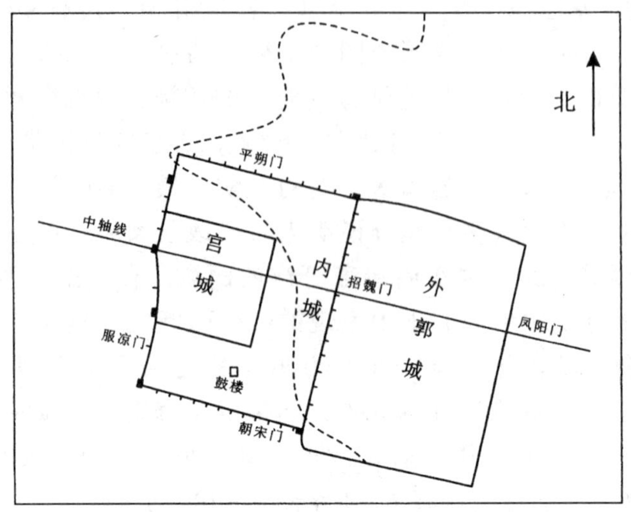

图 6-2　根据彩红外航空影像判读复原的统万城形态

（采自邓辉、夏正楷、王琫瑜《利用彩红外航空影像对统万城的再研究》，《考古》2003 年第 1 期）

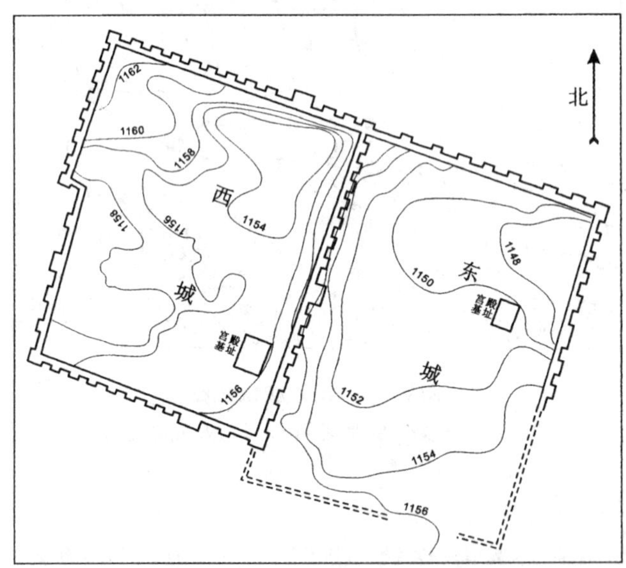

图 6-3　1981 年统万城实测图

（采自陕西省文物管理委员会《统万城城址勘测记》，《考古》1981 年第 3 期）

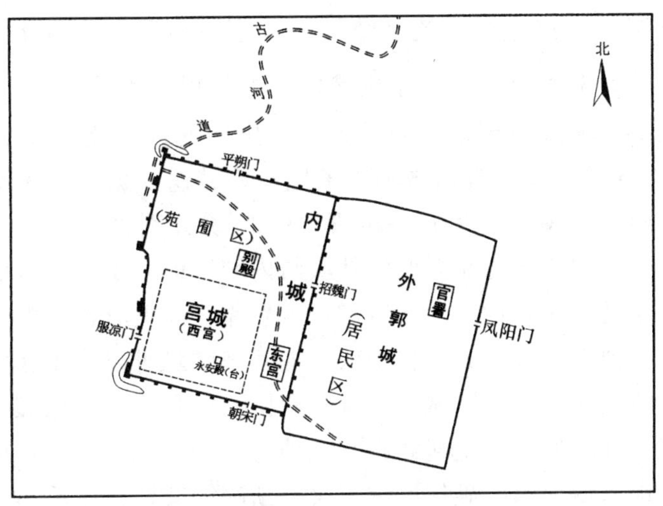

图 6－4　统万城形态与内部布局推测图（作者自绘）

二　统万城的城市形态

关于统万城的城市形态，目前比较流行的说法是认为该城有三重城垣，即整个统万城是由外郭城、东城、西城三部分所组成。三重城垣之说为清道光年间陕西省榆林府怀远县（1914 年更名为横山县）知县何丙勋所首倡，何氏在其于道光二十五年（1845）呈给榆林知府徐松的调查报告即《复榆林徐太守松查夏统万城故址禀》（下简称《何氏调查报告》）中称："其地有土城，周围三重，俱用土筑。渡无定河，西行二里许，进头道城，又西半里，进二道城，又西数十武，进三道城。"① 1956 年 9 月，由陕西文物管理委员会、博物馆组织的

① 张穆：《蒙古游牧记》卷 6《内蒙古伊克昭盟游牧所在》，文海出版社 1965 年版。又，何丙勋的"禀"文亦收于杨江《河套图考·夏州城考》和民国《横山县志》卷 4《艺文·杂记》，唯文字稍异，"禀"文中无"其地有土城，周围三重，俱用土筑"之句，但"禀"文之后的"杨江附记"中则明确称"西土地有白土城三层"，为"夏州旧都"。另据侯甬坚新近的研究成果，认为此"禀"文原作于道光二十一年（1841），为何氏为答复前任榆林知府李熙龄为修《榆林府志》事的询问"夹单"而专门进行实地踏勘后所作的调查报告（详参侯甬坚《道光年间夏州城故城（统万城）的调查事由》，载侯甬坚、（接下页）

陕北文物调查征集组对“统万城”进行了初步调查，调查报告中采用了何丙勋三重城垣之说，在俞少逸执笔的报告中称：“‘统万城’遗址，大部分被流沙掩没。城的方位，坐西北向东南（南偏东四十度）。现在比较显著的有内城和二道城；外城遗址据说在内城之北约六里，东南约二里，均尚有一小段。”① 此说分别将何氏调查报告中头道城、三道城认定为统万城的外城与内城，但对于二道城的性质则未作进一步的说明。1975 年至 1977 年考古学家戴应新曾先后三次到现场考察，他在有关调查报告中认为统万城“城址基本上在一个平面上，西北略高。分为外郭城、东城和西城，群众称为头道城、二道城和三道城。外郭城依无定河北岸原边地势，呈西南—东北走向，然后西折，趋向东城北垣，破坏严重，仅留断断续续地几段略高于地面的残迹，轮廓不大清楚。从其断垣走向和城址内瓦砾、骨渣分布范围判断，外郭城面积比东西城略大”②。在后来的论文中，戴应新先生明确说：“统万城由外郭城和东西二内城构成多重的城堡工事，由东往西依次为外郭城、东城、西城，即当地人所谓的头道城、二道城与三道城。”③ 戴氏的观点影响很大，现在学术界普遍采用的就是他的说法。

然而值得特别注意的是，新近邓辉等在前人工作的基础上，通过利用大比例尺彩红外航空影像判读、历史文献分析和实地考察等研究手段对统万城的城市形态进行了综合研究，初步复原了统万城的城市

（接上页）李令福编《走向世界的沙漠古都——统万城》，《中国历史地理论丛》2003 年增刊）。但杨江《河套图考·夏州城考》的题目下明确注有“壬寅复李太守夹单”字样，壬寅年即道光二十二年（1842），所以笔者估计何氏考察统万城的时间当是在道光二十一年（1841），而相关调查报告之最终完成与呈交李知府的时间则要稍晚一些，这可能也是辛丑年（1841）秋李知府镌刻《榆林府志》时未将何氏调查统万城的报告收进去的一个原因。至于道光二十五年（1845）何氏呈给新任榆林知府徐松的调查报告即《复榆林徐太守松查夏统万城故址禀》，很明显是原调查报告即“壬寅复李太守夹单”的修改稿，这正是后来形成不同版本的何氏调查报告的真正原因。

① 陕北文物调查征集组（俞少逸执笔）：《统万城遗址调查》，《文物参考资料》1957 年第 10 期。

② 陕西省文物管理委员会（戴应新执笔）：《统万城城址勘测记》，《考古》1981 年第 3 期。

③ 戴应新：《大夏统万城考古记》，台湾《故宫学术季刊》1999 年第 17 卷第 2 期。

形态和内部结构，提出了一系列与前人颇有不同的看法。经过将航空影像所显示的情况与何氏调查报告中提到的三道土城比照，邓文推定何氏所说的头道城就是东面的土城，该城应为统万城的外郭城；二道城则是西面的土城，该城应为统万城的内城（或皇城）；何氏报告中提及的第三道土城，在影像上反映的不太明显。从航空影像上看，统万城的北部绝无任何古城的踪址，统万城以东、无定河北岸的土墙残基，当属于另外一组建筑，而不是何氏所说的头道城。仔细推敲何氏报告中三个土城的方位与前后顺序，第三道城应该位于西城东墙以西不远，即位于内城（西城）的西半部，应是“统万城的宫城”①。

邓辉等提出的新说应引起足够的重视。张穆《蒙古游牧记》所引何丙勋的调查报告中说“渡无定河，西行二里许，进头道城，又西半里，进二道城，又西数十武，进三道城”②。戴应新先生称统万城“外郭城、东城、西城，即当地人所谓的头道城、二道城与三道城”③，但他指认的“外郭城依无定河北岸原边地势，呈西南—东北走向，然后西折，趋向东城北垣”④，显然不是何氏说的“渡无定河，西行二里许”见到“头道城”。何氏说头道城“又西半里，进二道城”，这里的“二道城”应该是指现在西城东垣，今实测东城南垣551米、北垣504米，均超过一里，约是何氏所记里数的两倍，但这既可能是何氏记载有错误，也可能与何氏入城路线有关。何氏说二道城“又西数十武，进三道城”，清代一武约为2.5尺，十武为25尺（约8米强），所以邓辉等认为“数十武的距离，则为几十米的样子，即第三道城墙与第二道城墙相距约为几十米”⑤。不过杨江《河套图

---

① 邓辉、夏正楷、王琫瑜：《利用彩红外航空影像对统万城的再研究》，《考古》2003年第1期。

② 杨江《河套图考·夏州城考》和民国《横山县志》卷4《艺文·杂记》所引何丙勋《复榆林徐太守松查夏统万城故址禀》作：“计渡无定河即登彼岸，西行二里许进头道城，又西半里进二道城，又一二箭许进三道城。”

③ 戴应新：《大夏统万城考古记》，台湾《故宫学术季刊》1999年第17卷第2期。

④ 陕西省文物管理委员会（戴应新执笔）：《统万城城址勘测记》，《考古》1981年第3期。

⑤ 邓辉、夏正楷、王琫瑜：《利用彩红外航空影像对统万城的再研究》，《考古》2003年第1期。

考·夏州城考》和民国《横山县志》所引何丙勋调查报告异文说从二道城“又一二箭许进三道城”，可见二道城与三道城之间的距离当在100米左右，比邓文推测的数据要大一些。但即使如此，也远远小于东城的东西宽度，这说明戴应新先生将东城与西城比定为何氏所说的二道城与三道城在里数上完全是讲不通的。总体上看来，现在的东城、西城与何氏报告中头道城、二道城、三道城的关系，基本上可采用邓辉等先生的新说（参见表6－1），亦即其分别指的是外郭城、内城和宫城。

表6－1　**关于统万城三重城市形态的几种不同解释**

形态解释／提出人	城垣构成	外郭城认定	内城认定	宫城认定	资料出处
何丙勋	头道城、二道城与三道城				张穆：《蒙古游牧记》卷6《内蒙古伊克昭盟游牧所在》
俞少逸	内城、二道城与外城	头道城	三道城		陕北文物调查征集组：《统万城遗址调查》
戴应新	外郭城、东城、西城	头道城	东城与西城（即二道城与三道城）		戴应新：《大夏统万城考古记》
邓辉等	外郭城、内城（皇城）与宫城	东城（二道城）	西城（三道城）	内城（西城）西半部	邓辉等：《利用彩红外航空影像对统万城的再研究》

三　统万城东城与西城的城垣、马面和城门问题

关于统万城遗址东城与西城的城垣、马面和城门问题，目前所见的有关调查报告记载的数据颇多分歧。

俞少逸在1957年调查报告中称：“二道城在东面存有五〇六公尺

的城址，南面及西北角都尚存有痕迹。其中唯有内城城址最为显著。城址南北长五二七·一公尺，东西长六〇八·九公尺（北城壁多一曲折，所以北壁的东西长度应当再加上四〇·三公尺），略成方形"；"（内城）城址一周和城连接的墩台还很多，计东面十一座，西面八座，北面六座，北面十一座。东南北三面的二十八座，都不甚显著，只有西面七座很突出，距城壁稍远，遗址尚高可十公尺上下。"① 此报告只提到了统万城"二道城"（即现在通常说的"东城"）东面城垣城墙长度和"内城"（即"西城"）各壁城墙长度与马面的数据，各城城垣资料不全，亦未有各城城门的调查资料。

1975 年至 1977 年间，戴应新曾三次到统万城遗址考察，所以记载的数据更全面和准确一些，他在有关调查报告中称东、西城周长与各垣长度为："东城，周长 2566 米，其东垣长 737 米、西垣 774 米、南垣 551 米、北垣 504 米；西城，周长 2470 米，其东垣长 692 米、西垣 721 米、南垣 500 米、北垣 557 米。"报告又称："西城四面各有城门一道，南门名朝宋门，东门名招魏门，西门名服凉门，北门名平朔门。南、北、东三门俱圮毁仅存基址轮廓，西门瓮城宛然尚存，门道宽 3 米。东城北垣无门，东垣有一门道，南垣情况不明，西垣则供招魏门与西城交通"；"城址外面加筑马面，由于各垣长度不同，马面有多有少，如西城北垣有马面十座，南垣八座，东城北垣仅七座。"② 关于西城的城门与马面，戴应新先生在另外的报告中又补充说："西城四面各有城门一座，南、东、门俱毁圮仅存基址，西门和北门瓮城尚存其轮廓，门道各宽三公尺。城址四垣之外加筑马面，西城马面较密，如东西和北垣各有一〇座，南垣八座。"③

稍事比较就不难发现，俞氏的调查报告与戴氏的调查报告的有关数据出入颇大，如俞氏报告中说"二道城"（东城）东垣长 506 米，而戴氏记为 737 米，其间相差竟达 221 米。统万城的城垣系由坚硬的

① 陕北文物调查征集组（俞少逸执笔）：《统万城遗址调查》，《文物参考资料》1957 年第 10 期。

② 陕西省文物管理委员会（戴应新执笔）：《统万城城址勘测记》，《考古》1981 年第 3 期。

③ 戴应新：《大夏统万城考古记》，台湾《故宫学术季刊》1999 年第 17 卷第 2 期。

白土夯筑而成，遗址虽经千余年风雨沧桑，基本保存完好，除东城南垣为流沙所掩蔽外，其余各城垣轮廓基本上都是可以辨识的，前往实地调查应该得出大致略同的数据，而不至于有太大的出入。俞氏的调查资料之所以与后来的调查资料出入较大，据笔者分析主要是方位判断失误所造成的。按俞氏调查报告称统万城遗址是“在无定河的东北岸，城址的东北数里有淖泥河，向东南流入无定河。在城址上环顾四周，西南一带绵延着低平的沙丘，东北则是无边的沙漠”，但现在普遍的看法是认为统万城遗址在无定河的北岸或西北岸。由于方位感的偏差，统万城的东、西二城可能被认为是南、北关系，这从俞氏报告中没有采用东、西城说法并且认为最高的墩台（角楼）在内城西北角（其实是在西南角）[1]，就可以得到印证。所以俞氏所说的二道城东垣实际上相当于东城的北垣，内城的东、南、西、北诸垣实际上相当于西城的北、东、南、西诸垣。这样经过方位调整后，俞氏报告中有关各城垣长度的调查数据与后来戴氏报告中调查数据之间的出入就要小一些了（参见表6－2）。

应该承认，由于毁圮和风沙掩盖等多种因素，相对于城垣方位和城垣长度来说，统万城的马面数目和城门位置更难准确无误地作出判断。如俞氏报告中说“内城”（西城）北垣马面6座，而戴氏记为10座，相差悬殊。即使按照前述方案，将俞氏报告中说“内城”（西城）的东、南、西、北诸垣调为北、东、南、西诸垣，马面数目仍差异较大。新近邓辉等从航空影像判读出西城的马面数目为：南墙9个、东墙14个、北墙11个、西墙9个，[2] 与戴氏报告的数据相比较，

① 需要指出的是，统万城遗址在陕西省靖边县红墩界乡（现已改为镇）白城子村，三面与内蒙古自治区乌审旗接界，加之通往统万城的小路颇为曲折而造成的方位感偏差，不少学者在早期的考察过程中也曾将属于陕西省靖边县境的统万城误认为是在内蒙古自治区乌审旗境内，或将统万城西城遗址西南角的角楼误认成西北角的角楼。参见侯仁之《红柳河上的古城废墟看毛乌素沙漠的变迁》，《文物》1973年第1期；王北辰：《毛乌素沙地南沿的历史演化》，《中国沙漠》1983年第4期；朱士光：《开拓统万城研究新领域的一次考察——记侯仁之教授1964年夏率历史地理考察小组对毛乌素沙漠与统万城的考察》，载侯甬坚、李令福编《走向世界的沙漠古都——统万城》，《中国历史地理论丛》2003年增刊；史念海：《黄土高原考察琐记》，《中国历史地理论丛》1999年第3辑。

② 邓辉、夏正楷、王琫瑜：《利用彩红外航空影像对统万城的再研究》，《考古》2003年第1期。

南、东、北三墙分别多1个、4个和1个，而西墙则少1个，其中西墙马面数据差距最大（参见表6－3），如与俞氏报告相比较，则又相差8个，其马面数目竟是后者的2.3倍。[①] 看来统万城的马面数目还有待进一步的调查勘测。

关于统万城的城门。俞氏调查报告未曾涉及，戴氏调查报告则确认西城有东、南、西、北四门，东城有东、西二门，其中西门与西城共用。各门的具体位置，戴氏在地图中也作了相应的标识（未标东城东门）。据北宋乐史《太平寰宇记》记载：统万城“罗城东门曰凤阳。本有三门，夷人多尚东，故东向开”[②]。这里所谓的“夷人”未明所指，按北宋前期统万城（夏州城）为党项李氏政权所占据，有可能指的就是党项羌人，因赫连勃勃为匈奴族，古人往往以“胡人”相称匈奴人，与西来的党项羌人是有些不同的。如果此说不误的话，则赫连勃勃改筑统万城时，应是将汉奢延城或十六国时期大城的主体部分改造为外郭城即罗城，估计当时的外郭城原有三个城门，除东、西二门，应该还有一个南门，其中西门与内城东门共有，唐末五代宋初之际为了军事防御方面需要，封闭了南门，从而改变了统万城外郭城即今东城的城门布局情况。据《资治通鉴》卷254、《新唐书·党项传》，隋唐之际，原居青海、甘南的党项羌人，因受吐蕃势力之逼，大举内迁，占据夏州一带者号平夏部，唐末时其首领拓思恭率兵助唐镇压黄巢起义有功，于881年被唐僖宗擢为夏州节度使，赐皇姓李氏，封夏国公，管辖夏、绥、银、静、宥五州之地。从此夏州李氏便俨然成为割据一方的藩镇势力。五代时期，夏州城数度被中原政权的军队所围，所以城池的防守任务很重。除西城外，东城也是防御的重点。最近统万城出土的《故大宋定难军管内都指挥使康公墓志铭》就提及墓主康公之祖文义就曾任“东城副兵马使”[③]，东城南门封闭

① 上引邓文在注释中称：“由航空影像判读出的马面数目与1957年的考古调查所得数字不尽一致，其中北墙、西墙的数字一致，南墙多出1个，东墙则多出2个。”但实际情况是各墙马面数字均不一致，俞氏报告方位修正后的数字也是如此，参见表6－3。

② （宋）乐史：《太平寰宇记》卷37《夏州》，清金陵书局线装本。

③ 戴应新：《有关党项夏州政权的真实记录——记〈故大宋定难军管内都指挥使康公墓志铭〉》，《宁夏社会科学》1999年第3期。

表6－2 **关于统万城东城与西城城垣的若干数据**

城垣数据／提出人	东城城垣长度（米）					西城城垣长度（米）					资料出处
	东	西	南	北	周	东	西	南	北	周	
俞少逸	506			(596)		527.1 (608.9)	527.1 (649.2)	608.9 (527.1)	649.2 (527.1)	(2312.3)	陕北文物调查征集组：《统万城遗址调查》
戴应新	737	774	551	504	2566	692	721	500	557	2470	陕西省文物管理委员会：《统万城城址勘测记》

备注：括号内为经调整方位后的数字。

表 6－3　**关于统万城东城与西城马面的若干数据**

马面数据／提出人	东城马面数目（座）					西城马面数目（座）					资料出处
	东	西	南	北	总	东	西	南	北	总	
俞少逸						11 （6）	8 （11）	11 （11）	6 （8）	36	陕北文物调查征集组：《统万城遗址调查》
戴应新				7		10	10	8	10	38	陕西省文物管理委员会：《统万城城址勘测记》；戴应新：《大夏统万城考古记》
邓辉等						14	9	9	11	43	邓辉等：《利用彩红外航空影像对统万城的再研究》

备注：括号内为经调整方位后的数字。

的时间应以五代时期的可能性最大。目前东城南垣为流沙所掩盖，城垣已不甚清楚，但以后如果认真发掘，或许能找到十六国时期统万城外郭城南门的部分遗迹。

四 统万城宫城的范围与永安殿的位置

前已述及，邓辉等最早提出现在的西城为统万城内城（皇城），而宫城在内城之西半部的说法。按道光年间何丙勋在其调查报告中曾说三道城“北头有白土坡，似系宫殿之基”，邓辉等认为：“航空影像上反映出西城的西半部为一流沙所覆盖的高地，仔细辨认尚可隐隐看出一些规则的城墙痕迹，东侧城门的瓮城遗迹也隐约可辨。从这一片高地东侧到西城的东墙，只有很短的距离，与何氏所言‘数十武’的情况正相合。此处高地，应即何氏所言之第三道城。何氏报告中提到的‘鼓楼’遗迹就位于这处高地的东南面（‘钟楼’遗迹已不可见），而所谓白土坡等宫殿遗迹当覆盖于流沙之下。这个现在被流沙所覆盖的第三城，应该说是赫连勃勃时修筑的统万城宫城。”① 邓文认定宫城在西城西半部的另一个理由是史书中有关统万城“西宫”的记载。按据《资治通鉴》记载，元嘉三年（426）“魏主行至君子津，会天暴寒，冰合，戊寅，师轻骑二万济河袭统万。壬午，冬至，夏主方燕群臣，魏师奄至，上下惊扰。魏主军于黑水，去城三十余里。夏主出战而败，退走入城。门未及闭，内三郎豆代田帅众乘胜入西宫，焚其西门；宫门闭，代田逾宫垣而出。”② 邓文据此认为：“既然称西宫，当位于内城之西，而且此西宫必定紧靠内城城墙，魏兵才有可能乘隙攻进，并且在宫城城门关闭的情况下，越墙而出。”基于这样的认识，邓文在附图中即将宫城绘在西城的西半部的中间偏北处，宫城紧靠西城西墙。这个新说法有一定的学术影响，最近有人就略从其说而发挥之，认为统

① 邓辉、夏正楷、王琫瑜：《利用彩红外航空影像对统万城的再研究》，《考古》2003 年第 1 期。

② （宋）司马光：《资治通鉴》卷 120，上海古籍出版社 1987 年影印本。

万城“西城西北部为宫城”[①]。

然而在笔者看来，邓文关于宫城在内城之西半部的说法大致可从，但宫城具体的位置与范围却有待进一步的研究。

据北宋乐史《太平寰宇记》记载：统万城“其城南门曰朝宋，北门曰平朔，东门曰招魏，西门曰服凉，其子城在”[②]。此处的子城就是宫城，可见宫城在西城西门附近当了无疑义。据戴应新执笔发表在《考古》1981 年第 3 期上的《统万城城址勘测记》中附图所示，西城南、北二门皆在城垣偏东处，东门在东城垣中部，西门在西城垣南段中部，东城东城门未标出。邓文的有关附图与戴文附图相比，西城“南门、西门的位置大体一致，而东门、北门的位置相差较大”[③]，具体地说就是将西城东门确定在东垣中部稍偏北处，北门则确定在北垣中部稍偏西处，东城东门确定在东垣中部稍偏北处，与西城东门、宫城东门呈一条直线。既然邓文与戴氏报告一样认为西城西门是在西垣偏南处，所以宫城处应当在西城西南部，并且紧靠西门以及西垣南段与南垣西段才合理一些。

在邓文的附图中，宫城的西垣与西城（内城）西垣共之，没有单独的城垣，东垣位于西城（内城）中部略偏东处，经过其所认定的宫城“东侧城门的瓮城遗迹”，北垣位于西城（内城）北半部居中面略偏南的位置，南垣位于西城（内城）南半部居中的位置，鼓楼遗址绘在宫城南垣之南。这样的认定，可能与实际情况有较大的偏差。至少邓文附图中所绘的宫城东垣就明显有些偏西了，从其附图中看，宫城东垣距西城（内城）东垣的距离至少在 200 米以上，远远大于道光年间何丙勋在其调查报告中所说三道城与二道城相距“数十武”（前引邓文释为“约为几十米”，实际可能当在 100 米左右）之距离。当然，从有关文献记载来推测，邓文附图中所绘的宫城西垣、南垣与北垣位置也有问题。

---

① 陕西省古建设计研究所：《统万城遗址保护规划大纲》，载侯甬坚、李令福编《走向世界的沙漠古都——统万城》，《中国历史地理论丛》2003 年增刊。

② （宋）乐史：《太平寰宇记》卷 37《夏州》，清金陵书局线装本。

③ 邓辉、夏正楷、王琫瑜：《利用彩红外航空影像对统万城的再研究》，《考古》2003 年第 1 期。

其实，统万城宫城的位置、四垣之范围乃至整个内城的建筑布局情况，看来仅凭彩红外航空影像来复原，存在很大的局限性，应当从历史文献中再发掘更多的信息并结合考古建筑遗址进行准确的判断。真兴元年（419）统万城“宫殿大成”，赫连勃勃语刻石城南，颂其功德，石刻今已不存，但由秘书监胡义周所作的颂文则收于《晋书·赫连勃勃载记》之中，颂文云：

> ……
>
> 乃远惟周文，启经始之基；近详山川，究形胜之地，遂营起都城，开建京邑。背名山而面洪流，左河津而右重塞。高隅隐日，崇墉际云，石郭天池，周绵千里。其为独守之形，险绝之状，固已远迈于咸阳，超美于周洛。若乃广五郊之义，尊七庙之制，崇左社之规，建右稷之礼，御太一以缮明堂，模帝座而营路寝，阊阖披霄而山亭，象魏排虚而岳峙，华林灵沼，崇台秘室，通房连阁，驰道苑囿……营离宫于露寝之南，起别殿于永安之北。高构千寻，崇基万仞……温宫胶葛，凉殿峥嵘……崇台霄峙，秀阙云亭。千榭连隅，万阁接屏。晃若晨曦，昭若列星。离宫既作，别宇云施。爰构崇明，仰准乾仪。悬甍风马阅，飞轩云垂。温室嵯峨，层城参差……义高灵台，美隆未央……

上引胡义周颂文不无文学上的夸大之辞，但所述基本史实当多有所本。颂文涉及统万城的地理位置与周围形胜，城垣规模与形制，但更多的则是对宫室建筑、离宫别宇、池沼园林的生动描述。颂文中提及许多统万城建筑实体名称，如社、稷、明堂、路寝、永安（殿）、离宫、别殿、温宫、凉殿等，大致都可以推测其具体位置。当然要推测这些建筑的位置，关键还是要正确理解颂文中的“美隆未央”一语。按《晋书·赫连勃勃载记》史臣的赞文曾称赫连勃勃“遂乃法玄象以开宫，拟神京而建社，窃先王之徽号，备中国之礼容”。这里所谓的“神京”，当是指赫连勃勃致北凉主沮渠蒙逊盟书所说的“二

都神京"①，亦即长安和洛阳。当然，赫连勃勃起事前后主要是与后秦打交道，后来还攻占后秦都城长安，对长安的情况比较熟悉而且相当羡慕，②而洛阳时已属于北魏，勃勃未曾去过，对其都城形制并不清楚，所以所谓"遂乃法玄象以开宫，拟神京而建社"当主要是参照汉长安城即后秦长安城模式营建自己的都城与宫室，胡义周颂文中的"美隆未央"一语也透露出赫连勃勃模长安城建都而又欲在某些方面超过之的初衷。

众所周知，汉长安城内宫室颇多，未央宫在城西南，为汉帝之正宫；长乐宫在城西南，主要是后妃所居。除未央、长乐两大宫殿群之外，未央宫北又有桂宫和北宫，长乐宫北又有明光宫，皆属别殿性质。东汉迁都洛阳之后，长安宫室建筑多有损毁，但城内主要宫殿基础仍在，十六国时各割据政权也不同程度地整修过宫室建筑，如刘曜以长安为都时，曾建光世殿和紫光殿，③后赵石虎曾城长安未宫。④前秦苻健时长安城内有"小城"，又有太极前殿、东宫、东掖门和端门，⑤后秦姚兴时有太极前殿、西宫、武库、东宫。⑥据史念海教授研究，前秦时的太极前殿"应在未央宫中"，"所谓东宫当指长乐宫而言，东掖门也应是未央宫的东阙"，后秦时的武库"极有可能就是汉时武库旧址"，"姚兴时的西宫和东宫当是当时未央宫和长乐宫。西宫和东宫的名称当是其时俗称，随其方位所在而赋予以普通称谓"⑦。凑巧的是，赫连勃勃的统万城中也有西宫之名，这很明显是借鉴了后秦未央宫的命名原则，笔者前文推定此宫在统万城西南部，

---

① （唐）房玄龄等：《晋书》卷130《赫连勃勃载记》，中华书局1996年标点本。

② 据《晋书》卷130《赫连勃勃载记》，勃勃攻下长安以后，即帝位于灞上，颇慕"长安累帝旧都，有山河四塞之故"，时群臣劝都长安，但他担心北魏进攻北京统万城，遂还都统万城，而于长安置南台（相当于陪都），留长子璝领南台尚书事以镇之。另据《太平御览》卷127《偏霸部11》引崔鸿《十六国春秋·夏录》，赫连勃勃于真兴二年（410）十月"起冲天台于统万城南山，欲登之以望长安"。其对长安之向往由此可见一斑。

③ 《晋书》卷103《刘曜载记》。

④ 《晋书》卷106《石季龙载记》。

⑤ 《晋书》卷112《苻健载记》。

⑥ 《晋书》卷107《姚兴载记》。

⑦ 史念海、史先智：《说十六国和南北朝时期长安城中的小城、子城和皇城》，《中国历史地理论丛》1997年第1辑。

看来还是相当可信的。

正因为统万城的主要宫殿位于内城西南部，所以尽管该城四隅皆有高大的角楼，四面城垣密设马面，但现在统万城西城遗址中唯西南隅角楼最为高大壮观，南墙9个马面规模最大（估计即《水经·河水注》中所说的“九堞楼”），保存也最完好，这显然是为了加强宫城的防御而进行的特殊安排。根据考古发掘资料，汉长安城未央宫宫城四角修建了角楼，但“从勘探了解到只有西南角楼基址保存尚好”，角楼基址位于今西安市未央区三桥镇车刘村北，其西南两侧为汉长安城的西南二城墙，角楼基址夯筑，平面呈曲尺形。[①] 汉长安城未央宫宫城唯西南角楼基址保存完好的原因考古工作未作过多的说明，依笔者意见，这应当与原来宫城西南角楼比其他角楼更为高大坚固不无关系。赫连勃勃的统万城四隅角楼中以西南角楼最为高大，当是模拟了汉长安城的做法。另外，紧邻统万城西城（内城）西南角楼的南垣的两个马面不仅非常高大壮观，而且皆有坚洞，其中 WSD1 号马面坚洞中曾出土大量粮秣柴草和石英质滚圆石球，[②] 兼有军事仓库性质，这样的独特设计当然也是出于重点防守宫城的需要。

要比较客观地确定统万城宫城四垣之位置与范围，确定永安殿（永安台）的具体位置实是关键的一环。

从语句文辞上分析，胡义周在颂文中提到的路寝与永安（殿）当是一回事。路寝之名始见于《诗·鲁颂·閟宫》：“路寝孔硕。”《毛传》：“路寝，正寝也。”《礼记·玉藻》说祭祀：“君日出而视之，退适路寝以请听政。”可见路寝是帝王正殿所在。史载，真兴六年（424）八月赫连勃勃临终之际，“升永安殿，召群臣属以后事，薨于永安殿”，而勃勃死后，其第三子昌“即位于永安台”[③]，这可从历史文献上证明永安殿确实就是当时统万城中的路寝。今统万城西城南部中央有高大的台基遗址，为城内最高之建筑遗址，应当就是当时西宫正殿即路寝（永安殿、永安台）所在。新近考古工作者已对此台基

① 刘庆柱、李毓芳：《汉长安城》，文物出版社2003年版，第51页。

② 戴应新：《大夏统万城考古记》，台湾《故宫学术季刊》1999年第17卷第2期。

③ （宋）李昉等：《太平御览》卷127《偏霸部11》引崔鸿《十六国春秋·夏录》，上海古籍出版社2008年影印本。

遗址进行了初步发掘，台基“为长方形，东西长，南北窄，夯土南缘与西城南垣基本保持平行，结构与西南隅台相同，即平面呈‘井’字形，相对独立的夯土块组成庞大的夯土台，夯土块之间自基础而上有明显的缝隙，平夯。夯土台周围有厚25厘米左右的踩踏面，之下即为原始沙层。自踩踏面而上，现存夯土台高近19米”[①]。从现存遗址的形态与考古发掘的情况来看，将此台基断定为永安殿（台）遗址还是比较可信的。考古工作者通过发掘，“发现永安台大部已坍塌，坍塌后残留下人们生活的遗迹，如井、灰坑、柱洞、灶坑等。从地层中出土的遗物分析，永安台大面积的坍塌在宋代以前”[②]。从相对位置来分析，清道光年间何丙勋在其调查报告中所描述三道城内南面西隅的“钟楼”遗址当是这个已经大面积的坍塌的永安台遗址。

至于邓辉等所说“航空影像上反映出西城的西半部为一流沙所覆盖的高地，仔细辨认尚可隐隐看出一些规则的城墙痕迹，东侧城门的瓮城遗迹也隐约可辨”云云是颇值商榷的。中国古代很少有在宫城城门设置瓮城的，统万城内城（西城）高大坚固，角楼山峙，马面如林，而宫城甚小，哪里有再筑瓮城的必要性呢？邓文在航空影像上辨认出的所谓“瓮城遗迹”，其实可能正是当时统万城别殿的宫垣遗迹而已（详后）。

统万城实际上模仿汉长安城而修筑的，宫城位于内城西南部。汉长安城的未央、长乐诸宫城四面皆有完整的城墙，紧邻大城的宫城诸垣与大城城垣之间是有一定宽度的顺城街道相隔开的，这样的布局完全是出于宫城自身防卫的需要，[③] 统万城的宫城估计亦是如此，其宫城应当有其独立的四垣。永安殿（台）为赫连勃勃之路寝（正寝），类似于汉长安城未央宫之前殿，自应在宫城之中。所以可以推测当时宫城的东垣应在现在台基遗址之东，南垣应在台基遗址之南，紧临西城（内城）之南城墙，西垣应紧临西城（内城）之西城墙，至于其

---

① 邢福来：《统万城遗址考古发掘的新收获》，载侯甬坚、李令福编《走向世界的沙漠古都——统万城》，《中国历史地理论丛》2003年增刊。

② 同上。

③ 隋唐长安城的宫城、皇城和外郭城虽共有北垣，但城北为禁苑，常人不得随意出入，宫城的防卫亦是相当周密的。

北垣的位置应大致在西城（内城）之中部，而不至于如邓文附图中所绘的那样过于偏北。整个宫城估计呈正方形的形态，如汉长安城未央宫一样，但规模较小，边长估计300—350米。

关于宫城的城门设置情况，也有进一步探讨的必要。前引邓文附图中将宫城绘在内城西半部，只有东、南、北三面墙垣，西垣与内城西垣共有，宫城西垣无门，东垣中间稍偏北处开有一门。据《资治通鉴》卷120所记，元嘉三年（426）夏魏之战的战况是："夏主出战而败，退走入城。门未及闭，内三郎豆代田帅众乘胜入西宫，焚其西门；宫门闭，代田逾宫垣而出。"可知当时的宫城确实是有西城垣的。宫城四垣之中至少有一个"西门"，是临近内城西门的，至于其东、南、北三垣城门设置情况不明，如依汉长安城未央宫的情况来推测可能也各设有一门。

历史文献中记载统万城"城高十仞，基厚三十步，上广十步，宫墙五仞，其坚可以砺刀斧"①。有人据此推测："若一仞以八尺计，一步以六尺计，则内城墙高约26.7米，墙基厚60米，墙顶厚20米，宫墙则高约13.3米。"② 考古实测"西城基厚约16米，加上马面长度可达30余米"，"东城基较薄，厚6—12米"③，与文献记载出入较大。但宫城城墙的高度只有内城的一半，这大概是比较可信的。当时宫城之城墙高度只有内城的一半，墙基、城墙规模自然都要小许多，这应是宫城遗迹保存不多的主要原因。

五　统万城内城（西城）的其他宫室与苑囿布局

与汉长安城实行多宫制一样，大夏国的统万城也是多宫制，除位于内城西南部正宫即西宫而外，还有其他宫室建筑。《资治通鉴》卷

① （北齐）魏收：《魏书》卷95《铁弗刘虎传》，中华书局1974年标点本；（唐）李延寿：《北史》卷93《赫连屈丐传》，中华书局1977年标点本。

② 邓辉、夏正楷、王琫瑜：《利用彩红外航空影像对统万城的再研究》，《考古》2003年第1期。

③ 陕西省文物管理委员会（戴应新执笔）：《统万城城址勘测记》，《考古》1981年第3期。

120记有西宫之名，当暗示统万城还应有一个东宫存在。汉长安城之未央宫和长乐宫在前后秦时期分别为西宫和东宫，统万城的西宫和东宫是模拟汉长安宫室制度而来的。统万城的东宫不见于史书记载，但却从考古发现中可以得到确证。另外，胡义周所作的颂文中也曾提到“营离宫于露寝之南，起别殿于永安之北”，其中的“离宫”与“别殿”也均已找到遗址。

前引戴氏调查报告中认为，可明确断定为宫殿遗址的有两处，一处是“在西城东门内偏南，距东垣21米。门向南开，有砖砌台阶。土夯围墙长80、宽64、厚0.8米”，“该殿址西距楼观台基不远，遗物堆积不如那里丰富，又不在中轴线上，可能是主体宫殿的附属建筑”。另一处是“在东城东部稍偏北，比周围地面高出两米。1977年春，大队深翻土地，拖拉机在此处犁出方形石础数十个以及瓷高足杯、碗、开元通宝钱等。勘测中，我们又在这里发现壁画多块，确知其为宫殿基址而标入图中”。此外，有一“台基在西城南部正中，平面长方形，旁有一井。台身四周的壁面上有不少粗大椽孔，周围地面遍布瓦砾，台基后面和左侧沙丘之下，经钻探也发现有很厚的瓦砾层，似为大型建筑宫殿的遗迹。台基可能是位于宫殿前面楼观建筑的基座”①。这里东城的宫殿遗址的确定有些牵强，笔者怀疑是汉奢延城、十六国大城（幽州）治所以及后来统万城官署所在地。至于“西城东门内偏南”处的宫殿遗址，可能确实存在，应当就是统万城的东宫所在。“西城南部正中”的台基最有可能就是史书中所谓的“西宫”所在。至于戴氏调查报告中所说的台基后面“似为大型建筑宫殿的遗迹”者，当即道光年间何丙勋报告中说的三道城内北头的“白土坡”，则可能是统万城的一个“别殿”遗址。汉长安城内西南部的未央宫和东南部的长乐宫在前后秦时期分别为西宫和东宫，汉长安城未央宫之北还有北宫、桂宫等宫殿建筑，很明显，统万城的西宫、东宫以及西宫之北的别殿均是模拟汉长安宫室制度而营建来的。史载元嘉四年（427）北魏攻占统万城后，曾“获夏王、公、卿、

---

① 陕西省文物管理委员会（戴应新执笔）：《统万城城址勘测记》，《考古》1981年第3期。

将、校及诸母、后妃、姊妹、宫人以万数，马三十余万匹，牛羊数千万头，府库珍宝、车旗、器物不可胜计”①，夏王之诸母、后妃、姊妹等估计就居住在东宫之内。考古工作者在统万城西城东南角所发现的宫殿遗址估计只是当时东宫正殿的遗址，整个宫城的范围可能还要稍大一些，但其总体规模要比西宫小许多。从现存宫殿遗址的情况来推测，其形态则有可能是东西略窄、南北略长的长方形。其开门情况，依照西宫宫门与内城城门的相对关系，估计至少有一个南门，近内城南门，以便出入。至于西宫之北的别殿，估计是当时内城北部苑囿区内具有别宫性质的宫殿，规模不大，形制不很清楚。

胡义周提到“离宫”是在“露寝之南”，但西城台基遗址之南不远处即为南垣，其间再营宫殿的空间不大。按古代之帝王“离宫”往往修筑于宫城之外，所以估计这个“离宫”当在西城以南的无定河岸边。据考古调查，有一“宫殿遗址在无定河南的二条支流之间台地上，白色夯土基址范围很大，约二○○×一○○公尺，南、北部各有一土丘如坟冢。亦夯筑，直径各约四○公尺，上有唐代穿凿的坟墓多处。夯土范围结合文献记载，可知这里就是‘离宫’的遗址。高起的圆丘状夯土堆，当是建筑物的基址”②。除离宫、别殿之外，前引胡义周的颂文中提到当时统万城的内城中还有社、稷、温宫、凉殿、苑囿等。其中温宫、凉殿等应当是当时西宫内的建筑，其遗迹均应在统万城西南部去寻求，前引戴氏调查报告中称西城台基的左侧（即东侧）也“似为大型建筑宫殿的遗迹”，是否与温宫、凉殿有关，尚有待进一步研究。古代都城中的社、稷一般都在都城之南部，统万城的社、稷自然也应在西城（内城）的南半部尤其是台基遗址的左右前方去寻找。

覆实而论，邓辉等最大贡献是从航空影像上辨识出了统万城护城河和城内渠道的遗迹。邓文称：“大比例尺的航空影像上可以非常清晰地看到，在内城的西北角和西南角，均残留有宽大的护城河遗迹。此外，还可以从影像上看出城内有开渠引水的迹象。从航空影像和地形上推测，城内的渠水可能是由西北角角楼南侧的护城河流进城来，

① （宋）司马光：《资治通鉴》卷120，上海古籍出版社1987年影印本。

② 戴应新：《大夏统万城考古记》，台湾《故宫学术季刊》1999年第17卷第2期。

河水入城后向东南流，经过宫城东侧向南，再转为东南流，最后从东南角角楼的北侧流入外郭城。”“城内西侧的护城河可能正是利用了某段古河道修建而成，而内城北面的古河道很可能就是早期统万城内城的主要水源之一。古河道较为丰沛的水源为城市居民和日常生活及宫迁苑囿提供了必需的水源。”① 统万城护城河和城内渠道的发现，使胡义周颂文中所说的“石郭天池”“华林灵沼”“驰道苑囿”就有了着落。显而易见，这里所谓的“石郭”指的就是统万城的城墙，而“天池”指的就是护城河。2002年陕西省考古研究所的工作者已经找到了统万城的西城外侧的护城河（壕）遗迹并进行了发掘钻探。② 至于统万城的池沼苑囿，从城内渠道的流向来分析，当主要位于内城的北部。西汉时期皇家园林上林苑在长安城西南，后秦时上林苑早已废弃，姚兴曾在长安城北、渭河南岸另起逍遥园，园内有藕池，“池中有台观，莲荷被浦，秀实可玩”③，园中又有澄玄堂、西明阁等建筑，为西域高僧鸠摩罗什说法译经之处。④ 赫连勃勃统万城的池沼苑囿布局，大约是借鉴了后秦时的制度，只不过是将池沼苑囿安排在内城（西城）之内而已。

目前关于东城的考古发掘尚不充分，东城为外郭城性质，居民区当占了较大的比重，与西城主要为宫殿和苑囿区的情况多所不同。目前仅可推测，东城东部偏北部有一官署区存在，居民区估计主要是在该城的西部及南部一带。

---

① 邓辉、夏正楷、王琫瑜：《利用彩红外航空影像对统万城的再研究》，《考古》2003年第1期。

② 邢福来：《统万城遗址考古发掘的新收获》，载侯甬坚、李令福编《走向世界的沙漠古都——统万城》，《中国历史地理论丛》2003年增刊。此考古报告称：“护城壕距西城西垣底部水平距离11.3米，我们只清理了其中的28.5米。现存壕堤顶部低于城墙基础表面3.7米。护城壕剖面呈锅底状，宽11.5米，其中壕沟宽7.1、壕堤宽2.2米，现存深度2.2米，经钻探知壕沟底部夯土厚0.8米。已清理的护城壕北高南低，走向与城墙保持平行。随着城墙加宽处直角外凸。护城壕也出现呈直角外拐的现象。经钻探得知，护城壕向北延续至沙梁下，向南西拐后进入沙梁下，又呈直角南拐并继续延伸。经解剖，护城壕是在原始沙层上先挖好形状，然后用与城墙相同的土以平夯筑成，内壁光滑，制作极为规整。”

③ （北魏）郦道元：《水经》卷19《渭水注》，杭州大学出版社1999年陈桥驿校释本，第335页。

④ 吴宏岐：《关于后秦逍遥园与草堂寺的几个问题》，《陕西师范大学学报》（哲学社会科学版）1998年第3期。

第七章　唐末五代长安城的形态与结构

建于583年的隋大兴城（即后来的唐长安城）以84.1平方千米的宏伟规模，雄居世界古代十大古都之首。[①] 其城市形态之宏伟，规划布局之严谨，历来为世人所称道。[②] 隋唐长安城的都城制度，不仅为当时全国其他地区的城市所模仿，而且还影响及于日本、韩国、东南亚等周边国家和地区，从而构成东亚文化圈或汉文化圈的重要组成部分，因之也引起了国内外学术界的广泛关注。[③] 但一个不容忽视的问题是，唐末由于都城的迁移和长安城的改建，长安城的形态与结构发生了重大的变迁并深刻影响后世西安城市的发展。学术于此瞩目不多，兹特略作研究与探讨。

一　唐末徙都洛阳与长安城的毁灭

古都西安政治地位的沦落，应该说是从唐朝后期就已肇其端倪

① 《中国建筑史》编写组：《中国建筑史》，中国建筑工业出版社1986年版，第37—38页。

② 有关隋唐长安城形态与结构研究，可参考张永禄《唐都长安》，西北大学出版社1987年版；葛承雍：《华夏文化的丰碑——唐都建筑风貌》，陕西人民出版社1987年版；马正林：《丰镐—长安—西安》，陕西人民出版社1978年版；朱士光、吴宏岐主编：《黄河文化丛书·住行卷》，陕西人民出版社2001年版；宋肃懿：《唐代长安之研究》，台北大立出版社1983年版；［日］妹尾达彦：《长安的都市计划》，东京讲谈社2001年版；西安市城乡建设委员会、西安历史文化名城委员会：《论唐代城市建设》，陕西人民出版社2005年版；李瑞：《唐宋都城空间形态研究》，西安地图出版社2006年版。

③ 这方面的研究，可参考徐苏斌《日本对中国城市与建筑的研究》，中国水利水电出版社1999年版；《东亚的都市形态与文明史第21届国际研讨会论文集》，京都，2002年；《东亚的都市史与环境史第一届国际研讨会论文集》，东京，2005年。

的。自从安史之乱以后，唐王朝政治日趋衰敝，由于地方藩镇林立，中央集权遭到严重削弱，致使京师长安徒具空名，政治地位一落千丈。在政不己出的情况下，唐王朝的统治者常为宝位是否长久而担忧，便无心对长安多事经营，拆毁破坏的举动也就屡见不鲜。广德元年（763）十月，吐蕃兵入长安，唐代宗出逃陕州，“吐蕃剽掠府库市里，焚官舍，长安中萧然一空”①。这是安史之乱后，长安城遭到的一次较大的破坏。大历二年（767）七月，宦官鱼朝恩为代宗母章敬太后荐福，在长安城东通化门外修章敬寺，“坏曲江诸馆、华清宫楼榭、百司行署、将相故第，收其材佐兴作，费无虑万亿”②。章敬寺的规模，史书上说是殿宇“总四千一百三十余间，四十八院”③。如此大的土木工程，需要拆毁长安城已有建筑的数量可想而知。广德元年吐蕃兵的剽掠尚属外来势力的破坏，而大历二年修建章敬寺则只能视作长安城居民对自己所在城市的人为摧残。正是这两方面因素的双重影响，才使“天宝以后，长安景象，日渐衰耗”④，凋敝的程度，逐渐加深起来。

唐朝末叶，由于土地兼并日益严重，加之自然灾害频繁发生，民不聊生，引发了大规模的农民起义。黄巢起义军一度攻克了长安，各方镇军阀势力更在长安轮番角逐，这使长安城遭到了更为惨重的破坏。根据有关史料记载可知，唐末长安城的破坏实际上经历了数次的过程，其中较为严重的大约有以下几端：

第一次是在僖宗中和三年（883）四月黄巢起义军退出了长安城后，“诸道兵破‘贼’，争贷相攻，纵火焚剽，宫室居市闾里，十焚六七”⑤，致使“长安室屋及民，所存无几”⑥。此后虽经京兆尹王徽修复，但京城内外仍是“荆棘满城，狐兔纵横”，当僖宗由成都返还

① （宋）司马光：《资治通鉴》卷223《唐纪》三十九，上海古籍出版社1987年影印本。

② （宋）欧阳修：《新唐书》卷207《宦者传上》，中华书局1975年标点本。

③ （宋）宋敏求：《长安志》卷10，台湾商务印书馆影印文渊阁四库全书本。

④ （清）赵翼：《廿二史札记》卷20，上海古籍出版社2011年校点本。

⑤ （后晋）刘昫：《旧唐书》卷19《僖宗纪》，中华书局1975年标点本。

⑥ 《资治通鉴》卷255《唐纪》七十一。

长安后，目睹这一惨景，竟致“凄然不乐”[①]。在这次长安城的浩劫中，与“贼”无异的官军自然是充当了罪魁祸首的角色。但如果简单地认为“破坏长安城的不是别人，恰恰是唐王朝的军队”[②]，就显得有失公允。正史记载僖宗广明元年（880）十二月黄巢起义军攻入长安之初，建立“大齐”政权，军纪严明，对长安并没有进行破坏，京师长安“九衢三内，宫室宛然”[③]。但据敬翔《梁太祖编遗录》载：“（中和三年）四月乙巳，巢焚宫闱、省寺、居第略尽，拥残党越蓝田而逃。”[④] 可见中和三年（883）四月黄巢退出长安时也有计划地进行过焚烧举动。农民起义军并非皆是圣贤之辈，不可能没有局限性，焚烧宫室谅有其实，今人也不必为其文过饰非。

第二次是在僖宗光启元年（885）十二月，河中军阀王重荣联合太原李克用与宦官田令孜所率禁军大战于长安城东的沙苑一带，禁军不敌，溃散而还，“遂入京师肆掠”，田令孜劫持僖宗出逃凤翔，“至是乱兵复焚宫阙，萧条鞠为茂草矣”[⑤]。

第三次是在昭宗乾宁三年（896）七月，凤翔节度使李茂真兵逼长安，迫使昭宗出奔华州，“以衙城为行宫”，而“岐军犯京师，宫室鄽闾，鞠为灰烬，自中和已来葺构之功，扫地尽矣”[⑥]。

第四次是在昭宗天复元年（901）十一月，中尉韩全诲与神策军指挥使李继筠劫持昭宗西逃凤翔，“遂火宫城”[⑦]，再加上岐军与神策军的互相火并，“长安门外若丘墟然”[⑧]，使京兆尹韩建修复的宫阙又遭焚毁。

第五次是在昭宗天祐元年（904）正月，身兼宣武、宣义、太平、护国四镇节度使的朱全忠，在击败凤翔李茂真势力后，勾结宰相崔胤，强迫昭宗车驾迁都洛阳。“全忠令长安居人按籍迁居，撤屋木，自渭浮

---

① 《资治通鉴》卷256《唐纪》七十二。

② 武伯纶：《西安历史述略》，陕西人民出版社1984年增订本，第260页。

③ 《旧唐书》卷19下《僖宗纪》。

④ 《资治通鉴》卷255《唐纪》七十一，僖宗中和三年四月甲辰附考异。

⑤ 《旧唐书》卷19下《僖宗纪》。

⑥ 《旧唐书》卷20上《昭宗纪》。

⑦ 《新唐书》卷28《宦者传下》。

⑧ 同上。

河而下，连甍号哭，月余不息。秦人大骂于路曰：国贼崔胤，召朱温倾覆社稷，俾我及此，天乎！天乎！”[①] 这是唐末长安城所遭到的最后一次、同时也是最大的一次浩劫。以往几次破坏后，因为僖宗、昭宗还曾派官员稍事规复，可谓屡毁屡修，但是自从昭宗东迁洛阳以后，不可能再按都城的标准大规模兴复长安的宫室官署，长安居民被有计划地强迫按籍拆屋迁居，更使昔日皇皇帝都面目全非，顿成一片废墟。此后不久，诗人韦庄在《秦妇吟》一诗中写道：“长安寂寂今何有，废市荒街麦苗秀。采樵砍尽杏园花，修寨诛残御沟柳。华轩绣毂皆销散，甲第朱门无一半。含元殿上狐兔行，花萼楼前荆榛满。昔时繁盛皆埋没，举目凄凉无故物……”子兰在《悲长安》诗中亦云：“何事天时祸未回，生灵愁悴苦寒灰。岂知万顷繁华地，强半今为瓦砾堆。”可见，经过唐末军阀朱全忠（朱温）的毁灭性破坏之后，长安城作为一代繁荣壮丽帝都的历史也由此宣告彻底结束了。[②]

二　韩建新城的“内外二重”之制

天祐元年（904）正月朱温强迫唐昭宗迁都洛阳以后，长安不仅失去了国都的地位，而且由于人为的严重破坏，宫室官署与民间庐舍毁拆殆尽，城市人口也大量减少。为了便于军事防守，驻防长安城的佑国军节度使兼京兆尹韩建对长安城进行了改建，古都西安的城市形态与结构的发展由此进入了一个新的阶段。唐末韩建所改建的长安城史称“韩建新城”，五代各朝相继因用，并无大的兴作。对于韩建改建长安城一事，正史未曾提及，但元人李好文《长安志图》一书却详有记载：

> 新城，唐天祐元年匡国节度使[③]韩建筑。时朱全忠迁昭宗于

---

① 《旧唐书》卷20上《昭宗纪》。

② 参见张永禄《唐都长安》，西北大学出版社1987年版，第247—249页。

③ 按：此处“匡国节度使”，应为“佑国节度使”之误，见《旧五代史》卷15《韩建传》。又，武伯纶《西安历史述略》（陕西人民出版社1984年增订本）第281页引文径改为“佑国节度使”，虽然合于史实，但非李好文原文。

> 洛，毁长安宫室百司及民庐舍，长安遂墟。建遂去宫城，又去外郭城，重修子城（原注：即皇城也）。南闭朱雀门，又闭延喜、安福门，北开玄武门，是为新城，即今奉元路府治也。城之制，内外二重，四门，门各三重。今存者惟二重，内重其址尚在。东西又有小城二，以为长安、咸宁县治所。①

以上引文每为研治西安城市发展史的学者所征引，但由于涉及唐末五代时期长安城的其他相关史料十分稀少，因而学界众说纷纭，歧见互出，尚未取得一致的看法。马正林先生在《丰镐—长安—西安》一书中根据上述记载认为韩建“只留皇城，不留宫城，是由于皇城面积稍大，废弃以后，宫城与外郭城还可以作为皇城的外围，使皇城成为城中之城，更为安全”②。武伯纶先生的意见则比较谨慎，认为“不论《长安志图》一书的真伪如何，韩建确有改筑长安城的事情。但由《旧五代史》记载韩建在长安任节度使仅只数月时间，即依《续资治通鉴》实际亦不过两年稍多（天祐元年三月到三年六月）。在此兵马仓皇之中，韩建似不可能作大规模的建筑。所谓‘去宫城，又去外郭城，重修子城’，不知正确应作何种解释。若果可以把‘去’当作‘放弃’讲的话，那么韩建当初可能是因为城大人少，为易防守，因此放弃了外郭城和宫城，只把唐代的皇城加以改修，封闭了朱雀、安福、延禧三门，以便防守。对子城垣并未扩大或改筑，不然就用不着说封闭那一个城门了。因为城的范围缩小，所以长安、咸宁两县都留在了城外”③。对于李好文《长安志图》文中有“城之制，内外二重”一句，武伯纶先生又分析说：“元奉元城正是内外两重城墙，说明唐代的皇城原来就是两道城墙。在这两道城中间，可能驻有士兵以保护皇城的安全。但这种制度在其他文献资料中没有提到过，因此这一句话很重要。由此还可以联想到，唐代的宫城大约亦是两重。”④ 他的这些说法，目前在学术界很有影响。不过，新近辛德勇

---

① （元）李好文：《长安志图》卷上，台湾商务馆影印文渊阁四库全书本。

② 马正林：《丰镐—长安—西安》，陕西人民出版社 1978 年版，第 90 页。

③ 武伯纶：《西安历史述略》，第 281 页。

④ 同上书，第 282 页。

先生提出了另外一种看法，认为“审读《长安志图》文意，可知新城内外二重之制，是就唐皇城城垣之内而言，与唐宫城或外郭城都毫不相涉”。他还根据《长安志》卷 11、卷 12 中数次提到“府西南”“府东街”“府西街”“府城西北街”“府城北街”，进而推测说：“北宋京兆府在新城中央置有一小城，作为府衙。而究其原委，即可溯及韩建的‘内外二重’之制。韩建最初把新城修为内外二重，应当就是以内城作为京兆府或佑国军的衙署，这一布局形式经五代为宋人所承袭，后又沿至元代，成为奉元路的衙署。”[①]《长安志图》中所谓“去宫城，又去外郭城，重修子城”以及“城之制，内外二重”云云，事涉韩建改筑后的所谓“新城”的形制、规模和布局结构，而诸家对其文意的诠释却存在巨大差异，值得认真辨析。

今按马正林先生对“新城”二重制度的理解显然存在偏差，既无法解释清楚《长安志图》所云“东西又有小城二，以为长安、咸宁县治所”这一有关“新城”与长安、咸宁两县城相对关系的记载，更不符合韩建“去宫城，又去外郭城”，以便集中防守皇城的构想。在当时城大人少的情况下，如果如马正林先生所说，以宫城与外郭城作为皇城的外围，只能分散兵力，难以达到确保皇城的目的。不过武伯纶先生对韩建“新城”“城之制，内外二重”的理解也有可商榷的地方。他根据李好文《长安志图》中所附《奉元城图》（参见图 7－1）认为元奉元城正是内外两重城墙，并进而推断唐代的皇城，甚至宫城都是两道城墙。这在有关唐长安城的历史文献中找不到任何证据，也与现今考古发掘资料极不吻合。实际上，只要细读《奉元城图》就不难发现，图中外郭城的“两道城墙”乃是夸张性的绘法，四面城门横跨“两道城墙”正说明只有一道城墙。古代城墙皆有一定宽度，上面可并行多辆车马，内外两侧皆有女墙，图中所绘的正是这个情况，根本不是武伯纶先生所说的中间“可能驻有士兵”的“两道城墙”。元奉元城有两重城墙是毫无疑问的，但绝不会是其外城郭本身就有“两道城墙”，而应当是外城与衙城构成内外“二重”

---

① 辛德勇：《有关唐末至明初西安城的几个基本问题》，《陕西师大学报》（哲学社会科学版）1990 年第 1 期。

（详后）。既然如此，《长安志图》中的“城之制，内外二重”一语还需别作探讨。辛德勇先生根据宋敏求《长安志》有关北宋京兆府衙署的记载所提出的新推测，比较马正林、武伯纶诸先生的说法而言，似更接近当时的情理，但由于缺乏其他有力的证据，所以迄今为止并未取得广泛的认同。

笔者以为，《长安志图》中韩建“重修子城”一语是值得细加玩味的，正因韩建有“重修子城”之举，才使得新城的形制呈现出“内外二重”。关于韩建重修的这个“子城”，李好文原注云“即皇城也”，恐未必确当。隋唐长安城由京城、皇城和宫城组成，皇城在京城之中，所以又称“子城”①。但唐末韩建“去宫城，又去外郭城”而“重修子城”的“子城”，实际上指的是京兆府或佑国军所在的衙城。金章宗明昌五年（1194）上石的《京兆府提学所帖碑》中就提到金京兆府城中有“子城厢正街”②，嘉庆《咸宁县志》卷4《历代疆域水道城郭宫室名胜图上·金京兆府城图》中将其绘为“京兆府署”正南的东西街，并考证云：“其子城厢则为钟楼东西街以北地。”今按嘉庆《咸宁县志》的说法大致是不错的。从《京兆府提学所帖碑》中的有关记载分析可知，金京兆府城内分为五厢，安上街以东、景风街以南为“左第一厢”，景风街以北为“左第二厢”；银行街以西、指挥街以南为“右第一厢”，广济街以西、指挥街以北为“右第二厢”；安上街与银行街和广济街之间为“子城厢”（包括今钟楼东西街以南地）。这个“子城厢”，显然是因“京兆府署”所在的“子城”而得名的。金代未曾有修筑城池之事，“京兆府署”的“子城”，只能是唐末五代长安城的遗制。其之所以称作“子城”，就是相对于由唐长安皇城改建来的外郭城而言的。

我国古代“内之为城，外之为郭”，“筑城以卫君，造郭以守民”

① 《唐六典》卷7《尚书工部》、（宋）宋敏求《长安志》卷7《唐皇城》、（元）骆天骧《类编长安志》卷2《京城》。按：宋人程大昌《雍录》卷3《唐城内外三重》又谓宫城“亦名子城”，误，参见赵望秦《“独柳树”地点考实》，《中国历史地理论丛》1999年第1辑。

② （清）陆增祥：《八琼室金石补正》卷126，文物出版社1985年影印本。

的都城营造制度由来已久，汉长安有内外二重城垣，唐长安城更有外郭、皇城和宫城三重城垣，便是这种城市建设思想的集中体现。修筑多重城垣，在一些特殊的时代往往并不局限于统一王朝的都城。如在十六国时期，各割据势力也多在其盘踞之地大修城垣，因而二重城垣、三重城垣的城市比比皆是，这一时期的长安城就曾修筑有小城、子城和皇城。[①] 唐末五代是我国历史上又一个军阀纷争的时代，在城中构筑衙城，也成为城市建设中的普遍现象。例如，唐昭宗乾宁三年（896）七月，“驻跸华州，为衙城为行宫”[②]。当时各军事重镇中的衙城，又被称作子城或牙城，[③] 如徐州、潞州有子城，[④] 越州、宣州、魏州、郓州、晋阳等有牙城，[⑤] 都是二重城垣。有的城市，如蔡州甚至有内外三重城垣。[⑥] 朱温在天祐元年（904）胁迫唐昭宗东徙洛阳以后，长安作为佑国军的驻地，地位仍相当重要，韩建将其由三重城垣改筑为二重城垣自在情理之中，不可能在去除宫城与外郭城后，仅保留原来唐长安皇城的一道城垣。

武伯纶先生以韩建在长安任节度时间较短而说他“对子城垣并未扩大或改筑”，虽然是针对原唐长安皇城而说的，但明显与《长安志图》所云“重修子城”一语不符。实际上，从天祐元年三月到天祐三年，韩建任佑国军节度使兼京兆尹历时两年有余，[⑦] 是有足够的时间改筑重修皇城并新筑一个子城的。另外，韩建本人确实也有这方面的能力和经验。据史书记载，驻跸于华州的唐昭宗久思回銮京师，在乾宁三年（896）九月就“以镇国军节度使韩建检校太尉兼中书令充修宫阙京畿制置催促诸道纲运等使”，同年十一月，

---

① 史念海、史先智：《说十六国和南北时期长安城中的小城、子城和皇城》，《中国历史地理论丛》1997年第1辑。

② 《旧唐书》卷20上《昭宗纪》。

③ 《资治通鉴》卷266，后梁太祖开平元年正月胡注：“牙城，即衙城也。”

④ 参见《资治通鉴》卷251，唐懿宗咸通九年十月；《资治通鉴》卷272，后唐庄宗同光元年十二月。

⑤ 参见《资治通鉴》卷260，唐昭宗乾宁三年五月；《资治通鉴》卷266，后梁太祖开平元年正月；《资治通鉴》卷268，后梁太祖乾化二年七月；《资治通鉴》卷272，后唐庄宗同光元年闰四月；《资治通鉴》卷274，后唐明宗天成元年四月。

⑥ 《资治通鉴》卷240，唐宪宗元和十二年九月。

⑦ 《资治通鉴》卷264，唐昭宗天祐元年记事及《考异》、胡注。

又“以建兼领京兆尹京城把截使”①。这一年，韩建在负责督役辇运的同时，“复治大明宫”②，确实在整修长安宫室方面做了不小的努力。后来在开平二年（908），朱温又以韩建为“建昌宫使”③，兴修洛阳宫阙，可见对韩建在城市建设方面的能力确实十分看重。据吴廷燮《唐方镇年表》，韩建在僖宗光启三年（887）至昭宗天复元年（901）之间任镇国军节度使，治所在华州。前已述及，当时华州是有“衙城”的，唐昭宗乾宁三年（896）还以之为“行宫”。以时间前后推之，华州的“衙城”应为韩建任镇国军节度使时所督修。韩建在改筑长安城时，采用了重城建制，很显然是借鉴了华州城的已有经验。

有关碑石资料也证实韩建改筑长安城并非仅是封闭了原唐长安皇城的几个城门。北宋建隆三年（962）王彦超撰《重修文宣王庙记》中载，“天祐甲子岁，太尉许国囗公时为居守，才务葺修”④。“天祐甲子”即天祐元年，太尉许国公指的就是韩建，事见《旧五代史·韩建传》。又，北宋元祐五年（1090）黎持撰《京兆府学新移石经记》也记载说“天祐中韩建筑新城”⑤。这些“葺修”“筑新城”之类的词句，与《长安志图》“重修子城”事正相吻合。说明韩建改筑长安城确实费了一些功夫，而在原唐长安皇城之中新筑子城（衙城）当是其间最重要的一项工程。

由于是借用原唐长安皇城作为新城的外郭城，并且又新筑有一个子城（衙城），所谓的“韩建新城”自然就成为东西略长、南北稍窄，呈回字形的重城形制。更值得注意的是，韩建在改筑新城的同时，出于军事防守上的考虑，又筑有“小城二，以为长安、咸宁县治所”，即将原来设置于唐长安城外城郭内长寿坊的长安县和宣阳坊的万年县分别移置到新城的东西两侧，并各建一座小城，作为长安、万年二县的治所。这样，唐末五代时期的京兆府城与长安、

---

① 《旧唐书》卷20上《昭宗纪》。

② （宋）薛居正：《旧五代史》卷15《韩建传》，中华书局1976年标点本。

③ 《旧五代史》卷15《韩建传》。

④ （清）王昶：《金石萃编》卷123，中国书店1985年影印本。

⑤ （清）王昶：《金石萃编》卷139。

万年的县城就形成了母子城的独特结构形态，更增强了城市的防御能力。

三 韩建新城中的子城的位置、形态和规模

关于元奉元城与唐末五代韩建新城之间的联系，辛德勇先生曾分析说："元李好文《长安志图》述韩建新城，对新城四面三重城门在元代的变化，尚有具体交代，而对城郭'内外二重'之制却未做任何说明，这可从侧面说明元代仍在沿用韩建二重城垣之旧制，没有什么变化。但是在李好文所绘《奉元城图》上却见不到二重城垣的痕迹，只有一'奉元路门'，这可说明内城的规模较小，因此才没有明显标识。"① 在这里，辛德勇先生从元人李好文《长安志图》中的有关文字叙述以及《奉元城图》上所标识的'奉元路门'看出了元奉元城中内城的存在，可谓独具慧眼。不过，李好文所绘《奉元城图》上的信息量是相当大的，从中不仅可以分析唐末五代长安城以及宋金京兆府城和元奉元城中的子城（衙城）的位置，还可以据之推测子城（衙城）的形态和规模。

元奉元城中的子城（衙城）的位置，可依《长安志图》之《奉元城图》中奉元路治所的位置得到确定，大致应在今西安西大街以北、鼓楼与钟楼之间这一区域。② 如果认真审读《奉元城图》，还可以看出元奉元城中子城（衙城）的规模虽然较小，但其形态却清晰可辨，子城（衙城）是呈南北长、东西窄的长方形，中有东西向的隔墙将其一分为二，南部为奉元路治所，北部则由三个部分组成，中为北省（即陕西行中书省）治所，东为理问所，西为"楼"（按即"飞云楼"）。"奉元路门"开置于子城（衙城）南墙正中，子城（衙城）北面无门，但在东西两面，却是左右对称也各开有一"门"，位

① 辛德勇：《有关唐末至明初西安城的几个基本问题》，《陕西师大学报》（哲学社会科学版）1990年第1期。

② 史念海主编：《西安历史地图集》，西安地图出版社1996年版，第108页《五代新城图》。

置略为偏南。[①] 图中这两个“门”的文字注记是清晰可认的，但从未曾引起人们的注意。其实在《奉元城图》上只有奉元路衙署所在地注记有三个门，正好反映了子城（衙城）的存在和它的独特地位，因为图中的其他官廨和民居中均未有与门有关的文字注记。在《奉元城图》上，北省、理问所与标识奉元路衙署的“奉元路门”及另外两“门”是绘在一个南北长、东西窄的长方形图框中的，这说明当时的子城（衙城）的形态应当亦是南北长、东西窄的长方形，与东西长、南北窄的外城在形态并不完全一致。元奉元路城因用的是唐末五代的韩建新城，韩建新城中的子城（衙城）的形态应当亦是南北长、东西窄的长方形，与外城形态是有所不同的。这一点，在今人所绘的唐末五代长安城以及宋金京兆府城图中均没有反映出来，不能不说是一个严重的缺憾。

韩建新城中的子城（衙城）不仅在形态上与外城形态有所不同，而且规模比外城也要小许多。依据《奉元城图》上所绘元奉元路和陕西行省衙署的范围，韩建新城中的子城（衙城）的范围大致是在今西安钟楼西大街以北、西安市政府大院以南、北院门大街以东、钟楼北大街以西这一区域，亦即不仅占有原唐长安皇城中的尚书省的东部，而且还包括了其北邻的左骁卫和左武卫的旧址。

唐末五代时期长安地区的行政建置随着五代政权的更替曾经发生了一系列的变化。唐天祐元年（904）三月朱温将原设于洛阳的佑国军移到长安，命韩建为节度使兼京兆尹。后梁开平元年（907）四月，改京兆府为雍州大安府，开平三年（909）七月又改佑国军为永平军。后唐同光元年（923）十一月，废永平军，以长安为西京，雍州大安府又恢复为唐朝时的旧名称。后晋天福三年（938）十月，又废西京称号，在京兆府设置晋昌军。后汉乾祐元年（948）三月，则

① 此据台湾商务馆影印文渊阁四库全书本《长安志图》所附《奉元城图》。按：在武伯纶《西安历史述略》第284页摹绘的《元奉元城图》上，这两个“门”被合并为一个门，即只在“奉元路门”北注记有一个“明门”（可能是将原图中的一个繁体“门”字误读为“明”字），开门方向亦不明确。又，马正林先生主编的《中国城市历史地理》（山东教育出版社1998年版）第267页、张永禄主编的《明清西安词典》（陕西人民出版社1999年版）卷首所附《元奉元城图》等均亦复如此，皆不可为据。

改晋昌军为永兴军。后周沿用后汉建置，没有进行大的调整。从《奉元城图》中奉元路治所的位置来分析，唐末的佑国军和京兆府，五代的永平军（大安府）、西京（京兆府）、晋昌军（京兆府）和永兴军（京兆府），甚至包括宋金时期京兆府的衙署，大概都是安置于子城（衙城）的南部的。参照南宋绍定二年（1229）刻石并保存至今的《平江图》中宋平江府治所在的子城的内部布局来看，唐末五代长安城中子城（衙城）的北部估计亦为其他官署、兵营、库房和宅园所在地①。这样的推测虽无直接的证据，但应与当时的实际情况相去不远。

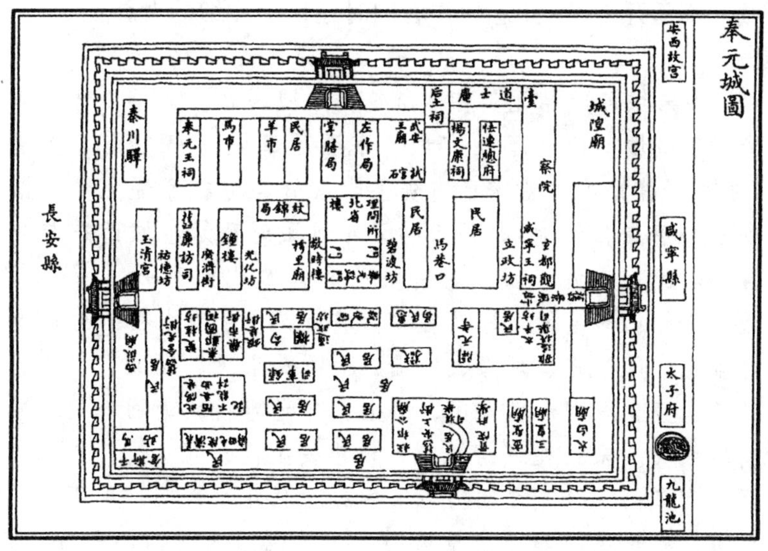

图 7－1　李好文《长安志图》中的元《奉元城图》

四　唐末五代长安城的范围

唐末韩建改建的长安城是以原唐长安皇城为外郭城并在其内新筑

① 宋平江城是典型的重城结构，府治所在称子城，在城市的中央略偏东南。内分六区，有府院、百司、兵营、住宅、库房和后面的大花园。这一组建筑群系由院落、厅堂、廊芜等组成，主要建筑物布置在一条明显的轴线上。参见同济大学城市规划教研室编《中国城市建设史》，中国建筑出版社 1982 年版，第 51—52 页。

有子城（衙城）的二重城垣形态，城池范围应是与原唐长安皇城一样的，五代长安城、宋金京兆府城以及元奉元路城亦复如此。这本来不存在太大的疑义，但由于有些学者不清楚韩建改建的长安城的真相，就未免要产生一些错误的说法，前述马正林先生“宫城与外郭城还可以作为皇城的外围，使皇城成为城中之城”云云，很显然就是认为韩建新城的外郭城范围与原唐长安城完全相同，元人胡三省也持类似的观点。[①] 更有甚者，还有人将韩建新城与明清西安城也混为一谈。例如，嘉庆《咸宁县志》卷4《历代疆域水道城郭宫室名胜图上·宋京兆府城图》以明清西安城为据绘之，并注记云：“自宋以后城制并同今城，不复开方。”此志的作者同时还作了详细的考释：

> 按宋城即天祐元年韩建所筑，今城因之。……今城西南两面皆附唐皇城，而北不及宫城，东至尽皇城东第二街。显德二年《永兴军牒》在城寺院已有资圣寺（资圣寺在今通化坊，据《长安志》唐崇仁坊地），则天祐元年筑城时已越皇城而东与今城无异。李氏言建去宫城，则新城不及宫城北面可知。所云内外二重，当即旧时皇城东墙及宫城南墙所界，今城中西五台尚有宫城遗址也。闭朱雀、延喜、安福，而不及景风、顺义、安上、含光四门，盖景风即新城东门，安上、含光即新城南面二门，顺义即新城西门。宋张礼《游城南记》出安上门，入含光门，则宋城南面尚有二门，含光之闭当在宋后矣。北开元武门，盖因对元武门而言，犹景风门非即唐景风门也。元武门偏而西不与安上门对，与李氏元奉元城图正同。此与今城异者，晋天福四年《广慈禅院牒》（广慈禅院今香城寺）称菜市南壁上地北至官街，东至草场，南至通城巷，西至太庙院。菜市当今东木头市街，草场当今钱局巷，通城巷当今沿城东西官道。其宋代建置如京兆府学等，今并仍旧制，备载志中，不具图。[②]

---

① 《资治通鉴》卷267，梁太祖开平三年（909）六月胡注。

② 嘉庆《咸宁县志》卷4《历代疆域水道城郭宫室名胜图上·宋京兆府城图》，成文出版社1968年影印本。

今按嘉庆《咸宁县志》的作者于韩建新城与宋京兆府城之制考证虽勇，但其结论却经不起仔细推敲。明清西安府城是明初在元奉元路城的基础上扩展改筑而来的，史料中对此有十分明确的记载。《明实录》洪武六年（1373）秋七月条记事云："陕西城池已没，军士开拓东大城五百三十二丈，南接旧城四百三十六丈。今又再拓北大城一千一百五十七丈七尺，而军力不足，西安之民耕获已毕，乞令助筑为便。中书省以闻。上命俟来年农隙兴筑，仍命中书省考形势，规划为图以示之，使按图增筑，无令过制，以劳人力。"[①] 可见明清西安府城的西南两面城墙沿用元代旧城，但东城墙和北城墙则较以往旧城扩展了许多。嘉庆《咸宁县志》认定"自宋以后城制并同今城"的依据，主要是认为"显德二年《永兴军牒》资圣寺在城寺院已有资圣寺"，而此"资圣寺"的位置是在清西安城东南隅的"通化坊"即"唐崇仁坊地"。对此一问题，该志的作者还考释说"按此资圣寺在崇仁坊，今寺是其遗迹"[②]。实际上五代宋元时期有两个"资圣寺"，显德二年《永兴军牒》中的"资圣寺"并非"唐崇仁坊地"的旧寺。据元人骆天骧《类编长安志》，元奉元路有"资圣寺"，"在崇仁坊。本太尉赵国公长孙无忌宅。龙朔三年，为文德皇后追福，立为尼寺。咸亨四年，改为僧寺。长安三年七月，火焚之，灰中得经数部，不损一字，百姓施舍，数日之间，所获巨万，遂营造如故"。另有一个"资圣院"，"在景风街南。旧名兴国院，金国改资圣院"[③]。显德二年《永兴军牒》中的"资圣寺"正是这个"资圣院"，其与开元寺并在景风街之南。另据《类编长安志》，旧时开元寺规模颇大，"其山亭、青龙、兴国、定光、隆兴、寿圣、泗州，皆开元房廊院也"[④]。辛德勇先生认为开元寺"后周已有寺。寺有山亭、青龙、兴国、定光、隆兴、寿圣、泗州、官塔、慈恩、释迦等房廊院。其中兴国院金元改名

① 《明太祖实录》卷 84，台湾"中研院"历史语言研究所 1963 年校勘本。

② 嘉庆《咸宁县志》卷 12《祠祀志》。

③ （元）骆天骧：《类编长安志》卷 5《寺观》，三秦出版社 2006 年点校本。

④ 同上。

资圣院，又称资圣寺”①。所说颇有道理。嘉庆《咸宁县志》误以唐代所置之“资圣寺”当金时由后周兴国院改名而来的“资圣院”（“资圣寺”），显然不能作为其考订韩建新城与宋京兆府城就是明清西安城的依据。

新城的外城郭借用了唐长安皇城城垣，城区范围自然与皇城一致。关于唐长安皇城的范围，文献记载为“东西五里一百一十五步（约合今2815.5米），南北三里一百四十步（约合今1719.4米）”②，考古实测数据为东西2820.2米，南北1843.6米，周长9.2千米，面积约5.2平方千米。③ 唐长安皇城为一东西略长、南北稍短的矩形结构，建筑面积约占整个长安城的十六分之一。这样，因唐皇城之旧基改建而成的韩建新城的面积也仅及唐长安城的十六分之一，城市规模较之盛唐时期已不可同日而语。

五　唐末五代长安城的城门与内部结构特点

李好文《长安志图》云韩建改筑长安城时，曾“南闭朱雀门，又闭延喜、安福门，北开玄武门”。这就是说，韩建出于防守上的需要，对原长安皇城的城门数量做了大幅调整，由原来的七座城门变成了五座城门。其中南面封闭中间的朱雀门，保留左右的安上门与含光门（此门原三门洞，韩建封闭西、中两门洞，仅留东门洞）；东面封闭偏北的延禧门，保留中间的景风门；西面封闭偏北的安福门，保留中间的顺义门；北面之门并非新开，而是废宫城南面（亦即皇城北面）东西两侧的永安门、长乐门、广运门、重明门和永春门，保留中间的承天门并更名为玄武门。到宋哲宗元祐元年（1086），张礼在《游城南记》中说他曾出安上门，入含光门。可知直到北宋末年，城的南面还是两门，且仍保持唐代的名称。但是到了元代，李好文《长

① 辛德勇：《宋金元时期西安城街巷名称考录》，《古代交通与地理文献研究》，中华书局1996年版。

② （唐）李林甫等：《唐六典》卷7，中华书局1992年点校本。

③ 中国科学院考古研究所西安唐城发掘队：《唐代长安考古纪略》，《考古》1963年第11期。

安志图》所附《奉元城图》上却只有一个门了，依图中南门的位置推测，含光门已被全部封闭。含光门被全部封闭的时间，武伯纶先生推测"可能在南宋时期"①，马正林先生说是"当在北宋以后"②，马得志先生则说"李好文《长安志图》中奉元城已无含光门，而只有安上一门。发掘证明，元代已将含光门封闭，其封闭的时间当在仁宗皇庆元年（1312 年）改安西路为奉元路，城名'奉元城'之前"③。另外，辛德勇先生又提出一种说法，认为元顺帝至正中有建城事，"含光门的封闭时间只能是在至正元年至二年（1341—1342 年）这两年时间内"④。其说详而有征，基本上是可信的。这就是说，从唐末韩建改筑长安城以来，五代的长安城、宋金的京兆府城、元安西路城和至正二年以前的奉元城，都是五个城门，至正二年以后才彻底改变了这一城门布局结构，而确立成东西南北各为一座城门的比较对称的布局结构。

唐末五代时期长安城的城内除府衙外，还有学校、市肆、寺观、民居等一系列建筑，府衙所在的子城居中而略偏东北，太庙院建在城东南，大社坛建在城西南隅，北市位于城北。⑤ 这样的布局结构特色已与唐长安城大异其趣，而同汉长安城颇有些相仿佛。说明这一时期长安城虽小，却仍然能遵循《周礼·考工记》的思想进行一定的城市规划。不过从整体上而言，由于唐末韩建改筑新城时五个城门不是对称开设，导致城市内部布局结构不太规整。顺义门与景风门之间的大街（此街东段称景风街，西段在宋金元时期称指挥街）贯穿全城，形成东西向的中轴线。承天门街、安上门街和含光门街这三条南北向的街道均系沿用原唐长安皇城的旧街道，但已不如原来交通方便。朱雀门的封闭使得承天门街南口不通，南北中轴线已不明显；安上门街和含光门街的北端均未开门，亦影响了城市的南北交通。就安上门街

① 武伯纶：《西安历史述略》，第 283 页。

② 马正林：《丰镐—长安—西安》，第 90 页。

③ 《唐长安皇城含光门发掘简报》，《考古》1987 年第 5 期。

④ 辛德勇：《有关唐末至明初西安城的几个基本问题》，《陕西师大学报》（哲学社会科学版）1990 年第 1 期。

⑤ 史念海主编：《西安历史地图集》，西安地图出版社 1996 年版，第 108 页《五代新城图》。

和含光门街比较而言，因韩建封闭了含光门两个门洞，仅留东门洞以供出入，故安上门街的交通似比含光门街略显畅达。这样，除东西向的景风街外，由承天门街北段、子城南面东西大街（金代称子城厢正街）和安上门街北段所构成的折形街道，就成为城内最重要的南北交通线路。也正因如此，城内比较知名的建筑设施如府衙、府学、文庙、北市、莱市、草场、太庙院、樗里庙、真武庙、迎祥观、天宁观、开元寺、香城寺、资圣院、仁王院、杜祁公庙、显圣侯庙等均分布在城市的中北部或东南部。[①] 这种布局结构特色对后世西安城的发展影响很大。宋金京兆府城、元奉元路城的内部布局结构都与唐末五代长安城大同小异，而明初扩建西安城之所以要选择北、东两个方向，也可以说是唐末五代以来西安城城市布局结构发展变化的必然结果。

① 史念海主编：《西安历史地图集》，第 108 页《五代新城图》。

第八章　辽、西夏、金都城对中原都城制度的模仿与创新

辽、西夏和金三个少数民族建立的政权，在中国历史上曾起到重要的作用，其与中原王朝的和战及其对边疆地区的开发，对各民族间的融合和发展作出了贡献。历史证明，少数民族政权都城制度对中原王朝的模仿是其学习中原先进文化的主要形式之一，其所建设的都城在中国都城发展史和边疆开发史上也具有重要地位。辽上京被刘庆柱先生称为“都城转移历史的里程碑”，“是‘北狄’文化全面与华夏文化融合的开始，也是华夏文化完整、成熟的历史性标志”①。西夏都城兴庆府也被有的学者称为“宁夏历史上最大的城池”，“朔方、河西一带的多民族文化交流融合的最大平台”②。另有学者认为金上京会宁府是“继渤海上京龙泉府之后，出现于白山黑水地区的又一座规模宏大的古代城市”，“是我国处于最北部中高纬度寒冷地区的一座都城”③，它的兴起“使金源与中原同域同风”，“使多民族共存于一个‘中华一体’之中”④。辽、西夏、金三个少数民族政权所处的时代正是中原王朝都城制度日益完善的唐宋时期，唐长安城和北宋开封城的都城制度对这三个政权都城制度的影响是不可避免的，但这三个政权的都城制度又在学习中原制度的同时，多根据实际情况作适当

---

① 刘庆柱：《古代都城研究重要性与辽上京在中国古都的地位》，《中国古都研究》2001 年第 18 辑。

② 杨满忠：《党项民族对宁夏古代城池的开发与建设》，《宁夏社会科学》2006 年第 5 期。

③ 朱国忱：《金源故都·前言》，北方文物杂志社 1991 年版。

④ 景爱：《金上京》张博泉序，生活·读书·新知三联书店 1991 年版。

的取舍，从而也具有自己鲜明的特点。一直以来，学术界对辽、西夏和金三朝都城的单体研究和关注很多，但从与中原都城制度关系角度的比较和综合研究尚属少见，笔者试图在该方面有所尝试。都城制度是一个较为广泛的概念，为行文方便，本章将其分为都城规划建设制度和都城管理制度两个方面，前者主要表现于都城形态和布局，后者则主要为陪都设置、都城管理方式以及主要建筑名称等内容。

一　都城规划和建设制度的模仿与创新

辽作为契丹族建立的政权，916 年由耶律阿保机所建，《辽史·地理志》称其领土“东至于海，西至金山，暨于流沙，北至胪朐河，南至白沟，幅员万里”①。契丹统治者在此广阔领土上，先后设立了五京②作为都城，其中南京、东京和西京皆在原有唐代和渤海城池基础上改建而来，③ 不能摆脱原有的传统城市布局，未能体现契丹民族的特点，而辽上京和中京则是契丹统治者在空基上兴建的新城，可以作为辽代都城建设制度的代表，故这里所讨论辽代都城，以此二城为主。

辽上京于辽太祖阿保机神册三年（918）开始修筑，名曰“皇都”④。作为契丹最早创建的都城和政治中心，模仿中原制度，修建宫殿和宗庙，“起三大殿：曰开皇、安德、五鸾。中有历代帝王御容，每月朔望、节辰、忌日，在京文武百官并赴致祭”，与中原制度无异。太宗继位后，于天显元年（926）扩建都城，更加强调和推崇中原制度，“诏蕃部并依汉制，御开皇殿，辟承天门受礼”，天显十三年

---

① （元）脱脱等：《辽史》卷 37《地理志一·总序》，中华书局 1974 年标点本。

② 《辽史》卷 37《地理志一·总序》记载此五京设置情况：“太宗以皇都为上京，升幽州为南京，改南京为东京，圣宗城中京，兴宗升云州为西京，于是五京备焉。”五京即上京临潢府、中京大定府、南京析津府、东京辽阳府和西京大同府。

③ 东京系利用渤海辽阳旧城修葺扩建，南京系利用唐代幽州旧城扩建，西京系利用唐代云州旧城改建。参见李逸友《辽代城郭营建制度初探》，《辽金史论集》，书目文献出版社 1987 年版，第 3 辑，第 51—52 页。

④ 《辽史》卷 37《地理志一·上京道》。

(938）又将皇都改名为上京，设临潢府。[①] 辽上京的内部布局情况大致是：皇城位于北部，大内城遗址位于皇城中部偏北的高丘之处，[②] 其南为汉城（汉城相当于外郭城），即也具有中原都城的大内（宫城）、皇城（内城）和郛郭（外城）的三重格局，这种布局与唐长安城的布局基本相似。宫城南门为承天门，承天门南为正南街，基本上相当于都城的中轴线，可以直通其南面的汉城。其两侧有各司衙门、寺观、孔庙等。正南街将皇城分为东西两部分，仿照中原制度，在京城内下设两个赤县，东为临潢县，西为长泰县，也与唐长安城和宋开封城在京城设两赤县的做法相同。辽上京城外还模仿北宋东京设有招待各国使者的驿站，“西南同文驿，诸国信使居之。驿西南临潢驿，以待夏国使”[③]。南部的汉城相当于外郭城的性质，其东置有回鹘营，[④] 但由于河水冲刷，汉城遗址多被破坏，其内部布局情况无法详细了解。但据文献记载，“南当横街，各有楼对峙，下列井肆”，说明上京城的市场也位于外郭城，与三国以来中原都城制度的“前市后朝”格局也是一致的。这种“井肆”是沿街设置还是集中设置不得而知，但杨宽先生认为其“楼”是监督管理市上贸易的“市楼”，也是模仿中原设“市楼”管理“市”的制度，[⑤] 类似唐长安城东、西市的设置。

辽上京城模仿中原都城制度的来源问题，需要讨论。杨宽先生认为“上京大体上采用了唐代长安的体制”[⑥]。这种说法应该是有道理的，但是契丹人兴建上京城之时，长安城在唐末被朱温所毁，已经远非昔日模样。上京建城所模仿的“长安体制”必然另有参照对象。

---

① 《辽史》卷37《地理志一·上京道》。

② 《辽上京城址勘查报告》，引自田光林《辽朝上京的营建及其划时代意义》，《中国古都研究》2001年第18辑。

③ 《辽史》卷37《地理志一·上京道》。而北宋东京设都亭驿接待辽使，设都亭西驿接待西夏使者，设同文馆接待高丽使者，设礼宾院接待回纥、于阗使者和设瞻云馆或怀远驿接待诸番国，参见杨宽《中国古代都城制度史研究》，上海古籍出版社1993年版，第435页。

④ 《辽史》卷37《地理志一·上京道》载“南门之东回鹘营，回鹘商贩居留上京，置营居之”。

⑤ 杨宽：《中国古代都城制度史研究》，上海古籍出版社1993年版，第428页。

⑥ 同上书，第427页。

这要从上京城的设计者和建造背景两方面考虑。上京城的设计建造者为汉人康默记，《辽史·太祖纪》载神册三年（918）“以礼部尚书康默记充版筑使”[①]，《康默记传》也称“神册三年，始建都，默记董役，人咸趋劝，百日而讫事”[②]。康默记主持的此次上京城的建设因时间较短，建设范围仅限于皇城，建设前的规划无史料可征。从康默记本人的出身可知，其“少为蓟州衙校，太祖侵蓟州得之”[③]。作为蓟州人，康默记最能熟知的中原城市规划当为蓟州城，在其主持的上京修筑中，必然会有所体现。而蓟州城和幽州城一样，五代时期仍是仿照唐都长安营建的唐代旧州城，故而上京城市规划的最初仿照对象应是唐代蓟州城。辽太宗天显元年（926），上京城得到了大规模的扩建，“展郛郭，建宫室……起三大殿”，“诏诸蕃部并依汉制，御开皇殿，辟承天门受礼，因改皇都为上京”[④]。此次行动带有很明显倡导中原汉族文化的含义，其背景则是在“平渤海归”之后。笔者以为这两个事件具有必然的联系。其一，渤海作为“海东盛国”深受唐朝文化的影响。其二，一般认为渤海都城上京龙泉府完全仿照唐都长安。[⑤] 故而此次扩建上京城所仿照的中原制度实际上应该是以渤海上京龙泉府为参照对象，辽都从皇都改名为上京，似乎也是直接模仿于渤海国。因此辽上京城并非以中原都城为直接模仿对象，而是通过蓟州城和渤海上京龙泉府城，间接继承了中原的都城建设制度。

不过，辽上京采用中原都城建设制度的同时，也形成了本民族的特色。其一，在都城形态上，上京城虽也具有中原都城的三重格局，布局与唐长安城近似，但其皇城和汉城南北二城平行设置，整体呈“日”字形格局。辽上京的南北城并列，体现了南、北分治的特点，皇城为皇帝和契丹贵族的居住区，汉城是汉族和回鹘等族居民的居住区，与契丹所实行的“南北分治”的南面官和北面官制度是一致的。

---

① 《辽史》卷1《太祖纪》。

② 《辽史》卷34《康默记传》。

③ 《辽史》卷34《康默记传》。

④ 《辽史》卷37《地理志一·上京道》。

⑤ 叶骁军：《我国民族政权都城的特点》，《都城论》，甘肃文化出版社1994年版，第87—88页；方学凤：《比较：渤海上京城与唐长安城》，《延边大学学报》（社会科学版）1993年第4期。

其二，辽上京早期建筑皆坐西朝东，多处文献都提及这种情况，《旧五代史·契丹传》记载西楼“屋门皆东向，如车帐法”[①]。宋大中祥符年间（1008—1016），薛映奉使上京，见到承天门“内有昭德、宣政二殿与毡庐，皆东向”[②]，《契丹国志》也称“其城与宫殿之正门，皆东辟之”[③]。这种情况是辽人传统习俗的反映：“辽俗东向而尚左，御帐东向”[④]。其三，是皇城内仍有大量空地，作为设立毡帐所用。薛映出使上京时，在皇城内见到毡帐，即应是如此。从辽上京的修筑时间考虑，太祖时“城皇都”，“百日而讫事”[⑤]，可以推知当时城内固定性建筑不是很多，城内应有大量的空间可供设立毡帐之用。此外考古调查也显示，在皇城内的北部、东部以及大内建筑组群之间，地势相对低矮之处，还有许多空隙，无大型建筑基址，一般被认为是当时搭建毡帐的场所。[⑥]

随着辽与北宋关系的发展，“澶渊之盟”之后，辽宋之间基本维持了相对和平的局面，契丹统治者也日益关注对中原文化的学习，辽中京大定府就是在这种背景下所建，与上京相比，其更明显地模仿了中原都城制度。史称辽圣宗时，“择良工于燕、蓟，董役二岁，郛郭、宫掖、楼阁、府库、市肆、廊庑，拟神都之制”[⑦]，很明确指出辽中京是模仿北宋开封城所建。与辽上京相比，辽中京城宫殿建筑全部南向，其城垣为外城、内城和大内组成的三重城，内城位于外城内正中偏北，大内位于内城正中偏北，呈回字形状，外城南门朱夏门到大内正门阊阖门之间为一条中央大道，形成城市的中轴线，明显是北宋开封城形态的翻版。据宋人路振所记，“自朱夏门入，街道阔百余步，东西有廊舍约三百间，居民列廛肆庑下”[⑧]。目前已在辽中京城址中

---

① 《旧五代史》卷137《外国列传一·契丹传》，中华书局1976年标点本。

② 《辽史》卷37《地理志一·上京道》，引《薛映记》。

③ （宋）叶隆礼撰：《契丹国志》卷1，齐鲁书社2000年点校本。

④ 《辽史》卷45《百官志一·北面朝官》。

⑤ 《辽史》卷34《康默记传》。

⑥ 马凤磊、青白音：《辽上京城的兴建、布局及相关问题》，《中国古都研究》2001年第18辑。

⑦ 《辽史》卷39《地理志三·中京道》。

⑧ （宋）路振：《乘轺录》，中华书局1991年《丛书集成初编》本。

发现了外城大街两侧南北向的廊舍建筑遗址，这种在大街东西两侧建筑的“廊舍”，可使“居民列廛肆庑下”，成为“市肆廊庑”。晚于路振出使辽的王曾所说朱夏门内的“通步廊”[①]，也是指此类“廊舍”，应该都是模仿北宋城市中流行的“市廊”的形式。[②] 此外，辽中京城与辽上京城一样也设有类似中原都城的专门管理市场的“市楼”，“又有市楼四：曰天方、大衢、通阛、望阙”[③]。另外，考古发掘显示，中京外城中央大道南侧排水沟的设计和建设，也与孟元老《东京梦华录》所记宋汴京城御街两侧的御沟相同。[④] 甚至城市建筑的装饰也模仿宋都开封，“阖闾门楼有无凤，状如京师，大约制度卑陋”[⑤]，照搬汴京大内正门宣德楼的形制，只是不及开封城规模和形制宏大而已。此外，辽中京城也模仿宋都汴京，设有招待各国使者的驿站，“大同驿以待宋使，朝天馆待新罗使，来宾馆待夏使”[⑥]。

但是辽中京并未完全仿照宋东京的建设制度，在三城布局上，开封城是三重回字形，宫城位于城内基本正中，但辽中京大内却位于皇城内北部正中，只是皇城与外城形成回字形状。此外，在外郭城布局上，辽中京城也并未完全模仿宋东京的开放式布局，而是实行唐长安城的坊市分离制度，市场设于中央大道旁的“廊舍”，居民居住于坊内，“街东西各三坊，坊门相对”[⑦]。王曾也提及朱夏门内“多坊门”，而且各坊门有士兵把守，进行严格的管理，“虏以卒守坊门，持梃击民，不令出观”[⑧]。这种严格管理的坊里制度，是为了加强对坊内居民控制的需要。辽中京建成后“实以汉户”，大定县“以诸国俘户居之”[⑨]，城内居住百姓都是强迫迁来的汉族居民和战争中俘虏的居民，

---

① 《辽史》卷39《地理志三·中京道》，引王曾《上契丹事》。

② 杨宽：《中国古代都城制度史研究》，第439页。

③ 《辽史》卷39《地理志三·中京道》，引王曾《上契丹事》。

④ 李逸友：《辽代城郭营建制度初探》，《辽金史论集》，书目文献出版社1987年版，第3辑，第63页。

⑤ （宋）路振：《乘轺录》，中华书局1991年《丛书集成初编》本。

⑥ 《辽史》卷39《地理志三·中京道》。

⑦ 路振：《乘轺录》，中华书局1991年《丛书集成初编》本。

⑧ 同上。

⑨ 《辽史》卷39《地理志三·中京道》。

为了防止这些人的逃跑和骚乱，必须加强管理。

从辽上京到辽中京，反映出辽代的都城建设制度对中原制度的模仿日益加强的趋势，但同时也注意根据自己的需要，对中原制度有所取舍。

西夏于1038年由党项族李元昊所建，地处西北，全盛时地辖“东尽黄河，西界玉门，南接萧关，北控大漠”[①]，与辽和北宋相对峙。其都城设兴庆府（今宁夏银川），最早由其父李德明所建。宋天禧四年（1020），李德明以怀远镇“西北有贺兰之固，黄河绕其东南，西平为其障蔽，形势利便”，“谴贺承珍督役夫，北渡河城之，构门阙、宫殿及宗社、籍田，号曰兴州，遂定都焉”[②]。至宋明道二年（1033），李元昊“升兴州为府，改名‘兴庆’，广宫室，营殿宇，其名号悉仿中国故事”[③]。由于战乱，兴庆府城破坏很大，目前其具体形态已难考。目前所见，仅有明代记载称：“元昊所居兴州故址也，周回十八余里，东西倍于南北，相传以为人形。”[④] 其实此城为传统方形城，明人所说的“周回十八里”为估算之数据，清乾隆年间实际测量为“19里3分”[⑤]。

关于兴庆府的城市建设和布局，学者曾有过广泛讨论，认为其城市布局和建设很大程度上仿照了北宋开封城建设，并部分混合唐制。一方面，李元昊十分仰慕中华之风，“名号悉仿中国故事”[⑥]，其父德明亦是“大辇方舆，卤簿仪卫，一如中国帝制”[⑦]，甚至西夏王陵建设也是“仿巩县宋陵而作”[⑧]；另一方面德明时期主持修建兴州城的“贺承珍”也曾经在宋真宗景德三年（1006）借出使之便，一年之中

---

① （清）吴广成：《西夏书事校证》卷12，甘肃文化出版社1995年校点本，第145页。

② （清）吴广成：《西夏书事校证》卷10，第120页。

③ （清）吴广成：《西夏书事校证》卷11，第133页。

④ （明）胡汝砺：弘治《宁夏新志》卷1《宁夏总镇·城池》，上海书店1990年影印本。

⑤ 刘菊湘：《兴庆府的规模与“人形”布局》，《宁夏社会科学》1997年第5期。

⑥ （清）吴广成：《西夏书事校证》卷11，第133页。

⑦ （清）吴广成：《西夏书事校证》卷9，第112页。

⑧ （明）李遇春：嘉靖《宁夏新志》卷2《遗坛祠祀·陵墓》。

两次到北宋都城开封，[①] 必然在城市建设上汲取汴京城的特点。据现存资料分析，“兴庆府城分为东城、西城，中央大道（主街）从东城、西城中间穿过，又把东城、西城分为南北两部分”[②]，这应该是中原都城传统的中轴线布局。此外，关于兴庆府城的“人形”布局特色，汪一鸣、钟侃等认为人形布局“包含着建筑的平面布置与人体一样，具有均衡、对称特点之意，即整个城市，有明显的纵轴线和横轴线，城门、道路、河渠、宫殿、坊里及各类机构呈左右对称规则布局”[③]，尽管学者们对此“人形”布局的理解不同，[④] 但无疑都认为西夏兴庆府城的城市布局具有规整、对称的特点，是西夏模仿中原都城建者制度的直接体现。此外，兴庆府城还模仿唐长安城的兴庆宫和曲江，在城内设置以水景为主的皇家园林“元昊避暑宫”[⑤]。

但是西夏都城兴庆府城也有自己的特点，最典型的则是其城市形态虽是传统的矩形城，但却是东西长于南北的长方形，这在都城建设中是比较少见的。这种情况是周围地理环境影即“周围地势，湖泊、渠道限制的结果”[⑥]。明代的有关史料记载说，城南地区每到夏季红花渠水“流潦潋滮，与路旁明水湖混为巨汇”[⑦]。兴庆府城周围地势较低，加之城北又有金波湖，限制了其南北发展，只能东西延伸，故而形成东西长于南北的形状。

金是女真族建立的政权，1115 年完颜阿骨打称帝，建立金朝，定都上京会宁府，并同时进行着灭辽的事业。金灭辽后，“袭辽制，

---

① （清）吴广成：《西夏书事校证》卷 8 记载：宋真宗景德三年（1006）夏四月“德明先遣左都押牙贺承珍献马”，六月“德明闻中国司天奏周伯星见，复遣贺承珍入贺”。

② 杨满忠：《党项民族对宁夏古代城池的开发与建设》，《宁夏社会科学》2006 年第 5 期。

③ 汪一鸣、钟侃：《西夏都城兴庆府初探》，《西北史地》1984 年第 2 期。

④ 相关文章还有刘菊湘《兴庆府的规模与“人形”布局》，《宁夏社会科学》1997 年第 5 期；杨满忠：《党项民族对宁夏古代城池的开发与建设》，《宁夏社会科学》2006 年第 5 期。

⑤ （清）冯福祥：《朔方道志》卷 2《舆地志》载“振武门内有元昊避暑宫”，成文出版社 1968 年影印本。

⑥ 刘菊湘：《兴庆府的规模与“人形”布局》，《宁夏社会科学》1997 年第 5 期。

⑦ （明）李遇春：嘉靖《宁夏新志》卷 1，上海古籍书店 1982 年影印本。

建五京”[①]，其中最重要的是上京会宁府（今黑龙江省阿城区南白城）和中都大兴府（今北京）。阿骨打建国前后，并无定型的城市建设，“国初无城郭，星散而居，呼曰皇帝寨、国相寨、太子庄，后升皇帝寨为会宁府，建为上京”[②]。金太宗即位后正式开始兴建城池宫殿，其规划设计者为自辽降金的汉人卢彦伦，“天会二年（1124），知新城事。城邑初建，彦伦为经画，民居、公宇皆有法”[③]，后又经过两次大规模的扩建，终于形成完整的都城布局。《大金国志》称上京“规模虽仿汴京，然仅得十之一二”[④]，明确指出其是仿北宋开封而建。现在保存相对完整的金上京遗址，反映的金代上京城市形态并非如此。金上京城由彼此相连的南、北二城组成，南城为皇城，北城则为外郭城，两城平面均为长方形，但是南城是东西宽、南北窄，北城是东西窄、南北宽，因此其城市形态平面呈“ ╚”[⑤]。这种南北二城分治的城市形态明显是辽上京城的继承。有学者研究揭示金上京的城市形制、规模比例都与辽上京具有惊人的一致性，[⑥] 更加说明金上京的直接模仿对象是辽上京。造成这种情况的主要原因是主持会宁府城规划和建设的是久居辽上京临潢府的汉人卢彦伦，同时金初也继承了辽人“南北分治”的制度，实行猛安谋克与汉官并行的制度，[⑦] 故在京城内也仿辽京之制分设两城。因此，如果说金上京会宁府城建设继承中原都城制度的话，只能是从辽上京的间接模仿。中原都城营建制度对少数民族都城的影响还可以通过少数民族之间的相互继承和学习的间接方式实现，但这也不排除金上京城的建设也有仿照宋汴京的内容。金上京南城宫城和内城是回字形内外相套，这种布局是中原都城布局的最基本模式。《大金国志》所说的金上京城“仿汴京”实际上是指宫城建设而言的，金熙宗认为“旧内（大内）太狭，才如郡治，

---

① （元）脱脱：《金史》卷24《地理志上》，中华书局1975年标点本。

② （金）宇文懋昭：《大金国志》卷33《燕京制度》，齐鲁书社2000年点校本。

③ 《金史》卷75《卢彦伦传》。

④ （金）宇文懋昭：《大金国志》卷12《熙宗孝成皇帝四》。

⑤ 景爱：《金上京》，生活·读书·新知三联书店1991年版，第62页。

⑥ 朱国忱：《金源故都》，北方文物杂志社1991年版，第84—87页。

⑦ 《金史》卷55《百官志序》载：“汉官之制，自平州人不乐为猛安谋克之官，始署长吏以下。天辅七年（1122）以左企弓行枢密院于广宁，尚踵辽南院之旧。”

遂役五路工匠，撤而新之，规模虽仿汴京，然仅得十分之三而已”①，可知金上京大内主要宫殿基址成“工”字形，“当是模仿北宋东京的宫殿”②。

但是金上京对辽上京城和中原都城的模仿和继承也不是完全照搬，在具体规划上还是根据本民族的特点和实际情况作了调整。其一是表现在汉城和皇城的方位上，辽上京皇城在北，汉城在南，金上京却与此相反。其二是皇城中宫殿的位置，传统中原都城制度和辽上京宫室都居中或偏北，但是金上京宫殿位于全城的居西偏南，宫城内居于西北，这当与女真人以西为尊的传统习俗有关。此外，上京北城东西窄、南北宽，不与南城东墙相接的布局，也是受周围环境的限制。金上京城建在阿什河故道的145米以上的台地上，“北城东侧地势较低，与阿什河故道只有1米的高差”，因此“只好将东城墙收缩到海拔145米的台地上来”③。另外，由于北方冬季严寒，上京的宫殿内还设置火炕作为御寒设施，如干元殿作为大内的主要宫殿“殿宇绕壁尽置火炕”④。

金上京由于偏居东北，随着女真统治者向中原的日益扩张，已经不能满足政治上的需要。故在海陵王完颜亮时准备迁都燕京。迁燕前进行了一系列的改建工作，天德元年（1149）“乃命左右丞相张浩、张通、左丞蔡松年，调筑路民夫筑燕京，制度如汴”⑤，并“遣画工写京师（东京）宫室制度，阔狭修短，尽以授之左右相张浩辈，按图修之”⑥，天德四年（1152）新京建成，次年迁都燕京，并改元贞元，称燕京为中都大兴府。

金中都在辽南京的基础上，完全按照北宋开封的规划设计所建，在很多方面与开封城市建设相同。在城市形态上，尽四方形，采用外城、内城、宫城回字形重重相套的形式，与宋汴京完全相同，皇城居

① （金）宇文懋昭：《大金国志》卷12《熙宗孝成皇帝四》。

② 杨宽：《中国古代都城制度史研究》，上海古籍出版社1993年版，第443页。

③ 景爱：《金上京》，生活·读书·新知三联书店1991年版，第63页。

④ （金）宇文懋昭：《大金国志》卷10《熙宗孝成皇帝二》。

⑤ （清）于敏中：《日下旧闻考》卷37引《大元一统志》，北京古籍出版社1981年点校本。

⑥ （清）于敏中：《日下旧闻考》卷29引《金图经》。

中也是皇帝居于天下之中传统思想的反映，更是女真统治者政治意图的表现。金中都有全城纵贯南北驰道形成的中轴线，所有都城中的重要建筑物都安排在中轴线两侧或正中。甚至皇城驰道两旁设有和汴京宫城前千步廊类似的长廊，以数以百计的一间间廊屋连接而城。

与宋汴京的开放式街坊不同的是，金中都的外郭城部分仍实行里坊制，这是因为金中都在辽南京城的基础上兴建，辽南京城仍保存了唐代的里坊形式，故中都外城的里坊制是“承辽旧制的结果”①。但是，金中都新建设的部分，已经“改变为大街两侧平行排列坊巷的形式”②，也是对汴京城建设制度的模仿。

与辽上京到中京的情况相似，从金上京到中都，都城建设形式日益与中原制度相近，说明少数民族政权对中原都城制度的模仿经历了一个从部分学习到全盘吸收的过程，也说明在少数民族进军中原的过程中，中原先进文化的影响力有日益强化的趋势。

二　都城管理制度的模仿与创新

少数民族政权不仅在都城建设制度上效仿中原制度，在都城管理制度和名称等方面的模仿和继承更为明显。

首先在都城设置上，仿中原实行多都制。自西周设置东、西二京始，中原王朝的多都制度不断发展，从而形成一种传统。学者一般认为辽代建立初期也实行多都制度，从而以“五京制”著称，实际上辽五京制的形成也经历了一个过程，阿保机建国初期，仅设有一都名“皇都”（上京），太宗平定渤海、获幽云十六州后，才开始“依汉制”，设三京，至兴宗时才正式形成五京之制，即所谓“太宗以皇都为上京，升幽州为南京，改南京为东京，圣宗城中京，兴宗升云州为西京，于是五京备焉”③。辽五京制开始形成始于天显元年（926）“平渤海归”，太宗在扩建“皇都”城后不久，将其名改称“上京”，

---

① 景爱：《金上京》，第61页。

② 杨宽：《中国古代都城制度史研究》，第452页。

③ 《辽史》卷37《地理志一·总序》。

与渤海国首都称“上京”的取义相同，同时辽所设置五京与渤海一样，以上、东、西、南、北相称。[①] 故而，渤海国五京是效仿唐王朝的结果，[②] 渤海国五京制又是辽五京制的直接来源，可见辽代是通过渤海国的都城制度间接继承中原陪都制度的。

金人“袭辽制，建五京”[③]，其首都也被命名为上京，并在灭辽后设置多都，先是金熙宗天眷元年（1138）将其国都皇帝寨“改曰会宁府，称上京”[④]，改辽上京为北京，海陵王迁燕以后，正式设立了五京，即燕京为中都大兴府、南京开封府、北京大定府、东京辽阳府和西京大同府，上京会宁府则被废除，此五京中有四京皆在辽五京的基础上设立，其继承关系显而易见。女真人与契丹人地理位置接近，又长期受其统治，很多习俗方面与契丹人接近，甚至在交往中不断地学习模仿而形成自己的习俗，[⑤] 在金人灭辽后，学习和模仿辽制是很自然的事情，辽上京的营建制度和五京制的设置，都是如此。女真人建国初期对中原制度的模仿是通过学习辽人实现的，也是一种间接的继承。

西夏在陪都设置上，没有辽、金那么复杂，而是模仿北宋实行两京制。西夏立国前，统治中心经过一个转移的过程，李继迁于宋真宗咸平五年（1002），占领灵州（今甘肃武威），设置西平府，天禧四年（1020）将怀远镇改为兴州，定都于此，宋仁宗明道二年（1033）李元昊升兴州为兴庆府。西夏立国后，兴庆府和西平府就成为其二京，虽然其地处南北，国人却习惯上将兴庆府称为东京，西平府为西京，显然是仿照宋初的东西二京。

在首都和陪都管理机构上，设置政治地位高于州的“府”，是唐代以来形成的传统。唐玄宗开元元年（713）将首都长安所在的雍州

---

① 据《新唐书·渤海传》记载，渤海五京为：上京龙泉府、中京显德府、东京龙原府、南京南海府、西京鸭渌府，参见晓辰《也谈渤海五京制的起始年代》，《北方文物》2003年第3期。

② 孙玉良：《渤海迁都浅议》，《北方论丛》1983年第3期；晓辰：《也谈渤海五京制的起始年代》，《北方文物》2003年第3期。

③ 《金史》卷24《地理志上》。

④ （宋）徐梦莘：《三朝北盟汇编》卷3，上海古籍出版社1987年影印本，第16页。

⑤ 朱国忱：《金源故都》，北方文物杂志社1991年版，第91页。

改为京兆府，设府尹管辖，首开此例，[①] 此后，唐五代首都和陪都设府成为推重其政治地位的象征。辽、金将其五京所在置府或由州升府，就是中原行政管理制度的模仿，这一点《金史·地理志》中有明确说明，上京会宁府“初为会宁州，太宗以建都，升为府”[②]。同时，西夏在其立国之前就设西平府、兴庆府，不仅是效仿中原制度，更是借此表达其要与北宋王朝平起平坐的政治意图。

在都城和陪都管理上辽、金、西夏三朝也继承了中原的留守制度。留守制度最初设于京城，“旧制，天子巡守、亲征，则命亲王或大臣总留守事”，后来将其推广到陪都，并成为常设。[③] 受其“四时捺钵”习俗的影响，辽、金首都和陪都也皆设有留守，辽代留守因兼职不同有很多名目，“五京留守司兼府尹、知某京留守事、同知某京留守事”[④] 等，金也设有“诸京留守司”[⑤]。

少数民族政权对中原都城制度的模仿还表现在都城各种建筑的名称上，而且这种模仿也最为明显和直接。如契丹建国初期，阿保机于称天皇帝的第二年十月（907）“建明王楼”，六年明王楼在叛乱中被焚毁，故于八年十月“建开皇殿于明王楼基”[⑥]，所谓“明王”“开皇”是唐玄宗的别称和年号，阿保机建皇都初期，以此命名，可见唐文化的影响。太宗时期所建的大内南门“承天门”的名称，也是唐长安某宫殿的名称。上京城外设同文驿招待各国使者，与宋汴京城所设招待高丽使者的同文馆同名。甚至在上京城西所设赤县名长泰，中京西部县名长兴，都与唐长安城西部的长安县名称相近。辽中京正南门名曰“朱夏”也与宋都正南门“朱雀”相仿，大内正南门“阊阖”也与开封城西北门同名。金上京“庆元宫，天会十三年建，殿曰辰居，门曰景晖”[⑦]，其中的“景晖”门，与宋都“上清宝阴宫，政和

① 李裕民：《唐代州制是如何演变为明代府制的》，《中国历史地理论丛》2001年第1辑。

② 《金史》卷24《地理志上》。

③ 《宋史》卷120《百官志七》。

④ 《辽史》卷48《百官志四》。

⑤ 《金史》卷55《百官志一》。

⑥ 《辽史》卷1《太祖纪》。

⑦ 《金史》卷24《地理志上》。

五年作，在景龙门东，对景晖门"[①] 中的"景晖"门同名。又有明德殿，与宋西京洛阳宫殿同名[②]。而金中都对中原制度的模仿主要在形制上，名称上的近似性反而不多，说明随着对中原制度领会的日益成熟，少数民族政权对中原制度的模仿逐渐开始超出形式而上升到内涵，名称模仿的形式在减少。

西夏兴庆府对中原都城建筑名称的模仿也很多。首先，其兴庆之名，就来自唐长安兴庆宫。其城南门名"南熏"，也是借用了宋都汴京南门的名称。甚至其管理京城的机构也仿宋东京名之"开封府"，如《西夏书事》即载：元昊"升兴州为府，改名'兴庆'，广宫室，营殿宇，其名号悉仿中国故事"，并立文武班，其中有"开封府"，"掌尹正畿甸之事""其制多与宋同"[③]。

但是作为少数民族建立的政权，其都城管理中必然也有本民族特色的东西，其中最突出者是适应本民族需要的"蕃汉分治"体制，在三政权中皆有反映。辽自建立之初，实行南北面官制度，"至于太宗，兼制中国，官分南北，以国制治契丹，以汉制待汉人"[④]，"辽有北面朝官矣，既得燕、代十有六州，乃用唐制，复设南面三省、六部、台、院、寺、监、诸卫、东宫之官。诚有志帝王之盛制，亦以招徕中国之人也"[⑤]。故而在都城管理和官制上也是如此，并进而影响到都城的规划，专门划出汉城以供汉人居住。女真建国后，也继承了辽的"南北分治"制度，"汉官之制，自平州人不乐为猛安谋克之官，始署长吏以下。天辅七年（1122）以左企弓行枢密院于广宁，尚踵辽南院之旧。……至熙宗颁新官制及换官格……然大率皆循辽、宋之旧"[⑥]。金都大兴府所设官职中，还专门分配了女真和汉人的名额，"六案司吏七十五人，内女直十五人，汉人六十人"，诸京留守司吏中也是如此。[⑦] 西夏所设官制虽"多与宋制同"，但仍存在本民

---

① 《宋史》卷85《地理志一》。

② 同上。

③ （清）吴广成：《西夏书事校证》卷11，第133页。

④ 《辽史》卷45《百官志一》。

⑤ 《辽史》卷47《百官志三》。

⑥ 《金史》卷55《百官志一》。

⑦ 参见《金史》卷55《百官志一》。

族特色的一些官号，由其本族人担任，“自中书、枢密、宰相、御史大夫、侍中、太尉以下，命蕃、汉人分任之。而其专授职有宁令、有谟宁令，有丁卢，有丁弩，有素赍，有卒儒，有吕则，有枢名，皆以蕃号名之”①。

另外，辽金在都城管理方面的创新还表现在京城警巡院制度方面。京城警巡院制度始创于辽，辽有五京警巡院、五京警巡使等名目，② 金人亦设“掌平理狱讼、警察别部，总判院事”③。辽代五京警巡院系过渡性质的市政建制，金代除于中都置左、右两警巡院外，东、西、南、北四京均置有警巡院。金代的诸京警巡院已成为独立的城市市政建制，专门治理城市民事及各项行政事务。这一制度，对元代上都、大都的城市管理产生过一定的影响。④

三　少数民族政权模仿中原王朝都城制度的途径

通过上文对辽、金、西夏三少数民族政权都城制度与中原王朝之对比分析，可知少数民族政权都城的确深受中原地区都城制度的影响，而少数民族都城对中原地区都城制度的模仿与创新是其学习中原文化的重要形式之一，这种模仿与创新，不仅推动了边疆地区都城和城市建设制度的发展，而且进而促进了中原文化在少数民族地区的传播。

这里再补充论述一下少数民族政权模仿中原王朝都城制度的途径及相关问题。

少数民族政权模仿中原都城制度有间接继承和直接继承两种途径。其中间接继承亦有两种情形：其一是少数民族政权间的相互继承和学习。如辽上京临潢府以渤海上京龙泉府为直接参照对象，继承唐代长安城的都城建设制度；金上京会宁府则主要参照了辽上京的布局和规划。其二是少数民族政权通过其所接触的中原城市，继承中原都

---

① （清）吴广成：《西夏书事校证》卷11，第133页。

② 《辽史》卷48《百官志四》。

③ 《金史》卷55《百官志一》。

④ 韩光辉：《元代中国的建置城市》，《地理学报》1995年第4期。

城制度。如辽上京最初设计中吸收了唐代蓟州、幽州的都城规划和布局，而辽南京淅津府则建立在改造唐代幽州城基础上，金中都又部分继承了辽南京的城市布局。

直接继承则是直接以中原都城为直接的参照对象。辽中京大定府“择良工于燕、蓟，董役二岁，郛郭、宫掖、楼阁、府库、市肆、廊庑，拟神都之制”①，设计规划直接参照了宋都汴京。金上京的宫城建设也有“仿汴京”② 的内容，金中都的修筑“遣画工写京师（东京）宫室制度，阔狭修短，尽以授之左右相张浩辈，按图修之”③，其“制度如汴”④。此外，各首都和陪都的宫殿城门名称甚至西夏都城兴庆府的名称都直接以宋都或唐都为模仿对象。

另外，少数民族政权以多个中原都城为学习对象，使其都城制度的模仿具有混合性。如辽上京建设初期学习唐都长安的制度，以渤海龙泉府为参照对象，并混合有蓟州、幽州的城市规划，后随着辽宋关系的改善，也吸收了宋都汴京的内容。金上京的规划以辽上京为最初参照对象，后又经“仿汴京”进行过改造。金中都的规划在唐代幽州旧城基础上学习汴京制度，不可避免带有唐宋城市规划的混合特点，旧城区仍保留了唐代的里坊制度。西夏兴庆府对唐文化和唐都长安较为推崇，但其规划和设计又与宋都汴京有很多渊源，甚至都城管理上也极力学习汴京，学习对象亦是混合的。

这种混合模仿主要是因为这些少数民族政权多是跨朝代存在的，唐代开放民族政策的推行和中原行政制度在少数民族地区的推广，使其在少数民族地区具有深厚的影响力，五代时期，在中原纷争的情况下，辽王朝建立后必然首先以唐文化为学习对象，正如《辽史·百官志》所言“契丹国自唐太宗置都督、刺史，武后加以五封，玄宗置经略使，始有唐官爵矣。其后习闻河北藩镇受唐官名，于是太师、太保、司徒、司空施于部族。太祖因之”⑤。西夏推崇唐代文化，都城

---

① 《辽史》卷39《地理志三·中京道》。

② （金）宇文懋昭：《大金国志》卷12《熙宗孝成皇帝四》。

③ （清）于敏中：《日下旧闻考》卷29引《金图经》。

④ （清）于敏中：《日下旧闻考》卷37引《大元一统志》。

⑤ 《辽史》卷47《百官志三》。

模仿唐制也是这一原因。同时，随着两政权与北宋对峙局面的形成，宋文化的影响日益超过唐文化，少数民族政权的都城制度模仿对象也就开始转向宋都汴京，由于后来文化的强势影响，和同时代这一因素，虽然有唐制的影响，少数民族政权都城对宋都汴京的模仿则是主要的。也正因此，在少数民族政权都城的模仿对象虽然是混合的，但在不同时期却有一个主要参照对象。此外，少数民族政权统治者的个人爱好在模仿对象的选择上也不可避免地起到重要作用，西夏在北宋初年建国，按常理应以宋都为模仿对象，但其很多方面推崇唐文化，是其统治者基于与唐政权关系和深受唐文化影响基础上的选择。因此，归纳跨朝代少数民族政权对中原都城制度的具体模仿，既与中原政权的共存时间长短有关，也与被模仿文化的影响强势程度有关，更与边区政权的统治者的个人爱好有关。

少数民族政权对中原都城制度的学习和模仿是通过有深厚的中原文化基础并对其学习对象熟悉的汉族官员或工匠的规划设计和建设实现的。辽上京的规划设计者康默记“少为蓟州衙校”①，并追随太祖征伐渤海。辽中京的建设则是“择良工于燕、蓟”②。西夏兴庆府则是“谴贺承珍督役夫”③，而其曾一年两次出使宋都汴京。④ 金上京的设计者是自辽降金的汉人卢彦伦，故而才有了仿辽上京的规划布局，中都则是“乃命左右丞相张浩、张通、左丞蔡松年，调筑路民夫筑燕京”⑤。

少数民族政权对中原都城制度的模仿内容和强度并非一成不变的，而是经历了一个逐渐深化的过程。在这些民族政权建立初期，对中原制度的模仿主要表现在形式上，尤其是相同名称的运用，如辽太祖初建明皇楼、开皇殿即如此，但随着其与中原交往的深入和对中原文化理解的加深，其学习对象逐渐上升到中原都城制度的内涵。辽

---

① 《辽史》卷34《康默记传》。

② 《辽史》卷39《地理志三·中京道》。

③ （清）吴广成：《西夏书事校证》卷10，第120页。

④ （清）吴广成：《西夏书事校证》卷8记载：宋真宗景德三年（1006）夏四月“德明先遣左都押牙贺承珍献马”，六月“德明闻中国司天奏周伯星见，复遣贺承珍入贺”。

⑤ （清）于敏中：《日下旧闻考》卷37引《大元一统志》。

中京、金上都的规划和建设可以说是其后期学习的体现。名称的模仿日渐减少，而更重视将中原都城制度与本民族本地实际相结合的灵活运用，从而创造出少数民族地区都城规划和建设的代表。

但是，需要指出的是，少数民族政权对中原都城制度的模仿并非全盘中原化，而是根据本民族的特点或者地理环境的不同，在模仿的同时也有所创新。辽上京临潢府城皇城内有大片设置毡帐的空地和早期殿阁东向，金上京的宫殿居西，都是适应本民族特点的改造。辽、金上京皆设置南北二城都是其在政治上设置“南北面官”蕃汉分治制度的反映。西夏兴庆府城的东西长于南北的“人”形布局，是受周围湖泊和河渠限制的结果。金上京会宁府城北城南北宽东西窄，东墙未与南城相连，而是偏西的格局，也是受东墙外低地的限制而自然调整的结果。

还有一点也必须强调，少数民族政权对中原都城制度模仿和学习的结果，推动了边疆地区都城制度和城市建设的发展，也是中原文化在少数民族地区传播的一种表现，因之关于这方面的深入研究，不仅是中国都城史的一大问题，而且也是了解中原文化传播史的一个重要窗口。

第九章　宋代以来黄土高原地区城镇体系的发展演变

城镇体系，按其现代意义来说，它是一个国家或一个地区范围内由一系列规模不等、职能各异的城镇所组成，并具有一定的时空地域结构、相互联系的城镇网络的有机整体。中国城镇体系的形成、发展经历了漫长的历史过程。历史文献资料和考古实物证明，中国早期城市产生于原始社会末期向奴隶社会过渡的时期，即起源于传说时代的三皇五帝之时（约公元前26世纪初），初形于夏，形成于商代末期。其间历时共约1500年。中国早期城市已具有行政、防御、商业、手工业作坊和集中居住区五大基本物质要素，从而与乡村区别开来。但中国城镇作为一个体系来说，实际上形成于奴隶社会向封建社会过渡的历史时期，即西周末期，其标志是由王城、诸侯国都和卿大夫都（采邑城）所构成的三级城邑网的形成和城市职能多样化的出现。秦代以降，中国城镇体系的发展大约可划分为如下几个阶段：①秦汉时期（前221—220）以政治中心为主的城市体系形成和发展，其组成是以首都为中心、郡城为骨干、县城为基层的城市系列组群；②魏、晋、南北朝、隋、唐时期（220—907）以政治中心和经济中心互相促进的城镇体系发展，形成了都城—道级驻所城市—府、州级治所城市—县城—镇及草市组成的比较完整的城镇系统；③五代、宋、元时期（907—1368）以经济中心为主的城镇体系形成和发展，城镇体系的等级系列更趋于完整，由于市镇的发展，城镇体系内县级城镇网络已基本形成；④明、清（鸦片战争前）时期（1368—1840）以大城市为中心包括周围中小城镇群和农村小城镇经济网的发展，地方小城镇的大量兴起，使城镇体系等级规模关系比较协调；⑤自1849年至

1949 年的半殖民地、半封建社会时期，中国城镇体系无论在职能组合结构，等级规模结构，还是地域空间结构等方面都发生了巨大的变化；⑥中华人民共和国成立后，城镇体系的发展使原有组织结构发生了根本性的变化。[①]

黄土高原地区城镇体系的发展与演变大致也经历了上述几个重要的历史阶段，但由于自然与人文重要条件的差异，这一地区城镇体系的发展与其他地区尤其是东南沿海地区城镇体系的发展并不完全同步。鉴于黄土高原地区的小城镇是从北宋开始才大量兴起的，本章拟分为宋金元时期（960—1368）、明清时期（1368—1911）、民国时期（1912—1949）、中华人民共和国成立后（1949—2000）四个时期，对这一地区城镇体系的发展演变过程略作论述。

一　宋金元时期（960—1368）

（一）北宋初年的城镇体系

北宋初年（太宗至道三年即 997 年以前），今黄土高原地区分属宋、辽这两个政权统治，这一地区的城镇体系自然也相应地包括宋境和辽境两个部分。

宋初承唐制，起初全国共设 13 道，不久改为 10 道，作为一级行政区划。宋初在今黄土高原地区共设有 5 道，分别是河南道（治河南，今洛阳）、关西道（治长安，今西安）、河东道（治阳曲，今太原）、陇右道（治成纪，今天水）。各道下辖若干府州军监，府州下又辖若干县，各县皆有一定数目的市镇级小城镇。从而构成道级城市—府州军监级城市—县级城镇—县以下城镇这四个等级的城镇体系。据《太平寰宇记》中的有关资料统计，当时宋境黄土高原地区共有道级城市 4 个，府州军监级城市 56 个，县级城镇 173 个，县以下城镇 81 个，合计各级城镇共有 314 个（参见表 9－1）。辽朝亦实行道制，分全国为五京道，其中涉及今黄土高原地区的为西京道（治今大同）。西京道下辖有若干

① 顾朝林：《中国城镇体系——历史·现状·展望》，商务印书馆 1996 年版，第 5—200 页。

府州军，府州下亦辖有若干县，个别县中有市镇。据《辽史》卷41《地理志五》可知，宋初黄土高原地区辽境内，共有道级城市1个，州军监级城市9个（其中州7军2），县级城镇21个（其中含有散州1个），县以下城镇5个，合计各级城镇共有36个（参见表9－1和表9－2）。如将这一部分城镇算上，则整个黄土高原地区实际上共有各级城镇350个，其中道级城市5个，府州军监级城市65个（其中州7军2），县级城镇194个，县以下城镇86个。

表9－1　　**北宋初年黄土高原地区城镇设置情况**

域别	道别	道级城市		府州军监级城市		县级城镇		县以下城镇		小计	
		数目（个）	比例	数目（个）	比例	数目（个）	比例	数目（个）	比例	数目（个）	比例
宋境	河南道	1	20%	2	3.08%	13	6.7%	3	3.49%	19	5.43%
	关西道	1	20%	27	41.54%	75	38.66%	47	54.65%	150	42.86%
	河东道	1	20%	23	35.38%	76	39.18%	9	10.47%	109	31.14%
	陇右道	1	20%	4	6.15%	9	4.64%	22	25.58%	36	10.29%
	合计	4	80%	56	86.15%	173	89.18%	81	94.19%	314	89.71%
辽境	西京道	1	20%	9	13.85%	21	10.82%	5	5.81%	36	10.29%
总计		5	100%	65	100%	194	100%	86	100%	350	100%

说明：1. 本表资料来源于《太平寰宇记》卷3—6、卷25—39、卷40—51、卷150—155和《辽史》卷41《地理志五》。

2. 府州军监级城市不计道治城市，县级城镇不计府州军监治所城市，县以下城镇包括具有某些城镇特点的寨、堡、关、场、务、监等类型的聚落。以下各表同，不再另外说明。

3. 各道城镇数字仅统计在今黄土高原地区境内者。以下各表同，不再另外说明。

表9－2　　**北宋初年黄土高原地区县均设置县以下城镇情况**

域别	道别	县均设置县以下城镇（个）	排序
宋境	河南道	0.23	4
	关西道	0.63	2
	河东道	0.12	5
	陇右道	2.44	1
	合计	0.47	

续表

域别	道别	县均设置县以下城镇（个）	排序
辽境	西京道	0.24	3
总计		0.44	

说明：本表资料据表9-1。

从表9-1和表9-2可知，宋初黄土高原地区各级城镇主要分布在宋朝辖境内，约占89.71%，辽朝辖境内虽然也有一些城镇，但因涉及的地域范围有限，城镇数目不是很大，约占10.29%。就各级城镇的数量与比例而言，道级城市各道均为1个，但其他级别的城镇数量与比例却存在较大的区域差异，其中各道府州军监级城市数量与所占比例由多到少依次是关西道、河东道、（辽）西京道、陇右道、河南道，而县级城镇依次是为河东道、关西道、陇右道、河南道、（辽）西京道，县以下城镇依次是关西道、陇右道、河东道、（辽）西京道、河南道。但从县均设置县以下城镇来分析，情况又有所不同，由多到少的排序依次是陇右道、关西道、（辽）西京道、河南道、河东道，之所以出现这样的情况，主要因为陇右道的城堡寨数量比其他地区（除关西道外）都多得多，而县级政区又最少（只有9个）导致的。

（二）北宋中后期的城镇体系

北宋道制实行不久即被路制所代替。宋太宗至道三年（997）始设15路，至神宗熙宁六年（1073）共设26路，至元丰年间（1078—1085）全国共有23路，涉及今黄土高原地区有西京河南府、京西路、永兴军路、秦凤路、河东路。另外，除辽西京道以外，吐蕃、西夏也有部分领土属今黄土高原地区并设置了一些城镇。所以整个黄土高原地区的城镇实际由宋境、辽境、吐蕃辖境和西夏辖境的城镇所组成，合计共有各级城镇1102个，其中路级城市5个，府州军监级城市102个，县级城镇166个，县以下城镇855个（参见表9-3）。

表9－3　　北宋中后期黄土高原地区城镇设置情况

域别	路别	路级城市		府州军监级城市		县级城镇		县以下城镇		小计	
		数目（个）	比例	数目（个）	比例	数目（个）	比例	数目（个）	比例	数目（个）	比例
宋境	西京河南府	1	20%	—	—	7	4.22%	13	1.52%	21	1.91%
	京西路	—	—	—	—	2	1.2%	—	—	2	0.18%
	永兴军路	1	20%	18	17.65%	69	41.57%	135	15.79%	223	20.24%
	秦凤路	1	20%	24	23.53%	25	15.06%	260	30.41%	324	29.4%
	河东路	1	20%	21	20.59%	39	23.49%	87	10.18%	148	13.43%
	合计	4	80%	63	61.77%	142	85.54%	535	62.57%	718	65.15%
辽境	西京道	1	20%	9	8.82%	21	12.65%	5	0.58%	36	3.27%
吐蕃辖境	黄土高原地区	—	—	—	—	—	—	1	0.12%	1	0.09%
西夏辖境	黄土高原地区	—	—	30	29.41%	3	1.81%	314	36.73%	347	31.49%
总计		5	100%	102	100%	166	100%	855	100%	1102	100%

说明：1. 本表北宋资料据王存《元丰九域志》卷1《四京·西京》《四京·京西路》、卷3《陕西路·永兴军路》《陕西路·秦凤路》、卷4《河东路》，辽资料据《辽史》卷41《地理志五》，吐蕃资料据谭其骧主编《中国历史地图集》第六册《宋、辽、金时期》（地图出版社1987年版）第20—21页，西夏资料据《宋史》卷485、卷486《夏国传上下》和吴庆成《西夏书事》、张鉴《西夏记事本末》得出。

2. 宋西京河南府治视为路级城市，府级城市不再统计。

表9－4　　北宋中后期黄土高原地区县均设置县以下城镇情况

域别	路别	县均设置县以下城镇（个）	排序
宋境	西京河南府	1.86	5
	京西路	0	7
	永兴军路	1.96	4
	秦凤路	10.4	2
	河东路	2.23	3
	合计	3.77	

续表

域别	路别	县均设置县以下城镇（个）	排序
辽境	西京道	0.24	6
吐蕃辖境	黄土高原地区	——	——
西夏辖境	黄土高原地区	104.67	1
总计		5.15	

说明：本表资料据表9－3，吐蕃所占黄土高原地区因无县的设置，县均城镇栏缺。

由表9－3、表9－4的统计数字可知，宋中后期黄土高原地区的各级城镇的数量均有较大的增加，城镇的分布格局有了较大的变化。各级城镇虽然仍主要分布在宋朝辖境内，但其所占比例已由89.71%下降到65.15%左右，辽朝辖境的城镇也由10.29%下降到3.27%左右。与此同时，西夏辖境的各级城镇总数占到整个地区城镇的31.49%，吐蕃辖境的城镇数量较少，只有1个小城镇，占整个地区城镇总数的0.09%左右。与宋初相比较，这一时期各路各级城镇的数量与比例都有了较大的变化，因而排序相应产生了明显的变动，其中路级城市西京河南府、永兴军路、秦凤路、河东路各有1个，宋京西路、西夏辖境和吐蕃辖境均无。值得特别注意的是，西夏境内除路级城市无数据，县级城镇仅有3个外，府州军监级城市数量多达30个，约占整个黄土高原地区的29.41%，而县以下城镇也多达314个，约占整个黄土高原地区的36.73%，这与西夏模仿内地制度广泛设置府州并大量设置城堡寨与宋、辽抗衡有极大的关系。

辽西京道各级城镇数目基本上没有变化，但因为其他地区城镇数量的变化，导致其各级城镇在整个黄土高原地区的比例与排序产生了较大的变动。至于宋境，各路情况也多有不同，府州军监级城市数量与所占比例由多到少依次是秦凤路、永兴军路、河东路，县级城镇依次是永兴军路、河东路、秦凤路、西京河南府、京西路，县以下城镇依次为秦凤路、永兴军路、河东路、西京河南府、京西路，而县均设置县以下城镇则依次为秦凤路、河东路、永兴军路、西京河南府、京西路，排序有所变化，与这一时期河东路地区城堡寨的大量增加有一定的关系。

（三）金代的城镇体系

金代黄土高原地区的城镇体系等级与前代变化不大，但各级城镇的数量却有一定的变化。金初城镇数量明显减少，这有多方面的原因。首先，金灭北宋中乱军烧杀抢掠，山西、河南几千里无人烟，“纵兵入城，无问老幼皆杀之，焚烧屋舍，夷其城郭，太原自此遂邱墟矣”①。“官舍民庐悉皆焚毁，瓶罂牖户之类无一全者，惟井陉、百井、寿阳、榆次、徐沟、太谷等处仅有名存。”② 这直接导致区域经济衰退，城镇人口锐减，城镇数量相应大为减少。其次，金代新筑城堡寨的数量大为减少，这主要是因为金灭辽以后，西夏即臣服于金，二国结为军事联盟的关系，共同攻灭北宋，西夏金沿边驻军和军事设施当然要大为减少。据《金史・地理志》载：金西夏交界的鄜延、庆原、熙秦、临洮四路（不包括河东路），城堡寨关镇凡 136 座，其中 24 堡，49 寨，10 城，4 关，49 镇，比之宋元丰年间的数字约减少 50%。最后，少数民族政权统治者缺乏政治经济远见，各民族的生活习惯迥异等因素也是城镇发展的重要障碍。

1125 年，金灭辽，两年后灭北宋，辽西京道被金占据，北宋在西北地区的原有建置为金与西夏瓜分，西夏历史资料贫乏，难以复原出其镇的具体数量，唯个别地方（如州县府等）尚可简略论述。金将全国分为 19 路作为一级行政区，路下统府、州，府州下设县。今黄土高原地区设西京路、南京路、河东北路、河东南路、京兆府路、凤翔路、鄜延路、庆原路、临洮路。由于西夏与金对峙，本地区金与西夏辖境内共有路级城市 8 个，府州军级城市 75 个，县级城镇 211 个，县以下城镇 383 个，各级各类城镇 778 个（参见表 9－5 和表 9－6）。

---

① （宋）徐梦莘：《三朝北盟会编》卷 53 靖康元年九月引《靖康遗录》，上海古籍出版社 2008 年影印本。

② （宋）徐梦莘：《三朝北盟会编》卷 57 靖康元年十月。

表9－5　　金代黄土高原地区城镇设置情况

域别	路别	路级城市		府州军城市		县级城镇		县以下城镇		小计	
		数目（个）	比例	数目（个）	比例	数目（个）	比例	数目（个）	比例	数目（个）	比例
金境	西京路	1	12.5%	7	9.33%	16	7.58%	13	3.39%	37	4.76%
	南京路	—	—	2	2.67%	8	3.79%	13	3.39%	23	2.96%
	河东北路	1	12.5%	11	14.67%	35	16.59%	52	13.58%	99	12.72%
	河东南路	1	12.5%	7	9.33%	53	2.12%	31	8.09%	92	11.83%
	京兆府路	1	12.5%	6	8%	28	13.27%	33	8.62%	68	8.74%
	凤翔路	1	12.5%	5	6.67%	28	13.27%	38	9.92%	72	9.25%
	鄜延路	1	12.5%	5	6.67%	13	6.16%	33	8.62%	52	6.68%
	庆原路	1	12.5%	5	6.67%	14	6.64%	54	14.1%	74	9.51%
	临洮路	1	12.5%	5	6.67%	13	6.16%	37	9.66%	56	7.2%
	合计	8	100%	53	70.67%	208	98.58%	233	60.84%	573	73.65%
西夏境	黄土高原地区	—	—	22	29.33%	3	1.42%	150	39.16%	205	26.35%
总计		8	100%	75	100%	211	100%	383	100%	778	100%

说明：本表中金朝资料据《金史》卷24《地理志上》、卷25《地理志中》和卷26《地理志下》，西夏资料据《宋史》卷485、卷486《夏国传上下》和吴广成《西夏书事》、张鉴《西夏记事本末》得出。

表9－6　　金代黄土高原地区县均设置县以下城镇情况

域别	路别	县均设置县以下城镇（个）	排序
金境	西京路	0.81	9
	南京路	1.63	4
	河东北路	1.49	5
	河东南路	0.58	10
	京兆府路	1.18	8
	凤翔路	1.36	7
	鄜延路	2.54	3
	庆原路	3.86	1
	临洮路	2.85	2
	合计	2.46	
西夏境	黄土高原地区	1.37	6
总计		1.82	

说明：本表资料来源同表9－6。

金代黄土高原地区的各级城镇从数量上看，以金境占的比例较大，约占73.65%，西夏境只占到26.35%左右。其中金境内，府州军级城市按所占比例大小排序依次为河东北路、西京路、河东南路、京兆府路、凤翔路、鄜延路、庆原路、临洮路、南京路，县级城镇所占比例排列顺序为河东南路、河东北路、京兆府路、凤翔路、西京路、庆原路、临洮路、鄜延路、南京路，县以下城镇所占比例排名依次为庆原路、河东北路、凤翔路、临洮路、京兆府路、鄜延路、河东南路、南京路、西京路，县均设置县以下城镇数量排名依次为庆原路、临洮路、鄜延路、南京路、河东北路、凤翔路、京兆府路、西京路、河东南路。不过，由于庆原路、河东北路、凤翔路、临洮路、鄜延路等沿边各路中城堡寨占了较大的数量，所以上述排名并不能完全反映城镇经济的区域差异情况。

（四）元代的城镇体系

元实现了全国的大一统。元代的行政区划比较复杂，在今黄土高原地区既中书省辖区，又有行省辖区、宣政院辖区。这一时期的城镇体系大致可分为省级城镇、路府直隶州级城镇、散州县级城镇，以及县以下城镇共四级城镇体系。元初城镇体系的发展速度大为降低，决定性的因素是蒙金战争的巨大破坏作用。自贞祐元年（1213）冬十一月，至二年（1214）春正月，蒙古军“凡破九十余郡，所过无不残灭。两河山东数千里人民杀戮几尽，金帛子女牛羊马畜皆席卷而去，屋庐焚毁”①。从整个发展史来看，均是各朝之初处于最低点，以后逐步上升达到顶峰，在各朝末期回到最低点的模式。据《元史·地理志》记载，元代今黄土高原地区共有省级城市1个，路府直隶州级城市44个，散州县级城镇152个，以及县以下城镇68个，各级各类城镇共265个。元代各级城镇数量偏少，与行政区划的调整有很大的关系，而县以下城镇非常少，既与版图统一后军事性的城堡寨大规模减少有关，同时也是区域城镇经济不发达的表现。

---

①（宋）李心传：《建炎以来朝野杂记》乙集卷19《韃靼款塞》，商务印书馆1936年排印本。

表9-7　　元代黄土高原地区城镇设置情况

省别	省级城市		路府直隶州级城市		散州县级城镇		县以下城镇		小计	
	数目（个）	比例	数目（个）	比例	数目（个）	比例	数目（个）	比例	数目（个）	比例
中书省	—	—	19	43.18%	78	51.32%	7	11.11%	104	39.25%
河南行省	—	—	2	4.55%	6	3.95%	3	4.41%	11	4.15%
陕西行省	1	100%	20	45.45%	64	42.1%	46	67.65%	131	49.43%
甘肃行省	—	—	2	4.55%	2	1.32%	11	16.18%	15	5.66%
宣政院辖地	—	—	1	2.22%	2	1.32%	1	1.47%	4	1.51%
总计	1	100%	44	100%	152	100%	68	100%	265	100%

说明：本表资料据《元史》卷58—卷60《地理志》。

表9-8　　元代黄土高原地区县均设置县以下城镇情况

省别	县均设置县以下城镇（个）	排序
中书省	0.09	5
河南行省	0.5	3
陕西行省	0.72	2
甘肃行省	5.5	1
宣政院辖地	0.5	3
总计	0.45	

说明：本表资料来源同表9-7。

从表9-7和表9-8可以看到，省级城市只有陕西行省有一个，即奉元路城（治今西安市）。路府直隶州级城市按所占比例大小排序依次为陕西行省辖区、中书省辖区、河南行省与甘肃行省辖区、宣政院辖地，散州县级城镇所占比例排序依次为中书省辖区、陕西行省辖区、河南行省辖区、甘肃行省辖区与宣政院辖地，县以下城镇所占比例排序依次为陕西行省辖区、甘肃行省辖区、中书省辖区、河南行省辖区、宣政院辖地，县均设置县以下城镇数量排序依次为甘肃行省辖

区、陕西行省辖区、河南行省辖区与宣政院辖地、中书省辖区，显然元代甘肃辖区县以下小城镇的相对比较密集，这与元代这一地区仍然保留有较多的城堡寨而县级政区数量又相对稳定有一定关系。

二　明清时期（1368—1911）

（一）明朝前期的城镇体系

明朝前朝，黄土高原地区为四级城镇体系，即省级城市、府直隶州级城市、散州县级城镇和县以下城镇。据明英宗天顺五年（1461）刊行的《大明一统志》所记，其中省级城市 2 个、府直隶州级城市 34 个、散州县级城镇 190 个和县以下城镇 468 个，各级各类城镇共 1005 个。各级城镇的总数比较大，基本上接近北宋中后期的水平。

从表 9－9 和表 9－10 可以看出，明朝前期黄土高原地区的各级城镇总数以山西布政司和陕西布政司所辖地区数量较多，河南布政司辖地数量较少。省级城市山西、陕西各有一个，府直隶州级城市按所占比例大小排序依次为山西辖区、陕西辖区、河南辖区，散州县级城镇相同，但县以下城镇的情况有所变化，按所占比例大小排序依次为陕西辖区、山西辖区、河南辖区，而县均设置县以下城镇数量排序依次为河南辖区、陕西辖区、山西辖区，这可能在一定程度上反映了河南地区小城镇比较发达的事实。

（二）明朝中后期的城镇体系

明代中后期，黄土高原地区仍然为四级城镇体系，即省级城市、府直隶州级城市、散州县级城镇和县以下城镇，但各级城镇数量与前期多有不同。据《明史·地理志》所记，明神宗万历年间（1573—1620）省级城市 2 个、府直隶州级城市 35 个、散州县级城镇 193 个和县以下城镇 235 个，各级各类城镇共 465 个。与明前期相比，此一时期省级城市没有变化，府直隶州级城市和散州县级城镇均稍有增加，但县以下城镇则大量减少，这可能与实际情况不完全相符合，估计造成县以下城镇数量偏少的原因主要是与《明史·地理志》著录不全有关（参见表 9－11 和表 9－12）。

表 9－9 明代前期黄土高原地区城镇设置情况

省别	省级城市		府直隶州级城市		散州县级城市		县以下城镇		小计	
	数目（个）	比例	数目（个）	比例	数目（个）	比例	数目（个）	比例	数目（个）	比例
山西布政司	1	50%	18（含 11 卫）	52.94%	93（含 8 所）	48.95%	216	46.15%	639	45.34%
河南布政司	—	—	1	2.94%	8	4.21%	34	7.26%	43	6.27%
陕西布政司	1	50%	15（含 8 卫）	44.12%	89（含 8 所）	46.84%	218	46.58%	323	48.4%
总计	2	100%	34	100%	190	100%	468	100%	*1005*	100%

说明：1. 本表资料据《大明一统志》卷 19—卷 37。

2. 卫所治所与州县同城者不入表内。

表9－10　　明代前期黄土高原地区县均设置县以下城镇情况

省别	县均设置县以下城镇（个）	排序
山西布政司	2.32	3
河南布政司	4.25	1
陕西布政司	2.45	2
总计	2.46	

说明：本表资料来源同表9－9。

表9－11　　明代中后期黄土高原地区城镇设置情况

省别	省级城市		府直隶州级城市		散州县级城市		县以下城镇		小计	
	数目（个）	比例	数目（个）	比例	数目（个）	比例	数目（个）	比例	数目（个）	比例
山西布政司	1	50%	18（含11卫）	51.43%	93（含8所）	48.19%	116	49.36%	228	49.03%
河南布政司	—	—	1	2.86%	16（含8所）	8.29%	22	9.79%	39	8.39%
陕西布政司	1	50%	16（含8卫）	45.71%	84	43.52%	97	41.28%	198	42.58%
总计	2	100%	35	100%	193	100%	235	100%	465	100%

说明：1. 本表资料据《明史》卷41、卷42《地理志》。

2. 卫所治所与州县同城者不入表内。

表9－12　明代中后期黄土高原地区县均设置县以下城镇情况表

省别	县均设置县以下城镇（个）	排序
山西布政司	1.25	2
河南布政司	1.38	1
陕西布政司	1.16	3
总计	1.22	

说明：本表资料同表9－11。

从表9－11和表9－12可以看出，明朝后期黄土高原地区的各级城镇仍以山西布政司和陕西布政司所辖地区数量较多，河南布政司辖区数量较少。省级城市、府直隶州级城市、散州县级城镇按所占比例大小排序也没有太大变化，但县以下城镇及县均设置县以下城镇的排序则发生了较大的变化，山西辖区县以下城镇的数量已超过陕西辖区而跃居第一位，但县均设置县以下城镇数量山西布政司1.25个，河南布政司1.38个，陕西布政司1.15个，分布比较均衡，排序依次为河南、山西、陕西，其间河南辖区的地位没有变化，山西辖区则超过了陕西辖区而居第二位，这当与明中后期山西地区县域城镇的发展有关。

（三）清朝的城镇体系

清代实行行省制度，行政区划与明代有一些变化，行省之下有府、直隶州和直隶厅，再下有散州、县、厅、旗之设。清代黄土高原地区的城镇体系大致为省治城市、府直隶州（厅）治城市、散州县厅旗治城镇、县以下城镇四级。据嘉庆《重修一统志》，嘉庆二十五年（1820），黄土高原地区共有省治城市3个、府直隶州（厅）治城市47个、散州县厅旗治城镇189、县以下城镇848个，合计各级城镇共有1087个，较明代有了进一步发展。相对于清以前而言，清代的市镇经济有了较大的发展，成为县以下城镇的主体，与以往以军事功能为主的镇、城、堡、寨等颇有不同。不少旧时的军事性城堡在清时被升置县级城镇，从而彻底实现了功能的转变，此一时期虽然也裁撤县级城镇，但是由非军事中心点设立的新置县级城镇更多一些，加之市镇的大量出现，使得各级城镇的数目较前大为增加（参见表9-13、表9-14和表9-15）。

表9-13　**清代黄土高原地区各级城镇数目统计（嘉庆二十五年，1820）**

省别	省治城市		府直隶州（厅）治城市		散州县厅旗治城镇		县以下城镇		合计	
	数目（个）	比例	数目（个）	比例	数目（个）	比例	数目（个）	比例	数目（个）	比例
陕西	1	33.33%	11	23.40%	50	26.46%	363	42.81%	425	39.10%
山西	1	33.33%	19	40.43%	81	42.86%	306	36.09%	407	37.44%
甘肃	1	33.33%	9	19.15%	35	18.52%	148	17.45%	193	17.76%

续表

省别	省治城市		府直隶州（厅）治城市		散州县厅旗治城镇		县以下城镇		合计	
	数目（个）	比例	数目（个）	比例	数目（个）	比例	数目（个）	比例	数目（个）	比例
河南	—	—	2	4.26%	10	5.29%	31	3.66%	43	3.96%
内蒙古	—	—	6	12.77%	13	6.88%	—	—	19	1.75%
总计	3	100%	47	100%	189	100%	848	100%	1087	100%

说明：1. 本表有关数据系据嘉庆《重修一统志》、谭其骧主编《中国历史地图集》第八册《清时期》（地图出版社 1987 年版）、刘景纯《清代黄土高原地区城镇地理研究》（中华书局 2005 年版）整理而来。

2. 府直隶州（厅）治城市不含与省同治城市，散州县厅旗治城镇不含与府直隶州（厅）同治城市。

3. 市镇包括集市。

表 9 – 14　　**清代黄土高原地区县均设置市镇情况**

省别	县均设置县以下城镇（个）	排序
陕西	7.26	1
山西	3.78	3
甘肃	4.23	2
河南	3.10	4
内蒙古	—	—
总计	4.49	

说明：本表资料来源同表 9 – 13。

从表 9 – 13 和表 9 – 14 可以看出，各级城镇总数最多的是陕西辖区，其他依次是山西辖区、甘肃辖区、河南辖区和内蒙古辖区。陕西、山西、甘肃辖区各有省治城市一个，新增甘肃省会城市兰州，尽管从城市人口规模上来讲均不足 20 万人，仍属于小城镇的水平，但已大大改变了省级城市东西分布不均的情况。府直隶州（厅）治城市以山西辖区为最多，其次分别是陕西辖区、甘肃辖区、内蒙古辖区和河南辖区，散州县厅旗治城镇的数目排序大致相同，但县以下城镇却以陕西地区为最多，其次分别是山西辖区、甘肃辖区和河南辖区，内蒙古辖区没有县以下城镇，城镇体系尚处于初期发展阶段。从县均县以下城镇的情况来分析，陕西辖区仍居首位，甘肃辖区第二，山西辖区、河南辖区分别为第三、四位，与明代的情况颇有不同，这说明陕西辖区、甘肃辖区市镇经济发展较快，而山西辖区、河南辖区市镇发展则相对落后。

表 9-15　**清代黄土高原地区转化、新置、裁撤县级城镇情况**

类别	数目（个）	县级城镇名称	今址	置/撤年代
转化县级城镇	19	神池县	山西神池县城	雍正三年（1725）
		五寨县	山西五寨县城	雍正三年（1725）
		左云县	山西左云县城	雍正三年（1725）
		平鲁县	山西平鲁县平鲁城镇	雍正三年（1725）
		偏关县	山西偏关县城	雍正三年（1725）
		天镇县	山西天镇县城	雍正三年（1725）
		阳高县	山西阳高县城	雍正三年（1725）
		靖边县	陕西靖边县新城乡	雍正八年（1730）
		定边县	陕西定边县城	雍正八年（1730）
		怀远县	陕西横山县城	雍正八年（1730）
		灵州	宁夏灵武县城	雍正二年（1724）
		平罗县	宁夏平罗县城	雍正二年（1724）
		中卫县	宁夏中卫县城	雍正二年（1724）
		碾伯县	青海乐都县城	雍正二年（1724）
		大通县	青海大通县西北	乾隆二十六年（1761）
		贵德县	青海贵德县城	乾隆五十六年（1791）
		平番县	甘肃永登县城	雍正二年（1724）
		庄浪厅	甘肃永登县城	乾隆三年（1738）
		东胜厅	内蒙古东胜市	光绪三十年（1904）
新置县级城镇	13	鄂尔多斯左翼中旗	伊金霍洛旗	顺治六年（1649）
		鄂尔多斯右翼中旗	鄂托克旗东北达拉图鲁	顺治六年（1649）
		鄂尔多斯左翼前旗	准格尔旗西西营子	顺治六年（1649）
		鄂尔多斯左翼后旗	达拉特旗西北大树湾	顺治六年（1649）
		鄂尔多斯右翼前旗	乌审旗东北巴吉代	顺治六年（1649）
		鄂尔多斯右翼后旗	木元锦旗北独贵特拉	顺治六年（1649）
		鄂尔多斯右翼前末旗	伊金霍洛旗新街镇	雍正九年（1731）
		土默特左翼旗	土默特左旗	
		土默特右翼旗	土默特右旗	
		循化厅	青海循化县	乾隆二十七年（1762）
		巴燕戎厅	青海化隆县	乾隆八年（1742）
		丹格尔厅	青海湟源县	道光九年（1829）
		金积镇（宁灵厅治）	宁夏吴忠市金积镇	同治十一年（1872）

续表

类别	数目（个）	县级城镇名称	今址	置/撤年代
裁撤县级城镇	7	平顺县 东平县 马邑县 清源县 庄浪厅 新渠县 宝丰县	山西平顺县城 山西昔阳县城 山西朔县马邑 山西清徐县清源镇 甘肃庄浪县南湖镇 宁夏银川附近 宁夏平罗县北	乾隆二十九年（1764） 嘉庆元年（1796） 嘉庆元年（1796） 乾隆二十八年（1763） 乾隆四十三年（1778） 乾隆四年（1739） 乾隆四年（1739）

说明：1. 本表系据刘景纯《清代黄土高原地区城镇地理研究》（中华书局2005年版）有关表格改制。

2. 升置县级城镇指由军事性城堡转化的县级城镇。

3. 新置县级城镇指由非军事中心点设立的县级城镇。

4. 裁撤县级城镇中的新渠县、宝丰县、庄浪厅分别始设于雍正四年（1726）、雍正六年（1728）、乾隆三年（1738），其他均为明代旧县。

三　民国时期（1912—1949）

（一）北京政府时期的城镇体系

民国时期（1912—1949）大致可分为北京政府时期（1912—1926）和南京政府时期（1927—1949）这两个大的阶段。北京政府时期行政区划为省、道、县三级，又有特别区域与省平级，县级行政机构亦有旗和设治局。北京政府时期黄土高原地区的城镇体系大致为省治城市、道治城市、县级城镇、县以下城镇四级，因县以下城镇资料不完备，本节不进行讨论。

北京政府时期黄土高原地区县级以上城镇的数目为284个，已超过清代的129个，其中省治城市有4个，比清代新增了绥远（即内蒙古河套地区），使省级城市的分布更趋平衡（参见表9－16）。道级城市的数目以甘肃辖区为最多，山西辖区次之，陕西辖区与河南辖区居第三位，绥远辖区无。县级城镇的数目以山西地区居首位，其他依次是甘肃辖区、陕西辖区、绥远辖区和河南辖区。

表 9－16　北京政府时期黄土高原地区各级城镇数目统计（1926）

省别	省治城市		道治城市		县级城镇		合计	
	数目（个）	比例	数目（个）	比例	数目（个）	比例	数目（个）	比例
陕西	1	25.00%	1	12.50%	64	23.53%	66	23.24%
山西	1	25.00%	2	25.00%	102	37.50%	105	36.97%
甘肃	1	25.00%	4	50.00%	69	25.37%	74	26.06%
河南	—	—	1	12.50%	11	4.04%	12	4.23%
绥远	1	25.00%	—	—	26	9.56%	27	9.51%
总计	4	100%	8	100%	272	100%	284	100%

说明：1. 本表系据郑宝恒《民国时期政区沿革》（湖北教育出版社 2000 年版）有关资料制作。

2. 省治城市含绥远特别区域治所城市，县级城镇含设治局、旗治所城镇。

3. 道治城市不计与省同治城市，县级城镇不计与省、道同治城镇。

（二）南京政府时期的城镇体系

南京政府时期在行政区划上废除道制，县直隶于省，因而这一时期黄土高原地区的城镇体系大致为省治城市、县级城镇、县以下城镇三级。1928 年 9 月，南京国民政府公布了我国历史上第一个《县组织法》。1929 年 6 月又作了修订，在修订的《县组织法》中，将原“村里”改为“乡里”，镇作为行政区划建制首次列入法律。不过民国时期的乡镇是带有地方自治性质的组织，不是完全意义上的行政区划组织。当时镇的规模较小，一般约为 1 千户。[①] 因县以下城镇资料不完备，这里亦暂不进行讨论。

从表 9－17 可知，南京政府时期黄土高原地区县级以上城镇的数目为 349 个，比北京政府时期又有较大的发展。其中省治城市有 6 个，新增省会城市西宁和银川，奠定了以后省级城市分布的基本格局。县级城镇的数目以陕西辖区为最多，山西辖区次之，其他依次是甘肃辖区、绥远辖区、宁夏辖区、河南辖区和河南辖区。陕西辖区县级城镇超过山西辖区，当与边区政府大量设县、积极发展区域经济有关，而甘肃辖区县级城镇的减少，实与宁夏、青海分出另行成立省级行政区有关。

---

① 蔡秀玲：《论小城镇建设——要素聚集与制度创新》，人民出版社 2002 年版，第 47 页。

表9－17　**南京政府时期黄土高原地区各级城镇数目统计（1947）**

省别	省治城市		县级城镇		合计	
	数目（个）	比例	数目（个）	比例	数目（个）	比例
陕西	1	16.67%	128	37.32%	129	36.96%
山西	1	16.67%	104	30.32%	105	30.09%
甘肃	1	16.67%	47	13.70%	48	13.75%
宁夏	1	16.67%	16	4.67%	17	4.87%
青海	1	16.67%	9	2.62%	10	2.87%
河南	—	—	12	3.50%	12	3.44%
绥远	1	16.67%	27	7.87%	28	8.02%
总计	6	100%	343	100%	349	100%

说明：1. 本表系据郑宝恒《民国时期政区沿革》（湖北教育出版社2000年版）有关资料制作；

2. 县级城镇含省辖市、设治局、旗治所城镇；

3. 县级城镇含陕甘宁边区城镇，不计与省同治城镇。

四　中华人民共和国成立以后（1949—2000）

中华人民共和国成立以后的50多年间，我国的小城镇发展经历了恢复发展、曲折发展和快速发展三个阶段，其中1949—1953年为小城镇的恢复发展阶段，这一时期，农村经济的恢复和发展，使小城镇出现了历史上的兴盛时期；1954—1978年为小城镇曲折发展阶段，这一时期，随着撤区并乡和人民公社的建立，实行了“政社合一”的行政体制，一大批集镇被撤销，公社所在地的镇逐步发展起来，而公社以下的小集镇则逐渐趋向衰落；1979年至今为小城镇快速发展阶段，这一时期，由于市场经济的发展，过去长期萎缩的传统市镇获得复兴，新型小城镇在乡镇企业发展的基础上出现和成长，特别是1984年国家相继发布的关于调整建制镇的标准和允许农民进镇落户的决定，导致小城镇数量迅速增长。① 黄土高原地区受国家政治经济环境和相关政策法规的影

① 蔡秀玲：《论小城镇建设——要素聚集与制度创新》，人民出版社2002年版，第47—50页。

响，小城镇的发展也大致经历上述三个阶段。

从表 9－18 可以看出，截至 2000 年，黄土高原地区共有各级城镇 4999 个，其数量之多是以往各朝代所无法比拟的。城镇体系大致为省会城市、地区中心城市、县级城镇和乡镇级城镇四级，其中省会城市仍为 6 个，与民国时期一样，但有 23 个地区中心城市，与省会城市一起发挥着区域经济中心的作用。作为小城镇主体的县级城镇和乡镇级城镇，总量为 4970 个，但发展情况各不相同，县级城镇有 268 个，数目虽然较民国时期有所减少，但地域分布上更为合理，有利于带动区域经济社会的平衡发展；乡镇级城镇为 4702 个，数目众多，也是县域经济社会得以持续发展的重要基础。

从表 9－19 可以看出，在县（市）均乡镇级城镇数目方面，整个黄土高原地区为县（市）均 17.55 个乡镇级城镇，基本合理，但各省级辖区内县（市）均乡镇级城镇的情况却有一定差异。县（市）均乡镇级城镇数最大的甘肃地区，县（市）均乡镇级城镇数为 20.28 个，其他依次是陕西辖区（17.87 个）、青海辖区（17.50 个）、山西辖区（17.00 个）、内蒙古辖区（16.35 个）、宁夏辖区（16.12 个）和河南辖区（14.21 个），最大数与最小数之差为 6.07 个，初看起来相差并不是很大。但如果按地区（地级市）为区域单位分析，情况就大不一样。陕西省的西安市县（市）均乡镇级城镇数为 25.40 个，延安市 13.08 个，最大数与最小数之间相差 12.32 个；山西省的大同市 32.54 个，临汾市 12.75 个，最大数与最小数之间相差 19.79 个；甘肃省的陇南地区 33.33 个，甘南州 14.50 个，最大数与最小数之间相差 18.83 个；宁夏的固原地区 20.67，银川市 10.50 个，最大数与最小数之间相差 10.17 个；青海省的西宁市 21.33 个，海南州 8.00 个，最大数与最小数之间相差 13.33 个；河南省的洛阳市 14.78 个，三门峡市 13.20 个，最大数与最小数之间相差 1.58 个；内蒙古的巴彦淖尔盟 18.00 个，伊克昭盟 15.13 个，最大数与最小数之间相差 2.87 个。就整个黄土高原地区来说，县（市）均乡镇级城镇数最不平衡的是山西省辖区，最平衡的是河南省辖区。县（市）均乡镇级城镇数最大的是陇南地区 33.33 个，最小的是海南州 8.00 个，最大数与最小数之间相差 25.33 个，充分显示了整个黄土高原地区乡镇级

城镇发展的不平衡特征。

表9－18 **黄土高原地区各级城镇数目统计（2000）**

省别	省会城市		地区中心城市		县级城镇		乡镇级城镇		合计	
	数目（个）	比例	数目（个）	比例	数目（个）	比例	数目（个）	比例	数目（个）	比例
陕西	1	16.67%	6	26.09%	61	22.76%	1090	23.18%	1158	23.17%
山西	1	16.67%	9	39.13%	97	36.19%	1649	35.07%	1756	35.13%
甘肃	1	16.67%	2	8.70%	47	17.54%	953	20.27%	1003	20.06%
宁夏	1	16.67%	2	8.70%	17	6.34%	274	5.83%	294	5.88%
青海	1	16.67%	—	—	12	4.48%	210	4.47%	223	4.46%
河南	—	—	2	8.70%	14	5.22%	199	4.23%	215	4.30%
内蒙古	1	16.67%	2	8.70%	20	7.46%	327	6.96%	350	7.00%
总计	6	100%	23	100%	268	100%	4702	100%	4999	100%

说明：1. 本表资料据陈潮、陈洪玲主编《中华人民共和国行政区划沿革地图集》，中国地图出版社2003年版；国家统计局农村社会经济调查队《中国县（市）社会经济统计年鉴—2001》，中国统计出版社2001年版。

2. 地区中心城市只统计地级市，县级城镇包括县城和县级市，乡（镇）包括建制镇和乡镇。

3. 乡（镇）栏不含各地级市直辖区的数字。

表9－19 **黄土高原地区各地（市）所辖县（市）、乡镇级城镇数目及县（市）平均设置乡镇级城镇数目统计（2000）**

省别	地（市）名称	县（市）数目（个）	乡镇级城镇数目（个）	县（市）平均乡镇级城镇数目（个）
陕西	西安市	5	127	25.40
	咸阳市	11	189	17.18
	宝鸡市	10	166	16.60
	渭南市	10	203	20.30
	铜川市	2	27	13.50
	延安市	12	157	13.08
	榆林市	11	221	20.09
	合计	61	1090	17.87

续表

省别	地（市）名称	县（市）数目（个）	乡镇级城镇数目（个）	县（市）平均乡镇级城镇数目（个）
山西	太原市	4	61	15.25
	大同市	7	121	32.54
	阳泉市	2	42	21.00
	长治市	11	209	19.00
	晋城市	5	111	22.20
	朔州市	4	65	16.25
	忻州市	13	249	19.15
	晋中市	10	155	15.50
	吕梁地区	12	255	21.25
	临汾市	16	204	12.75
	运城市	12	177	14.75
	合计	97	1649	17.00
甘肃	兰州市	3	57	19.00
	平凉地区	7	130	18.57
	庆阳地区	8	146	18.25
	白银市	3	66	22.00
	天水市	5	105	21.00
	定西地区	6	167	27.83
	临夏州	8	133	16.63
	甘南州	4	58	14.50
	陇南地区	3	91	33.33
	合计	47	953	20.28
宁夏	银川市	2	21	10.50
	吴忠市	6	96	16.00
	石嘴山市	3	33	11.00
	固原地区	6	124	20.67
	合计	17	274	16.12

续表

省别	地（市）名称	县（市）数目（个）	乡镇级城镇数目（个）	县（市）平均乡镇级城镇数目（个）
青海	西宁市	3	64	21.33
	海东地区	6	113	18.83
	海南州	1	8	8.00
	黄南州	2	25	12.50
	合计	12	210	17.50
河南	洛阳市	9	133	14.78
	三门峡市	5	66	13.20
	合计	14	199	14.21
内蒙古	呼和浩特市	5	81	16.20
	包头市	2	35	17.50
	伊克昭盟	8	121	15.13
	巴彦淖尔盟	5	90	18.00
	合计	20	327	16.35
总计		268	4702	17.55

说明：1. 本表资料据国家统计局农村社会经济调查队《中国县（市）社会经济统计年鉴—2001》，中国统计出版社 2001 年版。

2. 地（市）包括地区和地级市，县（市）包括县和县级市，乡镇级城镇包括建制镇和乡镇。

3. 乡镇级城镇栏不含各地级市直辖区的数字。

第十章　明清时期珠江三角洲城镇城外街区的扩展

明清时期是珠江三角洲地区社会经济和城镇发展的重要时期，随着商品经济的兴盛，城镇的发展也进入一个新的阶段，这主要表现在两个方面：一是县域市镇大量崛起，促成区域城镇体系和经济地理网络的嬗变；二是随着府城、县城城镇规模的扩大，其城镇形态变化十分明显。城镇规模的扩大是城镇经济繁荣的一个重要标志，与城镇形态也存在互动关系，但是明清时期珠江三角洲地区城镇规模的扩大不仅表现为城垣范围的扩大和城内人口的增加，而且还表现在城外街区的扩展方面，在清中叶以后尤为明显，这一点往往为人们所忽略。明清时期的珠江三角洲地区，不仅广东省城（亦即广州府城）的西关、河南、东关诸地区街区发展较快，而且一般府县和县城如肇庆府城、惠州府城、东莞县城、顺德县城、三水县城、新安县城、香山县城等，甚至于有些市镇如东莞茶山镇的城外街区也有较为明显的扩展，并且对城镇形态的演变产生了重要的影响。有鉴于此，对明清时期城镇形态的研究就不应当再以城垣范围为限，而是要将城外街区视作城镇建成区的重要组成部分，在考察城镇形态的演变原因、过程和特点时加以特别地关注。

自 20 世纪 80 年代以来，学术界在明清时期珠江三角洲地区市镇发展、区域城镇体系研究方面已取得了不少重要的成果，周毅刚的博士学位论文《明清时期珠江三角洲的城镇发展及其形态研究》对于明清时期珠江三角洲的城镇发展与城镇形态演变情况做了宏观研究，但对城镇城外街区的研究不够充分；① 周毅刚另撰《明清佛山的城市

---

① 周毅刚：《明清时期珠江三角洲的城镇发展及其形态研究》，博士学位论文，华南理工大学，2004 年。

空间形态初探》一文专门研究了明清佛山镇的形态演变情况，但没有涉及其他府县城镇；[①] 曾昭璇《广州历史地理》[②]、陈代光《广州城市发展史》[③]、周霞《广州城市形态演进研究》[④]，均有涉及明清广州城内外街区发展变化的相关论述，但由于研究对象只限于省城广州，无法反映当时珠江三角洲地区普通府城和县城的情况。

本章将选择东莞县城和三水县城作为典型案例，对明清时期珠江三角洲地区县城的城外街区的发展情况及其对所在县城城镇形态的影响加以研究。其中东莞县城城外街区的扩展在一定程度上代表了明清时期珠江三角洲地区城镇城外街区发展的一般模式，而三水县城城外街区河口街区的兴衰则代表了近代化因素影响下珠江三角洲地区城镇城外街区发展的另一种模式。

一　东莞县城城外街区的扩展及其影响因素

作为一个普通的县城，明清时期东莞县城的城外街区扩展具有一定的典型性。本节拟以明清东莞县城为例，尝试从历史城市地理学的角度对明清时期珠江三角洲城镇城外街区的形成与扩展过程以及其影响因素等相关问题进行初步探讨，以期能够对推进明清时期珠江三角洲的城镇研究有所助益。

（一）明代东莞县城城外街区的初步形成

1. 新城的修筑与墟市的兴起

明初东莞城为宋元东莞县城之遗存，城市规模不大，仅“东南循到涌为城”，面积约为 0.8 平方千米。据明崇祯《东莞县志》记载：“邑之旧城，砖砌。东南循到涌为城，即今放生桥壕是也（放生桥，

① 周毅刚：《明清佛山的城市空间形态初探》，《华中建筑》2006 年第 8 期。

② 曾昭璇：《广州历史地理》，广东人民出版社 1991 年版，第 344—426 页。

③ 陈代光：《广州城市发展史》，暨南大学出版社 1996 年版，第 111—129 页。

④ 周霞：《广州城市形态演进研究》，中国建筑工业出版社 2005 年版，第 45—68 页。

即德生桥)。"[①] 不过，洪武十七年（1384）增筑新城以后，城镇规模有所扩大，为城镇经济的进一步发展奠定了基础。关于洪武十七年（1384）增筑新城的具体情况，明崇祯《东莞县志》有较为详细的记载：

> 洪武十四年，开设南海卫。明洪武十七年，指挥常懿始筑新城，包钵盂、道家二山于内。外砌以石，城周一千二百九十九丈，高二丈五尺，上阔二丈，下阔三丈五尺。门四，东曰和阳，西曰迎恩，南曰崇德，北曰镇海。城门楼四，敌楼四，警铺四十，水关二，水门一，雉堞二千三十一，吊桥三，石桥一，城濠长一千三百五十丈，阔三丈，深三丈五尺，随时缺坏补治。[②]

修建于明洪武十七年（1384）的新城，在旧城的基础上主要在南、西两个方向上有较大的拓展，"包钵盂、道家二山于内""城周一千二百九十九丈"，城墙所围面积明显扩大（参见图 10－1）。明初新城的修筑，为明代前中期东莞城内经济的发展、人口的增长提供了较为充裕的空间，因此这一时期东莞县城的发展主要是充实明初新城新拓展区域的内涵式发展。

明代中叶前后，东莞县城内外先后出现了市桥市、西门市、东门市、北门市、北门墟、教场墟等多处商业墟市，崇祯《东莞县志》中曾对东莞县城外教场墟市的形成过程进行了详细的记述：

> 教场，在城北海滨，洪武间构演武亭。东南循濠，西至民居，北至海岸。嘉靖间，民渐侵占，邑令孙学古始环筑围墙，给事王希文记甚悉，嗣后集墟之架蓬为浮店，遇操练则撤去。天启间，垄断之徒承纳税银，为上司吏书公食，当事者谓起造铺小半，留其半犹可耀武，遂许之。此端一开，今遂成市阛。[③]

① 崇祯《东莞县志》卷1《地舆志·城池》，东莞市人民政府1995年排印本，第23页。

② 同上。

③ 崇祯《东莞县志》卷3《兵防志·教场》，第350页。

从上面的记述可知，城北海滨（其实就是江边，旧时粤方言谓江为海）的教场，在明太祖洪武年间只建有演武亭，但占有一定的土地规模。这个教场起初只是一个军士演武的场所，虽无墙垣之设，但与西面的村民相安无事，但到了明世宗嘉靖年间，情况有了较大的变化，周围村民侵占教场场地的现象渐显严重，以致当时的县令不得不“环筑围墙”对村民侵占行为加以限制。不过，这样的举措显然无法遏制当地村民与军士之间的贸易需求，教场最终还是形成“集墟之架蓬为浮店，遇操练则撤去”的墟市。嘉靖年间（1522—1566）城北教场墟市的形成，一定程度上反映出明代东莞城外墟市兴盛的内在动力。

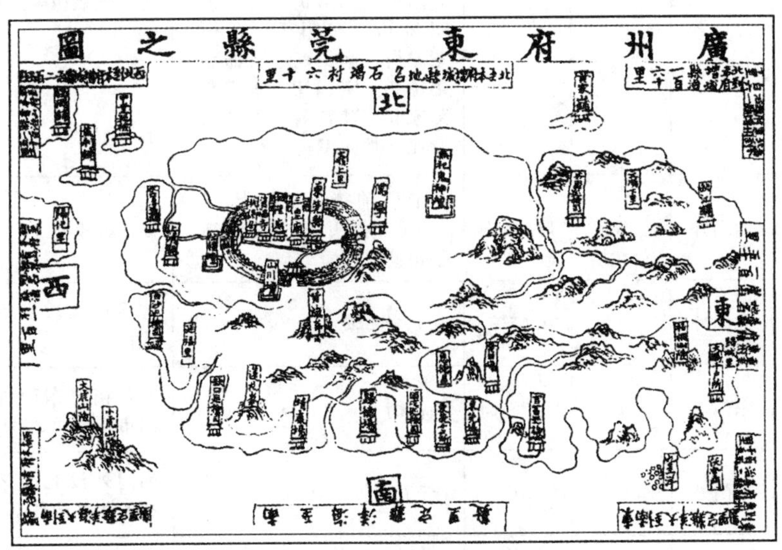

图 10－1　明初东莞县城及其周边形势图

参考资料：《永乐大典》卷 11905《广州府东莞县之图》。

2. 明中后期城外街区的出现

前引崇祯《东莞县志》的资料显示，随着贸易需求的增加，东莞城北教场墟市在明熹宗天启年间（1621—1627）又演变成一片固定的“市阓”，即原来教场的一半面积已形成了商铺密集的小型街区（当时称作演武街）。其实，有更多的资料显示，明中后期东莞县城西门外、北门外和东门外均形成了数目不等的街巷（参见表10－1）。

表10－1　明中后期东莞县城内外街巷分布情况统计

分区		街巷数目（个）	所占比例	具体街巷	备注
城内街区	三坊	34	79.07%	登庸巷、溪田坊、东北街、县前街、卫前街、东门街、西门街、南门街、北门街、市桥、德生桥、新桥、集德街、龙泉街、北街、松柏街、仓前街、凤台街、寺前街、象塔街、北城街、东城街、和阳街、新街、紫泥街、南街巷、石涌巷、福德巷、宝积巷、永宁巷、彭家巷、莲花巷、里仁坊、紫泥（坭）巷	属于阜民坊、桂华坊、登瀛坊等三坊
城外街区	西门外	6	13.95%	河泊所前街、驿前街、旨亭街、水头街、高地街、平定巷	属于迎恩厢
	北门外	2	4.65%	水北岸、演武街	演武街在教场头演武桥
	东门外	1	2.33%	兴贤街	兴贤街在东门外东门市与儒学之间
	南门外	0	0	（无）	南门外没有街区分布的相关记载
合计		43	100%	（略）	

资料来源：崇祯《东莞县志》卷1《地舆志·坊都街巷》。

由表10－1的统计资料可知，明代后期东莞县城街巷共有43条，其中位于城内者34条，其余9条则位于城外，城外街巷数目占全城街巷总数比例为20.93%，已超过1/5。城外街巷以线状或带状分布在东莞县城除南门以外的各个城门外，但这些街巷在各城门外的分布很不平衡，其中西门外最为密集，计有河泊所前街、驿前街、旨亭街、水头街、高地街、平定巷 6 条街巷，约占全城街巷总数的 13.95%；北门外有演武街、水北岸 2 条街巷，约占全城街巷总数的 4.65%；东门外只有 1 条街巷，即位于东门市与儒学之间的兴贤街。总体来看，东莞县城外的西北方向为城外街区的集中分布区域，城外东南方向街区稀少，这大概与当时东莞城外的水陆交通格局有一定的关系，因为城西北郊处于县城与县西北境沿河码头区之间，商贸活动发达一些，故而宜于街区的形成与扩展（详参后文相关论述）。

明代后期东莞县城西门外、北门外和东门外街巷的相继出现，是区域社会经济发展和商品经济繁荣的直接产物。城外街区的形成与扩展，也引起了城镇管理制度的变更，据崇祯《东莞县志》记载，明末时东莞县城居民区被划分为三坊一厢，即城内阜民坊、桂华坊、登瀛坊等三坊和城西门外的迎恩厢，[①] 迎恩厢的设置，显然是出于加强东莞县城西门外新街区各项管理工作的需要。

（二）清代东莞县城城外街区的扩展

1. 清初城外街区发展的停滞

清初由于统一战争的影响，商品经济的发展曾一度受到严重破坏。[②] 这一时期东莞城外街区的发展趋于停滞，直到康熙年间，社会经济才逐渐恢复至明末水平。

据康熙《东莞县志》所载，当时东莞县城街巷共有 41 条，其中城内街巷 32 条，城外街巷 9 条。[③] 雍正《东莞县志》所载东莞县城街巷情况与康熙《东莞县志》相同。[④] 这一时期，东莞县城街巷数目与明后期相比无太大变化，城内街巷少了登庸巷、溪田坊、东北街 3 条街巷，但多了登云坊，总数减少 2 条。城外街巷没有变化，依然是兴贤街、河泊所前街、驿前街、旨亭街、水头街、演武街、水北岸、高地街、平定巷 9 条街巷位于城外，但因为城内街巷总数的减少，使

① 崇祯《东莞县志》卷 1《地舆志·坊都街巷》，第 47 页。

② 戴均良主编：《中国城市发展史》，黑龙江人民出版社 1992 年版，第 282 页。

③ 康熙《东莞县志》卷 3 之 2《坊都》，东莞市人民政府 1995 年排印本，第 71 页。

④ 雍正《东莞县志》卷 3 之 2《城池·坊都》，海南出版社 2001 年影印本，第 327 页。

得城外街巷数目占全城街巷的比例略有提高，但其分布情况与明后期仍然大致一样（参见表10－2）。

表10－2　　清初东莞县城内外街巷分布情况统计

分区＼详情		街巷数目（个）	所占比例	具体街巷	备注
城内街区	三坊	32	78.05%	县前街、卫前街、东门街、西门街、南门街、北门街、市桥、登云坊、德生桥街、龙泉街、新桥、积德街、北街、松柏街、仓前街、凤台街、寺前街、象塔街、北城街、东城街、和阳街、新街、紫泥街、南街巷、石涌巷、福德巷、宝积巷、永宁巷、彭家巷、莲花巷、里仁坊、紫泥（坭）巷	与明后期相比，城内街巷少了登庸巷、溪田坊、东北街，多了登云坊，总数减少2条
城外街区	西门外	6	14.63%	河泊所前街、驿前街、旨亭街、水头街、高地街、平定巷	与明后期相比，城外街巷变化不大
	北门外	2	4.88%	水北岸、演武街	
	东门外	1	2.44%	兴贤街	
	南门外	0	0	（无）	
合计		41	100%	（略）	

资料来源：

1. 康熙《东莞县志》卷3之2《坊都》。
2. 雍正《东莞县志》卷3之2《城池·坊都》。

2. 清中期城外街区的恢复与发展

经历康乾盛世近百年的恢复，到了乾隆、嘉庆年间，珠江三角洲地区的社会经济有了长足的发展，人口大量增殖、社会财富的积累、商品经济的繁荣达到了前所未有的高度。人口的膨胀、商品经济的繁荣直接导致了作为县域政治、经济中心的东莞县城的迅猛发展，城外街区开始大量出现。嘉庆《东莞县志》所载东莞县城街巷已达77条

之多，其中已明确列出城内街巷 43 条，城外街巷 34 条。[①] 城外街巷在县志中首次被单独列出，表明至迟到清代中期东莞县城城外街区的规模和影响已经凸显（参见表 10－3）。

东莞县城城外街巷数目由清初的 9 条增加为清中期的 34 条，城外街巷条数的剧增表明东莞县城城外街区规模的明显扩大。城外街巷数目占全城街巷总数比重已达 44.16%，表明此时东莞县城城外街区的规模已相当可观（参见表 10－4）。

表 10－3　　**清中期东莞县城城外街巷分布与增长指数**

详情 位置	清初街巷数目（个）	清中期街巷数目（个）	所占比例	增长指数	清中期具体街巷
西门外	6	12	35.29%	200	高第街、紫桂坊、水头街、迎恩街、平定里、驿前街、旨亭街、兴文街、阮涌口、阮涌、河泊所前、圆沙坊
北门外	2	16	47.06%	800	教场街、坐沙、镇海街、永和街、客村、文兴街、河唇、演武桥街、教场头街、龙湾洞、新涌、东洲铺、新沙、竹排街、安靖乡、墩头街
东门外	1	6	17.65%	600	先登社、河塘朗、学前乡、兴贤街、石龙头、洞田
南门外	0	0	0	0	（无）
合计	9	34	100%	378	（略）

资料来源：嘉庆《东莞县志》卷 9《坊都》。

由表 10－3 可以看出，经历了清初到清中期近一个半世纪的发展，东莞县城城外街巷数目增加了近 3 倍，除了南门仍然未见街区形

① 嘉庆《东莞县志》卷 9《坊都》，暨南大学图书馆古籍室藏嘉庆三年（1798）刻本。

成以外，北门外、西门外和东门外的街区均有较明显的扩展。不过，值得注意的是，上述三个地区街巷数目的增加存在不均衡的特征，西门外街巷数目有原来的6条增加至12条，是原来的2倍，但由于增长速度相对较慢，其城外街区分布重心的地位有所动摇；北门外街巷数目由原来的2条增加至16条，是原来的8倍，街巷发展迅猛，街巷数目超过了西门外，占城外街巷总数的近1/2，一跃而成为城外街区最为集中的地区；东门外街巷数目由原来的1条增加至6条，是原来的6倍，街巷增长速度也较快，但由于原来的基础较为薄弱，其街巷数目占城外街巷总数的比重仍然较小。

3. 晚清时期城外街区的迅速扩展

鸦片战争以后，随着社会经济的发展和人口的大量增殖，晚清时期东莞县城城外街巷增长迅速，城外街区的生长异常迅猛。民国《东莞县志》所载东莞县城街巷达到了空前的226条，其中城内街巷达97条，城外街巷更是达到了空前的129条。[①] 由表10－4可以看出，经历了清中前期到清末近一个世纪的发展，东莞县城城外街区街巷数目增加了2.79倍，这表明，至迟到清末宣统年间（1909—1912），东莞县城城外街区的占地规模已经明显超过城内（参见表10－5）。

表10－4　**清末东莞县城城外街巷分布与增长指数**

详情／位置	清中期街巷数目（个）	清末街巷数日（个）	所占比例	增长指数	备注
西门外	12	71	55.04%	592	此时西门外街区与北门外街区已经连成一片，为了进一步研究的方便，笔者在清中期嘉庆《东莞县志》对两片街区划分标准的基础上对之进行了适当的区分，具体划分情况见表10－5
北门外	16	50	38.76%	313	
东门外	6	8	6.20%	133	
南门外	0	0	0	0	
合计	34	129	100%	379	

资料来源：民国《东莞县志》卷4《舆地略二·坊都》。

① 民国《东莞县志》卷3《舆地略二·坊都》，成文出版社1967年影印本，第89页。

表10－5　　**清末东莞县城城外街巷分布情况**

详情 位置	具体街巷
西门外	迎恩街（即鞋街）、打锡街、高第街、塘头坊、牛骨巷、西河古道、水头街、星聚坊、平定巷（又名窄巷）、平定里、旨亭街、驿前街、德厚里、圆沙坊、大荒园、花闸门、锁前街（河泊所前街）、澳口街、登云坊、登俊坊、可园、竞船涌、高桥坊、滑石街、饿蛇氹、水围、沙涌口、清河旧址、韶奏坐、瓦埗坊、杉排街、高楼坊、高屋巷、珠玑巷、杰灵巷、华祝巷、鸣珂巷、道富巷、下关、阮涌、阮涌口、下市街、迈贤街、建古街、铁镢街、义渡头、咸扒栏、孝友坊、大巷、虾玉巷、水仙庙、德馨坊、观澜里、序齿约、塘面坊、宝树流芳、芽菜巷、卖麻街（即兴文里，彭志作兴文街）、卖麻街口、幽巷、元宝街、纸札街、叶屋巷、丛桂坊、秀富巷、猪仔墟、道教巷、孖庙前、钉屐巷、荣昌巷、茱萸街
北门外	皮鞋巷、豆豉街、五云亭、菱角埗、云集街、果街、教场正街、六家村、卖鸡市、千祥街、床街、竹排街、鸭󱋉埗、却金桥、卖饭街、兴隆桥、炉街、榕树角、新沙坊（分八甲）、田背涌、威福坊、新涌、光石（即东洲铺）、北门市、镇海街、永和街、新陈、星耀坊、蚝篱贝、平乐坊、墩头四甲、墩头三甲、墩头街、葵衣街、文教区、芹菜塘、土桥头、横街、河唇坊、光明街、文兴街、三驳桥、花粉街、永宁梓、灶君庙、深水湾、卖草埗、聚龙三甲、龙湾洞、安靖乡
东门外	步步高、找玉巷、洞天、兴贤街、聚魁里、聚贤坊、学左、近圣里（即学前乡）
南门外	（无）

资料来源：民国《东莞县志》卷3《舆地略二・坊都》。

如果结合表10－3做进一步的分析，就可以发现，与清中期东莞县城城外街巷情况相比，西门外街巷数目有原来的12条增加至71条，所占比例由原来的35.29%增加至55.04%，表明清后期西门外街区发展迅猛，东莞县城城外街区发展重心又由北门外转移至西门外更广阔的区域；北门外街巷数目由原来的16条增加至50条，但所占比例却由原来的47.06%降低至38.76%，这说明这一时期北门外街区发展出现了相对变缓的迹象，经济地位有所降低；东门外街巷数目由原来的6条增加至8条，数目虽有增加，但所占比例明显下降，由原来的17.65%变成6.20%，这表明东门外经济没有太大的发展。

图 10－2 是清末东莞县城城外街区示意图，图中显示，西门外与北门外的街区已然连成一片，形成城外街区的主体；东门外的街区仍旧是在东门与儒学之间的区域，范围稍微有所扩展；南门外依然没有街区的分布。绝大部分城外街巷集中分布于县城西北方向，即西门外和北门外与东江南支流、脉沥洲水之间的开阔区域，这一区域构成了城外街区的主体，其占地规模比例之大堪称同一时期珠江三角洲城镇城外街区乃至全国城镇城外街区之典型。

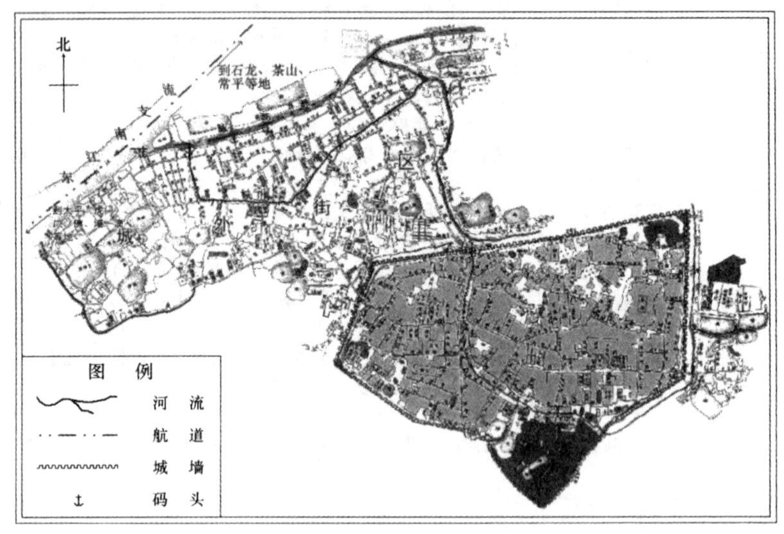

图 10－2　清末东莞县城城外街区示意图

说明：据民国《东莞县志》县城图改绘。

（三）东莞县城城外街区形成与扩展的影响因素

明清以来东莞县城城外街区的形成与扩展，不仅使东莞县城的城镇规模逐渐扩大（参见表 10－6），而且导致东莞县城的城镇外部形态发生了显著的变化，使其趋于复杂化和不规则化，由明代中期以前的东西偏长的倒置不规则五边形形态，最终演变为清末的倒置不规则五边形与倒置鞋子形的复合形态（参见图 10－3），与此同时，东莞县城的道路交通系统更加错综复杂，其经济和居住功能区的规模及其比例明显增大，县城的内部空间结构更加复杂化，尤其是随着城外街

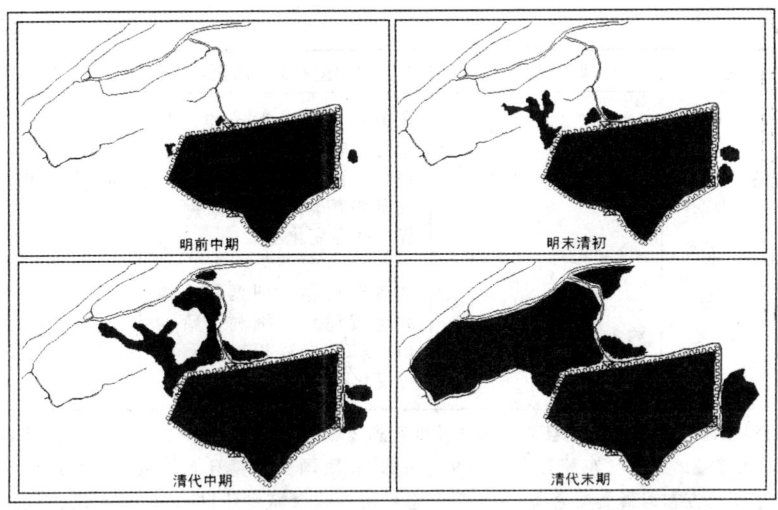

图 10－3　明清东莞县城占地规模及城镇外部形态演变示意
（作者自绘）

区手工业、对外贸易、水运交通的发展，使其产业经济、商业、交通枢纽等功能显著加强，由东莞县城由原来功能相对单一的政治、文化功能城镇逐渐发展成为政治、文化、经济、商业、交通等多功能复合型城镇。

那么，究竟是什么因素促成了东莞县城城外街区的形成与扩展？这显然是一个值得进一步讨论的问题。

表 10－6　　**明清时期东莞县城城镇规模演变情况**

时代	城镇规模	城镇建成区四至	备注
明初	约 0.8 平方千米	东南循到涌为城，南至钵盂山、南城下，西至紫霞坊、西城下	因用宋元旧城
明洪武十七年（1384）至清初	城周 1299 丈，约 1.5 平方千米	新城的修建，向南、西南方向发展，将钵盂山、道家山包在城内	明中后期城外街区规模较小，未计入

续表

时代	城镇规模	城镇建成区四至	备注
清中期	约2.01平方千米	东至步步高、近圣里，与罗村、堑头交界；西至上栏塘，濒临东江南支流；北至鸭鹩埗，以珊洲河为界；南界变化不大	包括城外街区
清末	约3.61平方千米	西南至博厦、洲西坊；西北至黄屋沙、细村、新沙坊；东北与梨川交界；南界变化不大	包括城外街区

资料来源：崇祯《东莞县志》卷1《地舆志·城池、坊都街巷》；康熙《东莞县志》卷3之2《坊都》；嘉庆《东莞县志》卷9《坊都》；民国《东莞县志》卷4《舆地略二·坊都》；东莞地方志编纂委员会编：《东莞市志》第八编《城乡建设》，广东人民出版社1995年版。

1. 经济影响因素的影响

明清时期珠江三角洲城镇城外街区的形成与扩展是区域经济发展的直接产物。已有研究证实，明中叶之后珠江三角洲农业趋向商品化，主要表现为经济作物的大量种植和专业区的形成。[①] 随着社会生产力的发展和经济的进步，到明代中期以后，东莞地区商品经济空前繁荣，市、墟等商品交换的场所大量出现。明代末期的崇祯年间，东莞县境内共有市10处，墟32处，其中东莞县城内外也先后出现了市桥市、西门市、北门市、北门墟、教场墟、东门市等多处商业墟市，[②] 这些墟市中除了市桥市位于城内西半部交通中枢以外，其他都是西门外、北门外、东门外的墟市，这反映出东莞县城与城外尤其是城北郊及西郊存在较为强烈的商贸需求。

在清代珠江三角洲地区经济发展更为明显。清代初年的康熙年间，就有“纸、笔、扇、香皮纸、干枝、干圆、牙香、片糖、白糖、胶纸扇、蜜糖、火油、莞席、白蜡、伞、靛、陈皮、蚬灰、苏木、竹

① 叶显恩、周兆晴：《珠三角经济作物的种植及其专业区的出现》，《珠江经济》2008年第6期。

② 崇祯《东莞县志》卷1《地舆志·墟市》，第55—56页。

青、砖、石、瓦"[①] 等诸多手工业品和土特产在东莞的生产和贸易，其中牙香、片糖、白糖为当时东莞的优势产品。牙香是东莞特产莞香的一种，"所载诸物俱不能异于他邑，惟香乃莞产"[②]，可见东莞的一些特产已打入内地市场。

鸦片战争以后，随着自然经济的瓦解和国外资本主义因素的进入，东南沿海地区社会经济发生着巨大深刻的变化。这一时期东莞的纺织业、制糖业、草织业、烟花爆竹制造业及土特产贸易等诸多产业均比较发达，制糖业尤为发达。方志记载说"（蔗）止可榨糖，糖之利甚丰，番禺、东莞、增城糖居十之四，其蔗田几于禾田等"[③]，可见当时东莞等地已成为珠江三角洲最为重要制糖业基地。另有资料显示，东莞的烟花爆竹"种类甚多"，"销售四远及外洋，为工艺出产一大宗"[④]。当时东莞的手工业和商业贸易之发达可见一斑。手工业的发达促进了商业贸易的繁荣，而商业贸易的繁荣造成交通运输特别是水运的兴盛。到清末宣统年间，东莞与县境外的省城（广州）、佛山、江门、陈村、新塘、仙村、香港、澳门等城镇，县境内的石龙、太平、茶山、横沥、东坑、常平、寮步等村镇均有固定水运航线，[⑤] 表明此时已基本形成了以东莞为中心，以石龙、太平为副中心的东莞地区水运交通网络。明清以来东莞县城城外街区手工业、对外贸易、水运交通的发展，使得东莞县城的产业经济、商业、交通枢纽等功能显著加强。

明清时期城市经济的繁荣与城市规模的扩大存在互动关系，城市规模由于商业的繁荣需要而扩大，但城垣以内面积有限，除了增加建筑密度外，往往在城门外，自发地形成新的居住区或商业区。这些新形成的地区称为"关厢"，一般沿城外的道路呈带形发展。如长江中下游地区松江城的城西达数里长的地区都是闹市；苏州城外南濠、上

① 康熙《东莞县志》卷4《物产》，第95页。

② 同上。

③ 民国《东莞县志》卷13《舆地略十二·物产上》，第354—355页。

④ 民国《东莞县志》卷13《舆地略十四·物产下》，第432—434页。

⑤ 民国《东莞县志》卷20《建制略五·桥渡》，第612页。

下塘一带原来还是空地，到清乾隆时居民稠密。① 明清时期珠江三角洲地区的东莞县城城外街区的出现与发展同样也是遵循了这种模式。明中期以来县署所在城墙以内的传统城区（包括宋代就已经迁出的位于东门外的儒学）一直是东莞县的政治、军事、文化中心，其政治、军事、文化等功能也在不断加强。不过随着社会经济的发展，特别是商品经济的兴起，城内的市桥及西、北、东三个城门附近相继形成商业墟市，北门外的北门市和教场墟、西门外的西门市等商业墟市的发展尤为明显。对外商业贸易的发展也导致交通运输特别是水运的繁荣，城外西北临江临河地区出现了多个客运、货运码头。城外墟市、手工业区、仓储货运区的发展，共同促进了东莞县城城外街区的形成与扩展。

2. 人口因素的影响

城外街区的生长在很大程度上是城镇人口增加的直接表现，城镇手工业和商业的发展导致了大量手工业者和商人在城镇及其周边聚集。商品经济的繁荣导致城镇人口的聚集和增长，人口的大量增长又反过来又促进了城镇商品经济的发展。

明清以来，东莞县域人口的变化有所起伏，但整体呈现的是增长的趋势。明代中期以前，东莞县域人口增加明显，到隆庆六年（1572）人口已接近十五万。当年分割东莞南部另设新安县，使得东莞县的人口减少了四分之一左右。此后东莞县的人口大致稳定在十万左右。明末战乱导致人口锐减，入清以后，随着社会经济的恢复，东莞县域人口开始增长，特别是从康熙五十二年（1713）颁布“嗣后续生，永不加赋”的诏令后，人口急剧增加。经历了清代中后期的人口的大幅增长，到清末宣统年间（1908—1911），东莞县域总人口已达一百余万（参见表 10 - 7 和图 10 - 4）。

人口的增长为城镇手工业和商业贸易提供了充足的劳动力，据说晚清时期东莞烟花爆竹制造业的从业人员在“邑中工作凡万余人”②，

---

① 同济大学城市规划教研室编：《中国城市建设史》，中国建筑工业出版社 1982 年版，第 70 页。

② 民国《东莞县志》卷 13《舆地略十四 · 物产下》，第 432—434 页。

数目之大，令人震惊。这里的“邑中”不仅包括城内，而且包括城外。由于城内土地有限，势必造成新的居民区和商业区的出现。可以说，明中期以来东莞人口增长尤其是城外手工业人口和商业人口的聚集，正是城外街区形成与扩展的直接推动因素之一。

表 10－7　**明清时期东莞县域人口统计**　（单位：人）

时间	洪武二十四年（1391）	成化八年（1472）	隆庆六年（1572）	万历十年（1582）	崇祯五年（1632）
人口	76364	141455	143598	107032	85730
时间	清初	康熙五十年（1711）	乾隆五十一年（1786）	嘉庆二十三年（1818）	宣统初年（1909）
人口	41198	41400	446802	481927	1043693

资料来源：崇祯《东莞县志》卷 2《政治志 · 户口》；嘉庆《东莞县志》卷 10《户口》；民国《东莞县志》卷 22《经政略一 · 户口》。

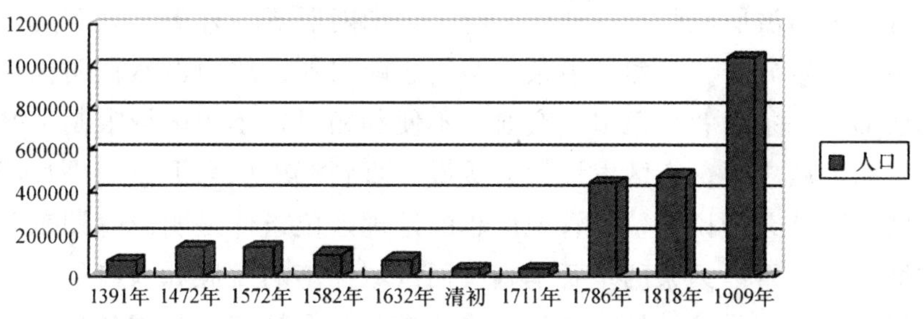

图 10－4　明清东莞县域人口数量变化状况（单位：人）

3. 自然地理环境与交通条件的影响

东莞县城位于东江、黄岭（今黄旗山）之间，背水面山，东江南支流经其西北，护城河环绕东莞城之东、南、西三面。山环水绕的地理环境，既省去了沟防之劳役，又保证了城内居民的日常生活用水。另外，南方多水，古代“南舟北车”的交通方式也大大影响着城市的选址，且水路运输又具有运量大、效率高的特点，东莞县城位于东江南支流江畔，且城内河流到涌水汇入城北脉沥洲水可直通入江，增强了其交通的通达性，方便了与外界的联系和交流。优越的地理区位条件，正是明清时期东莞县城城镇经济得以繁荣、城外街区得以形成与扩展的重要因素。

不过，东莞县城四郊的自然地理环境与交通条件也有一定的差异，这对城外街区的形成与分布造成了较为明显的影响。东莞县城西门外和北门外是一片相对平整且直抵江边的开阔地带，河网密布，有天然河道南通城内、北通东江南支流，水陆交通均较为便利，交通区位优势最为突出，使得该地区城外街区的生长在明清时期始终有着充裕的发展空间和良好的条件。明代后期东莞县城西郊与北郊就已形成一定规模的街区，入清以来，东莞县域内部以及对外商品交换活动均空前活跃，及至晚清时期，不仅形成以东莞县城为中心，以石龙、太平为副中心的水运交通网络，而且县城城外西北郊滨江区域还逐渐发展成为码头、仓储、商品交易、生产加工等产业集中地区，以至于城西街区与城北街区扩展迅速，进而连成一片，形成规模庞大的城外街区。南门外因有黄旗峰等群山分布，地势较为崎岖，不仅交通不便，而且易为山洪所威胁，即使到了清末也未能形成城外街区。东门外有小山、丘陵分布，自然环境条件略优于南门外，故而虽然在明代后期就已形成一条街巷，但水运交通的不便和相对狭小的区域限制了城外街区的发展规模，街区发展较为缓慢，直到清末也只形成一小片城外街区。这就充分说明，尽管说优越的地理区位条件是明清时期东莞县城城镇经济得以繁荣的重要基础，而区域经济的发展和人口的大量聚集促成了东莞县城城外街区的形成与扩展，但是东莞县城各个城门外自然环境与交通条件的差异性却在很大程度上影响了东莞县城城外街区扩展的方向及其地域分布特征。

二　三水县城外部形态特征与城外街区兴衰

历史时期的城镇形态，狭义的概念是指城镇的外部形态，包括城郭外形、中轴线、街道布局、城市建筑风格等。[①] 不过，虽然城墙内

① 严艳、吴宏岐：《历史城市地理学的理论体系与研究内容》，《陕西师范大学学报》（哲学社会科学版）2003 年第 2 期。

部的建成区通常是城镇的主要部分，但事实上，中国古代相当部分筑有城垣的州县治所城市“都普遍形成了规模不等的城下街区，有些城市城下街区的面积、居住人口、商业规模都超过城内，甚至数倍于城内”①，故城外街区也当属历史城镇形态研究的范畴。三水置县时，城外即有附郭乡村，且有官路通肄江，而城南临河有墟曰濠口市。濠口市与清季通商之河口埠间有何关系？其对城外街区形成有何影响？码头区与城外街区关系如何？这些诸多问题都颇值得细致地研究。

（一）明清时期三水县城外部形态特征

1. 三水县城城郭外形的判定

中国古代城市外部形态并无定制，但宇宙论观念、微观地形、节省工程量诸因素在筑城时须考虑。陈正祥先生在《中国的城》一文中指出中国城市的形态，绝大多数是方形的，“在平原地带，特别是较小的城，形状常呈正方形”，正方形的城，包括的面积最大，“中国人筑城，讲究以最低成本，取得较大的面积，于是正方形便成为中国城的传统形制”，不过城市形制颇受地形限制，在山地、丘陵地带筑城，其“城池也不方正”②。而章生道先生在《城治的形态与结构研究》一文中指出“基本上呈圆形的城墙在中部和南部地区的边缘区域特别普遍。台湾十九世纪的宜兰提供了一个典型的例子。因为圆形城墙围入的单位面积所需的材料比矩形的要少，鼓励背离宇宙论观念也许是出于经济上的考虑”③。

目前笔者尚未见到史籍中对三水县城城郭外形的文字记载描述，但相关地志与舆图对其形态却有描绘，且相似程度甚高，均绘制成圆形，如清康熙两部《三水县志》卷首《舆图》（参见图 10－5）、乾隆《广州府志》卷 2《舆图 · 三水县图说》、嘉庆《三水县志》卷 1《舆地》、同治《广东图》等，均主此说。另据《三水文史》第 7 辑

① 鲁西奇、马剑：《城墙内的城市？——中国古代治所城市形态的再认识》，《中国社会经济史研究》2009 年第 2 期。

② 陈正祥：《中国文化地理》，生活 · 读书 · 新知三联书店 1983 年版，第 72 页。

③ 章生道：《城治的形态与结构研究》，［美］施坚雅主编《中华帝国晚期的城市》，叶光庭等译，中华书局 2000 年版，第 96—97 页。

载今人舒华、健宁所绘《三水明清县坊图》《民国三水县城图》两幅地图，县城城郭外形也绘成圆形，今修《三水县志》卷首附《民国三水县城图》即引自之。

不过，检西安地图出版社出版的《中国古地图辑录·广东省—海南省辑》，明清时期广东省辖诸县城的城郭外形多绘制成圆形，但事实却往往不尽然，可见，所谓“城治圆形说”显然存在不少疑问。

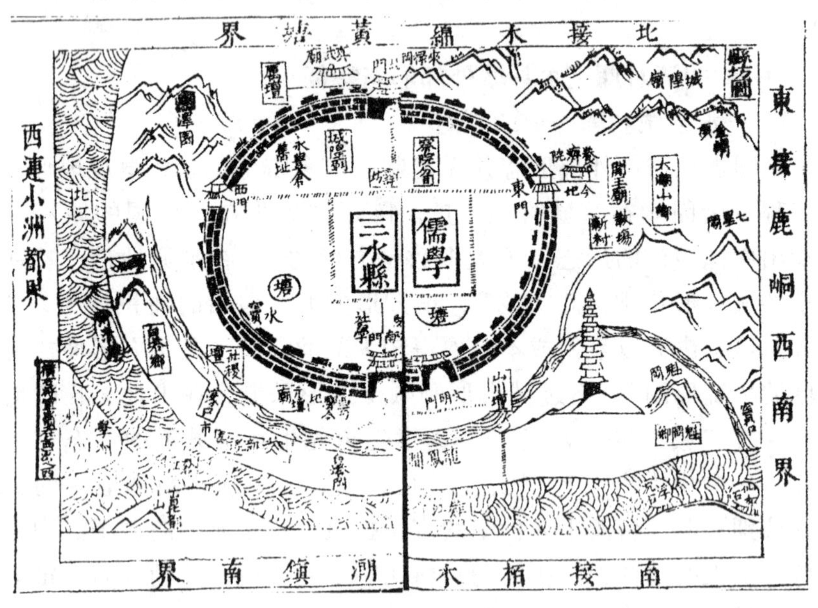

图 10－5　清康熙朝《三水县志》附《县坊图》中的城镇形态

资料来源：康熙十二年《三水县志》卷首《舆图》，岭南美术出版社 2006 年版，第 22 页。

三水因处珠江三角洲西缘，居西、北、绥诸江交汇之区，扼两广之咽喉，地理区位优势明显。清季西江通商，此地便与广西梧州府同时辟为通商口岸，《中国旧海关史料》中保存有清末民国时期三水国内外贸易之珍贵史料，其中有两幅英文地图，对县城外部形态均有绘制，然其城郭并非规则圆形，而是不规则七边形，与中国古代传统文献记载相抵牾，笔者检清修三部《三水县志》之事纪条，虽城楼、城墙屡有倾圮，城门有闭辟，然仅见小规模的修缮，未见城址转移，

或摧毁城墙重建之举，似乎自明嘉靖六年（1527）迄于民国十八—二十年（1929—1931）城郭轮廓基本未变。《中国旧海关史料》所附两幅地图疑均为英人所绘，技术堪与现代绘图技术媲美，颇具科学性，笔者认为此两幅图中关于三水县城外部形态之描绘可信度较高。

2. 城墙演变

关于三水县城城墙始筑时的规模，明万历《广东通志》卷5《郡县志二·广州府·城池》三水县条载：

> 嘉靖五年始创建，周回六百七十五丈，广袤二百二丈五尺，高一丈五尺。砖甃石基之。为四门，曰南、曰北、曰东、曰西。西门虽设而不行。城门楼四，敌楼十二，东西各有水关。①

清康熙十二年（1673）《三水县志》卷5《建置》城池条与上文记载稍有歧异，其载邑城为“嘉靖六年郡判刘璀董建，基厚二丈五尺，砌以石，石上以砖，高一丈五尺。周环六百七十五丈，南北相距二百零四丈五尺，东西如之”②。检同书卷1《事纪》引旧志载“明嘉靖五年提督两广军务右都御使兼巡抚广东姚镆题分南海、高要等地建三水县，筑城置署，潮州府通判刘璀督之。城筑失法，易圮难修”③。此段记载与明万历《广东通志》关于县城创制之始时段颇合，可能邑城自明嘉靖五年（1526）始修，及至嘉靖六年竣工。此外清康熙四十九年（1710）、嘉庆二十四年（1819）的两部《三水县志》均载城南北“相距二百零四丈五尺”，可能袭自清康熙十二年（1673）的《三水县志》，与明万历《广东通志》记载之“广袤二百二丈五尺”比较，长二丈有余。

城墙始筑时“高一丈五尺”，至明万历三十六年（1608）知县韩绍忠增高城堞三尺，清康熙十二年（1673）《三水县志》卷2《秩官

① 万历《广东通志》卷15《郡县志二·广州府·城池》，岭南美术出版社2006年影印本，第371页。

② 康熙十二年《三水县志》卷5《建置·城池》，岭南美术出版社2006年版，第53页。

③ 康熙十二年《三水县志》卷1《事纪》，岭南美术出版社2006年影印本，第26页。

表》引旧志说明知县韩绍忠为“福建龙溪人，举人，万历三十五年任。增高城堞，修城隍庙”①。城堞增高致使陴路遂低，明崇祯朝知县高其昌遂加土筑高，县志对此也明有记载：“明万历三十六年知县韩绍忠增砌，城堞高旧三尺，但堞垣既高，则陴路遂低，不能外望。至崇祯十二年知县高其昌集绅士里民议加土筑高，申允举行。”②

大概城墙高度自明万历朝知县韩绍忠增筑三尺后，基本稳定下来，清乾隆《广州府志》尚云“城周六百七十五丈，高一丈八尺，广二百二丈五尺”③。

3. 城门置废

三水立县初期其城门数为四，明万历《广东通志》卷5《郡县志·广州府·城池》三水县条载：“为四门，曰南、曰北、曰东、曰西，西门虽设而不行。”④

章生道先生指出中国古代城市诸城门的意义“被纳入同五行和五方位（第五方位是中）有关的象征系统中。在明显的象征手法中，东南西北四门分别同春夏秋冬四季相联系。南门象征着暖和生，北门象征着冷和死。南门和南郊主民间盛典（主吉），北门和北郊则主军事活动（主凶）”⑤。这个说法，在明清三水县城也可得到印证。

三水县四个城门之称谓始见于清康熙十二年（1673）《三水县志》卷1《城池》条，其名称颇具象征意义，尤其是北门曰拱极，军事意味明显，且北门附近有真武庙起拱卫作用：“旧辟四门，南曰熙阜，北曰拱极，东曰宾赐，西曰安定。”⑥

明崇祯十五年（1642）知县罗仪则闭南门熙阜门，辟学前文明门，据清康熙十二年《三水县志》卷首《纪事》条载：“崇祯十五年

---

① 康熙十二年《三水县志》卷2《秩官表》，第41页。

② 康熙十二年《三水县志》卷5《建置·城池》，第53页。

③ 乾隆《广州府志》卷4《城池》，岭南美术出版2006年影印本，第116页。

④ 万历《广东通志》卷15《郡县志·广州府·城池》，中国书店1992年影印本，第371页。

⑤ ［美］施坚雅主编：《中华帝国晚期的城市》，叶光庭等译，中华书局2000年版，第105页。

⑥ 康熙十二年《三水县志》卷5《建置》，第53页。

壬午，开县城文明门，门在学前，知县罗仪则谓永为学利，故启之。”①

明知县罗仪则闭南门熙阜门，或与其受风水观念影响有关，清康熙四十九年（1710）《三水县志》卷5《建置》城池条载：“邑城以壬丙坐向，故南门进安丙位，直达县署。知县罗仪则嫌官路、行台昂起右势，移之学前之巳位，更得山水之利云。”此外新辟文明门在学宫前，城外半里许有青云路，且涌水中阻，桥以通之，辟门可能是为便于诸生经此入学宫受业，据清康熙朝郑玟之《修青云路石桥记》载：“盖学宫临文明门，诸生横经受业，朝而入、夕而出皆由于是，期跻青云而陟天衢。”② 城文明门外尚有魁冈塔与学宫由青云路相通，明清骚客多因之赋诗，堪称县城之标志物。

城南门乃县城之正门，其与河口墟之间由濠口官路相通，闭其门，多有不便，因城内所需物资多取给于河口墟，故清康熙朝知县王于宣“嫌县署前南门不开，则秀气闭”，乃“开复熙埠门，与文明门并行，惟门上城楼尚未修复”③。

因中国古代治所城市兼具军事防御职能，故在城墙转角处，皆起楼橹，亦即敌楼，这些高大的楼或橹，“可用以远望，并作为宿值士卒的住所，城被包围时，就变为守城者射击的据点”④。三水筑城时曾置“城门楼四，敌楼十二”⑤。

4. 中轴线与街道布局

中国古代儒家所倡导的“中庸之道”“允厥执中”“居中不偏”思想对城市建设之影响便是强调对称与中轴线。城门的位置和城内主要街道的布局有连带关系，城门的数目与布置在很大程度上决定着城内的街道网和渠系，“如果四边的城门都开在中央，则东、西、南、

---

① 康熙十二年《三水县志》卷1《事纪》，第35页。

② 康熙四十九年《三水县志》卷15上《艺文志》，岭南美术出版社2006年影印本，第403页。

③ 道光《广东通志》卷125《建置略·城池》，岭南美术出版社2006年影印本，第2180页。

④ 陈正祥：《中国文化地理》，生活·读书·新知三联书店1983年版，第78页。

⑤ 万历《广东通志》卷15《郡县志·广州府·城池》，中国书店1992年影印本，第371页。

北四门相对，城内的主要街道便构成十字形。"① 因中国古代传统强调南面而尊，宫殿、官署均坐北朝南，故贯穿城市中央之南北纵街多为中轴线。

三水县城内街道的布局，据清嘉庆《三水县志》卷1《舆地志》载：

> 县前街，有市肆曰县前市。县后街。县东街，旧名察院街。县西街，俗名西便街。学前街，亘县前街。学后街，亘县后街。南门街，直达县前。北门街，街南为长安里门。东门街，历学前后，直亘西门。西门街。学东街，即庙冈街。②

由引文所载学前街"亘"县前街、学后街"亘"县后街、东门街"直亘西门"，似可推断出县前街与学前街、学后街与县后街、东门街与西门街均可贯通为一直街。检今修《三水县志》卷首舒华、健宁绘制《民国三水县城图》，见县前街与学前街相通，东门、西门之间道路相通，北门街与察院街隔仁寿坊相通，南门直街沟通县政府与南门，南北中轴线不甚清晰。此图南北走向之察院街与北门街将县城均分为东西两部分，然察院街南为住宅区，通街道有所不便。

民国年间城内街道布局如旧制，日本东亚同文会编纂的《中国省别全志》载三水城内主要街道布局为："县前街。县后街。县东街，旧名察院街。县西街，俗名西便街。学前街。学后街。南门街。北门街。东门街。西门街。学东街。"③

5. 城濠与水关

城与池联称是中国古代城市的特色，城墙外围通常邻一濠沟，称为城濠，"城墙和城濠，二者联系密切，夯筑墙垣和挖掘城壕，常同时进行，挖濠所得的泥土，就用来筑墙，濠挖得深，城筑得高，一正一负，

---

① 陈正祥：《中国文化地理》，第80页。

② 嘉庆《三水县志》卷1《舆地志》，岭南美术出版社2006年影印本，第467页。

③ ［日］东亚同文会编纂：《中国省别全志》第1卷《广东省附香港、澳门》，南天书局1917年版，第92页。

构成双重的防御体系。"[①] 三水城因北依山冈，三面皆临陂田，南门里许为洋洋肄江，江北筑堤坝以御洪水，故建城时不及濠堑，乃以城南龙凤涧权当城濠。及至明嘉靖三十六年（1557）秋八月知县符良佶始鸠工凿南濠，"欲于行台后开小河，自西路边直接大江，入县门以通舟楫"[②]，资商便民。然而受资金、工程难度及外部阻力之影响，城濠寻废，唯存一处，东接魁冈窦，以兹灌溉，县志就载知县符良佶"请于上台给价五十两，买民田一石三斗四升八合二勺二抄有奇而豁其税，雇工力不敷，而石脉不可凿长，虑者忧内堤不高而潦杀稼灌城也，后寻废。"[③] 此外，清乾隆《广州府志》卷2《舆图·三水县图说》也指出"肄江在城南一里，无濠堑"[④]，颇有以肄江为濠堑的意味。

鉴于有城无池，邑民曾建议开濠绕城，以利学宫，并提出防御夏潦之具体措施，如邑民李钟议曰：

> 开濠通水绕城，不独以济民便，且以利学宫焉，盖学建于龙凤窝，襟山带海，已据形势，若得砂水协吉，便资灵秀，而浈、郁诸水未免直流而动，即西南星渚，诸水环拱，终未得张山食水之势。或宜从魁冈窦大开明桥，广可通船，又从大基外原圳增突，使常不涸，而达于学，是谓巽水环绕，必主文明，而内圳基址曲折，因其远近多植水松，以壮其势，诚有如生成耸秀，振奋而出者，真巨观也。或曰大开明桥不虞夏潦乎？治桥时便于桥石两傍各凿长罅约二三寸许，俟夏潦时用长厚板闸之，如济河漕闸样，庶可以御潦而无弊也，不能无抑于惠斯土者。[⑤]

中国南方地区河网密布，城市多濒临在水道，这就需要另辟水门以利交通或防洪，水门或水关成为中国古代南方水乡城市地理的特色，三水县城之水关有二，清康熙《广东通志》卷5《城池》三水县

---

① 陈正祥：《中国文化地理》，第78页。
② 康熙十二年《三水县志》卷1《事纪》，第29页。
③ 同上。
④ 乾隆《广州府志》卷2《舆图·三水县图说》，岭南美术出版社2006年影印本。
⑤ 康熙十二年《三水县志》卷5《建置·城池》，第53—54页。

条载“城脚洩窦二，一在文庙右、一在西关塘右”①。

6. 标志物

美国学者凯文·林奇认为对城市意象中物质形态研究的内容可归纳为五种元素，即道路、边界、区域、节点和标志物。其中标志物通常是一个定义简单的有形物体，比如建筑、标志、店铺或山峦，也就是在许多可能元素中挑选出一个突出元素。有些标志物相距甚远，通常从不同的方位，掠过一些低矮建筑物的顶部，从很远处都能看得见，形成一个环状区域内的参照物。② 三水县城之标志物似为魁冈塔，此塔耸峙城外东南，并有青云路与文明门相通，清康熙十二年（1673）《三水县志》卷5《建置》载：

> 魁冈在城外东南二里许，盖获邑下沙也，从县学署望之，又属巽巳方。万历三十年邑侍御李希孔为诸生时倡议建浮图其上，知县罗点可其议，于是刻期营成，突兀障江、峥嵘插汉，遂辟文明奇观。是役也，本县捐资为倡，乡绅士民乐助，计费金八百有奇。③

魁冈塔“突兀障江、峥嵘插汉”，占据突出的空间位置，容易被识别，作为县城标志物，历朝文人雅士多赋诗称颂之，清康熙十二年（1673）《三水县志》记载县治八景中的第二景“雁塔瑶篸”时即引明崇祯朝知县高其昌诗云：“浮图突兀瑞光呈，金碧连云宝铎清。玉笋插空擎海目，金轮半地涌江城。丹梯共上三千界，藜火常分太乙精。览胜欲穷千里目，九重天畔倚峥嵘。”④

（二）《中国旧海关史料》中 *SAMSHUI REACH*（《三水区域图》）

因清季西江通商，三水河口埠被辟为通商口岸，故中国第二历史档案馆、中国海关总署办公厅编的《中国旧海关史料》保存有关于历年三水关华洋贸易报告的宝贵史料，尤其值得留意的是贸易报告中

① 康熙《广东通志》卷5《城池》，岭南美术出版社2006年影印本，第290页。

② ［美］凯文·林奇：《城市意象》，方益萍等译，华夏出版社2001年版，第36页。

③ 康熙十二年《三水县志》卷5《建置·魁冈塔》，第61页。

④ 康熙十二年《三水县志》卷15下《艺文志》，第157页。

附有两幅地图（其中一幅还有附图），在三水县城郭形态，河口埠之位置与街区形态、河口火车站之区位等诸多方面，对地方志文献记载多有补正，这里先对其中的 *SAMSHUI REACH* 图（《三水区域图》）所涉相关问题详为考述。

1. 地图作者、底图来源和绘制特点

《中国旧海关史料》第 26 册《1897 年三水口贸易报告》（*SAMSHUI TRADE REPORT FOR THE YEAR1897*）第 62 页插图 26—3，图名 *SAMSHUI REACH* 图（《三水区域图》，一译作《三水河道图》）。[①] 该地图右下角有两处重要文字注记，分别是 "Custon House，Samshui，31st December1897" 以及 "A Morrison 2nd Class Tidewaiter"。透露了地图的成图时间是 1897 年 12 月 31 日，制图者为三水海关二等钤字手莫里森。地图的右上角还有一份数百字的 NOTES（注释），记录了三水航道的沙洲分布、水深状况及未来发展趋势，还对地图上个别地名的"同地多名"的特殊标记方式做了说明。通过这条注释，有研究者推断该图的底图是由英国皇家海军船舰"Tweed 号"上的军官们绘制，注释上称其为"H. B. M. S. Tweed's chart"，全称应为"Her Britannic Majesty's Ship Tweed's chart"[②]。

这幅地图的构成要素在图上均有反映，其中方向以"钟面"符号示之，并有一箭头指向正北方；比例尺为 1∶600（feet）；注记较为复杂，城墙用双线段表示，道路用曲线表示，低山用粗曲线表示，堤坝用锯齿状曲线表示，村路用矩形虚线表示，庙塔用中国传统形象图表示，河流中有密密麻麻的数字，当为水深。注记有中英文两种形式，除了图名下方的数行英文注释以外，图中的注记大致上中文注记在上端，英文注记在下端，如果相关注记是竖排方式，则往往中文注记与英文注记呈现左右结构排列情况。

2. 该图反映的几个重要历史地理问题

因中国古代传统绘图技术以形象绘图法为主，传神有余而精确

① 《1897 年三水贸易报告》，中国第二历史档案馆、中国海关总署办公厅编：《中国旧海关史料》，京华出版社 2002 年版，第 26 册，第 62 页，插图 26－3。

② 周伟峰、郭声波：《近代三水口岸海关地图研究》，《暨南史学》第 16 辑，暨南大学出版社 2018 年版，第 191—205 页。

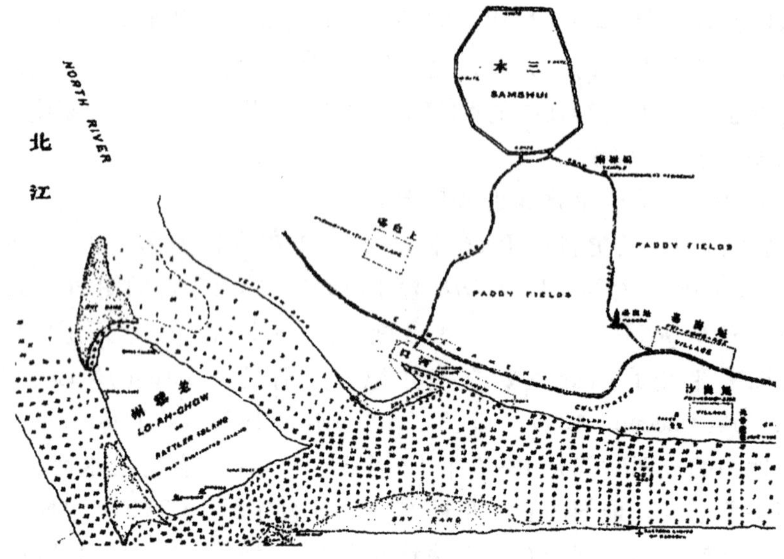

图 10－6　*SAMSHUI REACH* 图（局部）

不足，对于地理事物的微观方位及其形态的绘制准确度较弱，如前文指出广东明清时期诸县舆图中县城形态多绘成圆形即为一例。而在西方，随着科学主义的兴起，近代科学绘图技术也在不断地发展与完善，*SAMSHUI REACH* 图虽绘于 19 世纪末，但现代地图的主要构成要素比例尺、方向、图例与注记均在此图上有明确的反映，颇具现代科学地图色彩，因而其精确性和参考价值更大一些（参见表 10－8）。

表 10－8　*SAMSHUI REACH* 图中的英文地名注记情况表

英文注记	中文注记	地理方位
SAMSHUI	三水	肄江北，有官路通河口。城治大致呈不规则七边形
N. GATE	北门	城治正北居中，城墙东西走向
E. GATE	东门	城治东居中，城墙偏西北、东南走向
S. GATE	南门	城治正南，有官路通河口，其东有一门

续表

英文注记	中文注记	地理方位
W. GATE	西门	城治西，城墙偏西北、东南走向
ROAD［1］	道路［1］	自城南门达河口，中段向东侧凹
ROAD［2］	道路［2］	自城东南门达魁冈塔，中经福禄庙
PADDY　FIELDS	稻田	道路［1］、［2］间，道路［2］东侧
VILLAGE［1］	村落（上白塔）	道路［1］西侧
VILLAGE［2］	村落（魁冈基）	魁冈塔东南侧
VILLAGE［3］	村落（魁冈沙）	
EMBANKMENT	堤坝	肄江北岸，沿江分布，东抵西南镇
HO-KOW	河口	堤坝南，南临江，偏西北、东南走向，呈带状分布，有官路通城南门
CUSTOMS	海关	河口南，南临江
CULTIVATED	可耕地	堤坝南，南临江，沿江分布
TAI-SMUN-TONS VILLAGE	大山塘	城东，堤坝北，邻近西南镇
DRY SAND	淤沙	沿江多处，其中一处近河口
SAI-NAM	西南镇	离城较远之东南方，西邻小山
LO-AH-CHOM	老鸦洲	城至西南，北江东转处
TOWN OF KONGKUN	岗根	北隔北江与老鸦洲对
	思贤滘	西江自西转而南流处，隔江东南为新墟（江根墟）

（1）县城外部形态问题

SAMSHUI REACH 图（《三水区域图》）所绘三水县城外部形态为不规则七边形，正南门与正北门所在两城墙大致平行，呈东西走向；东门所在城墙偏西北—东南走向，与南、北两墙相比，此段城墙明显较长；南门东侧尚有一门，由此门而东，城墙偏东北走向，与东墙根相接；西门所在墙体可分三段，中间段墙体大致与东墙平行，并向外凸出，余者连接南、北两墙。检清康熙十二年（1673）、嘉庆《三水县志》，虽多见城墙失修圮坏或增筑城墙之事，但未见摧毁城墙之役。由此可断，在民国十八年至民国二十年（1929—1931）三水城墙被拆毁，城砖运往省城，旧址改为环城马路之前的四百余年间，三水县

城外部轮廓未曾改变，仅有增废城门、修缮、增高城墙之举。中国古代文献关于三水县城外部形态之文字记载如“周环六百七十五丈，南北相距二百零四丈五尺，东西如之”，以及舆图所绘之“圆形”，均与 *SAMSHUI REACH* 图（《三水区域图》）所绘相抵牾，实际上，三水县城主城的外部形态当为“不规则七边形”。

（2）城门问题

SAMSHUI REACH 图（《三水区域图》）分别用英文 N. GATE、E. GATE、S. GATE、W. GATE 表示北、东、南、西四门，此外南门东侧有一门东南开，且有道路通魁冈塔，共计五门。东南门实际名称当为文明门，在学宫前，据清康熙十二年（1673）《三水县志》卷首《纪事》条载：“崇祯十五年壬午开县城文明门，门在学前，知县罗仪则谓永为学利，故启之。”① 可以互证。

（3）河口地理方位问题

SAMSHUI REACH 图（《三水区域图》）在三水县城西南侧，南临肄江有“河口”二字，其英文名曰“HO-KOW”，并以虚线围成之矩形显示此区域，河口区域呈条带状沿江分布，“customs”（海关）也在此区域内，且紧邻肄江。河口东北侧有“EMBANKMENT”（堤坝），可以推断河口地处堤坝外，地势低平，易被水害，史载河口地方“位于堤外地势洼下，每遇水涨即成泽国。海关前面码头崖壁高出海关水尺零度以上十九尺，而河口街内一带地势较岸壁犹低，若逢江水涨至十九尺以上时，则全城势必浸没水中”②。英文版《1897 年三水贸易报告》在描述河口街形态时说：“如今的码头为河口，它是条荒凉落后的长度约为三分之一英里，并且沿江分布的街道。”③

按，清康熙十二年（1673）《三水县志》卷首《舆地图·县坊图》在城西南苍江北岸有“濠口市”字样。又，清嘉庆《三水县志》卷1《舆地·县坊图》在城西南苍江北岸有“官亭墟”字样；

---

① 康熙十二年《三水县志》卷1《事纪》，第35页。

② 《民国十一年至二十年最近十年各埠海关报告（1922—1931）》，中国第二历史档案馆、中国海关总署办公厅编：《中国旧海关史料》，第158册，第476页。

③ 中国第二历史档案馆、中国海关总署办公厅编：《中国旧海关史料》，第26册，第62页。

同书卷1《舆地》墟市条载："濠口市。康熙二十四年秋八月，邑令王永名于官亭之下捐造店房，设复墟市，以三、五、九日为期，改为官亭墟。"①

*SAMSHUI REACH*图（《三水区域图》）中的"HO-KOW"与濠口音近，河口与濠口也为谐音，故可断河口当是在濠口墟市基础上发展起来的。

此外，*SAMSHUI REACH*图（《三水区域图》）在河口与城南门间尚有一"ROAD"（路），此路即为文献记载之濠口官路，据清嘉庆《三水县志》卷1《舆地》濠口官路条载："濠口官路。在城南门外，右达于河旁，堪舆谓其不利于县治，当改从左边，由山川坛东，以收堂水云。"② *SAMSHUI REACH*图（《三水区域图》）中经魁冈塔之道路的修筑可能受到了堪舆家的影响。

（4）城外街区问题

鲁西奇先生在研究汉水流域明清府（州）县城郭时，指出这些府（州）县"几乎无一例外地都形成了规模不等的城外街区，有的城外街区居住人口数量与繁荣程度均超过城内"，这些城外街区"主要是商业、手工业区与普通民众聚居区，其自由发展的态势、杂乱无章的街区面貌，乃与城内主要为行政文教区和绅士居住区。街巷规整的城区面貌，形成鲜明对照"③。处于珠江流域的三水县城，在明清时期是否出现城外街区，其规模如何，值得研究。

*SAMSHUI REACH*图（《三水区域图》）在城南门外、堤坝内仅绘两条道路，右边之路通河口、左边之路通魁冈塔，两条道路之间为"PADDY FIELDS"（稻田），濠口官路右侧为上白塔村，也就是说，城南门与堤坝之间未呈现繁荣之城外街区，但却不能因之断定无城外街区。

笔者检清康熙朝两部《三水县志》卷首《舆地图·县坊图》及清嘉庆《三水县志》卷1《舆地·县坊图》，均见城南门外有西南驿旧址、元坛庙、社稷坛、襟江阁、濠口市（官亭墟）、部院行台等字

---

① 嘉庆《三水县志》卷1《舆地》，岭南美术出版社2006年影印本，第486页。

② 同上书，第467页。

③ 鲁西奇：《城墙内外：古代汉水流域城市的形态与空间结构》，中华书局2011年版，第442页。

样，而其他四城门外相关建筑却极少，可见城南门外有发展为新街区的历史基础。

三水城旧址今已为城内村，属河口镇，远在清康熙年间（1631—1722）县城与河口之间即有官路相通，且置官亭墟于河口，墟市居县城稍远，但南邻肄江，交通便捷，虽处堤外，也堪当三水城外街区。至于城治与堤坝间范围甚广之稻田区，清季广三铁路建成时终点站置于此处，关于铁路附近街区诸问题，将在下文研究 *PLAN of SAMSHUI HARBOUR 1911* 图（《1911 年三水港口计划图》）时详为探讨。

（5）江根墟问题

SAMSHUI REACH（《三水区域图》）在思贤滘对岸有“新墟”字样，墟在堤外，墟东北邻横岗村（见图 10－7），此墟实即为江根墟，今《广东省今古地名词典》江根条也说“因处思贤滘南边，俗作根，故名”①。新墟当针对旧墟而言，因清嘉庆年间（1796—1820）江根墟曾被废弃，后来可能复置。1897 年《中英续议缅甸条约付款专条》规定“将广西梧州府、广东三水县城、江根墟开为通商口岸，作为领事官驻扎处所”②。在 1897 年的 *SAMSHUI REACH* 图（《三水区域图》）上，“河口”有“CUSTOMS”的注记，“新墟”左侧也有“CUSTOMS SITE”的注记，而当年的海关报告中也提到“在江根与西江之间，轮船公司及海关已经买好了地产，那里全年水量充足，且地势高于河口”③。说明当时三水海关曾选定江根墟与河口一起作为海关驻地。

（三）《中国旧海关史料》中 *PLAN of SAMSHUI HARBOUR, 1911* 图（《1911 年三水港口计划图》）

《中国旧海关史料》第 155 册第 648—649 页间有插图 155—32，

---

① 广东省今古地名词典编委会：《广东省今古地名词典》，上海辞书出版社 1991 年版，第 489 页。

② 王铁崖编：《中外旧约章汇编》，生活·读书·新知三联书店 1957 年版，第 1 册，第 690 页。

③ 《1897 年三水贸易报告》，中国第二历史档案馆、中国海关总署办公厅编：《中国旧海关史料》，第 26 册，第 64 页。

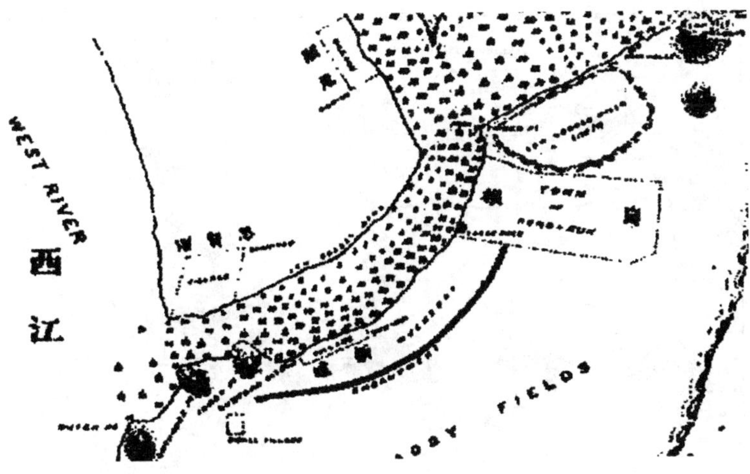

图 10－7　*SAMSHUI REACH* 图的思贤滘和新墟

英文名为 *SKETCH PLAN of SAMSHUI DISTRICT*：*SAMCHOW TO KAIKWNSHEK*，*1911*（《1911 年三水地区简图：自三洲至鸡冠石》），该地图左上方有一个附图，名为 *PLAN of SAMSHUI HARBOUR*，*1911*（《1911 年三水港口计划图》，见图 16－8 和图 16－9）。① 这里重点研究 *PLAN of SAMSHUI HARBOUR*，*1911* 图（《1911 年三水港口计划图》）的相关问题。

1. 底图来源与地图作者

该图英文标题下方标识有“Rased British Admiralty Chart”字样，由此可断，该图是根据“英国海军军用地图”改绘而成。在 *SKETCH PLAN of SAMSHUI DISTRICT*：*SAMCHOW TO KAIKWNSHEK*，*1911*（《1911 年三水地区简图：自三洲至鸡冠石》）及其附图 *PLAN of SAMSHUI HARBOUR*，*1911* 图（《1911 年三水港口计划图》）的右下角，标有英文注记“N. TRAVERS，1st Class Tidewaiter”，另外在相关海关报告中曾提到特拉弗斯作为三水海关的职员之一曾协助了 1911 年海

① *SAMSHUI*：*DECENNIAL REPORT*，*1902－1911*，中国第二历史档案馆、中国海关总署办公厅编：《中国旧海关史料》，第 155 册，第 648—649 页，插图 155—32。

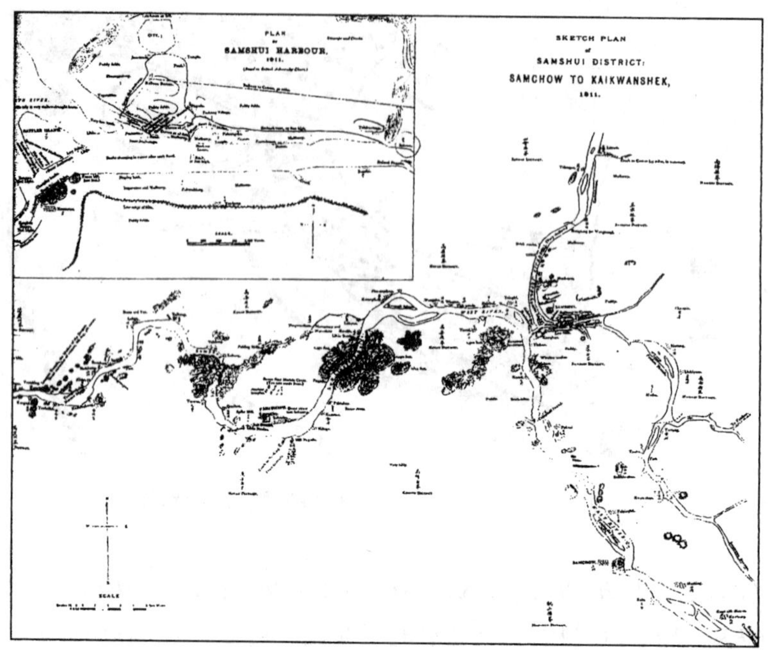

图 10－8 *SKETCH PLAN of SAMSHUI DISTRICT*：*SAMCHOW TO KAIKWNSHEK*，*1911*

关报告中“两幅有关三水港口和地区简图”的编辑工作，[①] 所以可以推定这两幅的作者是三水海关头等钤字手特拉弗斯。[②]

2. 比例尺、方向和相关注记

此图比例尺位于图下方，并写有英文“SCALE”（尺度），其下方为水平比例尺 1∶250Yards（码）。方向以“十”字形坐标表示，上、下、左、右分别用字母 N、S、W、E 指示四方。比例尺与方向与今制略同。

此图注记分文字注记与符号注记两种，其中文字注记均为英文，图中未见中文（见表 10－9）。

---

① *SAMSHUI*：*DECENNIAL REPORT*，*1902－1911*，中国第二历史档案馆、中国海关总署办公厅编：《中国旧海关史料》，第 155 册，第 656 页。

② 周伟峰、郭声波：《近代三水口岸海关地图研究》，《暨南史学》第 16 辑，暨南大学出版社 2018 年版，第 191—205 页。

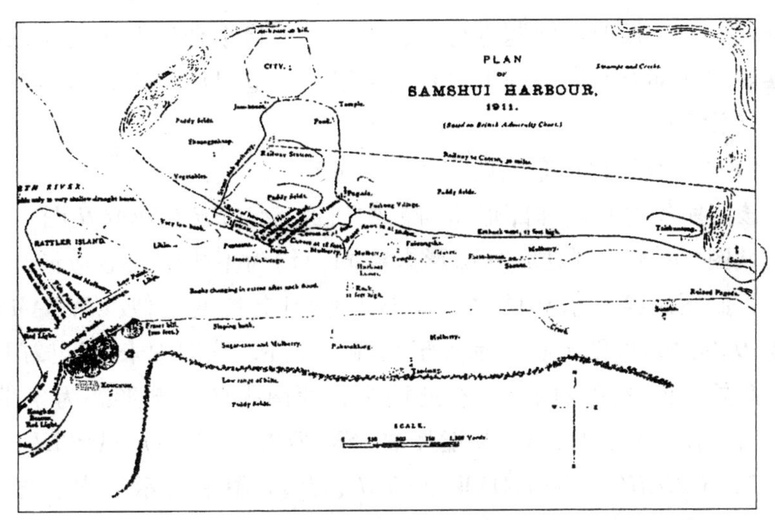

图 10－9　*SKETCH PLAN of SAMSHUI DISTRICT*：*SAMCHOW TO KAIKWNSHEK*，*1911* 图之附图 *PLAN of SAMSHUI HARBOUR*，*1911*

表 10－9　　《1901 年三水海关计划图》中的英文注记

英文注记	符号注记	中文名称	地理事物方位
CITY	不规则多边形	城市	肄江北岸，其北有山
Low hills	闭合等高线	低山	城西北，西南镇西北
Fraser hill	闭合等高线	高山	城西南，老鸦洲对岸
Low range of hill	粗线条曲线	连绵低山	肄江南岸
Temple	黑点	寺庙	城南数处
Railway	虚线段	铁路线	城南与堤坝间，大致与肄江平行
Water flows	虚曲线	水深	肄江北侧

与前文所研究 *SAMSHUI REACH* 图（《三水区域图》）相比，此图详尽地标识出诸山的等高线，并且广三铁路终点站及三水段路线在此图上均有清晰之描绘，这对研究新筑广三铁路对三水城外街区发展的影响甚为重要。

3. 该图反映的重要历史地理问题

前文研究《1897 三水贸易报告》所附 *SAMSHUI REACH* 图（《三水区域图》）时，已对三水县城的外部形态、城门、河口地理方位、城外街区、江根墟诸问题进行了讨论。这里将结合该图在简要探讨三水县城的外部形态的基础上，着重考察河口港口区、铁路车站新区及其相互关系问题。

（1）县城外部形态问题

该图所绘之县城外部形态与前文研究 *SAMSHUI REACH* 图（《三水区域图》）所绘制县城外部形态略同，均为不规则之七边形，所不同者，此图所绘三水县城之东墙与北墙图上长度近似，而 *SAMSHUI REACH* 图之东墙图上长度远大于北墙。此外，该图中未标识城门。

此外，值得注意的是，在此图中，西南街的外部形态为条带状，沿江布局。同样的，作为正图的 *SKETCH PLAN of SAMSHUI DISTRICT*：*SAMCHOW TO KAIKWANSHEK*，*1911* 图中表示三水县城也呈现“不规则多边形”形态；而“Sainam”（西南街）则居肄江北岸，外部形态也呈条带状沿江分布。

（2）河口海关与港口问题

该图在 HOKAU（河口）北堤坝内写有英文“Row of houses”，意为成排的房屋，为 *SAMSHUI REACH* 图所未见，盖城南与堤坝间原属“PADDY FIELDS”（稻田）区已渐辟为街区。河口东南临江密集写有英文“Custom House”（海关大楼）、“Examination sbed”（验货厂）、“Brokers hongs”（报关行）、“Commissioner's House”（税务司公馆）等字样，似此时河口港口区已初具规模。连接城南门与河口之官路，该图标识为“Stone slab pathway”（石板路），这条道路似甚为重要，因新建之“Railway Station”（火车站）即位于其左侧，可见此路乃沟通县城、火车站、河口街之通衢。

（3）广三铁路与河口火车站问题

该图在县城与肄江堤坝间绘制有一条平直的虚线，并有英文“Railway to Canton，30 miles”字样，意为至省城之铁路，其长为 30 英里（按今 1 英里 =1760 码），另外，同书第 630 页有一幅插图，其图名为 *SKETCH MAP of the WEST RIVER DELTA*（《西江三角洲略图》）①，图

① 中国第二历史档案馆、中国海关总署办公厅编：《中国旧海关史料》第 155 册，京华出版社 2002 年版，第 630 页，插图 155—31。

中对西江下游水道及相关铁路绘制颇为具体详密，广三铁路大致沿江北岸分布，铁路三水县境段与肄江近乎平行，而铁路之终点也介于县城与河口间。

《1911 年三水海关计划图》在广三铁路终点站处写有英文“Railway Station”字样，此即中文文献所谓三水火车站，而据 *SAMSHUI REACH* 图（《三水区域图》），以前这块地方为“Paddy field”（稻田）。车站建成以后，近接官路，介于县城与河口之间，区位优势明显，铁路新区是否因之形成，铁路对河口、县城产生何种影响，值得研究。

（四）河口街的微观位置与街区形态

中国古代郡县城市的城墙乃官府权威的象征，官署、学署等机构均置在城内，而城外“不仅是指城市之外的乡村，更是指附郭的城市街区”[①]。城市功能分区一定程度上由城墙来界定，日本学者斯波信义就曾指出：“在城市的空间划分方面，自然而然地表明了功能的分化，必然会形成中心区和边缘区、富民区与贫民区、住宅区与工商区等这种机能的功能分化。”[②] 明清时期的三水城内街道仅见县前街一处为市肆，即商业区，而城外却有河口街，三水县城城外街区之拓展是否依恃河口街，广三铁路终点站附近是否形成铁路街区，河口与铁路终点站之间的互动关系如何，城外街区形态如何，值得详为论述。

1. 江根墟是三水城外街区的组成部分

江根墟之名始见于清康熙四十九年《三水县志》卷 4《地理志》墟市条“江根墟”，但又特别说明修志之时此墟“已废”。前文研究《1897 年三水贸易报告》所附之 *SAMSHUI REACH* 图（《三水区域图》）时也指出思贤滘东南对岸有一墟名“新墟”，另外《广东省志·地名志》三水县江根条载“在三水县城西 7 公里，肄江南岸，属金本镇。南宋初建村。因处思贤滘南边，俗作江根，故名”[③]，推测

① 鲁西奇：《城墙内外：古代汉水流域城市的形态与空间结构》，中华书局 2011 年版，第 444 页。

② 唐晓峰、黄义军编：《历史地理学读本》，北京大学出版社 2006 年版，第 415 页。

③ 广东省地方志编纂委员会：《广东省志·地名志》，广东人民出版社 1999 年版，第 141 页。

清康熙四十九年（1710）已废之江根墟又复重建，当即 *SAMSHUI REACH* 图（《三水区域图》）所绘之新墟。《广东省志·地名志》新圩条载“别名镇南新圩。在三水县城偏南8公里，属金本镇。抗日战争初期附近江根圩被毁后于此重建，名为新圩”[①]，似不确。

清季西江通商，首辟广西梧州府、广东三水县城为通商口岸，关于三水口岸所处位置，清光绪二十三年正月初三日（1897年2月4日）中英两国政府签订之《中英续议缅甸条约》第19条附款专条，详为记载：

《续议缅甸条约附款》专条

光绪二十一年十二月初六日，经总理衙门照会大英署理钦差大臣，以光绪二十一年十一月十五日本衙门具奏西江口岸通商一摺，奉旨知道了，钦此，相应恭录谕旨，照会查照等因。今彼此言明，将广西梧州府、广东三水县城、江根墟开为通商口岸，作为领事馆驻扎处所，轮船由香港至三水、梧州，由广州至三水、梧州往来，由海关各斟酌一路，先期示知。并将江门、甘竹滩、肇庆府及德庆州城外四处，同日开为停泊上下客商货物之口，按照长江停泊口岸章程一律办理。

现在议定，以上所定中、缅条约附款及专条各节，应于画押后四个月之内开办施行，其批准文据应在中国京城速行互换。为此，两国大臣将此附款、专条画押盖印，以昭信守。

此附款、专条，在中国京城缮立汉文三份、英文三份，共六份。

光绪二十三年正月初三日

西历一千八百九十七年二月初四日

大清总理各国事务衙门大臣太子太傅文华殿大学士一等肃毅伯李

大英钦差驻扎中华便宜行事大臣宝[②]

① 广东省地方志编纂委员会：《广东省志·地名志》，第141页。

② 王铁崖编：《中外旧约章汇编》第1册，生活·读书·新知三联书店1957年版，第108页。

从上引《中英续议缅甸条约附款》专条所云“今彼此言明，将广西梧州府、广东三水县城、江根墟开为通商口岸”可知，西江通商初期所辟之口岸为三处，而三水地方就占了其中的两处。其中江根墟地处肄江南岸，离县城稍远，大概可算作是城外街区的外缘区。

江根墟的形态旧志未见记载，《1897 年三水贸易报告》所附 *SAMSHUI REACH* 图（《三水区域图》）在江岸与“EMBANKMENT”（堤坝）间写有“新墟”字样，且沿江有一个“VILLAGE”（村落），疑江根墟的外部形态为条带状，沿江分布特征明显。

2. 海关实置地河口墟的微观位置与街区形态

清光绪二十三年正月初三日（1897 年 2 月 4 日）《中英续议缅甸条约附款》专条规定广西省梧州府、广东省三水县城、江根墟被辟为通商口岸，然至光绪二十三年五月初六日（公历 7 月 5 日）“英国政府派员在河口圩设海关”[①]。河口圩与江根墟本非一处，何以弃江根墟而置海关于河口墟？其中的缘由，值得略加探讨。

（1）旧志所见河口墟的位置

清嘉庆《三水县志》卷 1《舆地》墟市濠口市条载：“濠口市，康熙二十四年秋八月，邑令王永名于官亭之下捐造店房，设复墟市，以三、五、九日为期，改为官亭墟。”[②] 因濠口市处于三水县官亭之下，故后来更名为官亭墟。官亭的位置，据清康熙四十九年《三水县志》卷 5《建置》官亭条载：

> 河旁，原有接官亭一所，旧号曰行台，先年残毁，竟成荒坵，致上司经临立，时取办蓬厂答盖每费不知凡几。康熙二十三年邑令王永名捐资委捕厅单世彰督工迁建官亭一所，规模宏丽，实为壮观。[③]

---

① 吴松弟：《中国百年经济拼图：港口城市及其腹地与中国现代化》，山东画报出版社 2006 年版，第 54 页。

② 嘉庆《三水县志》卷 1《舆地·墟市》，成文出版社 1966 年影印本，第 47 页。

③ 康熙四十九年《三水县志》卷 5《建置》，岭南美术出版社 2006 年影印本，第 247 页。

按“濠口”与“河口”谐音，疑即后来所说之河口墟，今修《三水县志》也说：“河口圩，清朝初年称濠口市，康熙二十四年（1685）重建时改称官亭圩。位于西、北、绥三江汇流处，又是广三铁路终点，水陆交通方便，南来北往，货运繁忙。”①

康熙四十九年《三水县志》卷首《舆地图》上标绘有官亭墟的位置，该墟市南邻苍江，东侧为部院行台（见图10－10）。又据清嘉庆《三水县志》卷1《舆地》附《县坊图》，官亭墟与襟江阁相依，南临肄江。《1897年三水贸易报告》附 *SAMSHUI REACH* 图（《三水区域图》）在肄江与堤坝间写有“河口”字样，此地当为所谓河口墟的具体位置。

（2）开埠前河口墟的规模

清季西江通商前，关于河口街的规模，明清地志中记载不明，但有一些对河口附近军事、宗教、建筑、交通设施的零星记载。如清康熙十二年《三水县志》卷14《外志·庙志》载有“河口天妃宫”②。同书卷5《建置》河口协防营房条载：“康熙五年知县王于宣奉上牌行，创建官署一座，内小房四十间。”③ 又清嘉庆《三水县志》卷2《建置》襟江阁条载：“在河口，嘉庆二十三年知县汪云任捐资购民地新建，邮驿称便。”④

此外，清康熙四十九年《三水县志》卷4《地理志》城内五甲条载：“濠口官路在城南外右边，达于河旁，堪舆谓其不利于县治，当改从左边由山川坛东以收堂水云。”⑤ 这条引文将濠口官路纳入城内五甲条，与城内街道并举，由此可见，在当时士人眼中，由濠口官路连接之河口街与城内联系甚密，为县城不可分割之组成部分。当然，天妃宫、河口协防营、襟江阁等宗教、军事、建筑设施置于此地，也从一个侧面反映出河口街当具有一定规模。

---

① 广东省三水县地名志编委会编：《三水县地名志》，广东高等教育出版社1988年版，第580页。

② 康熙十二年《三水县志》卷14《外志》，岭南美术出版社2006年影印本，第138页。

③ 康熙十二年《三水县志》卷5《建置》，第61页。

④ 嘉庆《三水县志》卷2《建置》，岭南美术出版社2006年影印本，第494页。

⑤ 康熙四十九年《三水县志》卷4《地理志》，第246页。

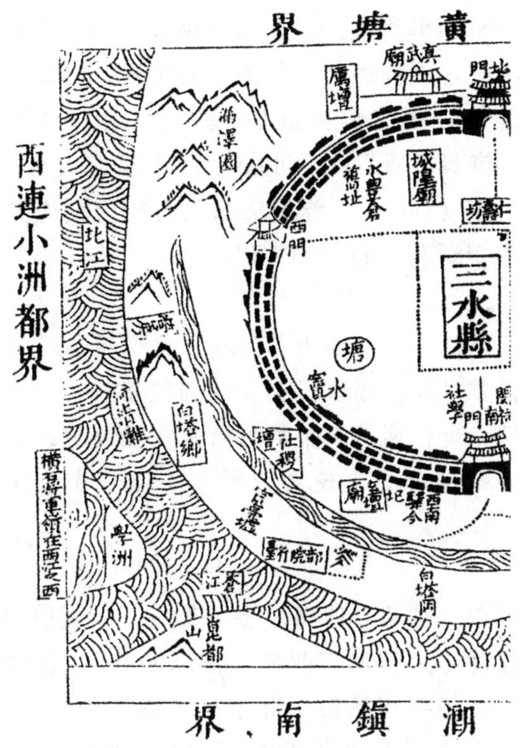

图 10－10　清代三水县官亭墟的位置

资料来源：康熙四十九年《三水县志》卷首《舆地图》，岭南美术出版社 2006 年版，第 198 页。

（3）清季三水开埠后河口街规模的拓展

河口墟在清季开埠前相当荒凉，“只有十余只小船用于货物起落”①。《1897 年三水贸易报告》附 *SAMSHUI REACH* 图（《三水区域图》）中，仅见河堤外沿河绘一带状街区，名曰河口，彼时河口街区居河一隅，未突破河堤界限。

三水河口虽于清光绪二十三年（1897）已辟为通商口岸，但似乎迟至清光绪二十八年（1902），此地大规模建设始兴，是年春，英国

① 李文海主编：《民国时期社会调查丛编·底层社会卷下》，福建教育出版社 2004 年版，第 685 页。

政府议将驻扎三水领事官裁撤，旋以“河口所买拟建领事公署之地全段售与新关，继则远而商民探悉新关立有定址，因即闻风兴起，群思振作，乃在该地附近争先购觅空基，并起厂舍，目下连盖铺房十余楹，轮奂美备，洵具壮观”①。河口街区的规模自此开始有所扩大。

清光绪三十年（1904），署理三水关税务司副税务司布廉思对未来河口规模的巨变颇有信心，盛赞曰：

> 其实河口仍俨同一褊小村落耳。但逆料转瞬之际必变其地为繁广要冲，首以船务渐臻□盛，次则铁路自广州来此止步，将速成萃利之场。追忆两载以前所睹景象顿然改观，盖递于河干骈起崇楼，厂舍蝉联栉比，轮奂鼎新，咸谓今昔悬殊，几令人难以辨识。②

细读上述引文，有两点值得注意。其一，布廉思讲到未来河口繁盛须依恃的区位优势为“繁广要冲，首以船务”，这也是海关置于此地的缘由，广三铁路终点站设于此也是考虑到分担水运压力。其二，引文中提到“盖递于河干骈起崇楼，厂舍蝉联栉比”，疑此时河口街的建设仍局限于河旁，尚未延至堤内。

河口街因通商转运贸易而兴，但工业基础相对薄弱，近代新式企业稀少，清光绪三十三年（1917）时，此地仅“建有机器厂一座，并于沿途造妥车站五所，抑其路基亦更增高筑厚，倍形坚固”③。而同时期，西南镇近代新式企业已颇具规模，这也是民国二十七年（1938）海关一撤，河口旋即败落的重要缘由。

---

① 《光绪二十八年通商各关华洋贸易总册·光绪二十八年三水口华洋贸易情形论略（1902）》，中国第二历史档案馆、中国海关总署办公厅编：《中国旧海关史料》，第36册，第279页。

② 《光绪二十九年通商各关华洋贸易总册·光绪二十九年三水口华洋贸易情形论略（1903）》，中国第二历史档案馆、中国海关总署办公厅编：《中国旧海关史料》，第38册，第297页。

③ 《光绪三十三年通商各关华洋贸易总册·光绪三十三年三水口华洋贸易情形论略（1907）》，中国第二历史档案馆、中国海关总署办公厅编：《中国旧海关史料》，第46册，第393页。

（4）河口海关与港口区

前文研究《1897年三水贸易报告》附*SAMSHUI REACH*图（《三水区域图》）时已指出在河口东南、肄江北岸写有“CUSTOMS”字样，此即海关初拟之地。三水通商初期，虽设海关，但其办公地点未定，及至清光绪二十五年（1899）九月二十八日海关仍“租为英领事署之洋楼内，以作办公之所”①。比至清光绪二十七年（1901）始“建成海关大楼一座”②。但是迟至清宣统三年（1911）西历四月二十五日，“新修廨宇聿观厥成”始“移徙办公”③。

关于河口港口区的微观地理环境，相关地图未见绘识。不过《民国十一年至二十年最近十年各埠海关报告（1922—1931）》中有段文字对港口区略有阐述：

> 河口地方，三水海关在焉。不但为往来三水旅客上下处所，而亦广三铁路之终点也。位于堤外地势洼下，每遇水涨即成泽国。海关前面码头崖壁高出海关水尺零度以上十九尺，而河口街内一带地势较岸壁犹低，若逢江水涨至十九尺以上时，则全城势必浸没水中。④

此段文字对于河口街位置与微观地形、海关、港口区的相对位置均有阐述。河口处河堤外，地势颇为低洼，易被水浸，常临洪水之虞。民国元年（1912）河口附近“乃有数处堤基突遭崩决，本口商场背后长围亦有几段多生罅漏，幸仗邻迩村氓集众奋力堵塞，方不至遽尔坍崩”⑤。可以印证河口虽然有近河之便利，但河口港口区的微

① 《光绪二十五年通商各关华洋贸易总册·光绪二十五年三水口华洋贸易情形论略》，中国第二历史档案馆、中国海关总署办公厅编：《中国旧海关史料》，第30册，第245页。

② 三水县地方志编纂委员会：《三水县志》，广东人民出版社1995年版，第495页。

③ 《宣统三年通商各关华洋贸易总册·宣统三年三水口华洋贸易情形论略（1911年）》，中国第二历史档案馆、中国海关总署办公厅编：《中国旧海关史料》，57册，第458页。

④ 《民国十一年至二十年最近十年各埠海关报告（1922—1931）》，中国第二历史档案馆、中国海关总署办公厅编：《中国旧海关史料》，第158册，第476页。

⑤ 《中华民国元年通商各关华洋贸易总册·中华民国元年三水口华洋贸易情形论略（1912）》，中国第二历史档案馆、中国海关总署办公厅编：《中国旧海关史料》，第60册，第429页。

观地理环境确实也有不尽如人意之处，所以需要在基础建设方面多加完善，民国二十六年（1937），国民政府第四路军司令部尝在河口江岸筑“钢筋水泥码头一座，长七百三十五尺，合二百二十四公尺”①，就是一例。

（5）河口埠近代市政设施

伴随着清季西江通商，河口被辟为通商口岸，近代市政设施也如雨后春笋般出现在河口街，乃至延伸到城内。如清光绪二十五年（1899）十月十一日，“始将本口邮政局开办”②；宣统三年（1911）六月十日河口埠设烟膏牌照捐分所，“专为进口洋药转运内地稽核确数之用”③；民国三年，西南镇至河口埠的电灯线也已架设，“不久即可点燃”④；向来唯西南镇设有之电报局，在民国四年（1915）六月一日也“由该处迁至三水”⑤；河口埠也曾成立市政会，可惜自民国十二年（1923）“会所毁于火后，会务涣散，名存实亡矣”⑥。此类市政设施之微观位置今难以确知，是否突破街北堤坝之界限，延伸至堤坝北侧区域，待考。

近代公路交通运输方式也在河口埠出现，并逐渐形成以河口为中心的交通网络。清季西江通商后，因河口埠“近来兴旺，景象颇多”，濒河区域“已铺砌石路一条，俾与通火车站之大路直

① 《民国二十六年海关中外贸易统计年刊》，中国第二历史档案馆、中国海关总署办公厅编：《中国旧海关史料》，第124册，第407—408页。

② 《光绪二十五年通商各关华洋贸易总册·光绪二十五年三水口华洋贸易情形论略》，中国第二历史档案馆、中国海关总署办公厅编：《中国旧海关史料》，第30册，第245页。

③ 《宣统三年通商各关华洋贸易总册·宣统三年三水口华洋贸易情形论略（1911年）》，中国第二历史档案馆、中国海关总署办公厅编：《中国旧海关史料》，第57册，第458页。

④ 《中华民国三年通商各关华洋贸易全年清册·中华民国三年三水口华洋贸易情形论略（1914）》，中国第二历史档案馆、中国海关总署办公厅编：《中国旧海关史料》，第66册，第13页。

⑤ 《中华民国四年通商各关华洋贸易全年清册·中华民国四年三水口华洋贸易情形论略（1915）》，中国第二历史档案馆、中国海关总署办公厅编：《中国旧海关史料》，第70册，第67页。

⑥ 《最近十年各埠海关报告（1922—1931）》，中国第二历史档案馆、中国海关总署办公厅编：《中国旧海关史料》，第158册，第472页。

相衔接”[①]。所谓“通火车站之大路”，当即《1897年三水贸易报告》附 *SAMSHUI REACH* 图（《三水区域图》）所绘自城南门抵河口之“ROAD”（路），也就是方志中所说“濠口官路”，为河口街通城内之通衢，地位甚为重要。可见，河口开埠初期，在广三铁路终点站与河口码头间的交通运输已经相当便捷，当民国七年（1918）时，由河口至南门之新式马路“不久亦将兴工”[②]。此外，尚有两条公路分别通芦苞与西南镇，民国二十四年（1935）河口抵西南镇的公路“大体已告完成，仅余桥梁数座，尚未竣工”[③]，而民国二十六年（1937）河口建筑新汽车公路一条，“直达上［下］游三公里之西南及江北岸之芦苞”[④]。新式公路运输方式如铁路、公路的出现，并与水路联运，有助于推动河口腹地范围的拓展。

（五）三水城外铁路新区形成问题

1. 广三铁路的修筑与走向

清季，列强掀起瓜分中国路权的狂潮，在此背景之下，湘、鄂、粤三省绅商纷纷倡议修筑粤汉铁路，以争国权。广三铁路是粤汉铁路支路，光绪二十六年六月十七日（1900年7月13日），清廷任命督办大臣盛宣怀与中国铁路公司、美国合兴公司正式签订《粤汉铁路借款合同》，其第二款规定：“此借款应用以建造及备置各项由汉口至粤东省城铁路之用。经总工程司测勘，武昌至广州绕经三水740英里，萍乡枝路66英里，岳州枝路25英里，湘潭枝路9英里。避车傍路78英里，即共计918英里。”[⑤]

---

① 《宣统元年通商各关华洋贸易总册·宣统元年三水口华洋贸易情形论略（1909）》，中国第二历史档案馆、中国海关总署办公厅编：《中国旧海关史料》，第51册，第430页。

② 《中华民国七年通商各关华洋贸易全年清册·中华民国七年三水口华洋贸易情形论略（1918）》，中国第二历史档案馆、中国海关总署办公厅编：《中国旧海关史料》，第82册，第91页。

③ 《民国二十四年海关中外贸易统计年刊》，中国第二历史档案馆、中国海关总署办公厅编：《中国旧海关史料》，第118册，第292页。

④ 《民国二十六年海关中外贸易统计年刊》，中国第二历史档案馆、中国海关总署办公厅编：《中国旧海关史料》，第124册，第407—408页。

⑤ 宓汝成主编：《中国近代铁路史料：1863—1911》，中华书局1963年版，第9册，第512页。

粤汉铁路广三支路在清光绪二十九年（1903）始兴工，首先修筑省佛段，此段长约“三十余里”，在是年“西历十一月十五号开车载客”[①]。佛三段“旋即迅接”，此段终点站在三水河口，长约60余里，在光绪三十年（1904）公历九月二十六日贯通，并由“两广总督岑春煊主持通车”[②]。

按照《粤汉铁路借款合同》第十四款的规定，筑造修理及行驶干路、支路及合办事业所需料件，“或由外洋进口，或由别省运至，工次比照北洋铁路办法，准免关税厘金”[③]。其中广三铁路的车轨“乃七十五磅，钢料制就，铺有双轨，用钢横枋者居全路中三分之一，其余概为单轨及用杂木横枋”，而杂木“皆从日本及般岛、新金山等处办来”[④]。

关于广三铁路走向问题，《中国旧海关史料》第155册 *LAPPA DECENNIAL REPORT, 1902－1911*（《1902—1911年拱北海关报告》）附图155—31，名为 *SKETCH MAP of the WEST RIVER DELTA*（《西江三角洲简图》），[⑤] 对这条铁路的具体走向有明确绘识，可见广三铁路大致是沿西江左岸由广州延伸到三水，沿途用中、英两种文字清楚地标绘有8个重要的地点名称。图中所标站点可能有遗漏，民国时期谢彬所撰《中国铁路史》详列广三铁路所经各个站点与里程，可以相互参证（见图10－11、表10－10和表10－11）。

---

① 《光绪三十年通商各关华洋贸易总册·光绪三十年三水口华洋贸易情形论略（1904）》，中国第二历史档案馆、中国海关总署办公厅编：《中国旧海关史料》，第40册，第325页。

② 三水县地方志编纂委员会：《三水县志》，第54页。

③ 宓汝成主编：《中国近代铁路史料：1863—1911》，第9册，第514页。

④ 《光绪三十年通商各关华洋贸易总册·光绪三十年三水口华洋贸易情形论略（1904）》，中国第二历史档案馆、中国海关总署办公厅编：《中国旧海关史料》，第40册，第325页。

⑤ 中国第二历史档案馆、中国海关总署办公厅编：《中国旧海关史料》，第155册，第630页，插图155—31。

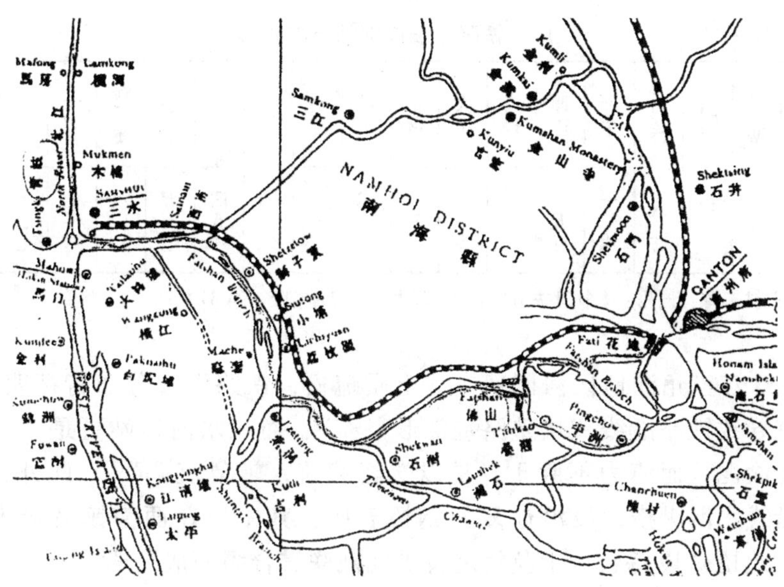

图 10 - 11　*SKETCH MAP of the WEST RIVER DELTA* 图（局部）

资料来源：中国历史第二档案馆、中国海关总署办公厅编：《中国旧海关史料》，第155册，第630页，插图155—31。

表 10 - 10　　**广三铁路沿线重要地点中英文对照**

英文地名	中文地名	地名与铁路干线相对位置
SAMSHUI	三水	干线北部
Suinam	西南	干线南，聚落呈带状沿江布局
Shetzetow	狮子窦	干线南，南邻北江干流水道
Siutong	小塘	干线南，南邻北江干流水道
Lichiyuan	荔枝围	干线南，南邻北江干流水道
Fatshan	佛山	干线南，南邻佛山水道①，聚落沿河呈带状。
Fati	花地	铁路始点，隔珠江望广州城
CANTON	广州府	珠江北岸

① 关于北江干流水道与佛山水道等水道的关系，大致是“自思贤滘北滘口向南至南海市紫洞，称北江干流水道，河长25公里，在紫洞附近分流三支，北支为佛山水道，中支为潭州水道，南支为顺德水道”。参见曾昭璇、黄伟峰主编《广东自然地理》，广东人民出版社2001年版，第177页。

表 10－11　　　　　　广三铁路沿线详细站点与里程

站名	石围塘	五眼桥	三眼桥	邵边	谭边	奇槎	大镇	横滘	佛山	街边	罗村	上柏	小塘	狮子窦	走马营	西南	三水
里程		三一	八二	一二八	一五五	一八八	二一零	二三八	二九七	三六二	四一二	四五八	五五七	六三一	七零八	七七七	八八二

资料来源：谢彬：《中国铁道史》，中华书局 1929 年版，第 372 页。

珠江三角洲地区河网密布、土质疏松，铁路沿江分布特征明显，这就导致铁路沿线“培塾路基殊形艰滞”，而三水河口站更是“地底尽系涂泥，而淖力不胜重，是以迭经填筑，辄复沉陷”①。此外，铁路沿线水网纵横，故沿途复架钢桥五座，其中以在西南镇者最为宏伟，此桥“以每长六十英尺之桥拱九截联贯合缀而成”。②

2. 河口站与铁路新区

前文研究 *PLAN of SAMSHUI HARBOUR*，*1911* 图（《1911 年三水海关计划图》）时已指出城南与堤坝间绘有一“Railway”（铁路），走向大致与肄江平行。城垣与堤坝间有“Railway Station”（火车站）字样，其大致位于 *SAMSHUI REACH* 图（《三水区域图》）所绘之由南门通河口与由东南文明门通魁冈塔两条道路间，且更近于沟通河口、南门之濠口官路，同图此处标识有“PADDY FIELDS”（稻田）字样。

另据署理三水关税务司谭安呈报的《光绪三十一年三水口华洋贸易情形论略（1904）》载：“抑闻拟就三水铁路现时停车之处向外培筑土埂一节，平铺轨道斜亘通至基围，即移车站建置于上，期与河干相近，俾免迢隔奔涉。”③ 不难推断出车站、基围、河干之相对位置，即车站在基围内，中由基围与河干相阻隔。

① 《光绪三十年通商各关华洋贸易总册·光绪三十年三水口华洋贸易情形论略（1904）》，中国第二历史档案馆、中国海关总署办公厅编：《中国旧海关史料》，第 40 册，第 325 页。

② 同上。

③ 《光绪三十一年通商各关华洋贸易总册·光绪三十一年三水口华洋贸易总册（1905 年）》，中国第二历史档案馆、中国海关总署办公厅编：《中国旧海关史料》，第 42 册，第 374 页。

又据《宣统元年三水口华洋贸易情形论略（1909）》载河口滨河地方“已铺砌石路一条，俾与通火车站之大路直相衔接。”① 此石路铺砌在河口街滨河地方，当处堤坝外沿肄江布局，据与“通火车站之大路”即濠口官路相衔接之情况，也可断定火车站与河口街区之间有一定距离，并且火车站是近靠濠口官路的。

又据《中华民国八年三水口华洋贸易情形论略（1919）》载：“本处所筑由火车站经围堤至大码头之新路当江水盛涨时极有效用。”② 此条史料明确指出“由火车站经围堤至大码头之路”，可以看出火车站与河口码头间隔着一条堤坝。

通过分析上述史料，可以推断出火车站位于堤内，靠近濠口官路。

广三铁路自清光绪三十年（1904）西历九月二十六日始通车运行，初期河口站甚为简陋，仅佛山车站已造砖房，而三水县境诸站“咸以木屋暂资栖止而已”③。比至清光绪三十二年（1906）始拟在此“营建砖石火车站房一楹，并添盖修葺路工屋宇几间”④，但迟至光绪三十四年（1908）河口站所修“崇楼一楹”，才“甫届竣工”⑤。

按河口因处众水交汇处，水路交通便捷，腹地广布，加之清季通商，成为重要商埠，广三铁路延至河口，目的在于分担水路运输压力，实现水陆联运，这也是终点站近靠濠口官路的缘由。广三铁路终点站是一个大站，不仅有“崇楼一楹”，附近必会先后出现满足其发挥转运功能的如货站、宿舍之类的配套实施以及服务场所，从而形成

---

① 《宣统元年通商各关华洋贸易总册·宣统元年三水口华洋贸易情形论略（1909）》，中国第二历史档案馆、中国海关总署办公厅编：《中国旧海关史料》，第51册，第430页。

② 《中华民国八年通商各关华洋贸易全年清册·中华民国八年三水口华洋贸易情形论略（1919）》，中国第二历史档案馆、中国海关总署办公厅编：《中国旧海关史料》，第86册，第42页。

③ 《光绪三十年通商各关华洋贸易总册·光绪三十年三水口华洋贸易情形论略（1904）》，中国第二历史档案馆、中国海关总署办公厅编：《中国旧海关史料》，第40册，第325—326页。

④ 《光绪三十二年通商各关华洋贸易总册·光绪三十二年三水口华洋贸易情形论略（1906）》，中国第二历史档案馆、中国海关总署办公厅编：《中国旧海关史料》，第44册，第376页。

⑤ 《光绪三十四年通商各关华洋贸易总册·光绪三十四年三水口华洋贸易情形论略（1908）》，中国第二历史档案馆、中国海关总署办公厅编：《中国旧海关史料》，第47册，第404页。

一个新的铁路新区。这样，与原来就已初具规模河口街区连接在一起，使河口街区的规模相应又扩大了不少。

3. 近式铁路运输对传统水路运输的影响

河口近代新式铁路运输方式的出现在很大程度上缓解了传统水路交通运输的压力。河口站因离码头甚远，虽其间有濠口官路、滨河石路相沟通，仍一定程度上限制了客货的水陆联运，故关于将铁路延至码头的议论不绝于书。据三水关代理税务司式美第呈报的《中华民国二年三水口华洋贸易情形论略》载："所惜车站设立之处距离江岸稍远，若能接至河滨，则附搭轮舶及由轮船起卸之货上下尤为便利，每年所运之数，当不止此而已也。"① 式美第强调若铁路能延至河滨，轮船起卸货物则"尤为便利"，运输量必会聚增。又据《民国十一年至二十年最近十年各埠海关报告（1922—1931）》载："[铁路] 果能展至河口码头地方，则非独旅客深感便利，即该路收入亦必增加，盖三水至河口码头地方距离甚近，利用煤汽火车便可常川行驶，殊属轻而易举。"② 然而铁路始终未延至河口码头地方，甚至未及堤坝，究其原因，似与河口地势低洼、易患水灾有关，为避免铁路遭此厄运，故铁路未延伸至此。

清季西江通商，通商口岸之所以选择在河口，当考虑其处"西、北两江及珠江上游各河之总汇"，水运交通便捷，"载客小轮及拖带船只皆假道于此"③。开埠当年，三水税务司理嗣也强调"三水口日后兴旺可恃者全在此地，势为分布转运之所"④。开埠初期，河口转运贸易发展迅速，光绪二十四年（1898），仅进口轮船载重即达"三十一万五千七十二吨"，比光绪二十三年（1897）增多"十九万九千

① 《中华民国二年通商各关华洋贸易全年清册·中华民国二年三水口华洋贸易情形论略(1913)》，中国第二历史档案馆、中国海关总署办公厅编：《中国旧海关史料》，第62册，第652页。

② 《最近十年各埠海关报告（1922—1931）》，中国第二历史档案馆、中国海关总署办公厅编：《中国旧海关史料》，第158册，第468页。

③ 《光绪二十四年通商各关华洋贸易总册·光绪二十四年三水口华洋贸易情形论略(1898)》，中国第二历史档案馆、中国海关总署办公厅编：《中国旧海关史料》，第28册，第239页。

④ 《光绪二十七年通商各关华洋贸易总册·光绪二十七年三水口华洋贸易情形论略(1901)》，中国第二历史档案馆、中国海关总署办公厅编：《中国旧海关史料》，第34册，第274页。

二百七十八吨”，因清季两广属英国势力范围，故船只以英轮为主，每百吨内，“英船占六十七吨，华船占二十吨，其余则美船、葡船各占一半”①。到光绪二十五年（1899），进口轮船载重更增至“五十九万一千六百八十四吨”，比光绪二十四年（1898）增多“二十七万六千六百十二吨”。

广三铁路在清光绪二十九年（1903）兴工，翌年通车，终点站设在河口的目的便是减轻水路运输压力，以便所有省、港、梧州商轮及西北两江各路拖带轮渡咸可与逐日火车递次转拨，互相应接，从而实现水陆联运，以应对西江通商后与日俱增的客货流量。

广三铁路通车初年，客运量即近达180万人次，自清光绪三十年（1904）迄于民国五年（1916）数年间，除民国二年、民国三年骤减外，客运量逐年上升（参见表10－12）。

表10－12　**光绪三十年（1904）至民国五年（1916）河口站客货运输量统计**

时间	公元纪年	客运人次	货运量	备注
光绪三十年	1904	1782402		
光绪三十一年	1905	2657489		日均971人
光绪三十二年	1906	2910875		获利较去年溢出9000元
宣统二年	1910	3611165		获利369239银圆
民国元年	1912	3337457		客货得洋银圆631508枚
民国二年	1913	473000	95000余担	
民国三年	1914	474500	182500担	净利45万元
民国四年	1915	4008819	7841吨	货物运费16830元
民国五年	1916	4355137		收入票价897383元，货物运费37765元

资料来源：中国第二历史档案馆、中国海关总署办公厅编：《中国旧海关史料》所载1904—1916年三水关贸易报告，京华出版社2002年版。（备注栏货币单位均据原书所记列入，仅供参考）

① 《光绪二十四年通商各关华洋贸易总册·光绪二十四年三水口华洋贸易情形论略（1903）》，中国第二历史档案馆、中国海关总署办公厅编：《中国旧海关史料》，第38册，第239页。

细读表10－12，可以看出铁路似乎主要分担水路运输的客运压力，而货物运输仍以水运为主，且航运尤受河道水深的影响。相较于水路运输，铁路运输具有便捷的特点，如民国二年（1913），虽然广东纸币贬值，但“惟用以购买车票则仍照十足收受，毫无亏折，商民羡此利益”，而且车行便捷，故“凡往返省城与西北两江之间者遂多搭乘火车取道三水”[①]。又因三水通广州之北江干流河道，“盗贼异常猖獗，劫掠货船”，治安紊乱，致使“客轮多由火车轮运”[②]。

河口通广州的北江干流水道“迂曲极多”，加之受岭南亚热带季风气候影响，“冬冷水涸，且不能航小轮”这就极大地限制河道的通航能力，导致客货“多改乘火车也”[③]。再如民国二年（1913），原来“自广州至三水之铁路所运货物亦倍于曩者，如各种家畜牛皮、蔬菜等物”，也因水道不稳之故，“多向佛山而去”[④]。民国八年（1919），因西南镇沟通佛山的河道“数月水浅，船只不能往来”，以致西南地方“棉纱颇受障碍”[⑤]。凡此种种，可以看出水道迂曲不稳在一定程度上限制河口水路运输的发展。

对于广三铁路建成后，河口通广州的河道客货运输量具体数据，未见《中国旧海关史料》相关记载，然通过上文探讨清季河口通商之初进口轮船呈骤增趋势来看，客货运输仍相当程度上依赖水运，不过伴随着1897年西江轮船航运开放后，传统民船贸易逐渐被轮船贸

① 《中华民国二年通商各关华洋贸易全年清册·中华民国二年三水口华洋贸易情形论略（1913）》，中国第二历史档案馆、中国海关总署办公厅编：《中国旧海关史料》，第62册，第651页。

② 《中华民国三年通商各关华洋贸易全年清册·中华民国三年三水口华洋贸易情形论略（1914）》，中国第二历史档案馆、中国海关总署办公厅编：《中国旧海关史料》，第66册，第13页。

③ 谢彬：《中国铁道史》，中华书局1929年版，第371—372页。

④ 《中华民国二年通商各关华洋贸易全年清册·中华民国二年三水口华洋贸易情形论略（1913）》，中国第二历史档案馆、中国海关总署办公厅编：《中国旧海关史料》，第62册，第652页。

⑤ 《中华民国八年通商各关华洋贸易全年清册·中华民国八年三水口华洋贸易情形论略（1919）》，中国第二历史档案馆、中国海关总署办公厅编：《中国旧海关史料》，第86册，第38、40页。

易取代，“木船载客数量当然一落千丈”，光绪二十四年（1898）开航的澳门、三水线上的小轮船“平均每年载客三万三千人以上，这个数目加上1901年的总数，便较1892年的数字超出了两万之数”[①]。香港造之新式客轮也由北江航道往返于广东省城与广西梧州间，如悬挂英旗商轮南宁号“缘设有佳洁舱位，并置电灯，其华洋馔膳美备，伺应亦俱周洽，是以搭客甚众。且该船之奇妙，系明轮在尾，以资旋驶，故尔最为平稳，即使迅行，亦无振掣之虞”[②]。虽然河道浅狭导致轮船航行受阻，但沿江区域也由之出现一些小拖轮，拖拽广州与河口间的客船和货船，以补水浅所致不便，无怪乎宣统元年五月初五日（1909）《商务官报》仍云：“两广地方素无车马之便，陆路交通，颇形窒碍，惟水路则日见通利。西江流域，轮舶纵横，不可胜数。”[③]

4. 河口埠衰落的原因

清季西江通商，河口立埠，其近代化历程开启，然至民国二十七年（1938）十月十二日，“日军在大鹏湾登陆，十四日珠江禁止航行，二十三日夜间三水海关即被迫撤退矣”[④]。固然三水海关是维系河口兴衰的重要因素，但仍须从历史之长时段角度追溯，兹略作一番分析。

光绪二十三年（1897）西江通商，仅广西梧州府、广东三水县河口埠被正式辟为通商口岸，外洋航轮到两处报关通商，转运贸易自是发达，然而及至清光绪二十八年（1902），原属西江干流下游外洋轮船停泊处之江门也被辟为通商口岸，河口转运贸易地位顿时骤降，据光绪二十八年（1902）西历九月五日，中英签订之《续议通商航船条约》第十款载：

---

① 聂宝璋、朱荫贵编：《中国近代航运史资料》，中国社会科学出版社2002年版，第二辑（1895—1927），上册，第123页。

② 《清光绪二十六年三水口华洋贸易情形论略（1900）》，中国第二历史档案馆、中国海关总署办公厅编：《中国旧海关史料》，第32册，第71页。

③ 《商务官报》乙酉14期，第31—32页，宣统元年五月初五日（1909年6月22日）。

④ 《中华民国二十七年海关中外贸易统计年刊（1938）》，中国第二历史档案馆、中国海关总署办公厅编：《中国旧海关史料》第128册，第620页。

又彼此议定，将江门开为通商口岸，除光绪二十三年正月初三日中英两国画押缅甸条约之专款所准英轮前往西江之停泊处所外，兹将广东省内之白土口、罗定口、都城作为暂行停泊上下客货之处，按照长江停泊章程办理，并将容奇、马宁、九江、古劳、永安、后沥、禄步、悦城、陆都、封川等处作为上下搭客之处。[①]

江门地处西江干流下游沿岸，原属广州府新会县辖，近靠澳门，水运交通便捷，有“洵推与香港、澳门通运之极要市镇”[②] 的美誉。江门被辟为通商口岸后，“凡在梧州以下各市场销售之货”，江门与三水“互相争胜”，而“三水似应略形逊减矣”[③]。河口之核心腹地复局限于“西北江下游临近数县”[④]。

河口虽然为三水海关所在地，转运贸易发达，但开埠时俨然为“一荒僻小村落”，商业寥落，近代新式工业更是无从谈起，商家货物“每聚于墟场市镇众多购买之区，断不聚于孤城僻岸之境”[⑤]，临近河口之西南镇、佛山镇商贸根基雄厚，商品多聚集于此。加之河口开埠时正值清季民初，政局动荡，频遭劫难，致使原本已脆弱的商贸更不堪一击，清光绪三十四年（1908）年八月十三日三水常关“所遗空间房舍讵于本年八月十三号猝尔失慎至肇焚如”[⑥]。民国元年

---

① 王铁崖编：《中外旧约章汇编》，生活·读书·新知三联书店1957年版，第1册，第108页。

② 《光绪二十九年通商各关华洋贸易总册·光绪二十九年三水口华洋贸易情形论略（1903）》，中国第二历史档案馆、中国海关总署办公厅编：《中国旧海关史料》，第38册，第298页。

③ 《光绪三十年通商各关华洋贸易总册·光绪三十年三水口华洋贸易情形论略（1904）》，中国第二历史档案馆、中国海关总署办公厅编：《中国旧海关史料》，第40册，第319页。

④ 吴松弟主编：《中国百年经济拼图：港口城市及其腹地与中国现代化》，山东画报出版社2006年版，第86页。

⑤ 《光绪三十三年通商各关华洋贸易总册·光绪三十三年三水口华洋贸易情形论略（1907）》，中国第二历史档案馆、中国海关总署办公厅编：《中国旧海关史料》，第46册，第390页。

⑥ 《光绪三十四年通商各关华洋贸易总册·光绪三十四年三水口华洋贸易情形论略（1908）》，中国第二历史档案馆、中国海关总署办公厅编：《中国旧海关史料》，第47册，第404页。

(1912）西历九月七号河口街又“猝遭回禄”，“在市区附近焚去廛舍三十余间，此次为本埠历来火灾之最形剧烈者”①。民国十一、十二年间河口一隅遭“滇桂军与粤军冲突，军队纵火焚烧，屋宇均成灰烬，惟新筑之海关及邮局两机关幸免于难”。民国十三年，“三水港内及河口街市时出劫掠，往来民船汽艇遇劫之案不可计数”②。凡此种种必会对工商业根基薄弱之河口埠打击沉重。

此外，当时人就论述到西南镇因商贾辐辏，故有“歌舞流连，浇风入焉”③ 的风气，而河口埠原本不过是一小村落，商业气息淡薄，此地土人“似欠冒险精神，多生恐虑，不敢不放手，抑其资本无甚饶裕之故也”④。这同样也是河口埠衰落的一个重要原因。

① 《宣统元年通商各关华洋贸易总册·中华民国元年三水口华洋贸易情形论略（1911年)》，中国第二历史档案馆、中国海关总署办公厅编：《中国旧海关史料》，第57册，第418页。

② 《最近十年各埠海关报告（1922—1931)》，中国第二历史档案馆、中国海关总署办公厅编：《中国旧海关史料》，第158册，第479页。

③ 万历《广东通志》卷14《郡县志一·风俗》，中国书店1992年影印本，第363页。

④ 《光绪三十三年通商各关华洋贸易总册·光绪三十三年三水口华洋贸易情形论略(1907)》，中国第二历史档案馆、中国海关总署办公厅编：《中国旧海关史料》，第46册，第390页。

第十一章　历史社会地理与社会生活史的专题研究

一　5—10世纪高昌地区居住生活方式及其环境影响因素

5世纪下半叶，来自河陇一带的汉族移民在今天的新疆吐鲁番盆地建立了割据小王国，史称高昌国，至640年为唐太宗所灭，高昌国历经一个半世纪。这个深处亚洲腹地、具有多民族特色、多元文化的绿洲小国由于兴起于举世闻名的丝绸之路的全盛时期，又地处东西交通大动脉的要冲（参见图11－1、图11－2），因而在新疆地域发展史乃至中外文化交流史上曾经扮演着一个相当重要的角色。唐朝以后，迄于明初，高昌地区因其独特的地理区位优势，政治地位虽几经变化，但仍不失为西域东部地区的一个政治、经济中心。由于长年的干旱环境，使高昌地区的古代文化遗存得以较多的保留，所以19世纪末以来，这一地区就逐渐成为中外学者考察研究的重点，20世纪70年代以后，吐鲁番文书的陆续出土，更使高昌国历史的研究成为备受关注的热点，相关成果层出不穷，研究的重点也逐渐由考古文物调查、文书整理向综合研究方面发展，对于高昌国社会生活史的研究近年来也已引起人们广泛的兴趣。但由于受学术背景不同、历史文献记载语焉不详等方面因素的制约，中外学者界对于不少具体问题的论证尚存着较大的分歧，如在高昌国居民的居住生活方式的研究方面就是如此。鉴于居住生活方式往往受生态环境因素的影响较大，而吐鲁番盆地的民居建筑传统风格在新疆绿洲地区又具有一定的典型性，本章

拟对5—10世纪高昌地区居住生活方式及其生态环境背景进行初步研究，以求从一个侧面来考察古代区域社会生活方式与环境变迁相互作用关系。

（一）关于高昌国居室建筑形态的不同观点

关于高昌国居室建筑形态，主要的文献记载是《梁书·高昌国传》：

> 其地高燥，筑土为城，架木为屋，土覆其上。①

根据上述记载，有一些学者推定当时高昌国居室的建筑形式为“土木居室”，认为“土木结构是高昌建筑的基本构架，但具有鲜明的地方特色”，亦即其有“减地留墙与土块垒墙”和“架木为屋”这两方面的特点。② 这一看法似乎也有考古方面的支持，在对交河故城的建筑遗址进行最初的勘察时，考古学家就认为：“原来建筑几乎全不用木柱，靠土墙支持屋顶。城中也有许多多层建筑，同样不用木柱，是在墙上挖出小孔，用来在两墙之间横加木椽，木椽的间隔约30—50厘米不等。”③

吐鲁番出土文书中有一份西州初期的房产登记簿，是唐朝初年平定高昌国以后对麹氏高昌遗留以来的户口、财产等清理登记后形成的有关档案文件，其中涉及不少户主的房屋规模、结构、用料等情况，可资分析当时高昌居民的居室建筑特征：

> 1 焦延隆宅　东西十一步、南北九步、内房四口、上二口、听（厅）上栿（栿）柱一、通行（横）良（梁）二。桑椽卅八。

---

① 《梁书》卷54《诸夷·西北诸戎·高昌国传》，中华书局1973年标点本，第811页。

② 宋晓梅：《高昌国——公元五至七世纪丝绸之路上的一个移民社会》，中国社会科学出版社2003年版，第360—362页。

③ 观民：《交河城调查记》，《考古》1957年第5期。

2 麹海隆宅东西十二步、南北十四步、内房八、上一、下七、厕二、听（厅）上栿（栿）一、柱一、行（横）良（梁）四、桑椽六十。

3 麹仕义宅东西廿 南卅八内房廿九，上七、下廿二、厕三。

4 司马欢仁宅□□西九步、南北八步、内房三口、上二、听（厅）上行（横）良（梁）一、桑椽三十。

5 麹文住宅厅上栿（栿）□□□□桑椽卅六，东麹□□东丁子隆妻、南□、北道，上下吕上右行（横）良（梁）□□廿一。

6 麹隆太宅东西廿二 南北廿步、内房十口、上四口、听（厅）上栿（栿）一、柱一、行（横）良（梁）四、厕一。桑椽九十□吕下行（横）良（梁）六、栿（栿）二、桑椽六十二。①

上引文中之“栿（栿）”即梁，“吕”当为脊檩之义。据此，宋晓梅分析说：“各种建筑用材数量不等，种类基本相同。木材用料中使用最多是椽木，多用桑木。问题是，椽木之外还见栿和柱，梁和檩。从登记簿中几处住宅房屋建筑的情况看，房间有大小，房屋有多少，但有屋必有椽，椽是房屋建筑材料中最基本的木质构件。这一点从交河故城2号民居遗址也可以得到证实，每屋之墙壁均留有椽洞。但可以无梁，有的有椽无梁，有的则一屋二梁，取决于房间的大小。以焦延隆宅为例，共房四间，梁却只有二根，厅有栿除外，如果一屋一梁，至少还一个房间无梁，若按一屋二梁，则有两个房间无梁。二号民居遗址反映的情况与此相符，东排房F2有梁孔，而F1则无梁孔。比起横梁，檩则更少，只在麹隆太和麹文住宅中见到。檩分大小，相对于横梁而言，当是一屋双檩。物以稀为贵，只有麹氏王族的豪门深宅用得起檩，檩在当时是一种稀有的建筑用材，更是权贵的象征。”② 尽管交河故城的建筑考古遗址上，没有见到椽木以外的木结构，但宋晓梅认为所谓“架木为屋”并非“真的只是土墙支持着椽

① 国家文物局古文献研究室、新疆维吾尔自治区博物馆、武汉大学历史系编：《吐鲁番出土文书》，文物出版社1983年版，第4册，第259—263页。

② 宋晓梅：《高昌国——公元五至七世纪丝绸之路上的一个移民社会》，第364页。

木架起的平头屋顶"[1]，所以总的来看，"土木居室"已构成高昌礼俗的重要部分，而且高昌人已经实现了"建造椽梁柱檩俱全的宅院，替代过去的'土窝子'"[2] 这一历史性进步。

然而，国外有些学者则对上述论断持着不同的看法。如法国学者莫尼克·玛雅尔（Monique Maillard）就认为高昌王国时期吐鲁番地区的建筑具有以下两方面的特点：其一是"没有石头建筑，石块已由体积大小不同的砖坯所取代，这些砖坯用于砌墙。砖坯是用黏土制造的，因为这种原料很容易制造成形，而且也容易砌在一起。砖坯常常是简单地在日光下晒干就行了，黏土浆在曝晒之前需要用模子制成长方形的坯"；其二是"受地理条件的制约，由于建筑木材的匮缺而使得修造建筑物屋顶的问题非常棘手，因为那里无法使用屋架。因此，有的地方采用成倍地增加柱子的办法以尽可能地减少所要覆盖的面积，其他地方也有使用拱顶的办法，或采取圆屋顶的方法。吐鲁番各不同时代的建筑似乎都是采取了第二种解决方法，尽管这种做法在某种程度上也有一定的细微差别"[3]。

对于当时吐鲁番地区民居屋顶的形式，莫尼克·玛雅尔曾经进行了较为深入的研究，她指出："我们应该承认在雅尔城[4]可能存在有真正建筑砌造的屋顶。在雅尔城墙壁上，大家发现在一定高度上尚留有一行行距离非常规则的洞，所有论述过它们的考古学家们都一致认为，这些洞都是承负古代屋顶栋梁的遗迹，当时的屋顶可能是用瓦覆盖的。我们知道该地区的大型建筑木材是非常罕见的。我们在雅尔城只发现了一小批瓦，而且还是在同一座建筑物中发现的，这就是城北的大庙。然而，在高昌的 α 号废墟中，在一条通道上却发现了另一种体系的屋顶，它可能会帮助我们找到问题的答案。在这条通道中，铺

① 宋晓梅：《高昌国——公元五至七世纪丝绸之路上的一个移民社会》，第 362 页。

② 同上书，第 20 页。

③ ［法］莫尼克·玛雅尔：《古代高昌王国物质文明史》，耿昇译，中华书局 1995 年版，第 74—76 页。

④ 这里所说的雅尔城即位于今吐鲁番以西 10 多千米处的交河故城。雅尔，明代也作崖儿，莫尼克·玛雅尔引斯坦因的观点，认为此城的名称是突厥语词 Yār 的对音，原意指环城而掘的深壑。参见［法］莫尼克·玛雅尔《古代高昌王国物质文明史》，耿昇译，第 70 页注。

放了许多长长的芦苇。在这种内外都抹有泥巴的芦苇编织物之上，先铺了一层平坯，然而又全部用泥抹了起来。雅尔城也大面积地、巧妙地使用了类似的办法，由于那里降雨量很少，所以这种办法不会带来多少不便。”“筒形圆拱似乎曾是修造长形建筑屋顶时所采取的一种办法。这种方法运用得非常广泛，至少在高昌建筑的某些阶段和整个宗教建筑中都曾使用过。在古雅尔城，情况似乎并非如此。为了覆盖那些四边形的厅堂，人们又建筑了一些圆屋顶，既有用坯砌成的，也有用黏土夯成的。”所以，当时雅尔城和高昌城①并非以“土木居室”为其基本特色，而是以“砖土结构”为主流，当时吐鲁番人为建筑房舍所拥有的主要要素其实是：“带有罕见的厚壁墙、带筒形顶的长形厅堂、圆屋顶所覆盖的四方形厅堂、经缩小体积的圆拱门、墙面上抹上泥巴以掩饰建材的简陋和砖坯的粗糙程度。这些部分结合在一起便可以建成住宅和堡寨、庙宇和佛寺。”② 莫尼克·玛雅尔的看法，似乎从历史文献记载中也可找到一些证据。如北宋太平兴国六年（981）王延德被遣赴高昌国，曾作《西州程记》，③ 其中记高昌地区情况云：“高昌即西州也。其地南距于阗，西南距大食、波斯，西距西天步路涉、雪山、葱岭，皆数千里。地无雨雪而极热，每盛暑，居人皆穿地为穴以处。飞鸟群萃河滨，或赶飞，即为日气所烁，坠而伤翼。屋室覆以白垩，雨及五寸，即庐舍多坏。”④ 可见窑洞或覆以白垩的居室在当时的高昌地区较为普遍。王延德关于宋初高昌地区“屋室覆以白垩”的记载被莫尼克·玛雅尔解释为“王延德在其出使记中指出，那里的房舍都是用土砌的”⑤，而“雨及五寸，即庐舍多坏”则又被她用来印证建筑房屋时往往不用椽木作屋顶因而“吐鲁番地区

① 高昌城即位于今吐鲁番东40余千米火焰山脚下之高昌故城，又称亦都护城。公元前1世纪，西汉屯田部队在此设高昌壁，以后迭经高昌郡、高昌王国、西州等变迁，曾是中吐鲁番地区政治、经济、文化的中心。故城于元初毁于战火，使用了1300余年。

② ［法］莫尼克·玛雅尔：《古代高昌王国物质文明史》，耿昇译，第77—80页。

③ 王延德所记宋初高昌国的文字，曾被王国维定名为《使高昌记》，但据日本学者长泽和俊考订，正确的名称应是《西州程记》，参见［日］长泽和俊《丝绸之路史研究》，钟美珠译，天津古籍出版社1990年版，第617页。

④ 《宋史》卷490《外国六·高昌国》，中华书局1977年标点本，第1412页。

⑤ ［法］莫尼克·玛雅尔：《古代高昌王国物质文明史》，耿昇译，第99页。

的房屋似乎都以不耐潮湿的腐蚀之特征而为人所知”①。

值得特别注意的是，学者们论述的同一时期、同一地域的居室形态，并且也都是依据相关历史文献记载并参照当时的文物古迹遗存作出相应的判断，但对于公元5—7世纪高昌王国建筑形式的认识却有相当大的分歧，一说是以“土木居室”为特点，另一说则认为是“砖土结构”，主要的分歧点在木料是否普遍使用于房屋建筑方面（参见表11－1）。现在看来，对于这一时期吐鲁番地区居室建筑的基本特点还有进一步深入研究的必要。

表11－1　　**关于高昌国居室建筑形态的不同观点**

主要观点 提出者	基本特色	相关特色	史料依据	考古依据	资料来源
宋晓梅	土木居室	减地留墙与土块垒墙；椽梁柱檩具全的宅院	《梁书》卷54《诸夷·西北诸戎·高昌国传》；《吐鲁番出土文书》第4册，第259—263页，文物出版社1983年版	交河故城的建筑遗迹	宋晓梅：《高昌国——公元五至七世纪丝绸之路上的一个移民社会》，中国社会科学出版社2003年版
［法］莫尼克·玛雅尔	砖土结构	带有罕见的厚壁墙、带筒形顶的长形厅堂、圆屋顶所覆盖的四方形厅堂、经缩小体积的圆拱门、墙面上抹上泥巴以掩饰建材的简陋和砖坯的粗糙程度	《宋史》卷490《外国六·高昌国》引王延德《使高昌记》（《西州程记》）	交河故城与高昌故城的建筑遗迹	［法］莫尼克·玛雅尔：《古代高昌王国物质文明史》，耿昇译，中华书局1995年版

① ［法］莫尼克·玛雅尔：《古代高昌王国物质文明史》，耿昇译，第77页。

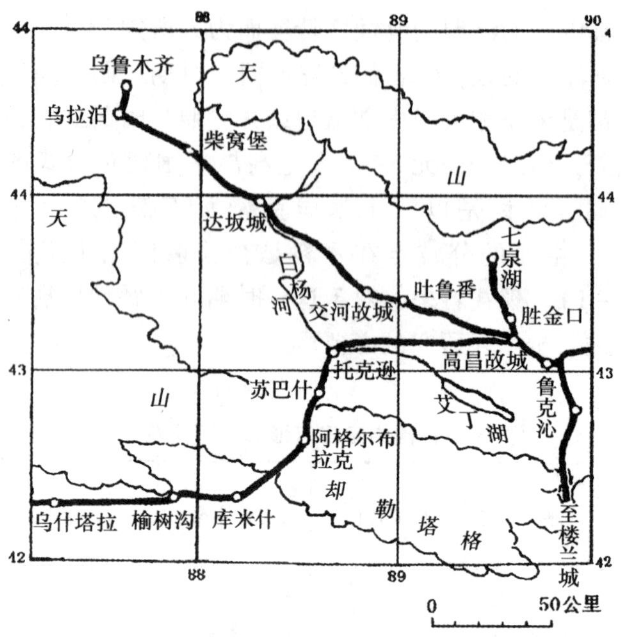

图 11－1　吐鲁番市地理位置图

（采自李肖《交河故城的形制布局》，第 2 页）

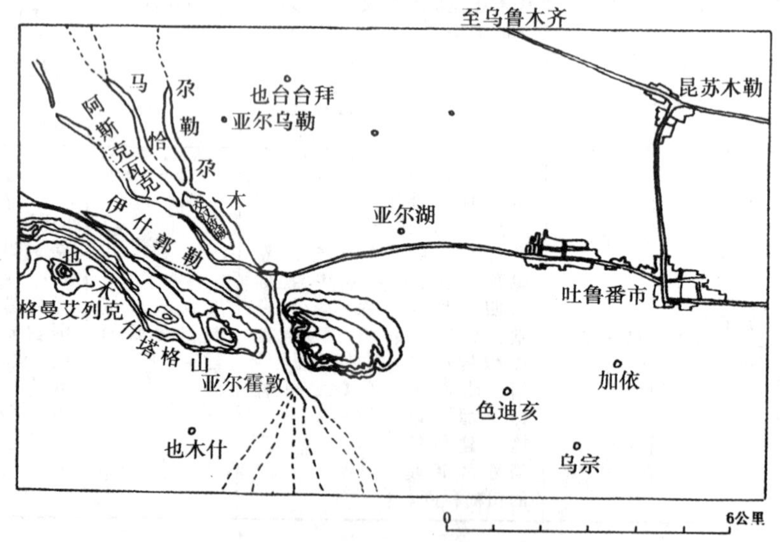

图 11－2　交河故城地理位置图

（采自李肖《交河故城的形制布局》，第 3 页）

（二）高昌居室建筑特色相关证据的再研究

应该指出的是，前述“土木居室”说与“砖土结构”说似乎都有历史文献与考古资料两方面的论据，但由于相关历史文献较少而且也存在一定的出入，同时无论是高昌故城还是交河故城千百年来的自然风化和人为因素影响，古代居室遗存破坏比重严重，这就为全面认识当时高昌地区的居室形态特征带来了一定的困难，所以产生学术见解上的分歧在所难免。但无论如何，历史文献记载与考古遗存仍是要研究当时高昌地区的居室形态特征最主要的依据，所以要对上述两说的合理性作出判断，仍需要从分析历史文献记载与考古遗存两方面入手。

“土木居室”说在历史文献上的主要依据是《梁书·高昌国传》中的有关“架木为屋”的记载。“土木居室”说仅见《梁书·高昌国传》，类似的说法却不见于其他正史，因而有必要对其可信度进行研究。按《梁书》是6世纪50年代到7世纪30年代期间，由姚察、姚思廉父子相继编撰而成。姚察为吴兴武康（今浙江德清县西）人，在陈代任秘书监、领大著作、吏部尚书，在隋代做秘书丞，死于隋大业二年（606）；姚思廉在唐任著作郎、弘文馆学士，后来做到散骑常侍，死于唐贞观十一年（637）。姚氏父子为江南人，曾在大兴城（长安城）为官，但未必到过高昌国，其所作《梁书》中的《高昌传》的内容估计主要依据的是二手资料。关于梁代的历史，曾由沈约、周兴嗣、裴子野和杜之伟、顾野王、许亨等在梁陈两代先后受命编撰，许亨写成《梁史》58卷。梁代谢吴又有《梁书》40卷，陈代何之元和隋代刘璠各成《梁典》30卷。“以上这些著作，姚氏父子修史时可能参考过，但都没有流传下来。”[①] 但上述学者也主要是长期在南朝任官、生活，身处南北分裂的特殊时代，不存在游历考察僻处西域的高昌国的可能，他们对于高昌国情况的认识是如何取得的呢？《梁书·诸夷·西北诸戎》中所述梁朝与相关国家朝贡关系史为解答这个疑问提供了材料：

① 《梁书》卷首“出版说明”，中华书局1973年标点本，第1—2页。

> 西北诸戎，汉世张骞始发西域之迹，甘英遂临西海，或遣侍子，或奉贡献，于时虽穷兵极武，仅而克捷，比之前代，其略远矣。魏时三方鼎跱，日事干戈，晋氏平吴以后，少获宁息，徙置戊己之官，诸国亦未宾从也。继以中原丧乱，胡人递起，西域与江东隔碍，重译不交。吕光之涉龟兹，亦犹蛮夷之伐蛮夷，非中国之意也。自是诸国分并，胜负强弱，虽得详载。明珠翠羽，虽仞于后宫，蒲梢龙文，希入于外署。有梁受命，其奉正朔而朝阙庭者，则仇池、宕昌、高昌、邓至、河南、龟兹、于阗、滑诸国焉。今缀其风俗，为《西北诸戎》云。[①]

可见，梁朝时曾与包括高昌在内的西域诸国有朝贡关系，梁人对于这些国家风俗的了解主要就是通过朝贡使者这个途径。梁元帝萧绎在出镇荆州时曾据各国朝贡使者反映的材料作有《职贡图》，并附有相关题记（梁元帝另外还撰有《蕃客入朝图》），与其同时代的裴子野也作有《方国使图》并附有题记，这些图及题记的原本失传的时期较早，后世只有各种摹本流传，今南京博物院存有十二国使臣图像和十三国题记的残卷。一般认为今存残卷或者其原底为萧绎《职贡图》，[②] 但据余太山的最新研究成果，残卷图像和题记之原底可能出诸裴子野《方国使图》，并且《梁书·西北诸戎》也主要取材于裴子野《方国使图》。[③] 不过萧绎与裴子野为同时代的人，两人又有一些交往，据说萧绎“性不好声色，颇有高名，与裴子野、刘显、萧子云、张瓒当时才秀为布衣之交”[④]，所以他们所作的图及题记都应是取材于西域各国朝贡使者的口述，也就是如萧绎在其《职贡图序》所说的是“瞻其容貌，诉其风俗。如有来朝京辇，不涉汉南，别加访采，以广闻见”[⑤]，并且他们的作品可能曾相互吸收了不少内容，所

① 《梁书》卷54《诸夷·西北诸戎》，中华书局1973年标点本，第809页。
② 金维诺：《〈职贡图〉的时代与作者——读书札记》，《文物》1960年第7期。
③ 余太山：《两汉魏晋南北朝正史西域传研究》，中华书局2003年版，第26—64页。
④ 《梁书》卷5《元帝记》，中华书局1973年标点本，第135—136页。
⑤ （唐）欧阳询：《艺文类聚》卷55《杂文部一》，上海古籍出版社1985年校点本。

以不能否认《梁书·西北诸戎》曾引用了《职贡图》题记的一些文字，例如《职贡图序》中就有“故以明珠翠羽之珍，细而弗有，龙文汗血之骥，却而不乘”之语，似与《梁书·西北诸戎》中的“明珠翠羽，虽仞于后宫，蒲梢龙文，希入于外署”的语气和用词都有一脉相承的关系。这就说明，尽管《梁书·西北诸戎》关于高昌等国的记载的资料可能是从裴子野或萧绎的题记中移录的，但却都是来源于各国朝臣使者的介绍，因而大致是可信的。

当然，作为高昌国的朝贡使者，其所反映的情况未免有所保留，甚至有溢美的成分，如《梁书·高昌国传》在记述高昌国“其地高燥，筑土为城，架木为屋，土覆其上”云云之后，又接着说“寒暑与益州相似”，就不完全符合实际的情况。益州即巴蜀地区，为亚热带温润气候，与地处西北内陆的高昌国的温带干旱气候迥然不同。正因如此，如北宋初年王延德《西州程记》所记高昌地区“居人皆穿地为穴以处”，以及普通居室甚为简陋，“雨及五寸，即庐舍多坏”的之类的情况就未见在《梁书·高昌国传》中有任何的反映，这恐怕也是莫尼克·玛雅尔对此书相关记载视而不见的一个主要原因。

如前所述，《梁书·高昌国传》所说的高昌国“架木为屋，土覆其上”的居室特色，宋晓梅将其概括为是“土木居室”，并且认为当时高昌国居室“架木为屋”并非“真的只是土墙支持着椽木架起的平头屋顶”，而是已经实现了由“土窝子”向“建造椽梁柱檩俱全的宅院”的过渡。这种看法虽然有吐鲁番出土文献资料为依据，但明显忽视了在任何时期、任何地区的各种社会生活中都可能存在着的阶级、阶层差异，以至于将以普通民众居室所代表的高昌国传统居室特色与少数王公贵族的奢侈居室混同起来。其实，当时高昌地区不仅有不少“椽梁柱檩具全”的深宅大院，而且在某些时期也一度出现过一些装饰奢华、极富中原内地情调的多屋楼房。在位于吐鲁番市东北约60千米的火焰山中段木头沟柏孜克里克千佛洞第9号寺中的壁画中，画有许多房屋，全部房舍均以高墙相围，城墙中挖开了一个带有沉重门扇的大门，门扇中点缀有巨大的黑色圆点，明显是一些门钉。建筑物本身矗立在带有方格饰的地基上，可通过台阶进入大门。墙头的上部覆盖着边部翘起来的瓦顶，屋脊的各个边缘部位都有相对而视的鸟头。鲜艳的色泽更加烘托出了整个建筑，分别呈黑色或蓝色，而房顶部则为白色（参见图11－3）。莫尼克·玛雅尔在生动地描绘了上述建筑特色后，断定“这些房舍似乎完全符合唐代汉族楼台亭榭的风格”，但又对这些建筑是否确实在吐鲁番地区存在过深表怀疑：“绘画的这些令人心旷神怡的楼亭与雅尔城和高昌所遇到的那种砖土结构建筑相差很远。此外，我们还可以思考这些楼亭是否足可以避暑、防寒和遮挡席卷着尘沙的狂风。这种类型的房屋也可能是在地面上修建起来的，但我们没有找到任何踪迹。在此问题上又一次提出了有关房顶的问题，如果确实是使用那种沉重的瓦顶的话，那就必须有复杂的木料房架，我们认为这种房架与现今所知道的吐鲁番盆地的建筑传统是不大相容的。”① 其实莫尼克·玛雅尔的论点并没有太多的依据，近年来考古工作者在柏孜克里克千佛洞石窟遗址区中已发现了相当宏伟的木质斗拱16件，这说明在高昌回鹘时期有十分高大的殿堂、回廊等建筑。② 另外，正如她本人已经看到的，在比北宋初年王延德《使高昌记》（《西州程记》）“稍晚期的一篇文献又向我们介绍说，喀喇契丹（黑契丹，Karakhitaï）的赋税者征敛者们被从一座多层楼房的屋顶上推了下来”③，这表明当时高昌地区确有楼房存在。麴氏高昌是由河陇汉族移民为主体建立的移民社会，经济、文化应较高昌回鹘时期更为繁荣发达一些，一些世家大族在河陇旧地生活时往往也建有多层之楼居，并将这种奢华之风带到了新居地吐鲁番地区，这已得到文献方面的证实，如《张雄墓志》述其妻家麴氏：“青楼甲第，盛轩冕于中京”④；金城麴氏“与游氏世为豪族，西州为之语曰：‘麴与游，牛羊不数头。南开朱门，北望青楼’”⑤。当然这些具有中原内地特色的楼居只是局限于少数世家大族宅院或宗教场所，尚不足

① ［法］莫尼克·玛雅尔：《古代高昌王国物质文明史》，耿昇译，第99—101页。

② 冯志文等编著：《西域地名词典》“柏孜克里克千佛洞”条，新疆人民出版社2002年版，第65—66页。

③ ［法］莫尼克·玛雅尔：《古代高昌王国物质文明史》，耿昇译，第99页。

④ 宋晓梅：《高昌国——公元五至七世纪丝绸之路上的一个移民社会》，第107页。

⑤ 《晋书》卷89《麦甸允传》，中华书局1974年标点本，第2307页。

以代表高昌地方民居的基本情况。[①] 因而从总体上说，虽然高昌地区居室建筑也是“土木居室”，但与中原内地还是有着较大的不同，除了少数贵族的居室或宗教建筑具有瓦顶结构甚至楼亭以外，普通民居建筑基本上都是“架木为屋，土覆其上”的比较原始的平顶土屋。这一民居建筑特征，至今在吐鲁番地区仍有着流风遗韵。

高昌国民居建筑具有“架木为屋，土覆其上”的特点，确实也得到了交河故城考古工作的支持。从吐鲁番地区高昌国居室遗址的情况来分析，莫尼克·玛雅尔的“砖土结构”说似乎并不十分符合当时的实际情况，并且她的某些具体论说也有不少武断甚至自相矛盾之处。前引莫尼克·玛雅尔的论述中称：“在雅尔城墙壁上，大家发现在一定高度上尚留有一行行距离非常规则的洞，所有论述过它们的考古学家们都一致认为，这些洞都是承负古代屋顶栋梁的遗迹，当时的屋顶可能是用瓦覆盖的。我们知道该地区的大型建筑木材是非常罕见的。”这段论述实际上有不少常识性甚至逻辑上的错误，如交河故城某些房屋墙壁上一行行距离非常规则的洞，可能与房屋的结构有关，但并不一定“都是承负古代屋顶栋梁的遗迹”，而更可能是放置水平椽木的遗迹，这从洞的位置、洞的间距以及洞的尺寸都可以得到证明。既然是水平放置椽木，就不一定非用瓦饰顶，自然不能全然说明“当时的屋顶可能是用瓦覆盖的”。前引考古学家最初对交河故城的建筑遗址勘察报告只指出“墙上挖出小孔，用来在两墙之间横加木椽，木椽的间隔约30—50厘米不等”[②]，并未说当时的居室全部一定有“屋顶栋梁”存在。最近的相关研究成果证实，交河故城A－19号院落的1号房间从北壁顶部向下约1米处，有一排椽孔，直径0.3米、深0.2米，“应是屋顶的痕迹”，其中东室北壁近顶处有两排小柱孔，直径0.2米、深0.1米，“可能是某个时期东室单独拥有屋顶时

① 高昌国时期，“青楼甲第”这类建筑的出现，实际上是中原与西域之间或者说是胡华之间文化双向交流的一个侧面，因为有研究证实，中原内地“建筑空间的变化的过程，一般地说从汉末至南北朝就开始了。特别需要指出是，建筑空间向竖向的发展，即从‘高台榭’到高层楼阁，也是从东汉开始盛行的，似与佛塔密切相关。”参见常青《西域文明与华夏建筑的变迁》，湖南教育出版社1992年版，第41页。

② 观民：《交河城调查记》，《考古》1957年第5期。

留下的遗迹”；2 号房间北壁豁口西侧有上下两排柱孔，“应是屋顶的遗迹”①。E－9 号寺院内的 62 号房间东、西墙的顶部（生土部分）有挖凿出的“梁槽”遗迹，估计是“用来放置房梁”，但“从房梁的排列方式看，屋顶为密梁平顶结构”②。由此可见，平头屋顶在当时的高昌建筑中确实比较流行，但放置椽、梁的方法又有两种，一般民居院落的房屋多凿成排对称的圆孔以放置椽木而构成屋顶，但寺院房舍也有挖凿梁槽放置房梁从而形成密梁平顶结构的情况。但因为一般都是水平屋顶，自然就没有普遍用瓦的必要性。

图 11－3　伯孜克里克第 9 号寺壁画中的一座汉式亭阁

（采自［法］莫尼克·玛雅尔《古代高昌王国物质文明史》，耿昇译，第 257 页）

① 李肖：《交河故城的形制布局》，文物出版社 2003 年版，第 171—172 页。

② 同上书，第 103 页。

（三）“架木为屋，土覆其上”居住风俗所反映的生态环境状况

莫尼克·玛雅尔以“该地区的大型建筑木材是非常罕见”这一先入为主的论点为理由，否认高昌民居建筑中有大量用木椽的可能，当是对当时新疆绿洲地区的自然环境和经济水平的情况不甚了解之故。《梁书·高昌国传》记述高昌国“备植九谷，人多噉麦及羊牛肉。出良马、蒲陶酒、石盐。多草木，草实如茧，茧中丝如细纩，名为白叠子，国人多取织以为布。布甚软白，交市用焉”。可见当地是以农为主而兼营畜牧业为其经济特色的，商业贸易也相当发达，区域环境虽然比较干旱但却“多草木”，建筑用木料自然并非十分短缺。

新疆绿洲地区沿河两岸水源充足处多有胡杨林、柳树、果树之生长，胡杨木常为当地建筑用材之主要来源，而柳木和果木则主要用于制作家具，今天尚且如此，当时恐亦不能例外，如在 20 世初英国探险家斯坦因曾在南疆和阗沙埋废墟中发现了多处古代住宅的遗址和大量房屋木料碎块甚至仍然比较完好的梁柱，其中一座大型住宅的中间有一个大厅遗址，“大小是 40 × 26 英尺，可能是一个接待用的客厅。四根厚重的杨木大梁，足有 40 英尺长，曾支撑着房顶。固定在中间两根大梁下面的梁托，也是一根根很好的木料，近 8 英尺长，10 英寸厚，上面有粗大的凸纹。顶着梁托的木柱早已倒下；然而，当发掘工作开始时，几根大梁仍保留在原来的地方，躺在当时就填满了这间大厅的深厚的沙土中”。此外，在这间房屋遗址中还找到了一张红柳木做的弓、一些精工制成的细杨木圆杆矛柄、一块柳木质牌断片以及一根苹果木的手杖。①

据有关学者研究，民居建筑在楼兰鄯善各遗址中占有很大比例，仅尼雅遗址就的近百处遗存，民居建筑一般为多功能、多室组合布局。居室一般由厅、室、回廊、储藏室组成。部分居址设有壁炉及冰窖，房外常附带建有畜舍，房屋周围多设有果园，院落多有篱笆护栏。建筑材料多就地取材，以胡杨木、红柳枝和黏泥为主。屋顶可能

① ［英］马克·奥里尔·斯坦因：《沙埋和阗废墟记》，殷晴等译，新疆美术摄影出版社 1994 年版，第 236—237 页。

多为平顶或平顶开窗式，与现在南疆农村民居建筑结构近似。在个别富有家庭的房屋建筑中出土有木地栿①、古典式梁柱及柱头、雕花门栏、雕刻窗格及地毯残片，说明其建筑的华丽和工艺的精湛。相对于大多数较简陋的居址，也反映了社会等级差别和贫富悬殊的状况。除了民居建筑以外，尼雅官署遗址建筑材料也主要以木材、红柳枝和黏泥为主，占地面积较大，建筑规模宏伟，气势非凡，布局严谨，建筑内部多有雕刻装饰，与楼兰官署遗址以土坯为建筑材料、设在较高平坡之上、建筑面积不大但结构精巧的情况有所不同。② 由于建筑用的木材可有多种来源，并不是十分的缺乏，所以木材除用于地栿、梁柱以外，还用于一些特殊的佛寺或居室建筑方式、建筑部件、房屋内部装饰、家具甚至于小型饰件方面，如尼雅佛寺遗址墙体的筑建方法采用“木骨泥墙式”，即在承重的木柱上开凹形槽，然后嵌入木构件、红柳枝、芦苇等，每两个承重木柱之间还均匀插有 3 个小木柱，然后将木柱及墙体进行编织、捆扎，再在其体内外涂草泥，最后进行平整刷白及绘壁画；尼雅、楼兰遗址又出土有多件木雕门框、木雕双托架、木雕四腿木橱、木雕门扉、木雕涂漆椅子腿、木雕彩色椅子腿、木椅子残件、木雕佛塔、木雕镶板、木雕门柱、木雕板、木雕横梁、浮雕横梁、木雕、透雕横梁、透雕木板、动物木雕残片、神祇木雕像、木雕柱头、木雕过梁、木雕、木窗户栏杆、木柱础、木印戳子、木杯、木几、木食台、木台、木制打纬器、木箜篌、木质吉他残件、木雕或木质小型花形饰件等，③ 这些木质或木雕作品，呈现的艺术风格各不相同，既反映出当时文化艺术的发达，同时也说明了当年的区域生态状况。特别值得一提的是，楼兰鄯善的古墓葬遗址中多出土有船形木棺、柜形木棺及彩绘矩形木棺，其中彩绘矩形木棺从其彩绘形式和陪葬品如织锦、铜镜及椸（丫形衣物架）等来看，在一定程度

---

① 地栿为楼兰鄯善地区民居建筑中的一种常用的地板材料，木质平铺于沙土上，周缘与梁柱榫卯衔接，起到固定作用。

② 李青：《古楼兰鄯善艺术史论》，博士学位论文，西北大学，2003 年，第 271—272 页。

③ 同上书，第 243—270 页。

上反映了汉文化对当地的影响,[①] 而船形木棺作为木土墓葬文化的一种特殊形式，则更生动地揭示出当地生态环境曾经发生过剧烈的变化。

吐鲁番地区也是新疆南疆地区的一片典型的绿洲区，至今仍为人口密集、经济文化发达的地区，过去的生态环境不会比现在更差，《梁书·高昌国传》“多草木”的记载应该不是子虚乌有的道听传闻，至于其中所说的“木”，估计主要说的是胡杨木以及柳木、果木等，现在高昌故城和交河故城遗址中只发现了不少房屋的椽孔、柱孔遗迹而很少见到由胡杨木等木料制成的木椽、木柱遗物，估计是与城址废弃后被当地人移作他用有关。另外，前引吐鲁番出土文书中的一份西州初期的房产登记簿中的资料显示，当时高昌王公贵族住宅中多用桑木制成椽、栿、柱、梁和檩等，这恐怕与当地蚕桑业的发达不无关系。高昌回鹘时期的一件载有喀喇楚克遗言的用回鹘文写成的文书中则记载他的遗留财物中有胡桃木的桶、盘子、盅子，柳木的依尔坤，白杨木的盅子等,[②] 可见当地确实也有用柳木、果木制作小型家具的生活习俗，与南疆的大多数绿洲地区略同。从现今交河故城带的情况来看，交河台地地表植被稀少，以骆驼刺为主，但交河故城两侧的河谷中由于水源充足，就生长着茂密的杨、柳、榆、桑等乔木。各种木料既不十分缺乏，就为当地居民营建具有自己特色的土木居室提供了可能。

平顶土木居室不仅在吐鲁番地区十分普遍，也是包括新疆地区在内的西域地区最为流行的居室建筑形式。中亚绿洲大部分地区都缺乏大型木材，石材质地松脆，而土质坚实，属沙质黏土类土壤，故而生土与少量的小规格木材相配合，便形成了土木混合的平顶建筑。[③] 同时，吐鲁番地区一年的降水量不足 16.6 毫米，而蒸发量却高达 3000.9 毫米,[④] 使得古人构建房屋时不必过多考虑屋顶的排水问题。

---

① 王炳华：《樿——兼论汉代礼制在西域》，《西域研究》1999 年第 3 期。

② 李经纬：《吐鲁番回鹘社会经济文书研究》，新疆人民出版社 1996 年版，第 297—299 页。

③ 常青：《西域文明与华夏建筑的变迁》，湖南教育出版社 1992 年版，第 18 页。

④ 新疆土木建筑学会编著，严大椿主编：《新疆民居》，中国建筑出版社 1995 年版，第 130 页。

在干旱少雨的地区，平顶比起多雨地区的坡形屋顶更适用，很多家庭在收获季节晾晒粮食时派上了用场，有的家庭则在屋顶上再搭建一个“二屋楼”，也是不错的创意，赋予平顶许多实用价值。① 当然，吐鲁番地区的平顶土木居室与塔里木盆地其他绿洲地区比较起来，也有自身的特点，在南疆的大多数地区多为“木骨泥墙式”的平顶房屋，而在吐鲁番地区尤其是交河台地地区，由于黄土台地发育，多用“压地起凸法”② 建成具有厚土墙壁的平顶房屋（参见表11－2）。交河故城中的许多院落就是用“压地起凸法”建成院墙和房间的隔墙，在院落的一角或某一侧仍保留着因使用“压地起凸法”建院而形成的生土台，并利用生土台的某个侧面作为房间的山墙，这可以从生土台侧壁上残留的椽孔、烟道等得到证明。在生土台的侧壁上往往掏有窑洞或壁龛，为当时住人、仓储或放置佛像的场所。生土台顶部也被充分利用起来，一般是沿生土台顶部四周砌一圈女儿墙并在其侧壁上开凿出供上下用的台阶。有些顶部经过平整后在上面建一些小房，有些仅仅整理出一个平台，可能都是暑天夜里纳凉用的，直到现在，吐鲁番盆地的居民还有夏夜睡在屋顶的习惯。这样，交河故城院落区的建筑物往往有三层之多，即屋顶、室内、地下窑洞这三部分。③ 这些均可以看作是当地居民因地制宜营建居室的一个独特之处。

从上面的分析论证可知，《梁书·高昌国传》所说的“架木为屋，土覆其上”与其具有“多草木”的相对优越的生态环境是相适应的，因而密椽厚墙平头泥顶的土木居室就成了当时高昌居民一种颇为典型的民居建筑样式，至于吐鲁番出土文书中所见的不惜砍伐具有经济生产价值的桑木来“建造椽梁柱檩俱全的宅院”，恐怕只有少数贵族可以做到，并不能作为普通民居形态的代表。莫尼克·玛雅尔在其论著中多处以“该地区的大型建筑木材是非常罕见”为理由来解

---

① 宋晓梅：《高昌国——公元五至七世纪丝绸之路上的一个移民社会》，第362页。

② 所谓“压地起凸法”，又称“减地留墙法”，就是在地面上事先规划好建筑物的布局，确定了墙壁的位置之后，把墙内外的土挖去，这样竖起墙来，由此挖出房间、院落及街道等建筑。参见李肖《交河故城的形制布局》，文物出版社2003年版，第241页；观民：《交河城调查记》，《考古》1959年第5期。

③ 李肖：《交河故城的形制布局》，文物出版社2003年版，第254—255页。

释高昌地区居室建筑何以很少使用木料。其实在类似高昌这样干旱地区，因为森林稀少，木料比较珍贵确实是实际情况，但如前所论，绿洲地区的河道沿岸地区常有胡杨林生存，柳树、果树也不少见，所以高昌地区“大型建筑木材”虽然比较紧张，但却没有到“非常罕见”的地步，小规格的木材并不是十分紧张。由于有了先入为主的偏激观点，导致她不仅对《梁书·高昌国传》的有关记载视而不见，而且置交河故城的多处清晰可辨的椽孔遗迹于不顾，并且对一些石窟壁画中反映的居室建筑情景也持怀疑的态度。因为研究的方法论存在明显的漏洞，立论的依据也不充足，她的观点就经不起认真的推敲分析。

表11－2　　塔里木盆地周缘两种平顶居室比较

地区	建筑方式	墙体材料	遗址景观特征
盆地北缘	采用压地起凸法起屋	生土或土坯	土墙屹立，可见成排椽孔、柱孔遗迹，罕见建筑木料遗物
盆地南缘	平地或高台上直接起屋	木骨，泥墙	墙体多已不存，大量建筑木料遗物倒卧或傲立沙漠之中

（四）窑洞与地穴：高昌地区另外两种重要的居住生活方式

必须指出的是，古代高昌地区的居住方式实际上呈现出多样化的特色，也就是说除了“架木为屋，土覆其上”以外，还有其他类型的居住方式，其中较为普遍的是窑洞和地穴。前引北宋初年王延德所作《西州程记》（《使高昌记》），就曾说高昌地区“地无雨雪而极热，每盛暑，居人皆穿地为穴以处”，但记文中似乎说当时高昌居民只是在夏季才居住在窑洞或地穴中。从考古勘察来看，实际情况恐非完全如此。

在交河故城中，窑洞建筑遍布全城，从功能上讲，有住人、储物、佛教石窟等用途，时代上也是与交河城相始终。交河故城中的窑洞大致分为以下三种形式：

第一种为靠山窑，是利用垂直的黄土壁面开洞，向纵深挖掘，进深最大的（如E－1－1－1号洞窟）可达14米，而B－14号衙署的隧道长达24米。

第二种为平地窑，在平地上按需要的大小和形状，垂直向下挖出深坑，成为院落，再从坑壁向四面挖靠山窑洞，布局如同四合院。在入口处挖成隧道式或开敞式的阶梯通出地面。属于这一类型的窑洞有三处，即 B－5－21 号和 B－14 号、E－21 号地下寺院。

第三种为地道式窑洞，在平地上先挖条斜坡道，达到一定深度后在斜坡道尽头的壁面开洞，向纵深挖掘洞室，即有些接近斜坡墓道的形制，属于这一类的窑洞主要有 B－2－13 号、B－16－1 号、E－4－18 号、C－6 号等。

窑洞的洞体可分为拱顶、穹隆顶和平顶三种，其中拱顶占绝大多数，平顶次之，穹隆顶较少，主要为地下寺院的主洞。

地穴式建筑就是人工在平地挖出居住空间，加盖屋顶后即可在内起居的房屋建筑。这类建筑在交河故城中分布甚广，代表性的有 A－3 号、B－16－6 号等。

另外，交河故城中还有不少半地穴式和堑崖式建筑。半地穴式建筑是指人工挖成的地穴深度不足在室内起居，而要在地穴边沿起墙加高才能使用的房间，其室内地面往往低于室外 0.5—1 米，内部与地穴式建筑相同。交河故城中代表性的半地穴式建筑有 A－2 号、B－12 号、B－15－1 号、E－14－52 号室等遗迹。堑崖式建筑是利用斜坡状地形挖出房屋的山墙及左右墙面或正面，然后再起墙增加高度到适当位置再加盖屋顶，做法近似于半地穴建筑，但利用地形的成分大一些。交河故城中有 E－14 号、E－26 号寺院的建筑多用此建筑方法。①

窑洞和地穴均属于比较原始的建筑形式，史前时期在中国北方地区十分普通，但后来则主要流行于黄河流域尤其是黄土高原地区。②何以古高昌地区也流行这些类型的建筑？推究其中的原因，除了气候因素以外，也与吐鲁番地区的地形和地质条件不无关系。

吐鲁番盆地为我国地势最低的内陆盆地，第三纪末期及第四纪时期，地壳活动趋于频繁，喜马拉雅山运动在盐山—交河故城一带处于下沉阶段，沉积了第四系中、上更新统的冲—洪积层。晚更新世及全

① 李肖：《交河故城的形制布局》，文物出版社 2003 年版，第 244—246 页。

② 朱士光、吴宏岐主编：《黄河文化丛书·住行卷》，陕西人民出版社 2001 年版，第 15—54 页。

新世随着盐山运动，交河地区又转为隆起区，河流以下切侵蚀为主，因而黄土台地十分发育。交河故城即坐落于酿孜不落孜河谷和阿斯喀瓦孜河谷环抱的块状台地上，并且受地形之影响，整个城池平面略呈柳叶形，为西北东南走向，平面形态别具一格。可见冲—洪积层的广泛分布和黄土台地的发育，为吐鲁番地区尤其是交河故城中建筑窑洞、地穴以及半地穴式和堑崖式居室提供了先决条件。当然，吐鲁番盆地的气候环境也是促成这些类型居室流行的客观条件。这里气温的年较差和日较差均很大，夏季酷热，冬季严寒，早穿皮袄，午着轻纱，只有很厚实的墙壁或窑洞、地穴、半地穴式建筑才能适应巨大的温差变化，使室内的温度保持相对的稳定，从而适合人们生活居住。由于当地日照充足，室内采光并不构成严重的问题，而冬春季节的凛冽寒风和沙尘侵袭，则使得当地居室一般不向北开门，所以房门的跨度较小，窗户数量不多，而且窗洞的面积通常不足1平方米。[①] 室内的采光、通风主要通过屋顶的天窗来调节，如遇到强风、降尘天气，就可关闭天窗以保持室内的清洁。从交河故城的房屋遗址来看，不仅许多房间内开凿有窑洞，而且还不乏完全由窑洞组成的居室院落，有些窑洞另有透气孔与旁边的水井井壁相通，使水井成为防暑降温的天然空调。[②] 这不仅构成了当地民居建筑的独特景观，而且从诸多侧面反映了古代高昌地区居民善于利用自然、巧夺天工的聪明智慧。

（五）高昌地区居住风俗的演变及其环境背景

前文的论述已经证明，古高昌地区居住风俗既非完全是“土木居室”，也不是以“砖土结构”为基本特色，而是在以密椽厚墙平头泥顶的土木居室为主流的同时，又流行窑洞和地穴式建筑。不过，如果将历史文献记载与考古遗存结合起来分析的话，还可以发现古高昌地区居住风俗其实曾经有一个较为明显的演变过程。

前引《梁书·高昌国传》所说“其地高燥，筑土为城，架木为屋，土覆其上”，似与王延德《西州程记》（《使高昌记》）所记“地

① 李肖：《交河故城的形制布局》，文物出版社2003年版，第250页。

② 同上书，第4—5页。

无雨雪而极热，每盛暑，居人皆穿地为穴以处……屋室覆以白垩，雨及五寸，即庐舍多坏”，明显有一些出入。上述两种历史文献记载分别为学者引为“土木居室”说和“砖土结构”说的史料证据。其实这两种看似有些出入的历史文献记载，不仅不能割裂开来以论证相关问题，而且应该结合起来进行历史学的研究，因为前者记载的是南北朝时期高昌地区独具特色的民居风俗，而后者则可能大致反映的是北宋初年高昌民居风俗的多样性并透露出一些居住风俗演变的信息。

考古工作者近年来在对交河故城建筑遗存的深入研究之后，已经揭示出交河故城的构筑技法曾发生过一些时代上的变化。交河故城的前身是西汉时期车师前国的都城交河城，历经东汉、三国、南北朝、隋、唐、五代、北宋、辽、金、元诸朝，几经战燹，在明朝初年彻底毁灭于察合台后裔黑的儿火者汗之手。从公元前 2 世纪至公元 14 世纪的 1500 多年间，从最早的车师王都，到汉代交河壁、屯田基地，至高昌王国的交河郡城，唐安西都护府及西州属下的交河县城，以至高昌回鹘王国时期的军政要镇，交河城的政治地位虽时有变化，但一直是西域东部的一个重要的政治、军事中心所在地，因而故城中留下了不同时期的建筑遗迹。研究证实，生活在这里的人们采用了多种建筑技法，反映了这座城市不同时期、不同居民的建筑鉴赏力和营建技术水平。城中保存下来的构筑技法可分为五大类，即夯筑法、压地起凸法、垛泥法、土坯砌筑及开凿窑洞法。这五大类技法具有时代上的早晚关系，但也有个别晚期建筑在构筑技法上“返祖”，而采用早期技法的现象。与高昌城的情况有所不同，土坯（生砖）材料在交河城的建筑物中一直未占据主导地位，但到了回鹘时期，则大量使用土坯发券砌筑拱形屋顶，这可以从众多房间墙壁上留下的发券槽得到证明。① 这就是说，交河城在早期确实是以密椽平头泥顶的土木居室为主流建筑方式，到了后期，大量的房屋则放弃了平顶，从室内相对的两面墙壁上挖出发券槽，改建成为土坯（生砖）发券拱顶，与高昌城的建筑出现某种趋同的现象。这可能是法国学者莫尼克·玛雅尔在其《古代高昌王国物质文明史》一书中简单地将古高昌地区的居室

① 李肖：《交河故城的形制布局》，文物出版社 2003 年版，第 240—243 页。

建筑的基本特色总结为“砖土结构”的一个很重要的原因。但如果结合《梁书·高昌国传》和吐鲁番出土文书中的西州初期的房产登记簿的内容综合分析，这种变化并非仅发生在交河城中，包括交河城与高昌城在内的整个吐鲁番地区都可能曾普遍出现过居室建筑的屋顶由平顶向土坯（生砖）发券拱顶的过渡。

土坯（生砖）建筑材料的使用在吐鲁番地区有相当悠久的历史，也与整个交河城的历史相始终。在雅尔乃孜沟北一号台地车师王国时期汉代墓葬中就出土了长0.42米、宽0.34米、厚0.05米的土坯；[①]沟西高昌国时期的晋—唐墓所出土坯长0.3米、宽0.2米、厚0.1米。[②]交河城中的土坯规格较多，如E-25号西北小寺出土的土坯有两种：一种长0.5米、宽0.25米、厚0.1米，另一种长0.45米、宽0.2米、厚0.13米；E-15号寺院中出土的土坯亦有两种，一种长0.4米、宽0.2米、厚0.15米，内含砂石，另一种长0.3米、宽0.2米、厚0.12米，含少量麦草，不含砂石。据分析，这些土坯中的某几种类型可能是交河城晚期的遗物。[③]当然用于券顶的土坯在形制上与一般土坯的一些区别，据莫尼克·玛雅尔研究，“在建筑过程中无法制造弓形加固脚手架，瓦工们要随着墙高而高升。在拱顶中，大家经常注意上面所使用的材料都是梯形砖坯，完全适合于砌成弓形。其他的弓形都是用平砖坯砌成的，而且筑在拱顶开始弯曲那一段的墙头上。在围绕高昌β号寺院的主要大厅里，这种建筑法特别明显”[④]。

有学者认为，虽然交河城中使用土坯进行构筑的时代从汉代一直延续到元代城市灭亡，但只是作为辅助材料被广泛使用，其原因主要是“这里坚硬的土质不适于制成土坯，故土坯建筑在交河故城的建筑史上一直居于次要地位”[⑤]。这种说法很明显有自相矛盾之处，难以

---

① 联合国教科文组织驻中国代表处、新疆维吾尔自治区文物局、新疆文物考古研究所等：《交河故城——1993、1994年度考古发掘报告》，东方出版社1998年版，第18页。

② 新疆考古研究所：《1994年吐鲁番交河故城沟西墓地发掘简报》，新疆文物考古研究所编《新疆考古发现与研究》第1辑，《新疆文物》编辑部1996年版，第4页；参见李肖《交河故城的形制布局》，第253页。

③ 李肖：《交河故城的形制布局》，文物出版社2003年版，第243页。

④ ［法］莫尼克·玛雅尔：《古代高昌王国物质文明史》，耿昇译，第77—78页。

⑤ 李肖：《交河故城的形制布局》，文物出版社2003年版，第5页。

服人。那么，究竟是什么原因促成了高昌地区居室建筑的屋顶由前期平顶为主流变化为后期的以发券拱顶为主的呢？

从西域建筑文化圈的地域共同特征来分析，拱顶穹隆和土木平顶均是史前时期就已出现的典型的建筑原型，中亚生土建筑中以拱顶穹隆最为典型，中亚南部康居（Kirgiz）文化中心占巴斯——卡拉遗址、南土库曼尼亚的阿纳乌文化遗址中均发现有拱顶遗迹，而土木混合的平顶建筑在史前进入农耕定居生活的东伊朗地区中已经产生了，考古学家推测其建筑形制与近东型平屋顶建筑相类似，以日光晒成的泥砖进行砌筑。① 包括吐鲁番盆地在内的塔里木盆地古代建筑作为西域建筑文化圈的一部分，出现土木平顶与拱顶穹隆并存的局面是不难理解的。

大约在公元前 4 世纪以后，由于希腊、伊朗文化与印度佛教文化的融合，西域地区呈现以东伊朗佛教建筑文化为主流，但自 9—10 世纪起，突厥伊斯兰教建筑文化开始在西域建筑中占据主导地位。东伊朗佛教建筑文化与突厥伊斯兰教建筑文化在发券拱顶上有一定的区别，并且在新疆塔里木盆地形成了两种地域类型的发券拱顶，一个是盆地北缘以高昌为中心的东伊朗佛教型，主要特征为，以半圆为主，并有抛物线形的断面券形；穹隆顶的穹隅为球面拱。另一个是盆地南缘以喀什、莎车和和田为中心的伊朗—突厥伊斯兰教型（参见表 11 - 3）。其主要特征是，断面券型以四心圆为主，并有双心圆和三角形券。10 世纪时，盆地南缘地区经历残酷的宗教战争，其结果是迫使大多数异教徒（主要是佛教徒）改宗，异教建筑被毁弃，而代之以波斯、中亚的伊斯兰教建筑。相比之下，北缘地区的伊斯兰化是在数百年中逐渐完成的，经历的是一种渐变的建筑转型过程。高昌维吾尔人 10—16 世纪一直信奉佛教。因此，塔里木盆地北缘地区不但佛教遗址保存较多，而且其某些特征也在伊斯兰教建筑中得以体现，如半圆和抛物线的阿以旺和穹隆顶等。②

显而易见，高昌地区居室建筑的屋顶由前期平顶为主流变化为后

---

① 常青：《西域文明与华夏建筑的变迁》，湖南教育出版社 1992 年版，第 15—17 页。

② 同上书，第 213—214 页。

期的以发券拱顶为主，当与宗教势力影响的逐渐广泛有关，同时由于这一地区伊斯兰化的迟滞，其发券拱顶的特色与塔里木盆地南缘地区多有不同。但笔者认为，促成这一转变的原因应该是多方面的，其中建筑木料的日益短缺与当地居民对建筑用材的持续需求之间的尖锐矛盾，可能是不应当被忽视的一个方面。在吐鲁番出土文书中所见的那份西州初期的房产登记簿中，桑木质地的椽木、栿、柱、梁、檩等均被作为麴氏高昌遗留下来的财产进行重点登记，而在高昌故城和交河故城中，虽可见成排的椽孔、柱孔遗迹，但却罕见建筑大型建筑木料遗物，甚至用于居室窗户的小型木料也多已不存，显然也是被人取走，用于其他用途（参见图11－4、图11－5）。这些事实，本身就很说明问题。另据交河故城的考古资料，D－2号院落的33号房间“位于院门A的东侧，其西墙即门道东壁，房间地面低于院落0.6米，门道开在北壁西端。在东、西壁的上方都有窗孔的遗迹，西壁上还有一条烟道；南壁上有一条发券槽，槽高0.5米、宽0.15米、距地面3.5米。从该房间窗孔与室内地面的相对高度，可以看出该室明显为两期。第一期房间地面和院落等高或略高，在东西两壁上开窗采光；第二期为拱顶结构，因建发券顶后房屋变矮，于是就把地面向下挖了0.6米，而东西墙上的窗口已在拱顶之上，故被废弃”[①]。平顶和券顶在建筑技术上均属于比较原始的类型，但平顶居室相对宽敞一些，一般开置有窗户，采光通风条件明显优于券顶，再加上平顶房屋的屋顶可以晾晒粮食或夏夜乘凉，综合功能也要胜过券顶。券顶房屋往往低矮，不开窗户，不仅采光通风不足，空气窒息，易招引苍蝇、蚊子，常使外人感到“无法在那里停留”[②]，而且容易毁圮，耐久性也较差一些。交河城的后来居民宁愿放弃原本功能更完善的平顶居室，而将其改建为存在诸多缺点的低矮的券顶居室，如果仅从宗教方面给予解释，这很显然是远远不够的。

---

① 李肖：《交河故城的形制布局》，文物出版社2003年版，第204—205页。

② ［德］阿尔伯特·冯·勒柯克：《中国新疆的文化宝藏》，第51—52页，转引自［法］莫尼克·玛雅尔《古代高昌王国物质文明史》，耿昇译，第91页。

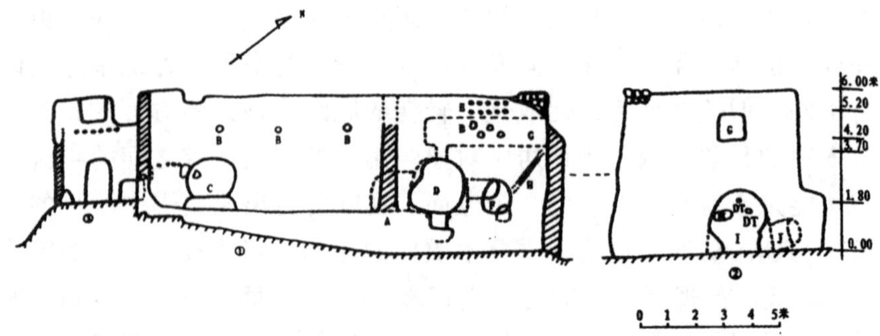

图 11-4　交河故城 A-19-1、2 号北壁、4 号西壁遗迹立面图

A：房间隔壁　B：柱孔　C：窑洞入口立面图　D：窑洞入口立面图　E：二排小柱孔　F：壁龛　G：烟道透视图　H：墙壁上的烟道　I：4 号房间窑洞入口立面图　J：通向 5 号房间的隧道透视图

①A-19-1 号房间　②A-19-4 号房间　③ A-19-2 号房间

（采自李肖：《交河故城的形制布局》，第 172 页）

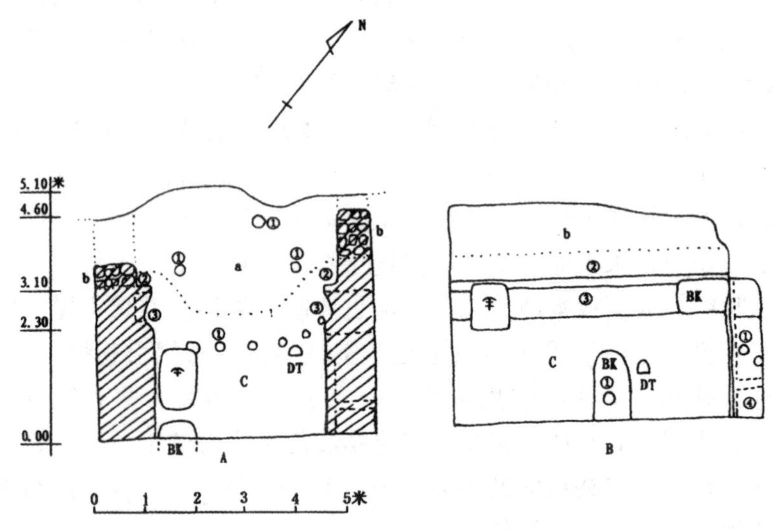

图 11-5　交河故城 E-9-62 号房间遗迹图

A：E-9-62 号北壁立面及东西两壁剖面图　B：E-9-62 号东壁立面图

a：垛泥结构　①：柱孔　b：生土块砌筑　②：梁槽　c：压地起凸法结构　③发券槽　④：东侧门壁

（采自李肖：《交河故城的形制布局》，第 104 页）

表 11－3　　　　塔里木盆地周缘两种发券拱顶比较

比较项目	东伊朗佛教型（北缘地区）	突厥伊斯兰教型（南缘地区）
材料	土坯	土坯、砖
断面券型	半圆、抛物线	四心圆、双心圆、三角形
阿以旺砌法	并列券，侧顺、平顺砌	纵联券、并列券，平顺砌
穹顶方圆过渡	球面拱法	抹角拱龛、交叉拱、帆拱
穹顶跨度	3—4.5 米	8—15 米（连穹殿小穹顶 3 米）

资料来源：常青《西域文明与华夏建筑的变迁》，湖南教育出版社 1992 年版，第 214 页。

（六）几点结论

通过上面的论述，我们可以初步形成以下几点结论：

第一，学术界对于 5—7 世纪高昌王国建筑形态的认识存着相当大的分歧，一说是以“土木居室”为特点，另一说则认为是“砖土结构”，主要的分歧点在木料是否普遍使用于房屋建筑方面。

第二，从总体上说，虽然高昌地区居室建筑以“土木居室”为其主要特色，但与中原内地还是有着较大的不同，除了少数贵族的居室或宗教建筑具有瓦顶结构甚至楼亭以外，普通民居建筑基本上都是“架木为屋，土覆其上”的比较原始的平顶土屋。

第三，平顶土木居室不仅在吐鲁番地区十分普遍，也是包括新疆地区在内的西域地区最为流行的居室建筑形式。中亚绿洲大部分地区都缺乏大尺度木材，石材质地松脆，而土质坚实，属沙质黏土类土壤，故而生土与少量的小规格木材相配合，便形成了土木混合的平顶建筑。在干旱少雨的地区，平顶比起多雨地区的坡形屋顶更适用，很多家庭在收获季节晾晒粮食时派上了用场，同时也可以在暑天夜里纳凉。吐鲁番地区的平顶土木居室与塔里木盆地其他绿洲地区比较起来，也有自身的特点，在南疆的大多数地区多为“木骨泥墙式”的平顶房屋，而在吐鲁番地区尤其是交河台地地区，由于黄土台地发育，多用“压地起凸法”建成具有厚土墙壁的平顶房屋。

第四，古代高昌地区的居住方式实际上呈现出多样化的特色，也就是说除了“架木为屋，土覆其上”以外，还有其他类型的居住方式，其中较为普遍的是窑洞和地穴。冲—洪积层的广泛分布和黄土台地的发育，为吐鲁番地区尤其是交河故城中建筑窑洞、地穴以及半地穴式和堑崖式居室提供了先决条件。当然，吐鲁番盆地温差变化大、日照充足、冬春寒风凛冽的气候环境也是促成这些类型居室流行的客观条件。

第五，10 世纪前后，包括交河城与高昌城在内的整个吐鲁番地区都可能曾普遍出现过居室建筑的屋顶由平顶向土坯（生砖）发券拱顶的过渡。高昌地区居室建筑的屋顶由前期平顶为主流变化为后期的以发券拱顶为主，当与宗教势力影响的逐渐广泛有关，同时由于这一地区伊斯兰化的迟滞，其发券拱顶的特色与塔里木盆地南缘地区多有不同。促成这一居住生活方式转变的原因应该是多方面的，其中建筑木料的日益短缺与当地居民对建筑用材的持续需求之间的尖锐矛盾，可能是不应当被忽视的一个方面。

二　隋唐时期的帝王行宫与中央政治革命

（一）隋唐帝王行宫的数量、分布和类型

1. 行宫制度的渊源

行宫亦即离宫别馆，是中国古代帝王为了出外巡幸时游乐、居住和处理朝政的方便而建造的宫室。大致从殷纣王开始，就已有了行宫的营建。《史记·殷本纪》说纣王“益广沙丘苑台，多取野兽蜚鸟置其中。慢于鬼神。大取乐戏于沙丘，以酒为池，县肉为林，使男女倮相逐其间，为长夜之饮”。当时殷都周围的行宫不止一处，但似乎以沙丘最为有名。[①] 自秦王朝以来，帝王在都城之外营造行宫就已形成定制。《汉书·贾山传》云：“秦起咸阳，西至雍，离宫三百。”可见秦宫之众。[②]

---

① 《史记》卷 3《殷本纪·正义》引《括地志》：“沙丘台在邢州平乡东北三十里。《竹书纪年》自盘庚徙殷至纣之灭二百五十年，更不徙都，纣时稍大其邑，南距朝歌，北据邯郸及沙丘，皆为离宫别馆。”

② 关于秦时行宫之数目，史书记载稍有分歧，如《史记》卷 6《秦始皇本纪》云：“关中计宫三百，关外四百余”“咸阳之旁二百里内宫观二百七十”。

2. 隋唐帝王行宫的数量和地域分布大势

西汉以后，历代所建行宫的数目大都没有超过秦代，但在建筑设计上却呈现出后来者居上，大有青出于蓝而胜于蓝的势头。据初步统计，隋唐时期有名称可考的行宫共有 73 所，其中隋时营造者 38 所，唐时营造者 35 所，而两代并用的行宫则有 14 所。

这些行宫中，除隋榆林宫、晋阳宫、汾阳宫、临朔宫、临渝宫、江都宫、扬子宫、丹阳宫以及唐泰山顿等距离都城（长安或洛阳）稍远以外，其余均距离都城较近，一般少于 400 华里。从地理分布的大势来看，行宫大多集中于京师长安、东都洛阳的周围及两京道上，形成哑铃型分布格局。这种分布格局的形成，显然与陪都制度有关。作为封建王朝统治中心的都城，其内的宫城历来是帝王们日常起居和处理朝政的主要场所。就一般情况而论，都城往往是全国的政治中心和文化中心，但却不一定是经济中心或军事中心，这对于国土辽阔的王朝而言表现得尤其明显。为了解决这一矛盾，自商朝以来就有了陪都之制，其制度影响至于隋唐王朝。隋以大兴为都城，而以洛阳为东都。唐都于长安，而洛阳、太原、凤翔、江陵都曾立为陪都，其中洛阳地居天下之中，挽漕便利，又距京师长安较近，故于诸陪都中地位尤其重要，与长安一起被唐帝称为“东西二宅”或“东西两宫”。长安、洛阳既为隋唐帝王的主要活动中心，因之行宫多建在此两京的附近。隋唐诸帝中，以隋炀帝、唐高宗、则天皇帝和唐玄宗居洛阳时间较久一些（其中隋炀帝在 606 年至 618 年凡 12 年、则天皇帝在 684 至 705 年凡 21 年以洛阳为首都），所以东都洛阳周围的行宫多这几个帝王所兴建。因为隋唐帝王们往返两京十分频繁，为巡幸方便起见，两京道上也营造了许多行宫。

3. 隋唐帝王行宫的类型

为数众多的隋唐帝王行宫，从功用上看，大致可以归纳为四类：一是消夏避暑的避暑宫，二是冬春疗养的温泉宫，三是两京道行宫，四是其他行宫。各类行宫功用不同，所以建造时必须因地制宜，选择最佳的地理环境。试分述如下：

（1）避暑宫

避暑宫又称为清暑宫、夏宫、凉宫，长安周围有 17 所（其中隋仁寿宫与唐九成宫在一地），洛阳周围有6所。避暑宫是为了盛夏避暑，所以常建在依山面水、清凉宜人的山谷地区（参见表11－4和图11－6）。

表11－4　**隋唐两京周围避暑宫简表（共23所）**

名称（别名）	地　点	设置年代	资料出处
九成宫（仁寿宫、万年宫）	凤翔府麟游县（今陕西麟游县）	隋文帝开皇十三年—唐末	《隋书》卷38《杨素传》、《元和郡县图志》卷2《关内道》、《太平寰宇记》卷30《关西道》、《新唐书》卷37《地理志》
永安宫	同上	唐太宗贞观八年—唐末	《元和郡县图志》卷2《关内道》、《新唐书》卷37《地理志》
玉华宫（仁智宫）	坊州宜君县（今陕西铜川市）	唐高祖武德七年—高宗永徽二年	《旧唐书》卷1《高祖纪》、《唐会要》卷30《玉华宫》、《元和志郡县图》卷3《关内道》、《新唐书》卷37《地理志》
翠微宫（太和宫）	京兆府长安县（今西安市长安区）	唐高祖武德八年—宪宗元和年间	《旧唐书》卷1《高祖纪》、《唐会要》卷30《太和宫》、《元和郡县图志》卷1《关内道》、《新唐书》卷37《地理志》
仙都宫	京兆郡长安县（今西安市长安区）	隋	—
福阳宫	同上	隋	《隋书》卷39《地理志》
太平宫	同上	隋	《隋书》卷39《地理志》
甘泉宫	京兆郡鄠县（今陕西户县）	隋	《隋书》卷39《地理志》

续表

名称（别名）	地　点	设置年代	资料出处
仙游宫	京兆郡盩厔县（今陕西周至县）	隋	《隋书》卷39《地理志》
文山宫	同上	隋	《隋书》卷39《地理志》
凤皇宫	同上	隋	《隋书》卷39《地理志》
宜寿宫	同上	隋	《隋书》卷39《地理志》
安仁宫	扶风郡郿县（今陕西眉县）	隋	《隋书》卷39《地理志》
宏义宫（弘义宫、太安宫）	长安城西北禁苑内（今天西安城北郊）	唐高祖武德五年—	《唐会要》卷30《宏义宫》、《新唐书》卷37《地理志》
永安宫（大明宫）	长安城东北禁苑内（今天西安城北郊）	唐太宗贞观八年—唐末	《唐会要》卷30《大明宫》
万全宫	京兆府蓝田县（今陕西蓝田县）	唐高宗永淳元年—弘道元年	《新唐书》卷37《地理志》、《唐会要》卷30《诸宫》
永安宫	京兆府华原县（今陕西耀县）	武周长安二年—	《新唐书》卷37《地理志》、《唐会要》卷30《诸宫》
紫桂宫（芳桂宫、避暑宫）	河南府渑池县（今河南渑池县）	唐高宗仪凤二年—弘道元年	《新唐书》卷38《地理志》
三阳宫	河南府登封县（今河南登封市）	武周圣历三年—长安四年	《旧唐书》卷6《则天本纪》、《唐会要》卷30《三阳宫》
兴泰宫	河南府寿安县（今河南宜阳县）	武周长安四年—唐中宗神龙元年	《旧唐书》卷6《则天本纪》、《新唐书》卷38《地理志》
襄城宫（清暑宫）	汝州临汝县（今河南汝阳县）	唐太宗贞观十八年—十九年	《新唐书》卷38《地理志》、《唐会要》卷30《诸宫》

续表

名称（别名）	地　点	设置年代	资料出处
明德宫	东都苑内（今河南洛阳市）	唐太宗贞观十一年—高宗朝	《唐会要》卷30《诸宫》
八关凉宫（合璧宫）	东都苑内（今河南洛阳市）	唐高宗显庆五年—弘道元年	《唐会要》卷30《诸宫》

备注：行宫仅置于隋代者，用隋代政区名称，余依唐代政区，置废时间无确切记载者，则书大致年代（以下各表同）。

（2）温泉宫

与避暑宫有所不同，温泉宫是供帝王冬春避寒疗养时居住的，所以多建在有温泉出露的地方。隋唐温泉宫以京兆府华清宫、凤翔府凤泉宫和汝州温泉顿最为有名（参见表11－5）。

表11－5　**隋唐两京周围温泉宫简表（共3所）**

名称（别名）	地　点	设置年代	资料出处
华清宫（汤泉宫、温泉宫）	京兆府昭应县（今西安市临潼区）	唐太宗贞观十八年—唐末	《唐会要》卷30《华清宫》、卷27《巡幸》
凤泉宫	凤翔府郿县（今陕西眉县）	隋—唐初	《隋书》卷29《地理志》、《新唐书》卷37《地理志》
温泉顿	汝州梁县（今河南汝州市）	唐高宗时—	《新唐书》卷38《地理志》

3. 两京道行宫

洛阳距离长安有800余里，帝王从长安东出巡幸洛阳，一般要经历数旬时间。为了沿途的方便，隋炀帝时“自西京至东都，离宫别馆，相望道次”①，唐玄宗开元二十六年（738）也曾为两京路行宫各

① （唐）吴兢：《贞观政要》卷10《巡幸》，明成化九年内府刊本。

造殿宇及屋千间。① 据统计，隋时两京道上共有行宫 11 所，唐时增加至 18 所（参见表 11－6）。

表 11－6　　**隋唐时期两京道行宫简表（共 21 所）**

名称（别名）	地　点	设置年代	资料出处
步寿宫	京兆郡渭南县（今陕西渭南县）	隋	《隋书》卷 29《地理志》
崇业宫	京兆郡渭南县（今陕西渭南县）	隋	《元和郡县图志》卷 1《关内道》
游龙宫	京兆府渭南县（今陕西渭南县）	唐玄宗开元二十五年—唐末	《新唐书》卷 37《地理志》
太华宫	京兆郡郑县（今陕西华县）	隋	《元和郡县图志》卷 2《关内道》
普德宫（神台宫）	华州郑县（今陕西华县）	隋—唐末	《新唐书》卷 37《地理志》
华阴宫（琼岳宫）	华州华阴县（今陕西华阴市）	隋—唐末	《新唐书》卷 37《地理志》
金城宫	华州华阴县（今陕西华阴市）	隋—唐末	《新唐书》卷 37《地理志》
别院宫（轩游宫）	虢州阌乡县（今河南灵宝市西）	隋—唐末	《新唐书》卷 37《地理志》
上阳宫	虢州湖城县（今河南灵宝市东北）	隋—唐末	《新唐书》卷 37《地理志》
桃源宫	陕州灵宝县（今河南灵宝）	唐高祖武德元年—唐末	《新唐书》卷 37《地理志》
弘宏宫（陕城宫）	陕州陕县（今河南陕县）	隋—唐末	《新唐书》卷 38《地理志》、《大清一统志》卷 220《陕州》

① （宋）王溥：《唐会要》卷 30《杂记》，中华书局 1998 年标点本。

续表

名称（别名）	地　点	设置年代	资料出处
绣岭宫	陕州硖石县（今河南渑池县）	唐高宗显庆三年—唐末	《新唐书》卷38《地理志》
崎岫宫	河南府永宁县（今河南洛宁县）	唐高宗显庆三年—唐末	《新唐书》卷38《地理志》
兰峰宫	河南府永宁县（今河南洛宁县）	唐高宗显庆三年—唐末	《新唐书》卷38《地理志》
福昌宫	河南府福昌县（今河南宜阳县西）	隋—唐末	《新唐书》卷38《地理志》
兰昌宫	河南府福昌县（今河南宜阳县西）	唐	《新唐书》卷38《地理志》
显仁宫	河南府寿安县（今河南宜阳县）	隋—唐初	《隋书》卷30《地理志》、《资治通鉴》卷180
连昌宫	河南府寿安县（今河南宜阳县）	唐高宗显庆三年—唐末	《新唐书》卷38《地理志》
甘泉宫	不详	唐初	《资治通鉴》卷188
连曜宫	不详	唐初	《南部新书》庚
莎册（栅）宫	河南府永宁县（今河南洛宁县）	唐初	《全唐诗》卷35许敬宗《侍宴莎册宫应制得情字》、《太平寰宇记补阙》卷4《河南道》

备注：兼有两京道行宫作用的避暑宫不入表内。

4. 其他行宫

除了上述三种类型的行宫之外，还有一些行宫因其他种种因素而设。这些行宫的设置，有的是因地控军事要道，有的是因位于京师至大行宫的路上，有的是因风景优美，有的是因为帝王旧宅，还有一些是因封禅五岳的需要。设置的原因各异，每一类的数目不是很多，但总数却颇为可观（参见表11－7）。

表 11－7　　　　隋唐时期其他行宫（共 26 所）

名称（别名）	地　点	设置年代	资料出处
长春宫	同州朝邑县（今陕西大荔县东）	隋—唐末	《隋书》卷 30《地理志》、《元和郡县图志》卷 2《关内道》、《旧唐书》卷 11《代宗纪》
兴德宫	同州冯翊县（今陕西大荔县）	隋—唐末	《隋书》卷 29《地理志》、《元和郡县图志》卷 2《关内道》
河阳宫	河南府河阳县（今河南孟州市南）	隋—唐初	《元和郡县图志》卷 5《河南道》、《新唐书》卷 39《地理志》
晋阳宫（大明宫）	太原府晋阳县（今山西太原市）	隋—唐	《隋书》卷 30《地理志》、《元和郡县图志》卷 13《河东道》
汾阳宫	楼烦郡静乐县（今山西静乐县）	隋	《隋书》卷 30《地理志》、《元和郡县图志》卷 14《河东道》
榆林宫	榆林郡榆林县（今内蒙古托克托县）	隋炀帝大业二年—隋末	《新唐书》卷 39《地理志》
临朔宫	涿郡蓟县（今北京市）	隋	《新唐书》卷 39《地理志》
临渝宫	北平郡卢龙县（今河北卢龙县）	隋	《隋书》卷 30《地理志》
醴泉宫	京兆郡醴泉县（今陕西礼泉县）	隋初	《隋书》卷 1《高祖纪》
岐阳宫	扶风郡雍县（今陕西凤翔县）	隋文帝开皇元年—隋末	《隋书》卷 29《地理志》、《元和郡县图志》卷 2《关内道》
望贤宫	京兆府咸阳县（今咸阳市）	唐	《新唐书》卷 37《地理志》

续表

名称（别名）	地　点	设置年代	资料出处
仙林宫	京兆府兴平郡（今陕西兴平市）	隋	《新唐书》卷37《地理志》
庆善宫	京兆府武功县（今陕西武功县）	唐高祖武德元年—	《新唐书》卷37《地理志》
龙跃宫	京兆府高陵县（今陕西高陵县）	唐高祖武德六年—德宗时	《元和郡县图志》卷2《关内道》、《新唐书》卷37《地理志》
飞龙宫（启圣宫）	潞州上党县（今山西长治市）	唐玄宗开元十一年—	《新唐书》卷39《地理志》
南望春宫	京兆府万年县（今西安市长安区）	唐	《新唐书》卷37《地理志》
北望春宫	京兆府万年县（今西安市长安区）	唐	《新唐书》卷37《地理志》
曲江宫	长安城东南	唐	《唐会要》卷30《杂记》
上阳宫	洛阳城西	唐高宗上元中—	《旧唐书》卷185《韦机传》
江都宫	江都郡江阳县（今江苏扬州市）	隋末	《隋书》卷31《地理志》、《元和郡县图志》卷5《河南道》
扬子宫	江都郡江阳县（今江苏扬州市）	隋末	《隋书》卷31《地理志》
丹阳宫	丹阳郡江宁县（今江苏南京市）	隋末	《隋书》卷4《炀帝纪》
都梁宫	不详	隋末	《隋书》卷4《炀帝纪》
景华宫	不详	隋末	《隋书》卷4《炀帝纪》

续表

名称（别名）	地　点	设置年代	资料出处
奉天宫	河南府登封县（今天河南登封市）	唐高宗永淳元年—	《新唐书》卷38《地理志》
泰山顿	兖州乾封县（今山东泰安市）	唐高祖时—玄宗时	《旧唐书》卷4《高宗纪》、卷8《玄宗纪》

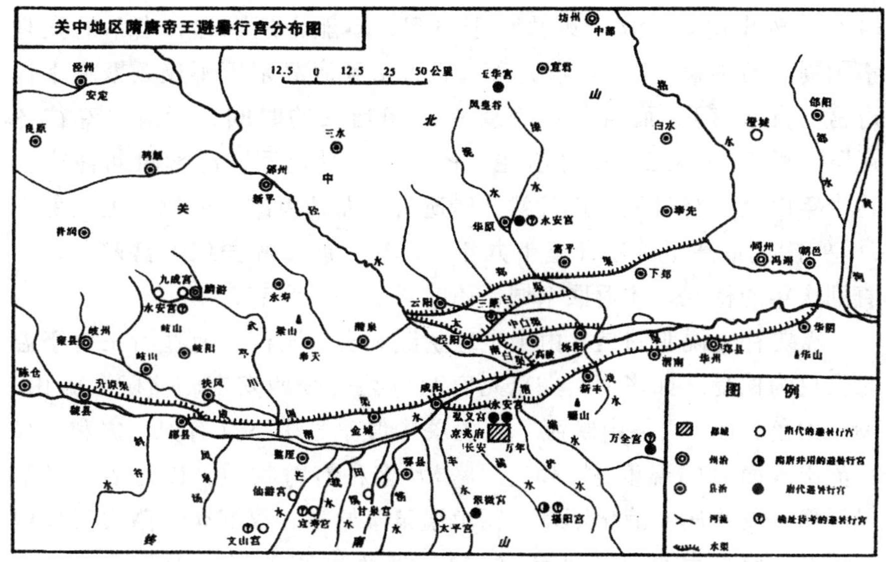

图 11－6　关中地区隋唐帝王避暑行宫分布图（作者自绘）

（二）隋唐帝王频繁出幸行宫与中央政治空间格局的变化

隋唐时期帝王行宫数量、类型虽多，但又以避暑行宫最为重要，帝王出幸也最为频繁。其中隋仁寿宫在唐时被改建为唐九成宫（唐高宗曾改名为万年宫），唐时九成宫中殿阁皆题署牌额以类皇居，[①] 并专门设有九成宫总监进行管理，[②] 可见地位之不同一般。此宫在唐凤

① 《册府元龟》卷14《帝王部·都邑》。

② 《唐六典》卷19《司农寺》。

翔府麟游县西一里，[①] 背依天台山，襟带杜水，“炎夏流金，无郁蒸之气；微风徐动，有凄清之凉”，据说其安体养神的功效，虽汉代的甘泉宫也无从比拟。[②] 正因为九成宫“凉冷宜人”，而且“去京不远”[③]，隋文帝及唐前期诸帝一再改修扩建并频繁前往避暑。据笔者统计，隋文帝在位24年，外出避暑6次，全部都在仁寿宫；唐高祖在位9年，外出避暑2次，因九成宫尚未修复，故未曾临幸；唐太宗在位23年，外出避暑10次，有5次是在九成宫；唐高宗在位34年，外出避暑17次，临幸九成宫（万年宫）更达8次之多；武则天在位21年，外出避暑3次，因移都于洛阳，不能舍近求远，出幸的全是洛阳周围的避暑行宫。[④] 隋文帝、唐太宗和唐高宗等不仅频繁临幸仁寿宫（九成宫），而且每次都要驻次相当长的时间，所谓“春往冬还”[⑤]，大致在春二、三月前往，秋八、九月返回，出幸时间往往长达半年以上。有时从春正月就开始避暑，而结束的时间则推迟至冬十月。[⑥] 隋文帝甚至于在开皇十九年（599）春二月去仁寿宫避暑，一直到次年的秋九月才返回京城，历时长达一年半有余。

需要补充说明的是，由于生理状况和喜好不同，有些帝王对于温泉宫更为偏爱。如华清宫在京兆府昭应县（今西安市临潼区）骊山。骊山山色秀丽，“骊山晚照”素为关中胜景，山下又有温泉之利，泉水流出地面时的温度达43℃，并富含多种有益物质，以之浴疗可治风湿病、皮肤病及消化不良。骊山温泉秦始皇、汉武帝、隋文帝都曾利用过，唐太宗贞观十八年（644）辟为行宫。玄宗于开元十一年（723）、天宝十载（751）两次扩建，对此宫极为迷恋，当政之日，几乎岁岁巡幸，竟达37次之多（参见表11－8）。

无论如何，隋及唐初帝王们对于某些行宫频繁临幸且往往是长时

① 《元和郡县图志》卷2《关内道》。

② 《金石萃编》卷43《九成宫醴泉铭》。

③ 《唐会要》卷30《九成宫》。

④ 《隋书》卷2《高祖纪》、《旧唐书》卷2《高祖纪》、《旧唐书》卷3《太宗纪》、《旧唐书》卷4、5《高宗纪》、《旧唐书》卷6《则天皇后本纪》。

⑤ 《元和郡县图志》卷6《关内道》。

⑥ 《隋书》卷6《高祖纪》、《旧唐书》卷6《太宗纪》、《旧唐书》卷4、5《高宗纪》。

间的驻次，并且营建了大量的用于处理朝政的宫殿，这实际上使这些行宫每每充当着临时性政治中心角色，并使得中央政治空间发生了变化，即由国都转扩大或者说转移到了国都以外的行宫之中，这就不能不对当时的国家政治产生一定的影响。如果考虑到隋唐实行的是多都制度，而唐代国都长安的本身就有三大皇宫（太极宫、大明宫和兴庆宫），甚至某些帝王在位期间充当临时性政治中心的行宫还不仅有1处，那么，唐前期中央政治空间格局的复杂性可能需要重新认识，也就是说，隋唐时期的中央政治空间实际上是由国都（首都）、陪都和某些行宫共同构成的。

表11－8　**隋文帝及唐前期诸帝（含武则天）出幸避暑行宫情况**

帝王（在位年数）	出幸地点	出幸次数	出幸年份	资料出处
隋文帝（24）	仁寿宫	6	开皇十五年（595）、十七年（597）、十八年（598）、十九年（599）至二十年（600）、仁寿二年（602）、四年（604）	《隋书》卷2《高祖纪》
唐高祖（9）	仁智宫	1	武德八年（624）	《旧唐书》卷2《高祖纪》
	太和宫	1	武德八年（624）	《新唐书》卷2《高祖纪》
唐太宗（23）	九成宫	5	贞观六年（632）、七年（633）、八年（634）、十三年（639）、十八年（644）	《旧唐书》卷3《太宗纪》
	明德宫	1	贞观十一年（637）	《旧唐书》卷3《太宗纪》
	襄城宫	1	贞观十五年（641）	《旧唐书》卷3《太宗纪》
	翠微宫	2	贞观二十一年（647）、二十三年（649）	《旧唐书》卷3《太宗纪》
	玉华宫	1	贞观二十二年（648）	《旧唐书》卷3《太宗纪》

续表

帝王（在位年数）	出幸地点	出幸次数	出幸年份	资料出处
唐高宗（34）	万年宫（九成宫）	8	永徽五年（654）、麟德元年（664）、总章元年（668）、二年（669）、咸亨元年（670）、四年（673）、仪凤元年（676）、三年（678）	《旧唐书》卷4、卷5《高宗纪》
	明德宫	1	显庆二年（657）	《旧唐书》卷4《高宗纪》
	八关凉宫（合璧宫）	5	显庆五年（660）、龙朔元年（661）、麟德二年（665）、咸亨三年（672）、上元二年（674）	《旧唐书》卷4、卷5《高宗纪》
	紫桂宫（芳桂宫）	3	调露二年（680）、永淳元年（682）、二年（683）	《旧唐书》卷5《高宗纪》
武则天（21）	三阳宫	2	久视元年（700）、大足元年（701）	《旧唐书》卷6《则天皇后本纪》
	兴泰宫	1	长安四年（704）	《旧唐书》卷6《则天皇后本纪》

（三）隋唐帝王行宫与中央政治革命的关系

1. 仁寿宫之变成败的关键因素

隋文帝仁寿四年（604）的发生的仁寿宫之变，是隋代最重大的政治事件之一。关于这次事变的性质、起因、经过、后果以及影响，郑显文①、胡戟②、王光照③、刘建明④等先后作了相关研究，不过对

① 郑显文：《隋文帝死因质疑》，《史学集刊》1992年第2期。

② 胡戟：《试辨仁寿宫变之谜》，《人文杂志》1992年第5期。

③ 王光照：《隋文帝之死述论》，《中国史研究》1993年第2期。

④ 刘建明：《隋仁寿宫之变发微》，《古代文献研究集林》第3辑，陕西师范大学出版社1995年版，第62—86页。

于某些问题如隋文帝是否为杨广和杨素合谋加害、事变是否导因于杨广对文帝宠妃的非礼等，诸家的看法尚有分歧。在诸家研究成果之中，多已注意到了仁寿宫之变与当时政治变动的关系，如王光照认为，“从开皇初立皇太子杨勇，到开皇中杨广邀结关中权要，博取有预政之好而且有干政之实的独孤后的支持，推倒自称渤海蓚人的高颎，最终取杨勇而代之，大致体现了隋朝关陇集团内部不同地域势力的权力斗争，而太子之位则正是这种权力斗争的焦点”，“文帝死于杨广夺位之变，宫廷风浪激变姑或有之，而其真实原因则在于仁寿中不彻底的政治变动”；刘建明也特别强调，“实则探讨仁寿宫之变，不单是为了了解此次事故何以发生，还应注意此次事变与当时政局的关系”。这样的研究视角值得给予充分肯定，但也有补充论证之必要。

笔者以为，从性质上来说，仁寿宫之变无疑是一起宫廷政变。然而这起政变的起因是一回事，而其成败与否又是另一回事。这次宫廷政变，以杨广一派大获成功而告终，但杨广、杨素之流何以能够轻松取胜，则颇值得深入研究。

关于隋文帝仁寿四年（604）仁寿宫之变，《隋书》本纪语焉不详：“（秋七月）甲辰，上疾甚，卧于仁寿宫，与百僚辞诀，并握手歔欷。丁未，崩于大宝殿，时年六十四。”① 但《资治通鉴》于具体过程记载比较详细一些：“上寝疾于仁寿宫，尚书左仆射杨素、兵部尚书柳述、黄门侍郎元岩皆入阁侍疾，召皇太子入居大宝殿。太子虑上有不讳，须预防拟，手自为书，封出问素。素条录事状以报太子，宫人误送上所，上览而大恚。陈夫人平旦出更衣，为太子所逼，拒之得免，归于上所。上怪其颜色有异，问其故，夫人泫然曰：‘太子无礼！’上恚，抵床曰：‘畜生何足付大事，独孤误我！’乃呼柳述、元岩曰：‘召我儿！’述等将呼太子，上曰：‘勇也！’述、岩出阁为敕书。杨素闻之，以白太子，矫诏执述、岩，系大理狱；追东宫兵士贴上台宿卫，门禁出入，并取宇文述、郭衍节度；令右庶子张衡入寝殿侍疾，尽遣后宫出就别室。俄而上崩。故中外颇有异论。”② 类似的

① 《隋书》卷2《帝纪第二·高祖下》。

② 《资治通鉴》卷180《隋纪四·高祖文皇帝下》。

记载也见于《隋书》陈夫人本传[①]和杨素本传,[②] 大致是可信的，皆暗示了因突发一场宫廷政变而致隋文帝并非寿终正寝。政变发生的前夕，隋文帝已决定废掉太子杨广，重立庶人杨勇为太子，并命柳述、元岩起草诏书，不意杨广、杨素先发制人，矫诏逮捕柳述、元岩并谋弑了隋文帝，取得宫廷政变的成功。

相关史料记载，隋文帝“寻令素监营仁寿宫，素遂夷山堙谷，督役严急，作者多死”[③]；杨素推荐的宇文恺[④]、封伦[⑤]，则具体负责其事。有学者据此分析道：“可见杨素是仁寿宫的监修者，而由杨素推荐的宇文恺、封伦则实际上负责具体建造事宜，故杨素对仁寿宫的内部情况，是了如指掌。这场宫廷政变中，杨素明显处于有利的位置。同时，柳述始终出身文官系统，不及出身军人的杨素心狠手辣，故杨素能利用柳述、元岩出阁的机会，先下手为强，这也是杨素得胜的另一个关键。”另外，文帝身边虽有近身侍卫，“不过由于他们明白文帝垂危，忠于文帝反会危害他们的生命，故他们只得接受诏令，让东宫侍卫入宫，避免得罪即将即位的杨广。基于杨广是太子的有利条件，成为这次政变不用流血的主因”[⑥]。这样的分析，应当说基本上是符合实际情况的。

仁寿宫之变虽然发生在避暑行宫之中，但整个政变的过程还涉及对京城的控制问题。史载隋文帝于仁寿四年（604）七月“丁未，崩于大宝殿”，“乙卯，发丧”[⑦]。刘建明注意到了这个细节，指出“按是月乙未朔，丁未即十三日，乙卯即廿一日，可知文帝死后第八天才公布他的死讯，显然是杨广与杨素利用秘不发丧的数天去作各种部

① 《隋书》卷36《后妃·宣华夫人陈氏传》。

② 《隋书》卷48《杨素传》。

③ 同上。

④ 《隋书》卷68《宇文恺传》。

⑤ 《旧唐书》卷63《封伦传》。

⑥ 刘建明：《隋仁寿宫之变发微》，《古代文献研究集林》第3辑，陕西师范大学出版社1995年版，第62—86页。

⑦ 《隋书》卷2《帝纪第二·高祖下》。

署”[1]。其说甚有道理。其实，秘不发丧以便拖延时间来进行相关部署，往往是宫廷政变者的一贯做法，史载秦始皇三十七年（前210）“七月丙寅，始皇崩于沙丘平台。丞相（李）斯为上崩在外，恐诸公子及天下有变，乃秘之，不发丧……（赵）高乃与公子胡亥、丞相李斯阴谋破去始皇所封书赐公子扶苏者，而更诈为丞相斯受始皇遗诏沙丘，立子胡亥为太子。更为书赐公子扶苏、蒙恬，数以罪，赐死……行从直道至咸阳，发丧”[2]。杨广、杨素也是如此，政变之后秘不发丧，是为了让杨素之弟杨约有时间控制京师大兴城的局势：“易留守者，缢杀庶人勇，然后陈兵集众，发高祖凶问。”[3] 仁寿宫（九成宫）距京师300余里，帝王出幸，“严跸经旬，非旦暮可至”[4]，沿途需要设停次之所，故而隋文帝开皇十八年（598）诏自京师至仁寿宫置行宫12所。[5] 仁寿宫与京城有一段不短的距离，政变的消息不易传到京师，这为杨约轻松控制京城局势、确保政变最终成功提供了可能。但这后一步行动计划从部署、实施到汇报结果，都需要一些时间，这正是杨广在隋文帝死后第八天才敢发丧的原因所在。

2. 与行宫相关的其他宫廷政变或事件

隋唐时期的行宫制度对宫廷政变的影响，还可从另外几起政治事件中得到反映。

杨广是通过发动仁寿宫之变、谋害父兄而确定了皇位，但为他始料不及是，自己同样也是因一场发生在行宫的政变而结束了性命。史载隋之末叶，隋炀帝杨广再度游幸江都宫（在今江苏扬州）之时，看到天下已乱，遂于大业十三年（即恭帝义宁元年，617年）“起宫丹阳，将逊位于江左”，不料次年（618）三月，“右屯卫将军宇文化及、武贲郎将司马德戡、元礼，监门直阁裴虔，将作少监宇文智及，武勇郎将赵行枢，鹰扬郎将孟景，内史舍人元敏，符玺郎李覆、牛方

① 刘建明：《隋仁寿宫之变发微》，《古代文献研究集林》第3辑，陕西师范大学出版社1995年版，第62—86页。

② 《史记》卷6《秦始皇本纪》。

③ 《隋书》卷48《杨素附弟约传》。

④ 《唐会要》卷27《巡幸》。

⑤ 《册府元龟》卷13《帝王部·都邑》。

裕，千牛左右李孝本、弟孝质，直长许弘仁、薛世良，城门郎唐奉义，医正张恺等，以骁果作乱，入犯宫闱。上崩于温室，时年五十”①。隋炀帝曾想要徙都丹阳（在今江苏南京）做一个偏安皇帝，但因多行不义，众叛亲离，遂罹祸于发生在江都行宫的宫廷政变，比其父皇还要短命。

武德七年（624）六月，唐高祖携李世民、李元吉前往仁智宫（即后来的玉华宫，在今陕西铜川市与宜君县交界处）避暑。太子李建成想利用唐高祖、李世民不在长安的机会，与李元吉密谋，指使东宫旧臣庆州（今甘肃庆阳）都督杨文干组织发动兵变，企图“表里相应”，“就图世民”，后因有人告密，李建成被唐高祖从长安招来与李元吉一起拘禁于仁智宫，但因为庆州毗邻宜君，所以杨文干的叛乱着实令唐高祖受惊不小，以至于令李世民带兵平叛时还许诺“还，立汝为太子”，而自己则“恐盗兵猝发，夜帅宿卫南出山外，行数十里”，行事颇显狼狈，所幸杨文干兵变很快被李世民平定，仁智宫之乱因而成了一起未遂宫廷政变。② 当时唐高祖因为情况紧急，曾经向李世民许诺，平定叛乱之后另立世民为太子。此事由于有人为太子建成说情而未曾兑现，但世民与建成、元吉一党积怨日深，所以后来还是发生了长安城玄武门兄弟残杀的悲剧。李建成、李元吉策划的行动虽然未获成功，但显然他们起初的设想，却是利用李世民随同唐高祖出巡行宫之时机成其大事。唐朝初年的仁智宫之乱，也可再次证明帝王行宫确实在当时的宫廷政治中扮演着极为重要的角色。

帝王频繁临幸并长时间居住在避暑行宫中，对帝王的自身安全和国家的稳定都会产生一定的负面影响。这一点，朝廷中的有识之士甚至某些帝王都是有一定认识的。仁寿末年，卢太翼就曾固谏隋文帝不要经常避暑仁寿宫。③ 大业十二年（618）秋七月，隋炀帝将幸江都宫，“奉信郎崔民象以盗贼充斥，于建国门上表，谏不宜巡幸。上大怒，先解其颐，乃斩之……车驾次汜水，奉信郎王爱仁以盗贼日盛，

① 《隋书》卷4《帝纪第四·炀帝下》。

② 《资治通鉴》卷191《唐纪七·高祖神尧大圣光孝皇帝下之上》。

③ 《隋书》78《艺术·卢太翼传》。

谏上请还西京。上怒，斩之而行”[①]。唐朝前期，每当唐太宗、唐高宗、武则天等人出外避暑时也要受到许多臣子的犯颜直谏。[②] 隋炀帝因为发动过仁寿宫之变，据说当政之后不仅不敢像隋文帝一样经常前去仁寿宫避暑，而且不时“梦太子杨勇领徒持兵问杨广何在”，故而“遂幸洛阳，终身不敢留长安”[③]。唐太宗即位后，“欲以（仁寿）宫奉高祖，高祖恶之，不往”[④]。贞观二十一年（647）的四月和七月，唐太宗不豫，因唐高祖所修的太和宫与仁智宫之旧基分别营造翠微宫和玉华宫，以作休养身体的行宫。之所以刚营翠微宫不久又诏营玉华宫，据唐太宗在《建玉华宫手诏》中的解释说，是因为翠微宫“峰居隘乎蚊睫，山径险乎焦原。虽一己之可娱，念百僚之有倦”[⑤]。单就避暑的效果而言，玉华宫距离长安300多里，修建在关中北山地区的坊州宜君县（今属陕西铜川市）凤凰谷中，“因山藉水”，环境优美，同时唯“正殿瓦覆”，“余毕葺之以茅”[⑥]，所以当时以为“清凉胜于九成宫”[⑦]，这是位于长安城南50余里、秦岭北麓太和谷中的翠微宫无从比拟的。然而令人费解的是，唐太宗仅在贞观二十二年（648）夏去过玉华宫一次，而次年即贞观二十三年（649）夏却是到翠微宫避暑的，并于这一年的五月病逝于此宫的含风殿。唐太宗善于玩弄权术，晚年对魏王李泰和一些权要将相颇存疑虑，他之所以舍远求近，在自己临终前将避暑的场所选择在距离京城长安较近的翠微宫，或许正是为了防止武德七年（624）仁智宫之乱再度重演。史载，唐太宗临终之际，出李世勣为叠州都督，招长孙无忌辅导太子李治，而本月丁卯太宗崩逝后，太子、长孙无忌等“乃秘不发丧。庚午，无忌等请太子先还，飞骑劲兵及旧将皆从。辛未，太子入京城。大行御马与侍卫如平日，继太子而至，顿于两仪殿，以太子左庶子于志宁为侍中，少詹事张行成兼侍中，以检校刑部尚书右庶子兼吏部尚

① 《隋书》卷4《帝纪第四·炀帝下》。

② 《唐会要》卷27《巡幸》，卷30《玉华宫》《三阳宫》。

③ 《雍录》卷3《大兴城》引《两京道里记》。

④ 《唐会要》卷30《玉华宫》。

⑤ 《全唐文》卷8《建玉华宫手诏》。

⑥ 《唐会要》卷30《玉华宫》。

⑦ 《元和郡县图志》卷3《关内道三》。

书高季辅兼中书令。壬申，发丧于太极殿，宣遗诏，太子即位”①。唐太宗翠微宫含风殿悲情托孤和长孙无忌随后为太子即位所作的一系列周密安排，颇能说明一些问题。

3. 陈寅恪“玄武门学说”之拓展

六十多年前，史学大师陈寅恪先生在其《隋唐制度渊源略论稿》一书中曾提出过一个著名的论断，即认为唐代政治革命依其发源根据地之性质可以区别为中央政治革命与地方政治革命两类，而在安史之乱以前亦即“关中本位政策”未变易以前，政治革命唯有在中央发动者可以成功，但中央政治革命有成功亦有失败，其关键实系于守卫宫城北门禁军之手。其说略云：

> 据古今学人论汉初南北军制之言（详见前中央研究院社会科学研究所兵制研究专号上贺昌群先生南北军论文中所征引），推知西汉首都之长安［司马门在未央宫之南，直抵长安城垣，并无坊市，而未央宫长乐宫则六街三市］，是与隋唐首都之大兴长安城其宫位于首都之北部，市则位于南部者适为相反。然而西汉首都宫市之位置与考工记匠人之文可谓符合，岂与是书作成之时代有关耶？至唐代则守卫宫城北门之禁军，以其驻守地关系之故，在政变之际，其向背最为轻重，此李唐一代中央政治革命之成败所以往往系于玄武门卫军之手者也。（此点本甚明显，一检史文便可证知，惟唐武德九年六月四日玄武门之变，太宗所以能制胜建成元吉，其关键实在守玄武门之禁军，而旧史记载多隐讳，今得巴黎图书馆藏敦煌写本伯希和号贰陆肆拾李义府撰常何墓志铭以代参证，于当日成败所以然之故益瞭然可知矣。）②

在其另一名著《唐代政治史述论稿》中，陈寅恪先生又详引自高祖、太宗至中宗、玄宗的四次中央政治革命俱以玄武门之得失及屯卫

---

① 《资治通鉴》卷199《唐纪十五·太宗文武大圣大广孝皇帝下之下》。

② 陈寅恪：《隋唐制度渊源略论稿》，河北教育出版社2002年版，第65—66页。

北门禁军之向背为成败之关键为证，对这一论点作了进一步的阐发。[①] 陈寅恪先生将唐代都城建置与政治革命联系起来考虑，确有高人之处，这种小中见大的治史方法对于后学尤具启迪作用。援引郑天挺先生说法而称陈寅恪先生“是教授的教授”的唐振常先生，在其《〈唐代政治史述论稿〉学习笔记》中，导读《唐代政治史述论稿》中篇《政治革命及党派分野》之“宫城北门（玄武门）系成败之机”一节时即说：“读史者应认真学习先生在本节的考证，更应认真学习先生小中见大的治史之法。宫城北门，初视之，似无关宏旨。北门之得失，不过战争之失地与得地而已，先生竟以其‘小’而做出了关乎政治革命成功与失败这样一篇大文章。每见西方汉学家为文，题目与事件往往很小，诚然他们做得很细，有其长处。但是，其结果常是以小见小，而未能见其大。学者欲窥见西方汉学家之以小见大，甚难，甚难。先生在此，做出了典范，详考宫城北门之建置，小也。详考之，以历次政治革命之成败论证之，乃得其大。这就是大儒与饾饤考据的区别。多年来，史学界常说求历史发展之规律，为文之际，究竟何为规律，还是疑莫能明，从先生的治史，必然有所启发。”[②] 其说诚为中肯之论。实际上，陈寅恪先生的“关中本位政策”理论与其“中央政治革命系于宫城北门”学说（似可简称为“玄武门学说”），是由表及里、相互联系在一起的两个大学说，确有启发学人之处。

然而自古学者为文不能无病，对于上述陈氏两大巨著中的缺陷与问题，史学界也不时地提出质疑，[③] 章群先生更指出陈寅恪先生的一些说法“并不尽然”，认为在研究唐朝一代政治格局时最好“能不囿于地域和婚姻关系的成见”[④]。实际上，陈氏的两大学说确实有言而未尽之处，如他的“关中本位政策”理论素为学界所推重，其间包括两个要点，其一是统治集团——关陇集团，另一个是核心区——关

① 陈寅恪：《唐代政治史述论稿》，上海古籍出版社 1997 年版，第 49—58 页。

② 唐振常：《〈唐代政治史述论稿〉学习笔记》，陈寅恪《唐代政治史述论稿》，上海古籍出版社 1997 年版，第 11 页。

③ ［英］崔瑞德等：《剑桥中国隋唐史》，中国社会科学院历史研究所西方汉学研究课题组译，中国社会科学出版社 1990 年版，第 11—12 页。

④ 章群：《论唐开元前的政治集团》，中国唐史学会《唐代研究论集》，台北新文丰出版公司 1982 年版，第 745—771 页。

中，而府兵制又将关中的核心地位很显著地表现出来;[①] 其内容则很广泛，不仅包括关中物质本位政策，即以关陇为中心的统治集团，以关中为中心的核心区，结合关陇人物与关中核心区之府兵体系，而且包括关中文化本位政策，亦即“就整个关陇本位政策而言，物质是主要的，文化是配合的”[②]。但陈氏的学说侧重于政治、社会两个领域临界线之研究，学术视角有一定的局限性，所以其说既出，也有不少学者力图在其史学理论基础上有所拓展，如许倬云先生就有进一步发挥，将中国文化（也就是中国历史现象）分为政治、社会、经济、意念（即思想）四个范畴，关注的问题不仅涉及官僚制度下君权与士大夫社会势力的相合或对抗，而且拓展及于市场网、城乡的整合系统、精耕细作的小农经营、义利之间、五伦与修齐治平的扩散程序、道统与法统等方面。[③] 毛汉光先生则指出，“陈寅恪‘关中本位政策’是以关中为核心区，军府之设立亦以关中居多，所以关中是政治中心、军事中心，在西魏北周时期，关中亦是宇文氏政权的经济中心及社会中心，但隋唐是一个统一帝国，‘关中本位政策’之下，关中仍然是政治与军事中心，但是经济中心、社会中心便不一定是关中了”，当时洛阳是经济中心，亦是社会中心，“各类中心不在一个焦点上，就可能出现两个或两个以上的都城或重心。这种现象在中国中古屡见，如北魏孝文帝将首都自平城南迁洛阳以后，云、代、并仍然是军事中心，东魏、北齐以邺为都，但晋阳是其军事中心，高氏有三分之二驻晋阳。西魏、北周以长安为都，宇文氏则常以同州（冯翊）为军事中心，隋唐帝国有长安与洛阳两都，一度又有北都，五代各王朝亦行多都，然大体上皆以汴梁、洛阳为经济政治中心，以魏博为军事中心”[④]。毛氏还以充足的论据证明中古时期核心区核心集团存在转移现象，[⑤] 这更是对陈氏“关中本位政策”理论之具体拓展。另外，李浩先生则从地域文化之视角，检讨了从魏周到李唐用人制度之嬗

① 毛汉光：《中国中古政治史论》，上海书店出版社2002年版，第10页。

② 万绳南整理：《陈寅恪魏晋南北朝史讲演录》，黄山书社1987年版，第320页。

③ 许倬云：《求古编》，台北联经出版事业公司1982年版，第19—20页。

④ 毛汉光：《中国中古政治史论》，第25—26页。

⑤ 同上书，第1—28页。

变，认为从历史进程来看，“关中本位政策”经历了魏晋周讫隋唐的军事战争、建政伊始与和平发展三个时期；从地域角度看，“关中本位政策”在实施过程中经历魏晋及隋唐统治者囿于关中、并吞山东、饮马长江淹有天下阶段；科举制作为“关中本位政策”在和平发展时期的替代物与扩充变形，有其历史必然性。①

不仅陈氏的“关中本位政策”理论有拓展之可能，而且与之相表里的“玄武门学说”也有补充、拓展之必要。如孙英刚新近撰文指出，唐朝前期登上皇位的皇帝，基本上是依靠发动“宫廷革命”（引者按：即陈寅恪所说的“中央政治革命”，实际上就是宫廷政变）上台的，唐朝前期围绕皇位而产生的政治斗争，因此也就有了其本身的特点，呈现出“一君两储三方”的格局。其中所谓的一“君”是指握有实权的皇帝或太上皇（如先天时期的睿宗）；两“储”是指政治集团间分化组合最大的两个集团，各自拥有一个皇位继承人选“名义的储君或潜在的储君”；三“方”是指两大集团与握有实权的君主构成三方力量。“在这种格局中，处于继承方的集团，如果要政变夺权，往往采取两个行动。第一，控制或杀死在位者；第二，消灭另一继承人。同时完成两项任务者，往往成功，如李世民玄武门之变、中宗复位、唐玄宗诛太平公主；而单独完成一项者，必遭失败，如李重俊政变、韦后之乱。”这样，“唐朝前期宫廷革命的行动方向，是在位君主和另一继承人，而他们的居住地点也就成为重点袭击对象，这一点在历次政变中都得到了验证”。从地理上讲，“实际上唐朝前期的这许多政变，除了中宗复位发生在洛阳外，其余全发生在太极宫。太极宫前地势的低洼，加上南门有大量南衙卫兵，因此自北门突破居高临下便成为政变者选择的方式。玄宗后来搬到地势更高的大明宫后，便在气势下（引者按：下疑当作上）压倒全城，形势也为之一变”②。这样的研究分析，比之陈寅恪先生的相关论述更为细腻一些，可称得上是陈氏“玄武门学

① 李浩：《唐代三大地域文学士族研究》，中华书局2002年版，第236—245页。

② 孙英刚：《唐代前期宫廷革命研究》，《唐研究》第7卷，北京大学出版社2001年版，第263—287页。

说”的有力补充。

但如依笔者之看法，唐代都城建置对宫廷政治格局固然颇有影响，但宫廷革命的成败却并非只表现在宫城北门的得失这一个方面，作为都城体系中的重要组成部分，隋唐时期的帝王行宫也与多起宫廷政变密迩相关。从笔者前文所举的事例来看，隋文帝仁寿四年（604）仁寿宫之变、隋炀帝大业十四年（618）江都宫之变、唐高祖武德七年（624）仁智宫之乱，甚至于唐太宗贞观二十三年（649）翠微宫托孤，都是发生在行宫中的。这就说明，隋唐时期的宫廷革命并非只发生在都城之中，若干重要的行宫尤其是避暑行宫，也常常是发动宫廷政变的主要场所。这是与当时的行宫制度紧密地联系在一起的。隋及唐初帝王们对不同的行宫有着不同的偏好，但他们对于某些行宫的频繁临幸和长时间的驻次，使这些行宫充当着临时性政治中心的角色，也就是说，客观上形成了两个政治中心，一个是都城，另一个是帝王所幸的行宫。帝王们在巡幸行宫期间，固然享受了生理或心理上的快感，但同时也为宫廷政变的发动者提供了绝佳的时机。而诸多例证已充分显示，在临时的中央——行宫中发动政变的一方要想获得政变的成功，最为关键的因素是对相关行宫的控制。这一观点，可视为是对陈寅恪“玄武门学说”的一个拓展。

三　唐长安城平康坊饮妓居住区与饮妓服务费

（一）唐长安城平康里饮妓居住区

唐国都长安城皇城东南角外紧临东市西北侧的平康坊，是唐长安城娼妓的主要集中分布地，后周王裕仁《开元天宝遗事》就曾说：“长安有平康坊，妓女所居之地，京都侠少萃集于此，兼每年新进士以红笺名纸游谒其中，时人谓此坊为风流泽薮。”至于唐长安城娼妓的具体情况，唐末翰林学士孙棨（内翰）曾作有《北里志》，虽然篇幅不长，但内涵却相当丰富，备述平康坊诸妓之事，为研究当时长安城娼妓的生活状况以及与之交游的文人、官宦、商贾、市民等各类人群的日常习尚，提供了第一手的资料，故其所记史实，每每为研究中

国社会史的学者尤其是妇女史、娼妓史的学者所征引，[①] 亦常为城市史甚至文学史学者所看重。[②]

平康里有三曲，为当时长安城最大的娼妓居住区。关于平康坊的娼妓分布情况，唐翰林学士孙棨（内翰）《北里志·海论三曲中事》条记载："平康里入北门，东回三曲，即诸妓所居之聚也。妓中有铮铮者，多在南曲、中曲。其循墙一曲，卑屑妓所居，颇为二曲所斥之。其南曲中者，门前通十字街，初登馆阁者，多于此窃游焉。"[③]

平康坊的娼妓，主要是籍属教坊的官妓，但其与居住在光宅坊右教坊、延政坊左教坊的官妓又稍有不同，后者系专门为宫廷、官府服务的乐妓，其入宜春院者称为"内人"或"内妓"，皆能歌善舞，[④] 属于专业艺术类人才，而前者虽不乏色艺俱佳之辈，但主要服务对象是文人士子、商贾豪富之辈，出于佐酒宴饮的需要，大多善谈谑，能歌令，时人多称之为"饮妓"，也有人将其归类为"市井之妓"[⑤]，以与宫妓、一般官妓、营妓和私妓相区别。由于平康里北门东回三曲主要是饮妓居住区，当时的平康坊实际上就以一个著名的娱乐宴饮消费区而称名于唐长安城。正因如此，孙棨《北里志》中有不少涉及饮食娱乐事项的细节资料，也就成为研究当时长安城娱乐宴饮消费文化不可多得的重要参考文献之一（参见表 11－9）。

---

① 参见陈东原《中国妇女史》，商务印书馆 1998 年版，第 96—102 页；王书奴：《中国娼妓史》，团结出版社 2004 年版，第 71—110 页；修君、鉴今：《中国乐妓史》，中国文联出版社 2003 年版，第 131—198 页；徐庭云主编：《中国社会通史·隋唐五代卷》，山西教育出版社 1996 年版，第 276—281 页。

② 张宏：《城市住居与中国古代娼妓制度》，《华中建筑》2000 年第 4 期；王定璋：《松花笺写洪度诗——论唐代娼妓的诗歌》，《西南民族学院学报》（哲学社会科学版）1999 年第 5 期。

③ （唐）孙棨：《北里志》，载（明）陆楫等辑《古今说海》，巴蜀书社 1988 年标点本。

④ （唐）崔令钦：《教坊记》："西京右教坊在光宅坊，左教坊延政坊。右多善歌，左多工舞。……妓女入宜春院，谓之内人，亦曰前头人，常在上前也。其家犹在教坊，谓之内人家。敕有司给赐同十家，虽数十家，犹故以十家呼之。"参见（明）陆楫等辑《古今说海》，巴蜀书社 1988 年标点本。

⑤ 修君、鉴今：《中国乐妓史》，中国文联出版社 2003 年版，第 144 页。

表 11－9　《北里志》所见平康里三曲名妓及其交往情况

曲别	数目	姓氏	假母	主要交往人物	归属	资料出处
南曲		天水仙哥（字绛真）		左史郑休范（仁表） 进士刘覃		《北里志·天水仙哥》
		颜令宾		户部府吏李全 邻居刘驼驼		《北里志·颜令宾》
		王苏苏		进士李标 大谏王致君弟 大谏王致君侄		《北里志·王苏苏》
		张住住	张氏	平康里富家陈小凤	邻居邸将庞佛奴	《北里志·张住住》
北曲（前曲）		杨妙儿				《北里志·杨妙儿》
		莱儿（字蓬仙）	杨妙儿	进士天水（光远）		《北里志·杨妙儿》
		永儿（字齐卿）	杨妙儿	相国萧司徒		《北里志·杨妙儿》
		迎儿	杨妙儿			《北里志·杨妙儿》
		桂儿	杨妙儿			《北里志·杨妙儿》
		王团儿				《北里志·王团儿》
		小润（字子美）	王团儿	小天崔垂休（彻） 小天赵为山	韦宙相国之子	《北里志·王团儿》
		福娘（字宜之）	王团儿	内廷月部侍郎崔知之（澹） 翰林学士孙棨（内翰） 计巡辽某	卫增常侍之子	《北里志·王团儿》
		小福（字能之）	王团儿	翰林学士孙棨（内翰） 郑九郎 曲中盛六子		《北里志·王团儿》 《北里志·张住住》 《北里志·张住住》
		刘泰娘		翰林学士孙棨（内翰）		《北里志·刘泰娘》

续表

曲别	数目	姓氏	假母	主要交往人物	归属	资料出处
中曲		楚儿（字润娘）		同版使郑光业（昌国）	万年捕贼官郭锻	《北里志·楚儿》
		郑举举		左谏王致君（调） 右貂郑礼臣（彀） 夕拜孙文府（储） 小天赵为山（崇） 状元孙龙光（偓） 进士侯彰臣（潜） 进士杜宁臣（彦珠） 进士崔勋美（昭愿） 进士赵延吉（光逢） 进士庐文举（择） 进士李茂勋 进士卢嗣业 左史刘郊文（崇） 进士李深之		《北里志·郑举举》
		牙娘		夏侯表中 小天赵为山		《北里志·牙娘》
		俞洛真		左揆于琮 右史郑仁表 进士李文远（渭） 翰林学士孙棨（内翰）		《北里志·俞洛真》
		王莲莲（字沼容）				《北里志·王莲莲》
		小仙	王莲莲			《北里志·王莲莲》
		楚娘（字润卿）		郑合敬先辈		《北里志·郑合敬先辈》

（二）平康坊酒席的特殊计价方式

已故著名史学家王仲荦教授曾据之研究了当时长安的酒席消费价格问题，其遗著《金泥玉屑丛考》考云："《北里志》：有一妪，汴州人也。亦育数妓，多蓄衣服器用，就赁于三曲中，亦有乐工聚居其侧，呼召之立至，每饮率以三钚（一钚百文三钚三百文），继烛即倍之。《郑举举条》：曲中常价，一席四钚，见烛即倍，新郎君（新及第举子）更倍其数。"①《金泥玉屑丛考》是王仲荦教授在 20 世纪七八十年代积十数年之功而最后完成的一部有关中国经济史的力作，全书实际上是上古到宋代的物价考，资料宏富，分类明晰，足资学界研究相关问题时借鉴参考，而其独具慧心，征引《北里志》以研究当时长安的酒席价格问题，尤其令人惊羡不已。不过，如果细心阅读有关资料就不难发现，王仲荦先生所谓"北里酒席价"之说尚有待补充论证，因为《北里志》中的相关史料，其实还包含有更多的信息，不仅反映了平康坊酒席的特殊计价方式，而且还反映了饮妓侑酒服务时的费用收取情况。

平康坊是唐长安城中一个特殊的社区，这个坊因为其北门东回三曲即该坊的东北部为妓女聚集之地而成为著名的宴饮娱乐消费区。孙棨《北里志·海论三曲中事》条记载："平康里入北门，东回三曲，即诸妓所居之聚也。妓中有铮铮者，多在南曲、中曲。其循墙一曲，卑屑妓所居，颇为二曲所斥之。其南曲中者，门前通十字街，初登馆阁者，多于此窃游焉。"② 这里的"窃游"二字道出了平康坊北门东回三曲的娱乐性质，因为文人、官宦们到平康坊三曲既不是为了旅游，也不是单纯吃饭，而是为了狎妓宴饮，类似后世所谓的"吃花酒"。狎妓宴饮的花费情况，《北里志·海论三曲中事》条有相关记载：

有一妪号汴州人也，盛有财货，亦育数妓，多蓄衣服器用，

① 王仲荦遗著：《金泥玉屑丛考》卷 5《唐五代物价考·北里酒席价》，中华书局 1998 年版，第 144 页。

② （唐）孙棨：《北里志·海论三曲中事》，载（明）陆楫等辑《古今说海》，巴蜀书社 1988 年标点本。

僦赁于三曲中。亦有乐工聚居其侧，或呼召之立至。每饮率以三钚，继烛即倍之。

《郑举举》条亦载：

曲中常价，一席四钚，见烛即倍，新郎君更倍其数，故云复分钱也。

上述两条资料已被王仲荦教授用来说明平康坊“北里酒席价”，但引证尚不甚充分，当可再作进一步分析。其中透露的信息是：

一是在平康坊北里三曲饮酒通常采用定席与计时付费相结合的形式，即每席价格有两个档次，低者一烛三钚即三百文，高者则为四钚即四百文，而且通常“继烛即倍之”；

二是结合前引《北里志·海论三曲中事》可知，三曲酒席之所以会出现三钚与四钚的差别，估计是与饮妓的档次有关，“妓中有铮铮者”要价较高，而“卑屑妓”收费只能稍少一些。

三是新郎君即新及第举子入曲中宴饮则要加倍作价，即要收取“复分钱”，颇有讨喜钱之嫌疑。

唐时饮酒消费通常是计量消费即按斗取值的，而在平康坊北里三曲饮酒却采用定席计时计费的形式，并且还有因人定价的情况，显然颇有特殊之处，这是与其有饮妓佐饮而具有娱乐性质密切相关的。

据《郑举举》条所载，“曲内妓之头角者，为都知，分管诸妓，俾追召匀齐”。可见平康里的饮妓是有行规的，饮妓虽籍属教坊，又有自己的假母，但平时却要接受“都知”即曲中头角名妓们的管理，这样不仅可以使曲中诸妓都有相对稳定的客源，而且可以限制乱收费现象发生，以免影响整个曲中的正常秩序。

关于唐时的酒价，据王仲荦教授的研究成果，大致是唐初一斗百文，中唐三百文，晚唐百五十文。[①] 至于李白《行路难》诗所云，

---

① 王仲荦遗著：《金泥玉屑丛考》卷5《唐五代物价考·酒价》，中华书局1998年版，第160—161页。

“金樽美酒斗十千，玉盘珍羞直万钱”①，恐怕是文人夸张之辞，未可尽信。《北里志》所述为晚唐事，正可资以比较。

唐时人们在酒肆聚会宴饮食一席要消费多少酒，从有关史料记载中也大致可以推测出来。王仲荦教授考证云：“《太平广记》卷七六引《国史异纂》及《纪闻》：唐太宗［世］，有婆罗门僧七人，自金光门至西市酒肆，登楼命取酒一石，持椀饮之，须臾酒尽。复添一石，入其直，得钱二千。”并加按语云：“一石千钱，一斗百文。”②七人持椀饮酒，很快就饮用了二石酒，付费二千，每人平均已能饮酒三斗左右，显然是特殊情形。唐时文人喜欢饮酒宴会，但重其雅兴，能够豪饮的不多，所以每次宴饮一般不会消费太多的酒，这也可从《北里志》得到证明。《胡证尚书》条记载，裴度尝狎游平康坊饮妓之所，为两军力士十许辈所窘迫，质状魁伟、臂力绝人的胡证前来解救，胡证“饮酒一举三钟，不啻数升，杯盘无余沥……胡复一举三钟，次及一角觥者，凡三台三遍，酒未能尽，淋漓逮至并坐”。可见胡氏是好酒量，能饮近一斗酒，已为两军力士们所不及，但裴度的酒量显然又不能与两军力士们相比，以至于曾受到他们的欺凌。结合唐时多以斗计量酒价的情况分析，通常文人们宴集，每席所用之酒大致也就是少则一斗多则二斗的数量。如以斗酒一百五十文计，平康里北里三曲每席烛三四百文大致是按二斗酒来估价的。但学士们狎妓宴饮，兴头之中，继烛加时在所难免，如再被收了“复分钱”，所费银钱自然要数倍于一般的酒肆。

（三）狎妓宴饮的额外支出与饮妓侑酒服务费

除了额定的酒席钱以外，学士们在平康里北里三曲狎妓宴饮其实还要有其他方面的花费，归纳起来大概有如下几端：

1. 宴席代办费

《北里志·序》云：“京中饮妓，籍属教坊，凡朝士宴聚，须假

① 《全唐诗》卷162。

② 王仲荦遗著：《金泥玉屑丛考》卷5《唐五代物价考·酒价》，中华书局1998年版，第160页。

诸曹署行牒，然后能致于他处。惟新进士设宴顾吏，故便可行牒。追其所赠之资，则倍于常数。诸妓皆居平康里，举子新及第进士，三司幕府但未通朝籍，未直馆殿者，咸可就诣。如不吝所费，则下车水陆备矣。”这里的“水陆”即指各色水陆宴席，但“如不吝所费，则下车水陆备矣”之语暗含着要支付另外的费用，妓家才会代办水陆宴席。因为妓家平常的酒席一般只提供酒水和佐酒的茶果，并不是免费提供饭菜。《颜令宾》条云“颜令宾居南曲中，举止风流，好尚甚雅，亦颇为时贤所厚”，接待新及第郎君及举人时，只是“因令其家设酒果以待”。这可能是一般妓家接待客人的主要方式。另外，《张住住》条则提到，南曲的张住住“所居卑陋，有二女兄不振，是以门甚寂寞，为小铺席货草挫姜果之类”，里南陈小凤要到其舍宴饮，还需要在别处“益市酒肉”。当然，连酒、肉都让客人们自带，这大概是走下坡路妓家的情况。

2. 赠资

出入平康里的人物非富即贵，出手大方，但妓家能否得到客人们的赠资、得到多少，却全凭饮妓自己的名气和本事。如南曲天水仙歌“善谈谑，能歌令”，“其姿容亦常常，但蕴藉不恶，时贤雅尚之，因鼓其身价”，广陵刘覃登第，年十六七，为先辈所煽，“极嗜欲于长安”，“所费已百余金”，始得睹天水仙歌一面；[①] 郑举举“亦善令章”，虽然“充博非貌，但负流品，巧谈谐，亦为诸朝士所眷”，名贤醵宴，“各取彩缯遗酬”[②]。为了能够获得更多的赠资，妓家和饮妓往往使出浑身解数，如北曲杨妙儿长妓莱儿“貌不甚扬”，“但利口巧言，诙谐臻妙”，故得“以敏妙诱引宾客，倍于诸妓，榷利甚厚”[③]；前曲王团儿长妓小润则以年轻貌美勾引少年，使不少人迷恋于其色貌，“所费甚广”[④]；王莲莲微有风貌，但无品行，与其女弟小仙等“皆攫金特甚，诣其门者或酬酢不至多，被尽留车服，赁卫而

① （唐）孙棨：《北里志·天水仙歌》。
② （唐）孙棨：《北里志·郑举举》。
③ （唐）孙棨：《北里志·杨妙儿》。
④ （唐）孙棨：《北里志·王团儿》。

返”[①]。正因为接受客人们的赠资，是平康里三曲妓家获利的一个重要手段，所以如果某些饮妓不能从客人接受到赠资，就会受到其假母的责难，如南曲颜令宾，“举止风流，好尚甚雅，亦颇为时贤所厚。事笔砚，有词句，见举人尽礼祗奉，多乞歌诗，以为留赠，五彩笺满箱箧”，后疾病且甚，与客张乐欢饮，不求赙而求哀挽词，其母重利轻义，故而大失所望，以至于“颇慊之”[②]。

3. 买断费

据《北里志·王团儿》条记载：“曲中诸子多为富豪辈，日输一缗于母，谓之买断，但未免官使不复，只接于客。”里中富豪辈时常倚仗财力独占名妓头角，令文人举子们每每衔恨不已。但买断之举能给妓家带来较为稳定的收入，故这种狎妓方式最为妓家所欢迎。一缗为十钚即千文，大致相当于三席的酒席价，这也应当是正常情况下，平康里一妓每日为妓家带来的大致收入。

4. 求元（破瓜）费

求元，就是妓女首次正式接客，又称为“破瓜”，通常要选择吉日进行，并且还要求妓女衣妆整齐、举行一定的仪式。[③] 妓家蓄妓多日，为的是让其带来丰厚的回报，妓家首次让妓女接客，自然会索取高额之资。据《北里志·张住住》条记载：“俄而里之南有陈小凤者，欲权聘住住，盖求其元，已纳薄币，约其岁三月五日……既而小凤以为获元甚喜，又献三缗于张氏，遂往来不绝。复贪住住之明慧，因欲嘉礼纳之。”陈小凤第一次所纳“薄币”不知具体数目，但第二次纳币已有三缗，可见当时饮妓的求元（破瓜）费至少要远远高于平日买断费数倍。

5. 出里侑酒费

唐长安平康里饮妓收取的服务费大概分作两类，一是客人的赠资（类似于后世妓家或娱乐场所坐台女郎向客人收取的所谓坐台服务

---

① （唐）孙棨：《北里志·王莲莲》。

② （唐）孙棨：《北里志·颜令宾》。

③ （唐）孙棨：《北里志·王团儿》有作者赠前曲王团儿次女福娘诗：“彩翠仙衣红玉肤，轻盈年在破瓜时。霞杯醉劝刘郎饮，云髻慵邀阿母梳。不怕寒侵缘带宝，每忧风举倩持裾。谩图西子晨妆样，西子元来未得知。”可以为证。

费），二是如果客人邀妓出里冶游，则要另外向妓家支付出里费（类似于后世的出台服务费），这一点过去未引起研究者的注意。

《北里志·海论三曲中事》条记载：平康里“诸妓以出里艰难，每南街保唐寺有讲席，多以月三八日相牵率听焉。皆纳其假母一缗，然后能出于里。其于他处，必因人而游，或约人与同行，则为下婢，而纳资于假母。故保唐寺每三八日士子极多，盖有期于诸妓也”。这说明当时士子携妓游宴，往往要花费不少的银两，邀妓出里时要“纳资于假母”，价格多为一缗，即1000文，邀请下等饮妓的价格可能稍低一些。士子携妓出游已不可能是由妓家来准备酒食，但每次亦得向妓家纳钱一缗，与富家每日买断费用一样多，显然是比较高的。

6. 赎妓费

《北里志·王团儿》条记载，前曲王团儿次妓福娘（宜之）语《北里志》作者孙棨：“某幸未系教坊籍，君子倘有意，一二百金之费尔。”此处之“一二百金”无计量单位，但按孙棨行文习惯，于金的单位多言斤不言两，如云新及第刘覃为狎妓事授户部府吏李全“金花银榼可二百斤许”①；又如福娘题诗云：“苦把文章邀劝人，吟看好个语言新。虽然不及相如赋，也直黄金一二斤。”② 此同出于福娘之口，更确证前引“一二百金”当是省辞之句，指的是黄金一二百斤。另据王仲荦教授研究，唐时金价时有浮动，但正常年份一两值三千五百文，金贵时一两值八千文，③ 如以每两值钱3500文即3.5缗计，每斤16两算，合钱当为56000文即56缗，黄金一二百斤则当为5600—11200缗，这大概可视为当时平康坊三曲一妓的身价，或者说是妓家认为一妓在其有限的色相生涯期间可给妓家带来的总收入了。

总的来看，在唐长安城平康坊狎妓宴饮妓的费用动辄一席三、四百文，并且“见烛即倍，新郎君更倍其数”，要收所谓“复分钱”，如果是买断、求元或邀请妓女出里，则又要另外支付高额的费用，自非寻常文人、普通市民所敢问津。

---

① （唐）孙棨：《北里志·天水仙歌》。

② （唐）孙棨：《北里志·王团儿》。

③ 王仲荦遗著：《金泥玉屑丛考》卷5《唐五代物价考·金价》，中华书局1998年版，第121—122页。

（四）与其他消费的比较

唐长安平康坊狎妓宴饮时服务费用的收取情况已见上述，但其中所反映出的风流举子们在狎妓游宴的消费标准究竟如何，这必须结合当时长安、洛阳两京城及中原地区日常生活用品的物价来比较分析。

据《通典·食货典》："开元十三年，封泰山，斗米至十三文，青齐斗谷至五文，自后天下无贵物，绢二百十文。"史载武后时期，"明崇俨索百钱将去，须臾得一大瓜，云緱氏老人园得之。上追老人至问之，云'土埋一瓜拟进，适卖，唯得钱百钱耳。'"① 可见在太平时期，两京城中，一斗米之价仅十三文，一匹绢的价格为二百一十文，一个大瓜不过百文，与一斗酒售价相当。又，史载唐定州安嘉县人王珍"能金银作，曾与寺家造功德得绢五百匹，同作人私费十匹，王珍不知。此人死后，王家有礼事，买羊未杀"②。王仲荦教授据之考证云："羊价，一羊十匹。"③ 如以一匹绢的价格为210文计，一只羊则约为2100文左右，中原地区为传统农业区，产羊不多，故而羊价稍高。高宗龙朔元年（661），"怀州有人至潞州市猪，至怀州卖，有一特猪，潞州三百钱，买向至怀州，卖与屠家，得六百钱。"④ 特等猪一头才卖300—600文，一般的猪自然价格更贱一些，可见当时中原地区的猪价则明显比羊价要低许多。另据《全唐文·禁赁店干利诏》："南北街百官等，如闻昭应县、两市及近场处，广造店铺，出赁与人，干利商贾，莫甚于此。自今已后，其所赁店铺，每间月估不得过五百文。"《道藏》所收杜光庭《神仙感遇传》卷4：进士王璘"大中己卯岁，游边回京师，既至之日，遂入丰邑坊，诣景云观，僦一独院，月租五百文"。这是当时长安租店、租房费用情况。

稍事比较就不难发现，当时长安平康里三曲一席酒价远远高于两京及中原地区一般日常生活必需品的费用，几与中原地区一头特等猪之价相仿，或者说与京城近市店铺每间的月租费或寺观独院的月租费

---

① （宋）李昉等：《太平广记》卷285引《朝野佥载》，中华书局1961年影印本。

② （宋）李昉等：《太平广记》卷134引《广古今五行记》。

③ 王仲荦遗著：《金泥玉屑丛考》卷5《唐五代物价考·羊价》，第158页。

④ （宋）李昉等：《太平广记》卷439引《法苑珠林》。

大致相当。

如再以当时劳动力价格、娱乐费等作一比较，平康里饮妓酒席费之高会看得更清楚一些。《唐阙史》："咸通丙戌岁，下诏以其冬御丹凤楼，前一日，风雨暴作。诏有司良土，以夷楼前坳涝之所。先是有只轮载土而鬻者，每乘不逾三十钱，至是幸时之急，遂高其价，逾倍方止……后一日，鬻土者诣府请直，则复给五十钱。"每车运土价三十至五十钱，这是当时长安城的人工运价。《唐律》卷4："平功庸者，计一人一日，为绢三尺，牛马驼骡驴车亦同。"《新唐书·百官志》："凡京都营缮皆下少府，将作共其用役，千功者先奏。凡工匠以州县为团，五人为火，五火置长一人。四月至七月为长功，二月三月八月九月为中功，十月至正月为短功。雇者日为绢三尺。"① 按一匹为四丈计，绢三尺约折钱16文，这是当时雇工的价格，其劳动力价格之低廉，是与长安平康里三曲饮妓服务费无法相比的。另据《金泥玉屑丛考》引李贺《章和二年行》："殷勤为我下田鉏，百钱携常丝桐客。"② 一场专门性音乐表演的价格也是要明显低于饮妓服务费的。不过当时长安城占卜问卦之价却与平康坊一席花酒的价格基本相当："贞元中，有孟员外讬于亲丈人省郎殷君宅。殷氏赠三百文，适街西有善卜者，尽以所得三钚为卜资，卜人遂为决一卜。"③ 决一卜要三钚之资，与平康里三曲普通妓家的一席要价是一样的。当然这也仅仅是普通占卜者的要价，如是卜筮高手，索价相应要高一些。《太平广记》卷150引《前定录》："李相国揆以进士调集在京师，闻宣平坊王生善易筮，每以五百文决一局，而来者云集。"同书卷261引《乾月巽子》："东市铁行有范生卜，每卜一缣。"同书卷283引《朝野佥载》："崇仁坊何来婆弹琵琶卜，朱紫填门，一将军紫袍玉带甚伟，下一匹细绫，请匹一局。"这些占卜者，或精通易学，或弹琵琶卜，均有拿手绝活，故而与当时京城平康里名角头妓一样，要价高于普通的同行。

---

① 《新唐书》卷46《百官志》。

② 王仲荦遗著：《金泥玉屑丛考》卷5《唐五代物价考·听音乐价》，第144页。

③ （宋）李昉等：《太平广记》卷151引《逸史》。

唐时京城长安为当时全国乃至世界性大都会，经济繁荣，商业发达，富豪如林，往往竞相斗富，一掷千金，收婢纳妾之风非常普遍，寻花问柳自是寻常中事。狎妓宴饮在唐长安城固属风流韵事，但所需支出的服务费用亦高，寻常百姓是不敢奢望的，故多限于新及第进士与里中富豪。据李翰《翰林志》："兴元元年敕，翰林学士，度支月给手力资四人，人钱三千五百，四品以上加一人。"《唐会要》卷57引《翰林记》："元和十五年闰正月，翰林院奏：学士及中书待诏共九人，每日各给杂买钱一百文，每月共米四石，面五石，敕旨从之。"元和年间（778—820）翰林学士及中书待诏每日各给杂买钱一百文，一月的杂买钱有3000文，加上米、面，每月总收入与兴元时期相差不大。平康里三曲饮妓一席花酒，几抵学士们数日杂买钱之收入，如果是沉溺其中，继烛而饮，乱施赠资，又被收了复分钱，再加上宴席代办费或邀妓出里费等开销，恐怕学士们一月的杂买钱都会挥霍一空，难怪平康里并非是已有家室的官员学士们可以常去的地方，而只是春风得意的新及第进士们或者里中富豪们随波逐流、窃游狎宴之风流场合了。

唐翰林学士孙棨《北里志》所记多为作者亲身闻见之事，其中所述长安城平康里三曲酒席费用以及饮妓服务价格的情况当为实录资料，看似卑屑不足挂齿，但对于了解当时城市居民生活尤其是京城长安风流士子及里中富豪们的奢侈行为和处于社会底层的饮妓们的日常生活与收入来源情况还是颇有帮助的，中国社会史研究者要真正实现研究视角从上到下的转变，此类问题研究也应当给予适当的关注。

后　　记

本书是在笔者近二十年来发表的历史城市地理与历史社会地理研究领域的相关论文的基础上整理、补充而成，共为十一章，大致可分为三个版块，其中第一至三章为历史城市地理与历史社会地理的相关理论研究部分，分别探讨了历史城市地理学的研究对象、学科特性和研究内容，中国古都学的“古都”范畴、研究对象与研究内容、中国都城地理学的研究范畴、研究内容和研究方法，历史社会地理学的基本理论、区域社会生活史的研究对象、学科属性和研究内容、历史地理学视野下的中国近代社会史研究、费孝通城乡社会发展研究中的历史地理学视野等相关问题；第四至十章为历史城市地理方面的专题研究，分别探讨了历史时期的城市选址与城市环境演变，郑州商城的重城形态与内部结构、大夏国都统万城的城市形态与内部布局问题、唐末五代长安城的形态与结构、辽西夏金都城对中原都城制度的模仿与创新、宋代以来黄土高原地区城镇体系的发展演变、明清时期珠江三角洲城镇城外街区的扩展等相关问题；第十一章为历史社会地理与社会生活史的专题研究，分别探讨了5—10世纪高昌地区居住生活方式及其环境影响因素、隋唐时期的帝王行宫与中央政治革命、唐长安城平康坊饮妓居住区与饮妓服务费等相关问题。

笔者从1988年起先后供职于陕西师范大学历史地理研究所/唐史研究所、教育部人文社科科学重点研究基地西北历史环境与经济社会发展研究中心（现改名为研究院），2005年调至暨南大学历史地理研究中心工作。本书的不少前期研究成果，实际上是与陕西师范大学、暨南大学的部分博士研究生和硕士研究生（现均已毕业）合作完成的。其中严艳参与了第一章初稿的写作，李瑞参与了第二章第一至三节初稿的写作，郝红暖参与了第二章第四至六节、第八章初稿的写作，王洪瑞、张志迎、张伟龙、李云端分别参与了第三章第一节、第四章第三节及第十章第一节、第二节初稿的写作。暨南大学博士研究生贾富强帮助清绘了部分地图，笔者在此一并深致谢意。

感谢中国社会科学出版社刘芳编辑的关照。

吴宏岐

2017 年 2 月 27 日于暨南大学